Anderson Cerqueira Barbosa, Andressa Ramos,
Bernardo Oliveira Vervloet de Aquino, Bruno Gilaberte,
Carolina Cardoso Homrich, Daniel Ocko Cabral,
Gabriel Ramos Souza, Gabriela Andrade,
Giordano Barreto Mota da Silva, Gustavo Menini,
Iasminy Pereira de Oliveira Vergetti, Leticia Vieira,
Luciana da Fonseca Pereira, Lucas dos Reis Montenegro,
Luciana Ribeiro, Maíra Rodrigues, Monaliza Gonçalves Araujo,
Muriel Menezes, Vitor Becker Pires Vaz, Pedro Cassundé
e Wilson Luiz Palermo Ferreira.

PROVA ORAL PARA
DELEGADO DE POLÍCIA
RJ

DESAFIOS, PERCEPÇÕES E APROFUNDAMENTOS POR QUEM FEZ

ORGANIZADORES
Bruno Gilaberte
Wilson Luiz Palermo Ferreira

Freitas Bastos Editora

Copyright © 2025 by Anderson Cerqueira Barbosa, Andressa Ramos, Bernardo Oliveira Vervloet de Aquino, Bruno Gilaberte, Carolina Cardoso Homrich, Daniel Ocko Cabral, Gabriel Ramos Souza, Gabriela Andrade, Giordano Barreto Mota da Silva, Gustavo Menini, Iasminy Pereira de Oliveira Vergetti, Leticia Vieira, Luciana da Fonseca Pereira, Lucas dos Reis Montenegro, Luciana Ribeiro, Maíra Rodrigues, Monaliza Gonçalves Araujo, Muriel Menezes, Vitor Becker Pires Vaz, Pedro Cassundé e Wilson Luiz Palermo Ferreira.

Todos os direitos reservados e protegidos pela Lei nº 9.610, de 19.2.1998. É proibida a reprodução total ou parcial, por quaisquer meios, bem como a produção de apostilas, sem autorização prévia, por escrito, da Editora.

Direitos exclusivos da edição e distribuição em língua portuguesa:
Maria Augusta Delgado Livraria, Distribuidora e Editora

Direção Editorial: Isaac D. Abulafia
Gerência Editorial: Marisol Soto
Assistente Editorial: Larissa Guimarães
Copidesque: Lara Alves dos Santos Ferreira de Souza
Revisão: Enrico Miranda
Diagramação e Capa: Vanúcia Santos

Dados Internacionais de Catalogação na Publicação (CIP) de acordo com ISBD

P969   Prova Oral para Delegado de Polícia - RJ / Anderson Cerqueira Barbosa ... [et al.] ; organizado por Bruno Gilaberte, Wilson Luiz Palermo Ferreira. - Rio de Janeiro, RJ : Freitas Bastos, 2025.
444 p. : il. : 15,5cm x 23cm.

ISBN: 978-65-5675-526-7

1. Segurança pública. 2. Delegado de Polícia. 3. RJ. 4. Prova Oral. I. Barbosa, Anderson Cerqueira. II. Ramos, Andressa. III. Aquino, Bernardo Oliveira Vervloet de. IV. Gilaberte, Bruno. V. Homrich, Carolina Cardoso. VI. Cabral, Daniel Ocko. VII. Souza, Gabriel Ramos. VIII. Andrade, Gabriela. IX. Silva, Giordano Barreto Mota da. X. Menini, Gustavo. XI. Vergetti, Iasminy Pereira de Oliveira. XII. Vieira, Leticia. XIII. Pereira, Luciana da Fonseca. XIV. Montenegro, Lucas dos Reis. XV. Ribeiro, Luciana. XVI. Rodrigues, Maíra. XVII. Araujo, Monaliza Gonçalves. XVIII. Menezes, Muriel. XIX. Vaz, Vitor Becker Pires. XX. Cassundé, Pedro. XXI. Ferreira, Wilson Luiz Palermo. XXII. Título.

2025-1525

CDD 363.3
CDU 351.75

Elaborado por Vagner Rodolfo da Silva - CRB-8/9410

Índices para catálogo sistemático:
1. Segurança pública 363.3
2. Segurança pública 351.75

Freitas Bastos Editora
atendimento@freitasbastos.com
www.freitasbastos.com

SUMÁRIO

APRESENTAÇÃO 5

Parte I - DIREITO PENAL 7

Capítulo 1 – IMUNIDADE MATERIAL DOS PARLAMENTARES (INVIOLABILIDADE): ALCANCE E LIMITES 8

Capítulo 2 – O PRINCÍPIO DA INSIGNIFICÂNCIA E SUA APLICAÇÃO AO ESTATUTO DO DESARMAMENTO 32

Capítulo 3 – CRIME OMISSIVO IMPRÓPRIO: UM RECORTE DOGMÁTICO PARA ENFRENTAR A PROVA ORAL 63

Capítulo 4 – O CRIME DE "CASA DE PROSTITUIÇÃO" À LUZ DA TEORIA DO BEM JURÍDICO 92

Capítulo 5 – POSSÍVEIS MODALIDADES DELITIVAS E OUTRAS REFLEXÕES ACERCA DA PRÁTICA CONHECIDA COMO "RACHADINHA" 116

Capítulo 6 – LAVAGEM DE DINHEIRO: A POSSIBILIDADE DO CRIME DE SONEGAÇÃO FISCAL FIGURAR COMO CRIME ANTECEDENTE 140

PARTE II - DIREITO PROCESSUAL PENAL 163

Capítulo 7 – LIMITAÇÕES À PROVA ILÍCITA POR DERIVAÇÃO: FONTE INDEPENDENTE E DESCOBERTA INEVITÁVEL 164

Capítulo 8 – TEORIA DO ENCONTRO FORTUITO DE PROVAS OU SERENDIPIDADE 187

Capítulo 9 – ALGUNS LIMITES À REALIZAÇÃO DA BUSCA E APREENSÃO ... 211

Capítulo 10 – DA EXISTÊNCIA DO CONTRADITÓRIO NO INQUÉRITO POLICIAL E SEU PAPEL FUNDAMENTAL NA ORDEM DEMOCRÁTICA 231

PARTE III - DIREITO CONSTITUCIONAL 251

Capítulo 11 – PRINCÍPIO DA SIMETRIA: CONCEITO, ORIGEM E FUNDAMENTO ... 252

Capítulo 12 – TRIPARTIÇÃO DE PODERES: DOGMA; ANTIDOGMA; E PRÁXIS 273

PARTE IV - DIREITO ADMINISTRATIVO 289

Capítulo 13 – ATO ADMINISTRATIVO: DUPLA FINALIDADE; MITIGAÇÃO DA VINCULAÇÃO DA FINALIDADE E A QUESTÃO DO NÃO ATO 290

Capítulo 14 – AS ALTERAÇÕES PROMOVIDAS NA LEI DE IMPROBIDADE ADMINISTRATIVA 313

Capítulo 15 – LEI DE ACESSO À INFORMAÇÃO: PUBLICIDADE, TRANSPARÊNCIA E OS DIREITOS À PRIVACIDADE E À INTIMIDADE 332

PARTE V - DIREITO CIVIL 351

Capítulo 16 – A USUCAPIÃO: UMA ESTRATÉGIA PARA ABORDAGEM EXPOSITIVA E CRÍTICA............352

Capítulo 17 – MULTIPARENTALIDADE 371

PARTE VI - MEDICINA LEGAL 397

Capítulo 18 – MEDICINA LEGAL: ASPECTOS GERAIS DAS BAROPATIAS............398

Capítulo 19 – TRANSGENERIDADE E O DIREITO 422

APRESENTAÇÃO

A prova oral em um concurso público é, na maior parte dos casos, momento de grande expectativa para os candidatos que a alcançaram. Receio de não saber se pronunciar com clareza, estranheza em relação ao desconhecido porvir, proximidade da aprovação final no certame, vergonha de falar em público e reverência excessiva aos examinadores são apenas alguns dos fatores que fazem com que o candidato esqueça que, estatisticamente, essa é a fase na qual há o menor número de reprovações. Nesse panorama, cursos preparatórios investem em treinamentos com os alunos, e multiplicam-se as aulas de oratória.

Cientes da necessidade de acolhimento, pois a segurança emocional é de suma importância para que todo o potencial dos candidatos seja revelado, e buscando desmistificar alguns aspectos da prova oral, os organizadores desta obra – que trazem a experiência não apenas de responderem a questionamentos orais, mas também como examinadores – pensaram no formato que será apresentado nas próximas páginas: a prova oral comentada por quem dela participou. Para tanto, buscou-se a participação de quem possui a memória recente do concurso, ou seja, os aprovados no XIII Concurso Público para Delegado de Polícia Civil de 3ª Classe do Estado do Rio de Janeiro.

Por limitações editoriais, evidentemente, não foi possível a participação de todos os aprovados, o que resultaria em mais de uma centena de articulistas. Assim, homenageando um critério objetivo, o convite para participação na obra foi feito aos 20 primeiros colocados após a divulgação das notas da prova oral. Nesse espectro, 19 dos 20 convites foram aceitos, o que demonstra que os aprovados não apenas demonstram mérito acadêmico, mas também uma vontade ímpar em auxiliar os futuros candidatos em um momento tão sensível e decisivo de suas vidas profissionais.

A estruturação da obra visa a contemplar todas as esferas de saber jurídico exigidas no Concurso Público para Delegado de Polícia do

Rio de Janeiro: penal, processo penal, constitucional, administrativo, civil e medicina legal. Claro, no entanto, que haverá artigos em que o leitor deparar-se-á com digressões filosóficas, sociológicas e outras, o que demonstra a qualidade dos trabalhos que compõem o livro. Não se imaginava outra coisa, pois a excelência sempre foi a característica mais comum entre os aprovados.

Os artigos têm início com a apresentação de uma pergunta realizada pela banca examinadora. Os articulistas buscam expressar seus sentimentos naquele momento único e a forma como abordaram a resposta. Em seguida, há aportes científicos sobre o tema, com exposições que certamente engrandecerão todos aqueles que se dedicarem à leitura, dada a densidade das exposições. Por fim, os aprovados retornam ao momento de suas provas, divagando sobre qual seria a melhor abordagem perante os examinadores, ou seja, como responderam e como deveriam responder; acertos e falhas, cujo conhecimento muito contribuirá a quem quiser se dedicar a tal empreitada. Aliás, esse é um ponto especialmente importante na obra: em que pese o sucesso, os aprovados falharam pontualmente. Não apenas eles, mas todos os aprovados em concursos públicos, falham, assim como profissionais e acadêmicos também falham. Esses erros, contudo, não necessariamente comprometerão o resultado, desde que minimizados pela segurança do conhecimento técnico e pela estabilidade emocional.

O livro, portanto, se propõe a isso: oferecer aos leitores conhecimento e apoio, em um momento em que se define o futuro profissional. A aprovação no concurso público é uma ruptura e um recomeço. Não somente de cargos públicos se faz o mundo jurídico, mas a segurança conquistada, não raro, modela vidas.

Esperamos ajudar, no que for possível, nessa modelagem, sempre para melhor. Desejamos a todos boa leitura!

Rio de Janeiro, primeiro semestre de 2024,
Os organizadores

PARTE I

DIREITO PENAL

IMUNIDADE MATERIAL DOS PARLAMENTARES (INVIOLABILIDADE): ALCANCE E LIMITES

Giordano Barreto Mota da Silva[1]

1. INTRODUÇÃO

Questão a mim formulada pela banca de Direito Penal, na prova oral: discorra sobre a imunidade material dos parlamentares. Qual o seu alcance? Há limites ao exercício da garantia?

A resposta apresentada foi a seguinte: a imunidade material, também conhecida como inviolabilidade, é prevista no art. 53 da Constituição da República Federativa do Brasil (CRFB/1988) e garante que os deputados e senadores são invioláveis, civil e penalmente, por quaisquer de suas opiniões, palavras e votos. Prevalece que a imunidade material, prerrogativa necessária ao exercício da função parlamentar, não possui caráter absoluto e irrestrito, apesar de vozes doutrinárias em sentido contrário. Nos últimos anos o Supremo Tribunal Federal (STF) vem construindo parâmetros para o exercício da referida prerrogativa que somente será aplicável se as opiniões, as palavras e os votos forem proferidos pelo parlamentar com vínculo finalístico relativo ao exercício do mandato, à luz do princípio da proporcionalidade. Se as manifestações forem feitas

---

1. Mestre em Ciências das Religiões pela Faculdade Unida de Vitória (UNIDA), Vitória-ES. Pós-graduado em Direito Constitucional pela Universidade Estácio de Sá (UNESA), Rio de Janeiro-RJ. Bacharel em Direito pela UNESA, Rio de Janeiro-RJ. Vínculo Institucional: Polícia Civil do Estado do Rio de Janeiro (Delegado de Polícia). Acesso ao currículo Lattes: http://lattes.cnpq.br/7001721716217688.

no interior da casa legislativa, estaria o vínculo finalístico presumido; se fora deste ambiente, haveria a necessidade de avaliação do nexo entre o exercício da função e as manifestações para, no caso concreto, se manter ou se afastar a garantia.

A resposta foi avaliada como correta, muito embora exposta de maneira sintética (adequada ao momento e ao tempo disponível na fase do certame).

Algumas notas introdutórias são necessárias. A questão foi formulada na fase oral do XIII Concurso para Provimento de Cargo de Delegado de Polícia Civil do Estado do Rio de Janeiro (Banca de Direito Penal) considerando as polêmicas ocasionadas em razão da prisão do então deputado federal Daniel Silveira (PSL-RJ), pelo STF no ano de 2021, nos autos do Inquérito (INQ) nº 4.781, após o parlamentar divulgar em suas redes sociais um vídeo em que teria defendido medidas apontadas como antidemocráticas, como o AI-5. Além disso, o deputado federal teria instigado a adoção pela população de medidas violentas contra a vida e a segurança dos ministros do STF.

Após a prisão do parlamentar, imediatamente surgiram algumas posições doutrinárias antagônicas acerca das medidas judiciais infligidas pela Corte Constitucional em desfavor do deputado, nascendo um fervoroso debate político, jurídico e social acerca do instituto da imunidade material dos parlamentares. De um lado, a tese que apontou as imunidades parlamentares como absolutas e irrestritas, ou seja, não comportando limitações impostas pelo Estado, em nome do sistema de freios e contrapesos. Em contrapartida, uma tese diametralmente oposta afirmou serem possíveis limitações ao referido instituto constitucional em conformidade com o postulado da proporcionalidade. Neste contexto, a banca examinadora indagou sobre o tema na fase oral do referido concurso público.

Visando a exposição correta e completa do conteúdo correspondente ao tema, para a construção da resposta adequada à questão apresentada, será indispensável apontar os fundamentos jurídicos das correntes doutrinárias antagônicas sobre o tópico, especialmente as bases teóricas que lastrearam a referida decisão do STF que decretou a prisão do parlamentar. Nesse contexto, serão analisados os seguintes temas: Estatuto dos Congressistas (conceito e espécies de imunidades); imunidade material/inviolabilidade: alcance e limites, especialmente as duas correntes doutrinárias "ampliativa e restritiva" sobre o exercício da prerrogativa constitucional; a jurisprudência do STF sobre o assunto com uma abordagem sobre a evolução do tratamento da imunidade material ao longo dos anos e dos precedentes da Corte; por fim, será feita a análise do caso Daniel Silveira: Inquérito nº 4.781-STF (Informativo nº 1.006), bem como as necessárias críticas ao precedente.

Outros temas correlatos serão enfrentados aprofundando a abordagem do objeto segundo os marcos do novo Direito Constitucional do pós-Segunda Guerra Mundial, especialmente estudando os impactos na hermenêutica constitucional decorrentes da adoção pela CRFB/1988 do modelo pós-positivista e neoconstitucionalista que fortaleceu a jurisdição constitucional como fonte do Direito. Também faz-se necessário, ainda que de forma reflexa, o estudo da teoria dos direitos fundamentais e se as imunidades materiais se enquadrariam nesta categoria de direitos.

2. ESTATUTO DOS CONGRESSISTAS

2.1. Conceito e Espécies de Imunidades

"A democracia não é uma verdade e um pressuposto insubstituível. Carece de ser constantemente monitorada, preservada e tutelada. Sem proteções mínimas a democracia já nasce derrotada, ou desviada" (Tavares, 2023, p. 416). Nesse sentido, a Constituição de 1988 previu um catálogo de garantias ao exercício da atividade parlamentar com independência e autonomia em relação aos demais poderes. Estes apanágios atribuídos aos parlamentares são, em verdade, garantias da própria instituição congressual, do próprio

Parlamento, como corpo essencial à democracia, considerando o alto grau de representatividade da função legislativa. Ou seja, é possível dizer que as imunidades estão ancoradas na própria teoria da representação popular, tendo em mente que os parlamentares, representantes do povo, exercem as atividades legiferante e de controle dos demais poderes da República.

A doutrina constitucional brasileira é uníssona em apontar que o chamado "Estatuto dos Congressistas" assegura o pleno e livre-exercício das atividades congressuais aos parlamentares, assim, impedindo que os mesmos sofram de outros Poderes da República, pressões, ameaças, perseguições ou retaliações, manutenindo, então, os pactos Republicano, Democrático e Federativo (Barcellos, 2022, p. 427).

A CRFB/1988 confere aos parlamentares Federais (Deputados e Senadores) três espécies de prerrogativas ou garantias ao exercício das suas funções: 1) a imunidade material, também chamada de inviolabilidade; 2) a prerrogativa de foro perante o STF; 3) a imunidade processual/formal que em seu corpo prevê três subespécies: 3.1) a possibilidade de sustação de processos penais em curso; 3.2) a limitação de prisão de parlamentar, salvo se em flagrante delito de crime inafiançável; 3.3) a garantia de não prestar depoimentos como testemunha sobre informações recebidas ou prestadas em razão do exercício do mandato, nem sobre as pessoas que lhes confiaram ou deles receberam informações (Barcellos, 2022, p. 430). O recorte aqui se dará em relação tão somente à imunidade material/inviolabilidade, especificamente.

2.2. Imunidade Material/Inviolabilidade: alcance e limites

A Constituição Federal de 1988, em seu art. 53 (Emenda Constitucional nº 35/2001) prevê: "Os Deputados e Senadores são invioláveis, civil e penalmente, por quaisquer de suas opiniões, palavras e votos".[2]

---

2. Brasil. *Constituição da República Federativa do Brasil*. Disponível em: https://www.planalto.gov.br/ccivil_03/constituicao/constituicao.htm. Acesso em: 13 mar. 2023.

A doutrina coloca a imunidade material como uma das espécies de prerrogativas necessárias à garantia da liberdade do exercício das funções congressuais. É uma salvaguarda necessária para que o parlamentar desenvolva suas atividades de representante da sociedade, esquivando-se de ingerências externas. Assim, a imunidade material exerce importante missão no cenário constitucional, sendo também conhecida como imunidade substantiva, ou também *imunidade absoluta.*

As opiniões, as palavras e os votos proferidos durante o exercício do mandato estão acobertados pela garantia de não responsabilidade de natureza penal, civil, disciplinar ou política, *a priori* (Lenza, 2021, p. 597). As condutas que eventualmente confrontem preceitos normativos de natureza penal não serão típicas, pois haverá "a exclusão do próprio crime (...). O crime que se afasta é aquele decorrente do pronunciamento dos congressistas, vale dizer, a imunidade aqui se dá quanto às opiniões, palavras e votos" (Lenza, 2021, p. 416). apesar de entendimentos doutrinários minoritários apontando como: causa de isenção de pena; ou excludente de ilicitude; ou de irresponsabilidade; ou incapacidade pessoal penal por razões políticas (Sanches, 2014, p. 130). Nesse sentido, a norma da Constituição afasta a incidência da norma penal incriminadora da conduta dos Parlamentares, além de impedir, em tese, a incidência da norma de natureza cível que considere como ato ilícito passível de responsabilidade civil as palavras, as opiniões e os votos.

O cerne da questão reside em algumas indagações relevantes: 1) estariam "todas" as opiniões, palavras e votos protegidos pela imunidade material, sendo esta considerada absoluta/intangível até mesmo pela jurisdição constitucional? 2) a norma contida no art. 53 da CRFB/1988 seria de eficácia plena, contida ou limitada? 3) em que ambiente essas imunidades seriam válidas? Somente em relação a opiniões, palavras e votos proferidos no interior da referida casa legislativa ou também as emitidas fora desses limites? 4) somente opiniões, palavras e votos com vínculo finalístico com as funções parlamentares estariam protegidos pela imunidade ou quaisquer outras fora desse contexto? 5) e as opiniões, palavras e votos proferidos no ambiente virtual como nas redes sociais, estariam também acobertados pela imunidade?

Em relação aos questionamentos surgiram basicamente dois posicionamentos doutrinários antagônicos; o primeiro defende a intangibilidade da imunidade material que seria absoluta; o segundo argumenta pela possibilidade da hermenêutica constitucional, por meio da jurisdição constitucional, ponderar o instituto e amoldar o mesmo aos anseios constitucionais pós-positivistas e neoconstitucionalistas. Ambos serão analisados antes da exposição e de aprofundamentos sobre a decisão do STF em sede do Inquérito (INQ) nº 4.781.

2.2.1. Primeira corrente de pensamento: ampliativa

O primeiro posicionamento doutrinário, tradicional e abrangente, se alicerça em uma interpretação literal e textual da expressão "quaisquer" prevista no art. 53 da Constituição que seria uma norma constitucional de eficácia plena. Há uma ideia de ampla e irrestrita liberdade de expressão e manifestação de pensamento (art. 5º, incisos IV e IX, CRFB/1988) para o parlamentar que as exerceria agasalhado pela cláusula de não responsabilidade prevista no art. 53 da CRFB/1988. Este grupo doutrinário afirma que a prerrogativa da imunidade material prevista no art. 53 da CRFB/1988 (redação dada pela EC nº 35, de 2001), teria um caráter absoluto, intangível e não restringível, não cabendo elastério interpretativo para conformar uma situação de acordo com o desejo de uma ou outra autoridade (Rangel, 2021, p. 696).

O campo de abrangência da imunidade material seria amplo, aplicável tanto quando um parlamentar emite opiniões, palavras e votos dentro da respectiva casa, quanto quando sejam as manifestações proferidas fora do referido ambiente legislativo. Além disso, para essa corrente teórica a imunidade material protegeria o parlamentar por "quaisquer" opiniões, palavras e votos. Ou seja, em exercício de hermenêutica abrangente, confere esta corrente de pensamento a máxima proteção possível ao parlamentar tanto em suas atividades parlamentares quanto fora destas, desde que em exercício do mandato.

Mesmo as manifestações feitas fora do exercício estrito do mandato, ainda que sem elo com a atividade parlamentar, estariam blindadas pela imunidade material. Haveria, então, uma extensa garantia de independência funcional, com base no argumento de que a liberdade de expressão, somada à imunidade material, formariam um arcabouço indispensável para a existência do sistema de freios e contrapesos (separação de poderes da República) e do próprio Estado Democrático de Direito (Rangel, 2021, p. 416).

Ainda no mesmo trilho de raciocínio, a corrente doutrinária tradicional que defende a ampla liberdade de expressão e de manifestação de pensamento por parlamentares, advoga no sentido de que, inclusive, o denominado "Discurso de Ódio" (*Hate Speech*) estaria abarcado pela prerrogativa, que seria ilimitada. Considerando, portanto, como premissa, a impossibilidade de que qualquer membro de outro poder da República possa interferir nas atividades de um parlamentar, havendo o impedimento completo de limitação prévia ou responsabilização das opiniões, das palavras e dos votos proferidos pelo parlamentar.

É importante apontar, porém, que ao longo do tempo os estudos doutrinários foram enriquecendo conceitualmente o instituto da imunidade material, assim como a jurisprudência que, em sua evolução, criou molduras hermenêuticas e requisitos ao gozo da prerrogativa, compatibilizando o instituto aos anseios típicos do Pós-positivismo jurídico, especialmente à luz do Postulado Normativo da Unidade da Constituição e da característica da relatividade dos direitos fundamentais.

Todavia, a mesma corrente doutrinária tradicional, ampliativa e ilimitada, embora enxergasse a garantia da forma mais ampla possível, passou a aceitar que essa prerrogativa constitucional não poderia importar um salvo-conduto para condutas abusivas por parte dos parlamentares. Nesse sentido, uma conclusão diferente poderia levar ao entendimento de que a expressão "quaisquer", prevista no art. 53 da CRFB/1988, diante de uma hermenêutica complacente, permitiria a ideia de que todos os discursos proferidos pelo parlamentar seriam invioláveis, mesmo sem se tratar de matéria relativa ao exercício de atividade congressual (Rangel, 2021, p. 416). É nessa atmosfera que surgiram alguns *Hard Cases* enfrentados pelo STF ao longo dos últimos anos que apontaram para uma gradual redução do alcance da imunidade material compatibilizando o instituto com o axioma da inexistência de um "direito fundamental absoluto".

Interessante denotar que, em sua principal obra, Alexandre de Moraes segue este mesmo caminho evolutivo ao conceituar a imunidade material. Inicialmente aponta o conceito do instituto de forma abrangente, compatível com a corrente doutrinária ampliativa/tradicional, veja: "nas suas opiniões, palavras ou votos, jamais se poderá identificar, por parte do parlamentar, qualquer dos chamados crimes de opinião ou crimes da palavra, como os crimes contra a honra, incitamento a crime, apologia de criminoso, vilipêndio oral a culto religioso" (Moraes, 2022, p. 520) Porém, logo em seguida, Moraes seguiu a guinada interpretativa moderna que deu novos contornos ao exercício da prerrogativa, criando alguns limites à mesma: "em síntese, a imunidade material é prerrogativa concedida aos parlamentares para o exercício de sua atividade com a mais ampla liberdade de manifestação, por meio de palavras, discussão, debate e voto" (Moraes, 2022, p. 522), não obstante haja o condicionamento de que exista uma relação das manifestações com o exercício do mandato para que o parlamentar faça jus ao instituto (Moraes, 2022, p. 522).

Não se pode olvidar que esta corrente ampliativa é utilizada por aqueles que discordam das decisões do STF no bojo do Inquérito nº 4.781, que apurou tanto as *fake news* quanto os atos tidos como antidemocráticos praticados pelo então Deputado Federal Daniel Silveira (PSL-RJ) no ano de 2021. Há, portanto, um nítido antagonismo doutrinário e ideológico permeando o debate sobre o instituto que passa a ser utilizado pela ciência política, ora para fundamentar que a ampla liberdade de manifestação de pensamento seria alicerce do regime democrático, ora para argumentar que há uma unidade constitucional e uma relatividade dos direitos fundamentais que permitiria, em nome da democracia, a limitação do uso do instituto pela jurisdição constitucional.

Lênio Luiz Streck afirma que existe um grupo que supostamente atua de boa-fé defendendo a imunidade absoluta de parlamentar, por causa da palavra "quaisquer", pensando que amanhã a vítima do ativismo judicial poderá ser a oposição, mas o problema é o oportunismo do uso da tese. Os sectários da ideologia defendida pelo deputado Daniel Silveira afirmam que a irrestrita liberdade de expressão seria supostamente amparada pela imunidade material, assim, manifestam ideais/quase dogmas como "a liberdade é mais importante do que a vida", visando justificar a interpretação literal dada ao art. 53 da Constituição (Streck, 2022). A essa postura o professor Lênio Streck chama, em termos de teoria do direito, de "textualismo *ad hoc* ou Anarco-textualismo".[3]

Para esse grupo de teóricos que defendem a impossibilidade de limitação da imunidade material, caberia tão somente, diante de exageros praticados por parlamentares no gozo da prerrogativa, ser julgado perante os pares de sua respectiva casa, em decorrência de violação do decoro parlamentar. Prisão, somente em último caso e diante da prática de crime inafiançável – art. 5º, incisos XLIII

---

3. Por anarcotextualismo, leia-se a utilização *ad hoc* da pretensão universalizante de um determinado conceito que se confunde com o próprio texto. Em face disso e no contexto da primeira vez que foi utilizado aqui, esse conceito traduz a ideia de que podem existir interpretações violadoras do próprio texto que buscam compreender. Exemplo: acreditar que as forças armadas poderiam ser chamadas a se insurgir contra algum dos Poderes da República a partir de uma interpretação "paradoxo-suicidal" do art. 142 da Constituição. Veja-se que se o art. 142 pudesse ser lido desse modo, a democracia estaria em risco a cada decisão do STF e bastaria uma desobediência de um dos demais poderes. *A democracia dependeria dos militares e não do poder civil*. Logo, por qual razão o poder emanaria do povo?

e XLIV, da CRFB/1988 c/c os arts. 323 e 324 do Código de Processo Penal – CPP (Streck, 2022, p. 701).

Assim sendo, essa primeira corrente de pensamento assenta suas raízes na ideia de que não haveria limites ao exercício do mandato parlamentar, pois seria a liberdade do exercício da função indispensável à manutenção do pacto republicano. Portanto, haveria uma intangibilidade da posição jurídica gravada no art. 53 da carta política. Assim, uma vez prevista na Constituição a garantia da imunidade material, nem mesmo o STF poderia, em jurisdição constitucional, moldar sua abrangência impondo limites ao exercício da função parlamentar, por mais desarrazoada que esta pudesse ser, sob pena de violação à separação dos poderes e do próprio regime democrático.

2.2.2. Segunda corrente de pensamento: Restritiva

Um segundo posicionamento doutrinário moderno e compatível com a nova doutrina constitucional pós-positivista e com a atual jurisprudência do STF aponta para a clara necessidade de que as opiniões, as palavras e os votos proferidos pelos parlamentares, para que sejam acobertados pela imunidade material, devem ser proferidos "em razão das funções parlamentares, no exercício e relacionados ao mandato". Além disso, dentro dos limites impostos pelo postulado da proporcionalidade. Nesse sentido, cria-se a necessidade da observância do denominado "vínculo finalístico" para que haja incidência da prerrogativa, pouco importando se as opiniões, as palavras e os votos são emitidos pelo parlamentar dentro ou fora das dependências de sua casa de leis (Streck, 2022, p. 598). Se proferidos dentro da referida casa legislativa, tem-se como presumido o apontado vínculo finalístico, porém, em relação às opiniões, às palavras e aos votos proferidos fora dessa ambiência, haverá a necessidade da análise do preenchimento do requisito para a incidência da imunidade material.

Nessa vereda, defender que a imunidade material seria um salvo-conduto para que o parlamentar "fale em nome da democracia" sem que haja consequências jurídicas seria uma verdadeira insurgência interpretativa (Streck, 2022). A expressão "quaisquer" não pode implicar à conclusão de que se possa invocar a prerrogativa diante de discurso sem conexão com o exercício do mandato. Imunidade não é blindagem, muito menos "cheque em branco" para que o parlamentar profira discursos de ódio, defenda prática de crimes ou incite violência contra algum dos poderes da República. O fundamento de que a imunidade material seria um instrumento ilimitado de exercício de poder, sob pena de mácula à democracia, significaria que o parlamentar estaria acima da lei.

Certo que a possibilidade de a Corte Constitucional atribuir contornos ao exercício de direitos fundamentais, como no caso da imunidade material, decorre do "Constitucionalismo", movimento político, social e histórico definido por Canotilho como "teoria (ou ideologia) que ergue o princípio do governo limitado indispensável à garantia dos direitos em dimensão estruturante da organização político-social de uma comunidade" (Canotilho, 2003, p. 51). Para além da limitação do poder do Estado e das constituições escritas, a evolução social desembocou, na segunda metade do século XX, em um novo direito constitucional chamado de Neoconstitucionalismo (Barroso, 2015, p. 281-282) que supera o Positivismo Jurídico/Teoria Pura do Direito – direito visto como estrutura, forma e objeto (Kelsen, 2001, p. 261) –, vendo o direito como ciência totalmente dissociada da filosofia da justiça (Kelsen, 2001, p. 261). Essa nova fase do Constitucionalismo teve como marco filosófico o Pós-positivismo jurídico que mescla ideais jusnaturalistas e positivistas reaproximando o direito da ética (Kelsen, 2001, p. 282).

Para que hoje a Corte Constitucional possa exercer a jurisdição constitucional, interpretando as normas jurídicas (regras e princípios) criando caixilhos para institutos como a imunidade material, houve uma alteração paradigmática promovida pelo

Pós-positivismo que oportunizou uma verdadeira leitura moral da Constituição com valores na interpretação jurídica, formando, com isso, uma nova hermenêutica constitucional (Kelsen, 2001, p. 282).

O Pós-positivismo se traduz na teoria contemporânea sobre o Constitucionalismo, que coloca em destaque os problemas da indeterminação do direito e as relações entre o direito, a moral e a política tendo suas bases teóricas formuladas a partir dos trabalhos de Ronald Dworkin nos Estados Unidos da América, que tinha como objetivo construir uma terceira via entre o Jusnaturalismo e o Positivismo (Novelino, 2017, p. 65). Outro autor que contribuiu para esta virada valorativa do direito foi Robert Alexy na Alemanha, que traduziu o pós-positivismo como movimento de reação ao modelo positivista kelseniano de negação a valores reconhecendo a força normativa dos princípios constitucionais com todo o seu potencial valorativo (Novelino, 2017, p. 67).

Nessa conjuntura o instrumento utilizado na busca da solução das antinomias constitucionais, ou seja, dos valores constitucionais contrapostos, aí incluídas as colisões de direitos fundamentais e as colisões entre estes e interesses coletivos, é o princípio da razoabilidade ou da proporcionalidade por meio da técnica da ponderação de interesses conflitantes (Novelino, 2017, p. 295).

Segundo a teoria moderna, os direitos fundamentais são "relativos", no sentido de sofrerem eventuais restrições nos casos de colisão com outros direitos da mesma natureza, como é o caso dos valores envolvidos no debate sobre a compatibilização da liberdade de expressão, manifestação de pensamento e imunidade material com a proporcionalidade e a razoabilidade (Alexy, 2015, p. 67).

Não restam dúvidas de que compete ao STF a função de interpretação da Constituição (art. 102 da CRFB/1988). Aliás, esta é a cara do pós-positivismo, que atribui relevo à atividade jurisdicional. O atual modelo de constitucionalismo aderido pela Carta de 1988 permite e incentiva a atividade hermenêutica, especialmente em relação a preceitos normativos de sentido plurívoco e aberto, como é o caso da expressão "quaisquer" do art. 53 da CRFB/1988. Portanto, é orgânico que os institutos normativos ganhem novos matizes com o passar dos anos, pois, longe de a Constituição ser um documento rígido, o direito pós-moderno traz consigo a essência da plasticidade. Assim, desde que a atividade interpretativa da Constituição não transborde para autoritarismos, ou seja, apenas colorida de oportunismo e circunstancialismo político se transformando em ativismo judicial exagerado e prejudicial, prevalece o entendimento de que a imunidade material, assim como a esmagadora maioria dos direitos fundamentais, possui caráter relativo e pode, sim, ser amoldada à luz da convivência harmônica com os demais direitos.

2.3. Jurisprudência do STF

Em consonância com o segundo posicionamento doutrinário, considerando que a imunidade material assim como a maioria esmagadora dos direitos fundamentais poderia receber contornos por meio da jurisdição constitucional, o STF vem construindo, caso a caso, parâmetros para o gozo da prerrogativa constitucional e, paulatinamente, sedimentando a jurisprudência nesse sentido.

2.3.1 Informativo nº 810 STF

No ano de 2015. o STF (Informativo nº 810) estabeleceu que o então deputado federal Jair Bolsonaro (PSC-RJ), denunciado pelo Ministério Público, se tornasse réu pela suposta prática dos delitos de incitação ao crime de estupro e injúria ao proferir palavras relativas à também deputada Maria do Rosário (Partido dos Trabalhadores do Rio Grande do Sul). No *case* o parlamentar foi condenado na esfera cível a compensar a deputada por danos morais sofridos. Na oportunidade, a Corte apontou o seguinte sobre o instituto da inviolabilidade:

A imunidade parlamentar é uma proteção adicional ao direito fundamental de todas as pessoas à liberdade de expressão, previsto no art. 5º, IV e IX, da CF/88. Assim, mesmo quando desbordem e se enquadrem em tipos penais, as palavras dos congressistas, desde que guardem alguma pertinência com suas funções parlamentares, estarão cobertas pela imunidade material do art. 53, "caput", da CF/88.[4]

2.3.2 Informativo nº 831 STF

Em 2016 (Informativo nº 831), o STF afirmou haver limites ao exercício da imunidade material, existindo a premente necessidade de conexão entre opiniões, palavras e votos com o exercício da função parlamentar, vínculo finalístico, além do respeito ao postulado da proporcionalidade.

> A imunidade parlamentar material (art. 53 da CF/88) protege os Deputados Federais e Senadores, qualquer que seja o âmbito espacial (local) em que exerçam a liberdade de opinião. No entanto, para isso é necessário que as suas declarações tenham conexão (relação) com o desempenho da função legislativa ou tenham sido proferidas em razão dela. Para que as afirmações feitas pelo parlamentar possam ser consideradas como "relacionadas ao exercício do mandato", elas devem ter, ainda de forma mínima, um teor político; Opiniões sobre temas que sejam de interesse de setores da sociedade, do eleitorado, de organizações ou grupos representados no parlamento etc. Palavras e opiniões meramente pessoais, sem relação com o debate democrático de fatos ou ideias não possuem vínculo com o exercício das funções de um parlamentar e, portanto, não estão protegidos pela imunidade material.[5]

---

4. Brasil. STF. Inquéritos nºs 4.088/DF e 4.097/DF, Informativo nº 810. Publicado em 27 de outubro de 2015. Disponível em: https://www.stf.jus.br. Acesso em: 16 mar. 2023.
5. Brasil. STF. Inquérito nº 3.932, Informativo nº 831. Publicado em 21 de junho de 2016. Disponível em: https://portal.stf.jus.br. Acesso em: 14 mar. 2023.

2.3.3 Petição nº 5.875 e informativos nºs 969 e 1.053

Outro tema trabalhado pela Corte, que deu ensejo à jurisprudência, foi sobre a possibilidade de opiniões, palavras e votos emitidos por parlamentares no ambiente virtual, englobadas as redes sociais, serem protegidas pela imunidade material. O Supremo afirmou que a inviolabilidade alcançaria projeção nas redes sociais e, em geral, na rede mundial de computadores, reconhecendo que uma deputada federal, que se manifestou na rede social *Twitter*, estaria acobertada pela prerrogativa constitucional, porém, desde que se respeitasse o vínculo finalístico das opiniões, das palavras e dos votos emitidos com o exercício do cargo ou função.[6]

> Não estão protegidas pela imunidade parlamentar as manifestações injuriosas de Senador proferidas em redes sociais de forma dolosa e genérica, com intenção de destruir reputações, sem qualquer indicação de prova que pudesse corroborar as acusações. "A liberdade de expressão não alcança a prática de discursos dolosos *actual malice*, com intuito manifestamente difamatório, de juízos depreciativos de mero valor, de injúrias em razão da forma ou de críticas aviltantes. A garantia da imunidade parlamentar, que deve ser compreendida de forma extensiva para a garantia do adequado desempenho de mandatos parlamentares, não alcança os atos que sejam praticados sem claro nexo de vinculação recíproca do discurso com o desempenho das funções parlamentares (teoria funcional) ou nos casos em que for utilizada para a prática de flagrantes abusos, usos criminosos, fraudulentos ou ardilosos. O fato de o parlamentar estar na Casa legislativa no momento em que proferiu as declarações não afasta a possibilidade de cometimento de crimes contra a honra, nos casos em que as ofensas são divulgadas pelo próprio parlamentar na Internet.[7]

---

6. Brasil. STF. Petição nº 5.875. Publicado em 17 de junho de 2016. Disponível em: https://portal.stf.jus.br. Acesso em: 14 mar. 2023.
7. Brasil. STF. Petição nº 7.174/DF. Publicado em 10 de março de 2020. Disponível em: https://www.stf.jus.br. Acesso em 16 de mar. 2023.

2.3.4. Imunidade material dos parlamentares estaduais e municipais

Quanto aos parlamentares estaduais, aplicam-se as mesmas regras previstas para os federais.[8] A polêmica maior resta em relação aos vereadores (art. 29, inciso VIII, CRFB/1988), cuja imunidade material é condicionada a limites espaciais, ou seja, palavras, opiniões e votos emitidos pelo parlamentar municipal somente estão protegidas se proferidas no exercício e em razão da função e dentro dos limites territoriais do município (Alexy, 2015, p. 629).[9]

Apontadas as linhas-mestras que norteiam as compressões teóricas básicas sobre o instituto da imunidade material, é necessária a análise do caso que envolveu o então deputado federal Daniel Silveira, especialmente os fundamentos jurídicos apontados pelo STF tanto para a relativização da imunidade, quanto para a decretação da prisão do parlamentar.

A maior moldura hermenêutica relativa ao estudo da imunidade material se deu no bojo do Inquérito nº 4.781, assunto que será estudado mais adiante de forma verticalizada.

3. CASO DANIEL SILVEIRA: INQUÉRITO Nº 4.781-STF (INFORMATIVO Nº 1.006)

O Inquérito nº 4.781 tramitou perante o STF, tendo sido instaurado no ano de 2020 pelo então presidente da Corte Ministro Dias Toffoli por meio da Portaria GP nº 69/2019 designando como relator o Ministro Alexandre de Moraes, com fundamento legal no art. 43 do Regimento Interno do Tribunal. O citado inquérito foi instaurado para investigar a suposta existência de notícias fraudulentas/*fake news*, denunciações caluniosas, ameaças e infrações

---

8. Brasil. STF. ADIs nºs 5.824/RJ e 5.825/MT. Publicado em 16 de dezembro de 2022. Disponível em: https://www.stf.jus.br. Acesso em 16 mar. 2023.
9. Brasil. STF. Recurso Extraordinário nº 600.063/SP. Publicado em 25 de fevereiro de 2015. Disponível em: https://www.stf.jus.br. Acesso em 16 mar. 2023.

que poderiam configurar calúnia, difamação e injúria e atingir a honorabilidade e a segurança do STF, de seus membros e familiares, em razão de atos de incitamento ao fechamento do STF, de ameaça de morte ou de prisão de seus membros e de apregoada desobediência a decisões judiciais. Dentre os argumentos utilizados para a instauração da investigação também foi citado o fato de que, muito embora a Constituição proteja a liberdade de expressão, não pode haver na ordem jurídica algum direito que possa justificar o descumprimento de uma decisão judicial da última instância do Poder Judiciário, sendo intolerável no Estado Democrático de Direito, defesa da ditadura, do fechamento do Congresso Nacional ou do Supremo, pois não há direito no abuso de Direito.

No bojo deste inquérito, muito criticado por grande parte da doutrina, houve um alargamento de objeto para a inserção de outras condutas praticadas contra a atuação do tribunal e/ou seus membros. Nesse hábitat no ano de 2021, o deputado federal Daniel Silveira (PSL-RJ) teve sua prisão decretada pelo Ministro Relator Alexandre de Moraes. O fundamento da prisão teria sido a divulgação de um vídeo em que o deputado Silveira defendia medidas consideradas antidemocráticas, como o AI-5, e instigaria a adoção de medidas violentas contra a vida e a segurança dos ministros do STF. Segundo entendimento do Ministro Alexandre de Moraes, as condutas perpetradas pelo deputado constituiriam crime inafiançável (única exceção que permite a prisão em flagrante de parlamentar, art. 53, § 2º, CRFB/1988) e crime permanente, o que permitiria a imediata prisão em flagrante-delito do parlamentar. Assim, a Corte Constitucional encontrou lastro para relativizar a imunidade material do deputado federal, com base na própria jurisprudência da Corte, tipificando suas condutas como crime e emitindo mandado judicial[10] para que a Polícia

---

10. Aqui surgiram posições que apontaram para a criação de uma figura jurídica esdrúxula, o denominado "Mandado de Prisão em Flagrante", indo de encontro ao arcabouço teórico fundamental do tema "Prisões". Pois, ou se está em situação de flagrante-delito e qualquer um do povo e os agentes públicos devem efetuar a prisão, ou há a necessidade de o agente preencher os requisitos da Prisão Temporária (Lei nº 7.960/1989) ou da Prisão Preventiva (art. 282, 311, 312, 313 do CPP).

Federal se dirigisse à residência de Daniel Silveira e efetuasse a prisão contra o mesmo.[11]

> Na decisão e em seu voto, o ministro Alexandre de Moraes assinalou que as manifestações do parlamentar, por meio das redes sociais, afrontam os princípios republicano e democrático e a separação de Poderes e configuram crimes inafiançáveis, não acobertados pela imunidade parlamentar. Além de atingirem os ministros do STF, elas constituem ameaça ilegal à segurança de seus integrantes e têm o intuito de impedir o exercício da judicatura, especialmente a independência do Poder Judiciário e a manutenção do Estado Democrático de Direito. A Constituição Federal não permite a propagação de ideias contra a ordem democrática e constitucional nem a realização de manifestações (pessoais ou em redes sociais) visando ao rompimento do Estado de Direito, à extinção da cláusula pétrea constitucional da separação de Poderes ou que pretendam a instalação do arbítrio no Brasil. "Dessa maneira, tanto são inconstitucionais as condutas e manifestações que tenham a nítida finalidade de controlar ou mesmo aniquilar a força do pensamento crítico, indispensável ao regime democrático, quanto aquelas que pretendam destruí-lo, juntamente com suas instituições republicanas, pregando a violência, o arbítrio, o desrespeito à separação de Poderes e aos direitos fundamentais, em suma, pleiteando a tirania, o arbítrio, a violência e a quebra dos princípios republicanos, como se verifica pelas manifestações criminosas e inconsequentes do referido parlamentar", afirmou.

As condutas praticadas por Daniel Silveira foram tipificadas na então vigente Lei de Segurança Nacional (Lei nº 7.170/1973), especificamente, nos art. 17 (tentar mudar, com emprego de violência ou grave ameaça, a ordem, o regime vigente ou o Estado de Direito), 18 (tentar

---

11. Brasil. STF. Inquérito nº 4.781. Publicado em 14 de maio de 2021. Disponível em: https://jurisprudencia.stf.jus.br. Acesso em: 15 mar. 2023.

impedir, com emprego de violência ou grave ameaça, o livre-exercício de qualquer dos Poderes da União ou dos estados), 22, incisos I e IV (fazer propaganda de processos violentos ou ilegais para alteração da ordem política ou social ou de qualquer dos crimes previstos na lei), 23, incisos I, II e IV (incitar a subversão da ordem política ou social, a animosidade entre as Forças Armadas ou entre estas e as classes sociais ou as instituições civis ou a prática de qualquer dos crimes previstos na lei), e 26 (caluniar ou difamar o presidente da República, do Senado Federal, da Câmara dos Deputados ou o do STF).

Logo após a ordem de restrição de liberdade ter sido cumprida, o deputado foi submetido à Audiência de Custódia perante o STF, que manteve a prisão por unanimidade (11x0). Ato contínuo o *case* foi submetido à apreciação da Câmara dos Deputados, conforme preceito constitucional (art. 53, § 2º, CRFB/1988). Nessa casa houve deliberação e a manutenção da prisão do parlamentar, sem fiança, por um placar de 364x130 dos membros.

Com relação à imunidade material do parlamentar, o relator afirmou que:

> Não concordar com posicionamentos da Corte, não são compatíveis com a imunidade parlamentar. "Atentar contra as instituições, contra a democracia e o Estado de Direito não configura exercício da função parlamentar", afirmou. "A imunidade material parlamentar não pode ser confundida com impunidade". Ele lembrou, ainda, que, quando a Polícia Federal cumpria o mandado de prisão, o deputado foi para um quarto e, mostrando desprezo pelas instituições, gravou mais um vídeo ameaçando integrantes do STF. Em seguida, durante os exames necessários para a prisão, teria cometido novo crime, ao desacatar uma policial que pedia que ele usasse máscara.[12]

---

12. Brasil. STF. Inquérito nº 4.781. Publicado em 14 de maio de 2021. Disponível em: https://jurisprudencia.stf.jus.br. Acesso em: 15 mar. 2023.

Já no ano de 2022 o Supremo Tribunal Federal condenou o deputado federal Daniel Silveira (PTB-RJ) a oito anos e nove meses de reclusão, em regime inicial fechado, por crimes de ameaça ao Estado Democrático de Direito e coação no curso do processo".[13] Para a maioria do Plenário, as declarações que motivaram a condenação não foram apenas opiniões relacionadas ao mandato e, portanto, não estão protegidas pela imunidade parlamentar nem pela liberdade de expressão.[14] Não foram aceitas as alegações da defesa de que a acusação estaria prejudicada em razão da revogação da Lei de Segurança Nacional (Lei nº 7.170/1983) pela Lei nº 14.197/2021, levando em consideração a incidência do princípio da continuidade normativo-típica, pois as condutas descritas na Lei nº 7.170/1983 continuam previstas, agora no Código Penal, no título "Dos Crimes contra o Estado Democrático de Direito", mas com tratamento e sanções diversas.

3.1. Críticas ao Inquérito nº 4.781

É indispensável tecer críticas à utilização do inquérito instaurado pelo STF para apurar as condutas descritas linhas acima. A doutrina, quase de forma uníssona, com base no garantismo penal e no sistema acusatório, aponta mácula no citado instrumento, afirmando ter havido o ressurgimento do chamado, e já há anos extinto, Inquérito Judicialiforme.

A previsão do art. 43 do Regimento Interno do STF, que autoriza ao presidente do Tribunal a instauração de inquérito, é uma regra excepcionalíssima que confere ao Judiciário a função atípica de investigação para preservar preceitos fundamentais, entre eles as suas prerrogativas institucionais, diante da omissão ou inércia dos órgãos de controle em exercer essa atribuição. Mas, embora

---
13. Brasil. STF. Ação Penal nº 1.044. Publicado em 20 de abril de 2022. Disponível em: https://portal.stf.jus.br. Acesso em: 23 mar. 2023.
14. Brasil. STF. Ação Penal nº 1.044. Publicado em 20 de abril de 2022. Disponível em: https://portal.stf.jus.br. Acesso em: 23 mar. 2023.

haja previsão legal para isso, não importa automática conclusão de legalidade e constitucionalidade da medida. Considerando o novo sistema pós-positivista, o Estado Legicêntrico foi superado por uma visão conglobante das fontes do Direito, devendo ser especialmente protegidos e enaltecidos preceitos constitucionais estruturantes de manutenção do sistema de garantias fundamentais como é o caso do Sistema Acusatório (art. 129, inciso I, da CRFB/1988), antítese do inquisitivo, tem nítida separação de funções, ou seja, o juiz é órgão imparcial de aplicação da lei, que somente se manifesta quando devidamente provocado.

Para muitos houve flagrante afronta ao Sistema Acusatório quando o presidente do STF instaurou de ofício o Inquérito nº 4.781, pois se colocou em um mesmo balaio o magistrado vítima das condutas praticadas por Daniel Silveira como coletor de provas e como órgão julgador. Nesse sentido é muito forte o entendimento de que o art. 43 do Regimento Interno do STF não foi recepcionado pela CRFB/1988, que aderiu ao Sistema Acusatório que afastou o juiz da persecução penal, tornando-o uma figura suprapartes. Além disso, ainda que se admitisse a bizarra figura do inquérito judicial, o próprio Regimento Interno do STF limita o objeto da investigação a crimes praticados na sede ou nas dependências do tribunal, o que não ocorreu no caso em apreço, ou seja, caberia à Polícia Federal a investigação dos fatos com controle externo do Ministério Público Federal e os crimes processados perante a justiça federal de primeiro grau.

Em relação à ofensa ao Sistema Acusatório, foi proposta a Arguição de Descumprimento de Preceito Fundamental (ADPF) nº 572 contra o Regimento Interno do STF, que permitiu a instauração de inquéritos pela corte. Porém, o plenário decidiu pela legalidade e pela constitucionalidade do Inquérito nº 4.781. Segue trecho dos fundamentos da decisão:

> Segundo o entendimento, o STF tem a função extraordinária e atípica de apurar qualquer lesão real ou potencial a sua

independência, e às regras do Regimento Interno do STF que fundamentaram a instauração do inquérito. Dias Toffoli afirmou que, há algum tempo, o Tribunal e seus ministros sofrem ataques e têm sua integridade e sua honorabilidade ameaçadas por milícias digitais que buscam atingir a instituição e o Estado Democrático de Direito. Segundo o ministro, a instauração do inquérito, por meio de portaria assinada por ele, é uma prerrogativa de reação institucional.[15]

Para além do labéu supracitado, a doutrina ainda tece dura desaprovação para o contorcionismo jurídico acerca da alegação de que os crimes praticados pelo parlamentar configurariam crime permanente pelo simples fato dos vídeos onde as ofensas foram feitas estarem postados na internet. Todos os crimes imputados são de natureza instantânea e o fato de estarem disponíveis em vídeos na Rede Mundial de Computadores não os transmudam para crimes permanentes. Mudar o rótulo não altera o conteúdo. Diante dessa manobra o STF pode expedir a excêntrica figura do mandado de prisão em flagrante, cumprido pela polícia federal.

4. CONCLUSÃO

Com a promulgação da Constituição-Cidadã de 1988, um novo modelo de Estado foi apresentado, para além do legicentrismo tradicional: o modelo pós-positivista e neoconstitucionalista. Como consequência, novos paradigmas surgiram alterando os arquétipos historicamente enraizados de supremacia do Poder Legislativo. Houve, então, um fortalecimento da jurisdição constitucional enaltecendo a tese da jurisprudência como nova fonte do Direito. Tomando isso como base, aliada à teoria dos direitos fundamentais e ao postulado normativo

---

15. Brasil. STF. ADPF nº 572. Publicado em 18 de junho de 2020. Disponível em: https://portal.stf.jus.br. Acesso em: 23 mar. 2023.

da unidade constitucional, não há espaço para direitos fundamentais absolutos, salvo honrosas exceções apontadas pela doutrina como o direito de não ser torturado e de não ser escravizado.

Embora a CRFB/1988 preveja em seu catálogo de direitos a prerrogativa da imunidade material aos parlamentares, o modelo de Estado adotado atribui à Corte Constitucional a missão de interpretar a Constituição. Assim, naturalmente, o instituto da imunidade material ganhou contornos, trilhos e limites quanto ao seu exercício.

Para aqueles que compreendem que deve haver uma interpretação literal e textual do preceito entalhado no art. 53 da CRFB/1988, há uma premente necessidade de que esta garantia/prerrogativa seja mantida intacta, pois, indispensável para a manutenção do equilíbrio republicano e como garantia da autonomia dos poderes da República. Sucede que não é a tese que prospera, já há alguns anos.

É nítida a necessidade de que os agentes públicos, no desenvolver de suas obrigações, as exerçam mirando sempre na legalidade. Porém, não se pode olvidar que este conceito é muito mais amplo do que a simplória concepção iluminista de legalidade. Há uma obrigatoriedade de observância da legalidade ampla, e neste alforje o princípio da proporcionalidade tem valor relevante. Assim, "quaisquer" não significa literalmente "quaisquer", mas aquilo que seja minimamente tolerável por outras pessoas e entes, preservando o tão caro valor do equilíbrio institucional.

Também é elementar que a atividade jurisdicional atenda aos anseios de equilíbrio e preservação de garantias mínimas. Não se pode combater o crime praticando crimes. Todo cuidado é pouco no exercício judicial para que não se transborde para um ativismo pernicioso que beneficie esta ou aquela ideologia político-ideológica. Afinal, a democracia é um valor intangível e irrenunciável.

REFERÊNCIAS BIBLIOGRÁFICAS

ALEXY, R. **Teoria dos direitos fundamentais**. 2. ed. São Paulo: Malheiros, 2015.

BARCELLOS, A. P. **Curso de Direito Constitucional**. 4. ed. São Paulo: Forense, 2022.

BARROSO, L. R. **Curso de Direito Constitucional contemporâneo**. 5. ed. São Paulo: Saraiva, 2015.

CANOTILHO, J. J. G. **Direito Constitucional e Teoria da Constituição**. 7. ed. Coimbra: Almedina, 2003.

KELSEN, H. **O que é justiça?**. Tradução de Luís Carlos Borges e Vera Barkow. 3. ed. São Paulo: Martins Fontes, 2001.

LENZA, P. **Direito Constitucional esquematizado**. 25. ed. São Paulo: Saraiva, 2021.

MORAES, A. de. **Direito Constitucional**. 38. ed. São Paulo: Atlas, 2022.

NOVELINO, M. **Curso de Direito Constitucional**. 12. ed. Salvador: Juspodivm, 2017.

RANGEL, P. **Direito Processual Penal**. 29. ed. São Paulo: Atlas, 2021.

SANCHES, R. **Manual de Direito Penal:** Parte Geral. 2. ed. Salvador: Juspodivm, 2014.

STRECK, L. L. Na palavra "quaisquer" do artigo 53-CF cabe "qualquer coisa"?. **Conjur**, 2022.

TAVARES, A. R. **Curso de Direito Constitucional**. 21. ed. São Paulo: Saraiva, 2023.

O PRINCÍPIO DA INSIGNIFICÂNCIA E SUA APLICAÇÃO AO ESTATUTO DO DESARMAMENTO

CAPÍTULO 2

Maíra Rodrigues[16]

1. INTRODUÇÃO

A prova oral de um concurso público é sem dúvida a etapa do certame que mais causa temor e ansiedade nos candidatos. É preciso conjugar o controle emocional com uma exposição satisfatória do conteúdo jurídico arguido, sem esquecer a boa oratória.

O frio na barriga será inevitável, porém, é possível compreender essa fase do certame sob outro ângulo: é o melhor momento para que o examinado exponha todo o conhecimento consolidado ao longo do seu estudo, demonstrando o seu preparo para assumir um cargo com tamanha responsabilidade social.

Para isso, no entanto, não bastam as incontáveis horas de estudo (solitário, diga-se de passagem) e os treinos constantes de exposição oral dos pontos do edital. Ter estratégia é fundamental, e isso perpassa por pesquisar as preferências acadêmicas e as áreas de atuação dos membros da banca examinadora, caso haja a publicação da lista nominal.

Esse era o cenário do concurso para o cargo de Delegado de Polícia Civil do Estado do Rio de Janeiro: a maioria dos membros das

---

16. Delegada de Polícia do Estado do Rio de Janeiro. Bacharel em Direito pela Universidade Estadual do Rio de Janeiro (UERJ). Vínculo institucional: Polícia Civil do Estado do Rio de Janeiro.

bancas examinadoras possuía um perfil acadêmico e profissional vanguardista, preocupados com visões críticas do Direito, e isso não só poderia, como deveria, ser explorado no momento da prova oral.

A autora, ao enfrentar a banca de Direito Penal, se deparou com a seguinte pergunta: "candidata, fale sobre o princípio da insignificância e sua aplicação no Estatuto do Desarmamento". À primeira vista, por se tratar de um assunto frequentemente debatido no cenário doutrinário e jurisprudencial brasileiro, o leitor poderia considerá-la de fácil desenvolvimento. No entanto, essa temática envolve discussões doutrinárias relevantes e pouco difundidas, cuja abordagem seria um diferencial, permitindo conquistar pontos preciosos com a banca examinadora.

Portanto, o objetivo deste artigo é trazer em breves páginas a forma como a autora optou por expor o tema acima proposto durante a sua prova oral, convidando o leitor a ir além do "lugar comum", em uma leitura que tem como ponto de partida a abordagem clássica dos manuais de Direito e desemboca em questões jurídicas aprofundadas que trazem novas perspectivas sobre o assunto.

2. O PRINCÍPIO DA INSIGNIFICÂNCIA: DOS ASPECTOS INTRODUTÓRIOS AO DESENHO JURISPRUDENCIAL BRASILEIRO

O princípio da insignificância, também denominado princípio da bagatela (Masson, 2014, p. 25), tem a sua origem atribuída ao adágio latino *mínima non curat praetor*, segundo o qual o juiz (pretor) não deve se ocupar de questões mínimas. No entanto, incialmente, sua aplicação era limitada ao Direito Civil Romano.

Na seara penal, o desenvolvimento do princípio da insignificância é atribuído pela doutrina majoritária a Claus Roxin,[17] em um

---
17. Embora a sistematização do princípio seja atribuída a Claus Roxin, parte da doutrina destaca que Welzel, ao tratar da adequação social da conduta, já fazia uma análise – ainda que pontual – das lesões insignificantes na seara penal, destacando que "por serem socialmente adequadas, ficam excluídas, da mesma forma, as lesões corporais insignificantes (Cintra, 2011, p. 56).

artigo publicado no ano de 1964, ainda sem tradução para o idioma português, aplicando a ideia de ação insignificante ao crime de coação do Código Penal alemão. Os contornos do instituto, no entanto, somente foram sistematizados em sua obra *Política Criminal y Sistema del Derecho Penal*, em 1972 (Martinelli e Bem, 2018, p. 258-259).

Segundo o autor, a insignificância é "un principio de validez general para la determinación del injusto" (Roxin, 2022, p. 73-74), que permite excluir, da maior parte dos tipos penais, as ofensas de pouca relevância ao bem jurídico penal, considerando tal princípio uma causa de exclusão da tipicidade penal em seu âmbito material.

Com efeito, a compreensão da insignificância penal perpassa, obrigatoriamente, pela dupla faceta da tipicidade: tipicidade formal e tipicidade material. Isso significa que um comportamento somente se revestirá de tipicidade penal se, além de apresentar perfeita subsunção a todos os elementos descritos na figura típica (aspecto formal), também representar uma ofensa, uma afetação ao bem jurídico tutelado (aspecto material). Ou seja, não basta o mero juízo de adequação da conduta ao tipo, é fundamental a demonstração de que essa conduta é socialmente perigosa ou danosa.[18]

E o princípio da bagatela é inserido na concepção material de tipicidade. Calcado em valores de política criminal, a insignificância é um instrumento hermenêutico, de interpretação restritiva do tipo penal, que busca fazer um juízo de danosidade social do fato, uma análise do grau de intensidade da ofensa produzida ao objeto de proteção penal. Trata-se de uma análise quantitativa – de extensão da lesão ou perigo de lesão – que permite auferir a efetiva proporcionalidade entre a gravidade da conduta que se pretende punir e a drasticidade da intervenção penal por meio do Direito Penal (Bitencourt, 2012, p. 26). Fatos que possuem um ínfimo grau de afetação ao bem jurídico revelam que a responsabilização penal é desnecessária e desproporcional.

---

[18]. A tipicidade material compõe dois juízos valorativos: a) juízo de valoração da conduta, consistente na verificação se o agente criou ou aumentou o risco proibido relevante; b) juízo de desaprovação do resultado (ofensa desvaliosa ao bem jurídico) (Salim; Azevedo, 2017, p. 200).

Ensina Carlos Vico Mañas (1994, p. 81) que o princípio da insignificância funda-se

> na concepção material do tipo penal, por intermédio do qual é possível alcançar, pela via judicial e sem macular a segurança jurídica do pensamento sistemático, a proposição político-criminal da necessidade de descriminalização de condutas que, embora formalmente típicas, não atingem de forma socialmente relevante os bens jurídicos protegidos pelo Direito Penal.

Não há no ordenamento jurídico brasileiro a previsão expressa desse instituto, sendo uma construção doutrinária, consolidada pela adesão jurisprudencial, cuja fundamentação é extraída de um plexo de princípios jurídico-penais, em especial: da ofensividade, da intervenção mínima – sob o prisma da fragmentariedade do Direito Penal, e da proporcionalidade.

O princípio da ofensividade[19] relaciona-se com a forma de compreender o delito, em seu sentido material: delito é uma ofensa ao bem jurídico tutelado. O brocardo *nullum crimen sine iniuria* estabelece que somente será penalmente relevante a conduta que lesiona o bem jurídico protegido, de forma que serão atípicos os atos que não afetem interesses tutelados (Bottini, 2019, p. 153).

Diante dessa perspectiva, pode-se estabelecer que o princípio da insignificância está vinculado à lesividade penal sob um viés quantitativo, por meio da valoração da intensidade da ofensa concretamente produzida ao bem jurídico. Como bem explica Juarez Cirino (2014, p. 26):

> Do ponto de vista quantitativo (extensão da lesão do bem jurídico), o princípio da lesividade exclui a criminalização primária

---

19. Cezar Roberto Bitencourt (2012, p. 27) ensina em seu livro que o princípio da ofensividade tem duas funções: a primeira, de viés político-criminal, tem um caráter informativo-preventivo direcionado ao legislador, impondo apenas a criminalização de comportamentos que ofereçam verdadeiro conteúdo ofensivo aos interesses socialmente relevantes, sendo vedada a cominação de sanções penais à condutas que apenas constituem exercício de liberdades constitucionais como as de pensamento, de consciência e de crença, de concepções filosóficas e políticas, dentre outras. Já a segunda função tem um viés interpretativo ou dogmático, voltado ao aplicador o Direito, orientando-o a buscar a concreta presença de uma lesão ou de um perigo concreto de lesão ao bem jurídico protegido.

ou secundária de lesões irrelevantes de bens jurídicos. Nessa medida, o princípio da lesividade é a expressão positiva do princípio da insignificância em Direito Penal: lesões insignificantes de bens jurídicos protegidos, como a integridade ou saúde corporal, a honra, a liberdade, a propriedade, a sexualidade etc., não constituem crime.

A insignificância penal também possui íntima conexão com o princípio da fragmentariedade enquanto desdobramento do princípio da intervenção mínima. Ensina a doutrina que o Direito Penal, por ser um remédio sancionador extremo, deve ser a *ultima ratio* estatal, somente sendo aplicado quando estritamente necessário para garantir uma coexistência pacífica dos homens em sociedade. Logo, a intervenção penal deve ficar condicionada ao fracasso das demais esferas de controle (caráter subsidiário),[20] observando somente os casos de relevante lesão ou perigo de lesão aos bens jurídicos mais caros de uma sociedade – caráter fragmentário (Cunha, 2015, p. 69).

Nesse panorama, lesões que não causam significativos danos aos bens jurídicos atraem a tutela de outros ramos do ordenamento jurídico,[21] posto que não merecem repressão estatal pela via do Direito Penal. Com efeito, somente agressões a bens jurídicos que são absolutamente intoleráveis pela sociedade devem ser consideradas criminosas.[22]

---

20. Conforme salienta Claus Roxin (1998, p. 28): "o Direito Penal é de natureza subsidiária. Ou seja: somente se podem punir as lesões de bens jurídicos e as contravenções contra fins de assistência social, se tal for indispensável para uma vida em comum ordenada. Onde bastem os meios do direito civil ou do direito público, o direito penal deve retirar-se. (...) consequentemente, e por ser a reação mais forte da comunidade, apenas se pode recorrer a ela em último lugar".
21. O princípio da insignificância tem como objetivo excluir do âmbito penal as condutas que causem danos ínfimos a bens jurídicos, mas não exclui a incidência dos outros ramos do ordenamento jurídico. Apesar de a conduta ser afastada do âmbito punitivo da norma penal, isso não a torna aceita pela sociedade e sim, apenas tolerada, do ponto de vista penal, restando aos demais ramos jurídicos a sua efetiva tutela (Cintra, 2011, p. 71-73).
22. Ensina Assis Toledo (2000, p. 14) que: "onde a proteção de outros ramos do direito possa estar ausente, falhar ou revelar-se insuficiente, se a lesão ou exposição a perigo de bem jurídico tutelado apresentar certa gravidade, até aí deve estender-se o manto da proteção penal, como *ultima ratio regum*.

Conforme destaca Ivan Luiz da Silva (2011, p. 133):

> (...) o Princípio da Fragmentariedade – bem como a natureza subsidiária do Direito Penal – é realizado pelo Princípio da Insignificância, que diante de ações típicas insignificantes atua como mecanismo de seleção qualitativo-quantitativa de condutas mais graves contra os bens jurídicos atacados, objetivando, assim, estabelecer um padrão de aplicação da lei criminal, denominado de "mínimo ético" do Direito Penal, e compor um sistema razoável para obliterar as injustiças formais da lei penal, firmado nos pressupostos de defesa dos interesses humanos fundamentais.

Por derradeiro, a ideia de proporcionalidade entre fato e sanção é muito utilizada como fundamento para a atipicidade material por insignificância. O princípio da proporcionalidade, na seara penal, exige que a resposta do Estado deve ser proporcional ao mal causado pela prática de uma conduta tipificada como crime. Se consequência da pena exceder o mal causado pela prática criminosa, o excesso configurará uma atuação repressiva arbitrária e irracional (Cintra, 2011, p.73).

Há, portanto, a imperiosa necessidade de examinar a natureza do ataque ao bem jurídico tutelado e a sanção cominada para essa lesão de modo a avaliar a proporcionalidade da reação penal à ação realizada.

Odone Sanguiné (1990, p. 47) preleciona que:

> O fundamento do princípio da insignificância está na ideia de "proporcionalidade" que a pena deve guardar em relação à gravidade do crime. Nos casos de ínfima afetação ao bem jurídico, o conteúdo de injusto é tão pequeno que não subsiste nenhuma razão para o *pathos* ético da pena. Ainda a mínima pena aplicada seria desproporcional à significação social do fato.

Em suma: de viés político-criminal, o princípio da insignificância tem criação doutrinária e consiste em um importante mecanismo de contenção do sistema punitivo que concretiza os princípios da ofensividade, da intervenção mínima – sob o prisma da fragmentariedade – e da proporcionalidade dentro da dogmática penal, funcionando como causa supralegal de exclusão da tipicidade penal.

Sob o aspecto hermenêutico, a insignificância pode ser entendida como um instrumento de interpretação restritiva do tipo penal, uma vez que restringe o âmbito de incidência da lei penal incriminadora para afastar condutas que, apesar de se encaixarem nos modelos abstratos e sintéticos de crime (formalmente típicas), não acarretam relevante perigo ou dano ao bem jurídico tutelado.

No âmbito jurisprudencial brasileiro, a consagração do crime de bagatela decorreu de razões pragmáticas, pois a descriminalização de comportamentos insignificantes tem um grande potencial de contribuir para o arrefecimento da crise penitenciária, evitando, em especial, o encarceramento de pessoas que praticam delitos patrimoniais de pequena monta.

A primeira vez que o princípio foi reconhecido pelo STF foi no ano de 1988, no RHC nº 66.869/PR.[23] Porém, somente em 2004, a Suprema Corte brasileira realmente se debruçou sobre o tema, proferindo um julgamento emblemático a respeito do postulado da insignificância, com seus contornos e repercussão no Direito Penal brasileiro.[24]

Trata-se de acórdão paradigmático, que sistematicamente é reproduzido pelos demais tribunais do país e pela literatura penal brasileira, pois – além de consagrar a natureza jurídica do instituto como causa de exclusão da tipicidade material e demonstrar sua

---

23. A primeira decisão proferida pelo STF envolvia o contexto de inexpressiva lesão corporal sofria por uma vitima de acidente de trânsito. STF, 2ª Turma, RHC nº 66.869/PR, rel. Aldir Passarinho, publicado em 28.04.1989. Disponível em: https://redir.stf.jus.br/paginadorpub/paginador.jsp?docTP=AC&docID=102215. Acesso em: 16 abr. 2023.
24. STF, 2ª Turma, HC nº 84.412-0/SP, rel. Min. Celso de Mello, publicado em 19.11.2004. Disponível em: https://redir.stf.jus.br/paginadorpub/paginador.jsp?docTP=AC&docID=79595. Acesso em: 13 abr. 2023.

conexão com os postulados da fragmentariedade e da intervenção mínima do Estado em matéria penal – fixou os vetores de aplicação, trazendo balizas para identificar quando há uma conduta penalmente insignificante.[25]

Dos quatro vetores delimitados para a análise da bagatela de um comportamento formalmente típico, três estão relacionados com o desvalor da ação – a mínima ofensividade da conduta, a nenhuma periculosidade social da ação e o reduzido grau de reprovabilidade do comportamento – e um está relacionado com o desvalor do resultado: a inexpressividade da lesão jurídica provocada.[26] Entende o STF que a aplicação do princípio da insignificância somente é autorizada quando preenchidas – de forma concomitante – todas as diretrizes elencadas.

Cabe destacar importantes críticas doutrinárias a respeito desses vetores. Paulo Queiroz (2008, p. 53) defende que os requisitos exigidos pela Suprema Corte são genéricos e tautológicos. Destaca:

> (...) se mínima é a ofensa, então a ação não é socialmente perigosa; se a ofensa é mínima e a ação não perigosa, em consequência, mínima ou nenhuma é a reprovação e, pois, inexpressiva a lesão jurídica. Enfim, os supostos requisitos apenas repetem a mesma ideia por meio de palavras diferentes, argumentando em círculos.

Importantes vozes da doutrina defendem que o vetor "reduzidíssimo grau de reprovabilidade do comportamento" é elemento ligado à culpabilidade do agente, pois é utilizado na jurisprudência para a avaliação negativa de fatores subjetivos do acusado. O grau de reprovabilidade do comportamento é associado à conduta social do agente e a aspectos de sua personalidade, tais

---

[25]. Há pequenas vozes na doutrina alegando que a aplicação do princípio da insignificância colide com a segurança jurídica. A fixação de critérios objetivos para o reconhecimento de uma conduta penalmente insignificante é fundamental para afastar a conceituação do crime de bagatela com base em uma perspectiva exclusivamente individual e pessoal de cada autor ou julgador, pautado no próprio senso de justiça (Silva, 2011, p. 154).

[26]. Juarez Tavares (2009, p. 238) ensina que: "Ao estabelecer as características da conduta proibida, inserindo-as no tipo de injusto, o legislador procede a uma avaliação negativa sobre essa conduta mesma e sobre o resultado por ela produzido. Esta dupla avaliação toma o nome de desvalor do ato e desvalor do resultado."

como *modus vivendi* do acusado, eventual habitualidade ou reiteração criminosa.[27]

E essa compreensão promove um verdadeiro desvirtuamento do princípio da insignificância que, enquanto fator de exclusão da tipicidade material da conduta, deve limitar-se à verificação de aspectos objetivos, avaliando tão somente se houve ofensa relevante da conduta ao bem jurídico tutelado. Trazer a análise da culpabilidade do agente para o campo da tipicidade é subverter a estrutura do conceito analítico de crime, instaurando um campo de insegurança jurídica (Melo, Mendes e Ferreira, 2021, p. 222-225). Uma conduta que não se revela concretamente lesiva ao bem jurídico tutelado não pode ser atípica apenas para uns; é materialmente atípica para todos.

Além disso, considerar fatos relacionados à pessoa do réu para afastar a incidência do princípio da insignificância consiste em ofensa ao princípio da culpabilidade pela adoção do direito penal do autor (Martinelli e Bem, 2018, p. 261).

Desde o *leading case* acima citado, o princípio da insignificância é aplicado pelos Tribunais Superiores, observando suas balizadas de aferição, notadamente em crimes envolvendo interesses patrimoniais de pequena monta, praticados sem violência ou grave ameaça à pessoa. No entanto, seu cabimento não se exaure nesta seara, suscitando inúmeros debates – doutrinários e jurisprudenciais – como o caso dos crimes elencados no Estatuto do Desarmamento.

---

27. Embora os julgados mais recentes do STF e do STJ apontem que condições subjetivas do acusado, tal qual a reincidência, não pode ser óbice intransponível à aplicação do princípio da insignificância, fato é que os Tribunais Superiores continuam se valendo de critérios subjetivos para análise da (in)aplicabilidade do instituto de modo que a crítica acima exposta permanece pertinente. STF, Tribunal Pleno. HC nº 123.108/MG, Rel. Min. Relator Roberto Barroso, publicação em 01.02.2016; STF, 1ª Turma, HC nº 200.648 AgRg, Rel. Min. Relator Roberto Barroso, publicado em 07.10.2021. STJ. 5ª Turma. AgRg no REsp. nº 1.992.226/RS. Rel. Min. Jorge Mussi, julgado em 14.11.2022 (Informativo Especial nº 10).

3. APLICAÇÃO DO PRINCÍPIO DA INSIGNIFICÂNCIA AO ESTATUTO DO DESARMAMENTO

O Estatuto do Desarmamento, previsto na Lei nº 10.826/2003, é o diploma legal que disciplina "sobre registro, posse e comercialização de armas de fogo e munição, sobre o Sistema Nacional de Armas – Sinarm, define crimes e dá outras providências".[28]

Quando comparada à antiga Lei de Armas (revogada Lei nº 9.437/1997), nota-se um recrudescimento administrativo e penal no que diz respeito ao controle de armamento do país, seja por meio do incremento das burocracias necessárias para se obter uma autorização para a posse ou o porte legal de uma arma de fogo, seja por meio do incremento da punição aos crimes atinentes a tais comportamentos irregulares (Lima, 2023, p. 389). A opção legislativa foi pela adoção de uma política de desarmamento da população civil, restringindo ao máximo a possibilidade de as pessoas possuírem e portarem armas de fogo e munições no Brasil com o intuito de conter a escalada de crimes cometidos com tais artefatos, especialmente diante dos altos índices de homicídios no país.[29]

De forma majoritária na doutrina e na jurisprudência pátria, entende-se que o Estatuto do Desarmamento tem como objetividade jurídica a incolumidade pública, ou seja, a segurança da sociedade como um todo, a qual deve ser preservada, evitando-se que bens jurídicos como vida e integridade física da coletividade sejam lesionados ou expostos a perigo de dano (Capez, 2008, p. 333).

Luiz Flávio Gomes e William Terra de Oliveira ensinam que a segurança pública é um valor social coletivo e foi elencado pelo constituinte ordinário como um direito fundamental previsto expressamente na Constituição Federal, notadamente nos arts. 5º, *caput*, e

---

28. Brasil. Lei nº 10.826, de 22 de dezembro de 2003. **Diário Oficial da União**, 23 dez. 2003. Disponível em: https://www.planalto.gov.br/ccivil_03/leis/2003/L10.826compilado.htm. Acesso em: 16 abr. 2023.
29. A Secretaria de Estado dos Negócios da Segurança Pública do Estado de São Paulo revelou um estudo que demonstra o grande impacto da circulação irregular das armas de fogo: "(...) no ano de 2001, na cidade de São Paulo, os homicídios foram responsáveis por 62,4% do total de mortes por causas externas, a esmagadora maioria com a utilização de armas de fogo (66,5%, se considerados os dados constantes das declarações de óbito; 88,6% se levados em conta os laudos dos exames necroscópicos. (Cunha, 2019, p. 1591).

144[30] Por isso, há uma obrigação do legislador de editar normas que garantam, de forma imediata, a proteção ao direito fundamental à segurança. Logo, apenas de forma mediata, secundária, há a proteção da vida, da incolumidade física e da saúde dos cidadãos. A tipificação de condutas relacionadas às armas de fogo, por exemplo, busca prevenir – em última análise – ataque a eles. E essa prevenção é feita pela elevação à categoria de bem jurídico a própria segurança de outros bens, antecipando-se, com isso, a barreira de tutela penal.

Os mesmos autores destacam que haverá delito, portanto:

> (...) todas as vezes em que a conduta do agente atentar contra o "nível mínimo de segurança" de outros bens, que rebaixando--o ou anulando-o. (...) A diminuição dos níveis de segurança na circulação de armas é punível porque representa, em última instância, um risco maior para os bens jurídicos vida, incolumidade pessoal ou patrimônio (Gomes; Oliveira, 1998, p. 47-59).

Por derradeiro, há quem defenda que – além da segurança pública – o Estatuto do Desarmamento tem como objeto de proteção a paz social, entendida sob o aspecto subjetivo, qual seja: "o sentimento coletivo de confiança na ordem jurídica", a opinião ou sentimento da população em relação a segurança social (Lima, 2023, p. 400).

A jurisprudência consolidada dos Tribunais Superiores sempre foi resistente em aplicar ao princípio da insignificância nos crimes previstos na Lei nº 10.826/2003. Ao longo dos anos, construiu-se o argumento de que tais delitos, notadamente os crimes de posse e porte de arma de fogo de uso permitido, restrito ou proibido (arts. 12, 14 e 16), "são crimes de mera conduta e de perigo abstrato,

---

30. Brasil. Constituição da República Federativa do Brasil de 1988. **Diário Oficial da União**, 24 fev. 1891. Disponível em: http://www.planalto.gov.br/ccivil_03/constituicao/constituicaocompilado.htm. Acesso em: 16 abr. 2023. Nos termos do art. 5º, *caput*, da CRFB/1988: "Todos são iguais perante a lei, sem distinção de qualquer natureza, garantindo-se aos brasileiros e aos estrangeiros residentes no País a inviolabilidade do direito à vida, à liberdade, à igualdade, à segurança e à propriedade, nos termos seguintes: (...)". E, consoante art. 144, *caput*, da Carta Maior: "A segurança pública, dever do Estado, direito e responsabilidade de todos, é exercida para a preservação da ordem pública e da incolumidade das pessoas e do patrimônio, através dos seguintes órgãos: (...)".

em que se presume a potencialidade lesiva, sendo, portanto, inaplicável o princípio da insignificância".[31]

A Min. Maria Thereza de Assis Moura, enquanto relatora do AgRg no REsp. nº 1.682.315/RJ,[32] de forma muito clara explica:

> Conforme o Estatuto do Desarmamento, constituem crimes as condutas consistentes em possuir, deter, portar, adquirir, fornecer, receber, ter em depósito, transportar, ceder, emprestar, remeter, empregar, manter sob sua guarda ou ocultar arma de fogo ou munição. Em tais delitos o bem jurídico tutelado não é a incolumidade física e sim a segurança pública e a paz social. Demais disso, os delitos de posse e porte de arma de fogo ou de munição são crimes formais, de mera conduta e de perigo abstrato e se consumam independentemente da ocorrência de efetivo prejuízo para a sociedade, sendo o dano presumido pelo tipo penal. Assim, como regra geral, é inaplicável o princípio da insignificância aos crimes de posse e porte de arma de fogo ou munição notadamente porque não se cuidam de delitos desprovidos de periculosidade social em face mesmo da natureza dos bens jurídicos tutelados e do princípio da proteção eficiente. Com efeito, é pacífica a jurisprudência dos Tribunais Superiores no sentido de que os delitos de porte de armas e munição de uso permitido ou restrito, tipificados nos artigos 12 e 16 da Lei n. 10.826/2003, são crimes de mera conduta e de perigo abstrato, em que se presume a potencialidade lesiva, sendo inaplicável o princípio da insignificância independentemente da quantidade apreendida.

---

31. STF, 1ª Turma, RHC nº 158.087AgR, Rel. Min. Luiz Fux, **DJE** 15.10.2018; STF, 1ª Turma, HC nº 138.157 AgR, Rel. Min. Roberto Barroso, **DJe** de 19.06.2017; STF, 2ª Turma, RHC nº 128.281, Rel. Min. Teori Zavascki, **DJe** de 26.08.2015; STF, 2ª Turma, HC n °120.214-AgR, Rel. Min. Celso de Mello, **DJe** de 22.09.2015; STJ, 5ª Turma, HC nº 414618/PR, Rel. Min. Joel Ilan Paciornik, **DJE** 02.03.2018; STJ, 5ª Turma, HC nº 430.274/MG, Rel. Min. Ribeiro Dantas, **DJE** 12.03.2018; STJ, 6ª Turma, AgRg no REsp. nº 1.682.315/RJ. Rel. Min. Maria Thereza de Assis Moura, **DJE** 13.11.2017.

32. STJ, 6ª Turma, AgRg no REsp. nº 1.682.315/RJ, Rel. Min. Maria Thereza de Assis Moura, julgado em 13.11.2017. Disponível em: https://processo.stj.jus.br/processo/pesquisa/?tipoPesquisa=tipoPesquisaNumeroRegistro&termo=201701631053&totalRegistrosPorPagina=40&aplicacao=processos.ea. Acesso em: 16 abr. 2023.

A partir de 2017, um temperamento a essa posição jurisprudencial passou a ser desenvolvido nos Tribunais Superiores especificamente no que diz respeito às condutas atinentes ao porte (ou posse) de apenas munição. No julgamento do RHC nº 143.449/MS,[33] a segunda turma da Suprema Corte rompeu com o posicionamento tradicional e reconheceu a atipicidade material da conduta de guardar ilegalmente – no interior da residência – uma única munição de uso permitido (calibre 22), desacompanhada de arma de fogo, fato que, apesar de se amoldar de forma abstrata ao tipo penal previsto no art. 12 do Estatuto, revela ausência de potencialidade lesiva para justificar a intervenção estatal por meio da via penal.

Desde então, é possível encontrar diversas decisões, especialmente no âmbito do STJ, que remodelaram a compreensão a respeito do tema, permitindo reconhecimento excepcional da insignificância quando há a apreensão apenas de munição – desacompanhada de artefato com aptidão para deflagrá-lo – e em pequena quantidade.

É preciso destacar, no entanto, que a possibilidade de afastar a tipicidade material da conduta em razão da evidente desproporcionalidade da resposta penal não se baseia em um critério apenas numérico,[34] sendo necessária a conjugação de três fatores: (i) ínfima quantidade apreendida de munição,[35] (ii) ausência de artefato béli-

---

33. STF, 2ª Turma, RHC nº 143.449/MS, Rel. Min. Ricardo Lewandowski, julgado em 26.09.2017. Disponível em: https://redir.stf.jus.br/paginadorpub/paginador.jsp?docTP=TP&docID=13753381. Acesso em: 16 abr. 2023.
34. A quantidade de munições apreendidas é elemento fundamental, embora por si só não seja suficiente para atrair a incidência do princípio da bagatela. A 5ª turma do STJ já decidiu que a apreensão de 23 munições de diferentes calibres é uma expressiva quantidade; não sendo possível reconhecer a atipicidade material do fato. STJ, 5ª Turma, AgRg no HC nº 748.535/RS, Rel. Min. Jesuíno Rissato (desembargador convocado do TJDFT), **DJE** de 23.08.2022. Disponível em: https://processo.stj.jus.br/processo/pesquisa/?tipoPesquisa=tipoPesquisaNumeroRegistro&termo=202201785813&totalRegistrosPorPagina=40&aplicacao=processos.ea. Acesso em: 16 abr. 2023.
35. A 3ª Seção do STJ também já afirmou que: "Despiciente dizer que 23 munições calibre 38 são suficientes para carregar, com sobra, 5 revólveres de tal calibragem, sendo possível aferir, por conseguinte, o enorme potencial de risco de tal circunstância representa para vidas humanas". STJ, 3ª Seção, AgRg no HC nº 619.750/RS, Rel. Min. Sebastião Reis Júnior, Rel. para acórdão Min. Rogerio Schietti Cruz, **DJe** de 1º.10.2021. Disponível em: https://processo.stj.jus.br/processo/pesquisa/?tipoPesquisa=tipoPesquisaNumeroRegistro&termo=202002721740&totalRegistrosPorPagina=40&aplicacao=processos.ea. Acesso em: 16 abr. 2023.

co que permita o seu pronto acionamento, e (iii) análise das demais circunstâncias do caso concreto a evidenciar que há o preenchimento dos quatro vetores jurisprudenciais que sinalizam a evidente irrelevância da lesividade jurídica ao bem jurídico tutelado.

Nesse panorama, a 3ª Seção do STJ[36] já deliberou por afastar o reconhecimento da atipicidade material da conduta em um caso que envolvia a prática, no mesmo contexto fático, de outros crimes relacionados à traficância de drogas ilícitas. No caso concreto, o agente também foi condenado pelos crimes previstos nos arts. 33, *caput*, e 35 da Lei nº 11.343/2006, circunstância suficiente para afastar o requisito da mínima ofensividade da conduta.[37]

Para sedimentar esse entendimento, a edição número 108 da **Jurisprudência em Teses**, publicada periodicamente pelo STJ, dispõe que:

> A apreensão de ínfima quantidade de munição desacompanhada de arma de fogo, excepcionalmente, a depender da análise do caso concreto, pode levar ao reconhecimento de atipicidade da conduta, diante da ausência de exposição de risco ao bem jurídico tutelado pela norma.[38]

No âmbito doutrinário, destaca Renato Brasileiro (2023, p. 412):

> ainda que se queira objetar que estamos diante de um crome de perigo abstrato, não se pode perder de vista que em certas condutas *exclusivamente atinentes ao porte (ou posse) de munição* – jamais de arma de fogo – o resultado não é suficientemente grave a ponto de justificar a intervenção do Direito Penal. (...)

---

36. STJ, 3ª Seção, EREsp. nº 1.856.980/SC, Rel. Min. Joel Ilan Paciornik, julgado em 22.09.2021. Disponível em: https://processo.stj.jus.br/processo/pesquisa/?tipoPesquisa=tipoPesquisaNumeroRegistro&termo=202000060290&totalRegistrosPorPagina=40&aplicacao=processos.ea. Acesso em: 16 abr. 2023.
37. Os julgados mais recentes também caminham nesse sentido: STJ, 5ª Turma, AgRg no REsp. nº 2.034.540/AC, Rel. Min. Reynaldo Soares da Fonseca, **DJE** 13.03.2023. STJ, 6ª Turma, AgRg no REsp. nº 1.852.155/RS, Rel. Min. Rogerio Schietti Cruz, **DJe** 24.11.2022; STJ, 5ª Turma, AgRg no REsp. nº 2.026.150/SC, Rel. Min. Reynaldo Soares da Fonseca, **DJE** 07.11.2022. STJ, 5ª Turma, AgRg no AREsp. nº 2.185.073/SC, Rel. Min. Reynaldo Soares da Fonseca, **DJE** 07.11.2022; STJ, 5ª Turma, AgRg no HC nº 766.465/SP, Rel. Min. Ribeiro Dantas, **DJE** de 18.10.2022.
38. Disponível em: https://www.stj.jus.br/publicacaoinstitucional/index.php/JuriTeses/article/view/11356/11485. Acesso em: 16 abr. 2023.

Logicamente, evidenciada a ausência de um dos requisitos necessários para a aplicação do princípio da insignificância, outra opção não haverá senão o reconhecimento da tipicidade material da conduta.

4. PONTOS DE APROFUNDAMENTO QUE PODERIAM INCREMENTAR A RESPOSTA DO CANDIDATO

Dentro da temática: "O princípio da insignificância e sua aplicação ao Estatuto do Desarmamento", várias questões jurídicas sensíveis poderiam ser escolhidas pelo candidato para incrementar a sua resposta, desenvolvendo uma abordagem mais verticalizada do tema.

No caso do concurso para o cargo de Delegado de Polícia Civil do Estado do Rio de Janeiro, duas temáticas eram de grande importância à luz do histórico profissional e acadêmico dos examinadores: (i) a questão dos falsos bem jurídicos coletivos – que muito bem se ajusta à objetividade jurídica do Estatuto do Desarmamento, e (ii) a problemática envolvendo a (in)aplicabilidade do princípio da insignificância aos crimes da referida lei cujo cerne da questão envolve a compreensão dos crimes de perigo abstrato como presunções absolutas de periculosidade por parte do legislador penal.

A pretensão aqui não é realizar uma exposição minuciosa dos assuntos, especialmente em razão da limitação de linhas fixada neste artigo, mas demonstrar que pequenos aprofundamentos, em determinados pontos do assunto cobrado, podem colaborar para conquistar uma boa nota nessa fase do certame.

4.1. A incolumidade pública e paz pública enquanto bens jurídicos tutelados pelo Estatuto do Desarmamento e a crítica quanto aos "falsos" bens jurídicos coletivos

Luís Greco (2004, p. 107), um dos maiores penalistas brasileiros da atualidade, conceitua bem jurídico como "dados fundamentais para a realização pessoal dos indivíduos ou para subsistência do sistema social, nos limites da ordem constitucional."

Sob uma perspectiva político-criminal, a definição de bem jurídico tem como função precípua a limitação do *ius puniendi* do Estado, trazendo balizas para o legislador no momento de delimitação do objeto de proteção por meio do Direito Penal e da seleção das condutas que serão selecionadas como criminosas.[39] Cezar Roberto Bitencourt (2012, p. 47) destaca que essa função essencial de crítica do Direito Penal também é voltada ao operador do Direito, auxiliando "na aplicação dos tipos penais descritos na Parte Especial, orientando a sua interpretação e o limite do âmbito da punibilidade".

A doutrina majoritária defende que, para que seja capaz de vincular o poder legal de incriminar, o conceito de bem jurídico deve ser extraído diretamente da Constituição, diploma normativo dotado de maior hierarquia dentro da ordem jurídica. Esta seria, portanto, uma "espécie de 'carta-catálogo' e ao mesmo tempo fonte soberana dos objetos de tutela jurídico-penais" (Prado, 2009, p. 52).

No entanto, o bem jurídico-penal não pode ser um mero espelho da Carta Maior. Sua delimitação conceitual – em apreço ao princípio da intervenção mínima – deve ser mais restrita que o arcabouço de valores constitucionais de modo que somente os interesses dotados de especial relevância justificam a tutela por parte do Direito Penal.

---

39. De forma majoritária, entende-se que – em regra – a existência de um bem jurídico é condição necessária para a legitimação da incriminação de um comportamento. No entanto, algumas exceções são apontadas por Roxin; como o crime de maus-tratos a animais, a proteção ao embrião e aos interesses de futuras gerações. Tais hipóteses configuram os chamados "delitos de comportamento", em que se estaria diante de incriminações sem bem jurídico como justificativa prévia para legitimar uma punição (Greco, 2004, p. 108-111).

A doutrina costuma classificar os bens jurídicos penalmente tutelados em individuais ou coletivos. O critério de distinção reside não só na titularidade do interesse, mas especialmente na característica da (não) distributividade.

Bens jurídicos individuais são aqueles titularizados por indivíduos determinados e consistem em elementos indispensáveis para cada ser humano tomado individualmente na sociedade. São marcados pela distributividade, vez que é possível a atribuição de parcela do bem jurídico a cada indivíduo para que se utilize de forma individual. Como exemplo, pode-se citar a vida, a integridade física e o patrimônio.

Já os bens jurídicos coletivos (ou transindividuais) constituem os interesses imprescindíveis para todos os seres humanos ao mesmo tempo de forma a possibilitar o convívio social, sendo titularizados por uma coletividade indeterminada de pessoas. Em razão disso, sua marca principal é a não distributividade, isto é: sua utilização pode se dar por qualquer indivíduo da sociedade, sem que haja possibilidade de fracionamento e atribuição de partes específicas a determinados indivíduos ou grupo de indivíduos. Pode ser gozado por todos e por cada um, sem que ninguém fique excluído dessa fruição (Cintra, 2011, p. 37).

Ensinam João Paulo Orsini Martinelli e Leonardo Schmitt de Bem (2018, p. 137):

> Mais além dos bens jurídicos individuais, há outros de natureza coletiva, como por exemplo, o meio ambiente equilibrado, a administração estatal da justiça, a ordem econômica, a autenticidade de moedas, etc. Em todos eles, dada a principal característica de sua não distributividade, a disposição é realizada por todos indistintamente. Não há como fracionar o bem jurídico para que o gozo se dê exclusivamente por pessoa específica. Eis por que delitos como a poluição, a desobediência à decisão judicial, o abuso do poder econômico ou a falsificação de moeda acabam punidos, pois perturbam a disposição coletiva dos respectivos bens jurídicos. (...) Os titulares dos bens coletivos são indetermináveis, diversamente dos bens individuais, cujos titulares podem

> ser determináveis. A proteção penal dos bens coletivos possui especial tratamento porque o consentimento de algum ou alguns de seus titulares é irrelevante para a tipicidade material do fato. Ademais, quando um bem é coletivo, não há que se falar em autolesão, pois o agente que praticar conduta proibida afeta interesse que não é exclusivamente seu. (...)

Como acima já destacado, a maior parcela da doutrina e a jurisprudência pátria consideram a incolumidade pública (ou segurança pública) e a paz pública como objetividades jurídicas do Estatuto do Desarmamento, enquadrando-as no grupo de bens jurídicos transindividuais. No entanto, esse entendimento não é livre de severas críticas pela doutrina especializada.[40]

João Paulo Orsini Martinelli e Leonardo Schmitt de Bem destacam que não se pode confundir os "autênticos bens jurídicos coletivos com a somatória de bens individuais". A incolumidade pública, na verdade, protege um somatório de integridades físicas individuais. Conforme os autores:

> (...) Nesse âmbito é preciso revelar que a adjetivação pública constante no predicado diz respeito à coletividade e esta, por sua vez, é composta por uma pluralidade ou conjunto de pessoas. Logo, o titular desse bem jurídico seria cada pessoa individual. Significa dizer que a proteção desses bens jurídicos não poderá ser realizada independentemente dos particulares, mas deverá ser instrumental ou dirigir-se à realização dos interesses individuais de todos os membros sociais (Martinelli e Bem, 2018, p. 138).

Da mesma forma, entende Luís Greco (2004, p. 112):

> um rápido apanhado de bens jurídicos coletivos já demonstra que nem todos têm o mesmo *pedigree*. De um lado, temos bens jurídicos coletivos como o meio ambiente, a fé pública (crimes

---
40. Esse movimento de desconstrução de bens jurídicos aparentemente coletivos é cultivado por renomada doutrina, podendo citar como exemplos: Claus Roxin, Schünemann, Hefendehl, Amelung e, no Brasil, por Luís Greco, João Paulo Orsini Martinelli e Leonardo Schmitt de Bem (Greco, 2004, p. 115).

de falso), a Administração Pública e sua probidade (crimes de corrupção). De outro, a incolumidade pública (chamados de crime comum), a saúde pública (crimes de tóxicos), a segurança no trânsito (crimes de trânsito).

Os verdadeiros bens jurídicos coletivos têm como principal característica estruturante a não distributividade: são indivisíveis entre diversas pessoas, não podem ser fracionados em bens jurídicos individuais somados. Cada pessoa, independente das demais, tem a sua própria vida, integridade física e propriedade, mas o meio ambiente ou a probidade da Administração Pública, por exemplo, são gozados por todos em sua totalidade, não havendo parte do meio ambiente que assista exclusivamente a A ou a B (Greco, 2004, p. 115).

A criação de aparentes bem jurídicos coletivos tem como consequência a legitimação da antecipação da tutela penal, pois considerar a incolumidade pública um bem jurídico merecedor de tutela penal é, na verdade, criar um anteparo jurídico de proteção aos bens jurídicos primários como vida, integridade física e patrimônio, criminalizando comportamentos antecedentes à efetiva afetação aos bens jurídicos individuais.

Uma segunda crítica doutrinária destaca que os termos "incolumidade pública", "paz pública" e "segurança pública" são dotados de alta imprecisão, são criações artificiais das quais não é possível demonstrar nada empiricamente, nada em concreto. Configuram um processo de idealização que apenas contribui para a legitimação da expansão da sanção penal, e não para a limitação do poder de punir do Estado (Martinelli e Bem, 2018, p. 139). Bem jurídico deve ser uma realidade e não fruto de uma simples fantasia do legislador ou do intérprete.

Conforme destaca Luís Greco (2004, p. 106):

> Definições de bem jurídico que o transformem em uma entidade ideal, em um valor, em algo espiritual, desmaterializado, são indesejáveis porque elas aumentam as possibilidades de que se postulem bens jurídicos *à la volonté*, para legitimar qualquer

norma que se deseje. Ordem pública, segurança pública, incolumidade pública, confiança, tudo isso pode ser mais facilmente entendido como bem jurídico se o conceito deste se referir a meras entidades ideais, e não a dados concretos.

Por todo o acima exposto, parte da doutrina afirma que o Estatuto do Desarmamento não tutela de forma autônoma a "segurança pública". Na verdade, a Lei nº 10.826/2003 promove uma verdadeira tutela antecipada de bens jurídicos individuais, tais como vida, incolumidade física e patrimônio de uma quantidade indeterminada ou indeterminável de pessoas.

4.2 Uma outra visão sobre a (in)aplicabilidade do princípio da insignificância aos crimes de perigo abstrato previstos no Estatuto do Desarmamento

Conforme desenvolvido no item dois do presente artigo, o posicionamento clássico na doutrina e consolidado pela jurisprudência brasileira considera, como regra, inaplicável o princípio da insignificância aos crimes previstos no Estatuto do Desarmamento. O ponto central do argumento reside na espécie desses delitos: por serem compreendidos como crimes de perigo abstrato,[41] haveria uma prévia presunção absoluta de periculosidade da conduta incriminada, tornando dispensável a análise de efetiva produção de perigo ou de lesão ao bem jurídico.

Mesmo diante das flexibilizações jurisprudenciais recentes no que diz respeito às condutas de porte (ou posse) de apenas munição, ainda assim as manifestações dos Tribunais Superiores permanecem considerando – como regra – a inaplicabilidade do

---

41. Parcela da doutrina brasileira advoga que os delitos estabelecidos no Estatuto do Desarmamento não são crimes de perigo abstrato e, sim, crimes de dano. Sob o ponto de vista do resultado naturalístico, são classificados como crimes de mera conduta e, sob a ótica do resultado jurídico, devem ser compreendidos como crimes de lesão, uma vez que a prática da conduta acarreta dano à objetividade jurídica. A segurança pública é lesada, e não apenas posta em perigo. Damásio argumenta que "toda vez que alguém porta uma arma de fogo, o faz fora do círculo de permissão estatal e rebaixa o nível de segurança física e coletiva". Portanto, o fato delituoso reduz o nível mínimo de segurança que deve existir nas "relações sociais", conforme os parâmetros impostos pelo Estado (Jesus, 2007, p. 8-12).

instituto. E essa base argumentativa não se limita ao âmbito da Lei nº 10.826/2003, sendo igualmente encontrada em diversos precedentes relacionados a outros delitos como os crimes previstos na Lei de Drogas,[42] crime de exploração clandestina de radiodifusão (art. 183 da Lei nº 9.472/1997).[43]

Tradicionalmente, os crimes de perigo abstrato são compreendidos, pela doutrina e pela jurisprudência brasileiras,[44] como formas de incriminação de comportamentos em que há uma presunção absoluta e abstrata do risco gerado de modo que a simples realização da conduta descrita no tipo penal já atrai a responsabilização penal. Diante da presunção legal da situação de perigo, o crime restará caracterizado, ainda que não se demonstre a exposição da vítima a uma situação real, efetiva, concreta de perigo.

Tal visão, no entanto, sofre severas críticas de importante setor da doutrina. Cezar Roberto Bitencourt (2012, p. 59) é taxativo em defender a inconstitucionalidade desta forma de criminalização em apreço ao princípio da ofensividade:

---

42. Prevalece nos Tribunais Superiores – seja no STJ, seja no STF – a diretriz no sentido de que não se aplica o princípio da insignificância "aos delitos de tráfico de drogas, por se tratar de crime de perigo abstrato ou presumido, sendo irrelevante para esse específico fim a quantidade de droga apreendida". STJ, 5ª Turma, AgRg no HC nº 784.142/SP, Rel. Min. Reynaldo Soares da Fonseca, **DJE** 24.03.2023. No mesmo sentido: STJ, 6ª Turma, AgRg no HC nº 766.542/DF, Rel. Min. Sebastião Reis Júnior, **DJe** 14.12.2022; STF, 1ª Turma, HC nº 217.765 AgR, Rel. Min. Cármen Lúcia, **DJe** 27.09.2022. Cumpre destacar que existem julgados da 2ª turma da Suprema Corte admitindo a aplicação do instituto quando se tratar de ínfima quantidade de droga apreendida, mas são decisões isoladas e que não possuem caráter vinculante, de modo que se pode dizer que no âmbito do STF ainda prevalece a inaplicabilidade do princípio da bagatela ao crime de tráfico de drogas. Como exemplo, pode-se citar: STF, 2ª turma, HC nº 202.883, AgR, Rel. Min. Ricardo Lewandowski, **DJe** 20.09.2021.

43. Em que pese existirem decisões do STF admitindo a aplicação do instituto, no âmbito do STJ, há entendimento sumulado rechaçando a insignificância, sob o argumento de que "a instalação de estação de radiodifusão clandestina é delito de natureza formal de perigo abstrato que, por si só, é suficiente para comprometer a segurança, a regularidade e a operabilidade do sistema de telecomunicações do país, não tendo aplicação o princípio da insignificância mesmo que se trate de serviço de baixa potência." Eis o teor do verbete da Súmula nº 606, STJ: "Não se aplica o princípio da insignificância a casos de transmissão clandestina de sinal de internet via radiofrequência, que caracteriza o fato típico previsto no art. 183 da Lei n. 9.472/1997." STJ, Terceira Seção, **DJe** de 17.04.2018. Disponível em: https://scon.stj.jus.br/SCON/pesquisar.jsp. Acesso em: 16 abr. 2023.

44. Renato Brasileiro, ao conceituar crimes de perigo abstrato, ensina que " o legislador penal não toma como pressupostos da criminalização a lesão ou perigo concreto de lesão a determinado bem jurídico. Na verdade, baseado em dados empíricos, o legislador seleciona grupos ou classes de ações que geralmente levam consigo o indesejado perigo ao bem jurídico. Há, pois, uma presunção absoluta, logo, que não admite prova em sentido contrário, de que a prática de determinada conduta representa um risco ao bem jurídico, sendo desnecessária, portanto, a comprovação no caso concreto de que a conduta do agente tenha efetivamente produzido a situação de perigo que o tipo penal visa evitar" (Lima, 2023, p. 403).

> Para que se tipifique algum crime, em sentido material, é indispensável que haja, pelo menos, um perigo concreto, real e efetivo de dano a um bem jurídico penalmente protegido. Somente se justifica a intervenção estatal em termos de repressão penal se houver efetivo e concreto ataque a um interesse socialmente relevante, que represente, no mínimo, perigo concreto ao bem jurídico tutelado. Por essa razão, são inconstitucionais todos os chamados crimes de perigo abstrato, pois, no âmbito do Direito Penal de um Estado Democrático de Direito, somente se admite a existência de infração penal quando há efetivo, real e concreto perigo de lesão a um bem jurídico determinado.

Da mesma forma, defende Bruno Gilaberte (2021, p. 217-218):

> Reveste-se de inconstitucionalidade a tese dos crimes de perigo abstrato como delitos em que há uma presunção absoluta do risco e nos quais bastaria a prática da conduta prevista no tipo penal – sem qualquer outra consideração – para o reconhecimento de um comportamento delituoso. (...) Não há crime sem lesão ou risco de uma lesão possível ao bem jurídico protegido, o que decorre do princípio da legalidade (ofensividade ou lesividade, consubstanciada na formulação nullum crimen sine iuria), bem como dos pressupostos de intervenção mínima, que, em última análise, são consequência da necessária limitação do poder punitivo estatal em um Estado Democrático de Direito. Além disso, presunções absolutas afrontam o princípio da ampla defesa.

No entanto, diante da moderna sociedade mundial dos riscos,[45] a incriminação de condutas, que tem como fator propulsor o perigo, se tornou imprescindível para a defesa dos interesses jurídicos

---

45. "A sociedade de risco compreende um período em que as consequências da modernidade se tornam mais radicalizadas e universalizadas do que antes, e podem ser compreendidas, então, como o conjunto de relações econômicas e sociais que se desenham na era pós-industrial, em que o novo modelo de produção determina um novo papel ao risco" (Bottini, 2019, p. 26).

fundamentais (Martinelli e Bem, 2018, p. 152). Na sociedade atual, cada vez mais surgem atividades e produtos com alto potencial lesivo à coletividade, e a magnitude dos possíveis prejuízos justifica a antecipação da tutela penal por meio da utilização dos crimes de perigo abstrato como técnica de construção legislativa. Há a necessidade de inibir comportamentos arriscados e com potencial lesivo e para isso utiliza-se uma nova roupagem do direito penal, um direito penal preventivo.[46]

Pierpaolo Cruz Bottini (2019, p. 73-74) salienta:

> (...) instrumento empregado largamente pelo legislador penal para o enfrentamento dos riscos inéditos são os tipos penais de perigo abstrato. A criminalização de condutas por meio desta técnica visa a antecipação da incidência da norma, para afetar condutas antes da verificação de qualquer resultado lesivo. Sua relação com os riscos da atualidade é evidente: afinal, o deslocamento do injusto do resultado para a conduta reflete uma preocupação do gestor de riscos (no caso, o legislador penal) com a prevenção e com a necessidade de evitar o perigo, como forma de garantir, de forma eficaz, a proteção aos bens eleitos como indispensáveis à vida em comum.

Por isso, parcela da doutrina defende que a melhor solução não é rechaçar os crimes de perigo abstrato do ordenamento jurídico brasileiro e sim, promover uma adequação dogmática do instituto de modo a compatibilizá-lo ao Estado Democrático de Direito, notadamente ao princípio da ofensividade (Gilaberte, 2021, p. 218).

Pierpaolo Cruz Bottini (2019, p. 155) destaca que, diante do novo contexto do direito penal do risco, os contornos clássicos do

---

46. "(...) o direito penal passa a orientar seus institutos à prevenção, à inibição de atividades no momento antecedente à causação de um mal, antes da afetação do bem jurídico protegido. A norma penal visa reprimir comportamentos potencialmente danosos. O desvalor do resultado é substituído pelo desvalor da ação, o prejuízo concreto é substituído pela probabilidade de lesão de bens e interesses. Os tipos penais deixam de abrigar o dano em sua redação e direcionam seus elementos ao perigo, ao risco. Essa formatação possibilitou o desenvolvimento das estruturas que abrigam, hoje, o direito penal de riscos, voltado para a inibição de ações arriscadas, independente de suas consequências concretas" (Bottini, 2019, p. 68).

conceito de lesividade devem ser revistos, de forma a compreender não "apenas as situações de exposição efetiva de um bem a lesão ou perigo, mas abriga também a desestabilização de expectativas da segurança dos bens tutelados diante de atividades arriscadas, com mero potencial de perigo."

A verificação do potencial lesivo do comportamento descrito no tipo de perigo abstrato ocorre, portanto, por meio de um juízo de periculosidade da conduta. O mesmo autor destaca que:

> O injusto típico nesses crimes, portanto, se verifica pelo risco da conduta, ou seja, é necessário que a ação ou a omissão crime um perigo potencial para o bem jurídico protegido, que não precisa ser concretizado na ameaça ou lesão de um objeto específico. O que se exige é a comprovação da relevância típica do comportamento, sua periculosidade, a perturbação a que foi exposto o interesse protegido pela norma penal (Bottini, 2019, p. 167).

Assim, pode-se dizer que crimes de perigo abstrato antecipam a barreira da tutela penal para incriminar ações arriscadas que possuem o potencial de lesionar ou de expor efetivamente a perigo um bem jurídico tutelado. Tipificam, portanto, o risco potencial que uma conduta gera a bens jurídicos.

E a análise desse juízo de periculosidade deve ser feita sob uma perspectiva *ex ante*, isto é: "em uma análise anterior à ocorrência dos fatos, na qual o perigo abstrato existirá se a conduta gerar a possibilidade de ocasionar dano, ainda que este perigo não venha efetivamente a ocorrer" (Cintra, 2011, p. 48).

A presunção legal e absoluta de perigo em razão da simples realização do comportamento descrito abstratamente no tipo penal, na verdade, permite a incriminação pela simples desobediência à norma, responsabilizando penalmente ações que, apesar de formalmente típicas, se revelam – na prática – incapazes de causar qualquer perigo ao bem jurídico tutelado.

O delito de mera desobediência é uma classe de crimes em que há a atribuição de responsabilidade penal em razão do simples descumprimento do prescrito por uma norma estatal, da simples violação de um dever, ainda que a conduta não tenha – ao menos – potencialidade de colocar em perigo um bem jurídico tutelado. O injusto penal decorre da mera prática da conduta, sendo constatado pela subsunção formal entre descrição normativa e ação, sem necessidade de qualquer avaliação a respeito da afetação a interesses juridicamente protegidos (Bottini, 2019, p. 100).

São tipologias de delito compatíveis com sistemas penais em que a função do direito penal e a finalidade da pena é exclusivamente a reafirmação da vidência da própria norma, tal qual o modelo funcionalista radical de *Jakobs*, não havendo qualquer compromisso com a evitabilidade de lesões a bens jurídicos (Cintra, 2011, p. 53-54). Tal panorama conflita claramente com os princípios da exclusiva proteção de bens jurídicos e princípio da ofensividade, alicerces normativos de um direito penal funcionalizado pelo Estado Democrático de Direito adotado na Constituição Federal de 1988.

A incriminação do risco é possível, mas é indispensável que a tutela penal recaia sobre o risco realizável, isto é: recaia sobre comportamentos arriscados que realmente tenham potencialidade de gerar – ao menos – perigo de lesão ao bem jurídico tutelado. Não é possível inventar perigo onde ele jamais possa ocorrer.

Destaca Pierpaolo Cruz Bottini (2019, p. 172-173):

> O tipo de perigo abstrato somente está completo em sua tipicidade objetiva "diante de um juízo de periculosidade que permita afirmar a existência concreta de riscos para os bens jurídicos protegidos, realizado sob uma perspectiva *ex ante* que agregue elementos ontológicos e monológicos sobre os cursos causais passíveis de afetar os interesses tutelados. Desta forma, a ausência de periculosidade afetará a tipicidade e retirará do âmbito de incidência da norma penal o comportamento valorado.

Ora, considerando que não há qualquer espaço legítimo para incriminações de presunções legais absolutas de perigo, a ofensividade nos crimes de perigo abstrato residirá no juízo de periculosidade da ação arriscada incriminada pelo legislador penal, e esse panorama permite o desenvolvimento na dogmática penal da tese que permite a aplicação do princípio da insignificância a essa espécie de delitos.

Isso porque o princípio da insignificância avalia – no campo da dimensão material da tipicidade objetiva – o grau de relevância da afetação ao bem jurídico tutelado. Logo, se nos tipos penais de perigo abstrato o que materialmente se criminaliza – em última medida – é o risco potencial de causar perigo efetivo ou dano ao interesse juridicamente protegido, nada impede que – diante do caso concreto – essa potencialidade da ação arriscada ser revele irrisória.

Conforme leciona Fábio Roberto D'Ávila, "o critério limite de verificação de uma situação de perigo abstrato é, desse modo, um critério misto, objetivo-normativo, expresso na ideia de possibilidade não-insignificante de dano ao bem jurídico" (2007, p. 39).

E quando o risco potencial de afetação ao bem jurídico pode se demonstrar irrisório? Adjair de Andrade Cintra (2011, p. 113), em sua tese de doutorado, defende:

> (...) duas serão as possibilidades de insignificância quando se trata de crime de perigo abstrato, ocasionando-se a exclusão da tipicidade da conduta: o próprio risco gerado é de tal forma diminuto que se torna praticamente impossível a hipótese de concretização deste risco e consequente lesão ao bem jurídico; o risco não é insignificante, mas a lesão que dele poderia resultar seria absolutamente insignificante. Nessas duas hipóteses (risco insignificante e possível lesão insignificante), ainda que a conduta seja formalmente típica, é de tal forma insignificante que não pode ser materialmente típica.

Considerando essa outra perspectiva ora apresentada, pode-se defender que as recentes decisões jurisprudenciais relacionadas a porte ou posse de exclusiva munição não devem ser consideradas relativizações de entendimento, e sim, julgamentos em que se prestigia a correta aplicação do instituto da insignificância.

Os dois primeiros fatores de análise – a ínfima quantidade de munição apreendida e a ausência de arma de fogo que permita a deflagração do artefato – sinalizam a mínima ofensividade da conduta, uma vez que o risco por ela criado é tão irrisório que a possibilidade de concretização deste, com afetação ao bem jurídico tutelado, se torna praticamente impossível.

E detalhe: se a possibilidade de concretização do risco já é muito improvável considerando a incolumidade pública e a paz pública como objetividades jurídicas (coletivas), mais ainda será caso se adote a posição já destacada sobre os aparentes bens jurídicos coletivos. A apreensão de pequena quantidade de munição, sem artefato bélico apto a acioná-la, cria um risco ainda mais remoto de potencial afetação aos interesses penalmente protegidos como a vida, a integridade física e o patrimônio de uma coletividade determinada ou determinável de pessoas, permitindo a incidência do princípio da insignificância.

Portanto, se as circunstâncias do caso concreto foram favoráveis (terceiro fator de análise) – os demais vetores de aplicação do instituto estarão preenchidos, atraindo o reconhecimento da atipicidade material da conduta.

5. CONCLUSÃO

A prova oral de um concurso público é uma verdadeira caixa de surpresas. Após o imediato sorteio de um ponto previsto no conteúdo programático do edital, a banca examinadora passará a formular perguntas a respeito do tema delimitado. E qualquer tipo de indagação poderá ser feita: de nível fácil a difícil; sobre aspectos históricos, sobre conceitos ou mesmo sobre classificações; as perguntas podem ser formuladas de maneira direta e pontual, ou mesmo por meio de proposições abertas no estilo "fale sobre". Existem inúmeras formas de buscar extrair o conhecimento do candidato e, da mesma forma, existem inúmeras formas de o examinado demonstrar a profundidade do seu conhecimento ao examinador.

Neste artigo foi possível perceber que a etapa mais temida do concurso público pode – e deve – ser aproveitada pelo candidato de forma estratégica: é preciso utilizar o tempo a ele destinado para explorar o tema arguido de acordo com a expectativa da banca examinadora ali presente. No caso do concurso para o cargo de delegado da Polícia Civil do Estado do Rio de Janeiro, não há qualquer dúvida: a postura do candidato deveria ir além do clássico e do conservador, adotando um viés crítico e atento às discussões doutrinárias mais modernas.

Como exemplo, a autora trouxe a pergunta a ela formulada pela banca de Direito Penal. Falar sobre o princípio da insignificância e como ele é aplicado ao Estatuto do Desarmamento parece simples, especialmente por ser uma temática frequente nos informativos de jurisprudência pátria e nos manuais para concursos públicos, no entanto, comporta importantes discussões cuja abordagem seria o diferencial para um bom desempenho.

O propósito não é alarmar e preocupar o leitor. Trazer discussões verticais para a arguição oral pode ser, sim, a cereja do bolo para concursos públicos complexos, tais como o enfrentado pela autora, mas não é possível dispensar o bom e velho "feijão com arroz": o candidato deve sempre dominar e começar qualquer exposição pela doutrina clássica e pelo entendimento dos tribunais superiores. A ideia é garantir a aprovação e, em seguida, lapidar a resposta para que o resultado seja o melhor possível.

REFERÊNCIAS BIBLIOGRÁFICAS

BITENCOURT, C. R. **Tratado de Direito Penal:** parte geral. 17. ed. São Paulo: Saraiva, 2012. v. 1.

BOTTINI, P. C. **Crimes de perigo abstrato:** uma análise das novas técnicas de tipificação no contexto da sociedade de risco. 4. ed. São Paulo: Thomson Reuters Brasil, 2019.

CAPEZ, F. **Curso de direito penal:** legislação penal especial. 3. ed. São Paulo: Saraiva, 2008. v. 4.

CINTRA, A. de A. **Aplicabilidade do princípio da insignificância aos crimes que tutelam bens jurídicos difusos**. Tese (Doutorado em Direito Penal) – Faculdade de Direito, Universidade de São Paulo, São Paulo, 2011, p. 56. Disponível em: https://teses.usp.br/teses/disponiveis/2/2136/tde-13062012-165850/pt-br.php. Acesso em: 30 mar. 2023.

CUNHA, R. S. **Manual de Direito Penal:** parte geral. 3. ed. Salvador: Juspodivm, 2015. p. 69.

CUNHA, R. S.; PINTO, R. B.; SOUZA, R. de Ó. (Coord.). **Leis penais especiais:** comentadas artigo por artigo. 2 ed. Salvador: Juspodivm, 2019.

D'ÁVILA, F. R. O ilícito penal nos crimes ambientais. Algumas reflexões sobre a ofensa a bens jurídicos e os crimes de perigo abstrato no âmbito do direito penal ambiental. **Revista Brasileira de Ciências Criminais**, São Paulo, v. 15, n. 67, p. 29-58, jul./ago. 2007.

GILABERTE, B. **Crimes contra a pessoa**. 3. ed. Rio de Janeiro: Freitas Bastos, 2021.

GOMES, L. F.; OLIVEIRA, W. T. de. **Lei de Armas de Fogo**. São Paulo: Revista dos Tribunais, 1998.

GRECO, L. "Princípio da ofensividade" e os crimes de perigo abstrato – uma introdução ao debate sobre o bem jurídico e as estruturas do delito. **Revista Brasileira de Ciências Criminais**. São Paulo: Revista dos Tribunais, v. 12, n. 49, p. 89-147, jul./ago. 2004.

JESUS, D. E. **Direito Penal do Desarmamento:** anotações à parte criminal da Lei nº 10.826, de 22 de dezembro de 2003 (Estatuto do Desarmamento). 6 ed. São Paulo: Saraiva, 2007.

LIMA, R. B. de. **Legislação criminal especial comentada**. 11. ed. São Paulo: Juspodivm, 2023.

MANÃS, C. V. **O Princípio da Insignificância como excludente da tipicidade no Direito Penal**. 1. ed. São Paulo: Saraiva. 1994.

MARTINELLI, J. P. O.; BEM, L. S. de. **Lições fundamentais de Direito Penal:** parte geral. 3. ed. São Paulo: Saraiva Educação, 2018.

MASSON, C. **Direito Penal esquematizado** – Parte Geral. 8. ed. Rio de Janeiro: Forense; São Paulo: Método, 2014. v. 1.

MELO, M.; MENDES, T. B.; FERREIRA, A. A. Insignificância: A necessária ofensa a bens jurídicos como conteúdo do crime e a visão distorcida do Supremo Tribunal Federal. **Revista Eletrônica de Direito Penal e Política Criminal**, [S. l.], v. 9, n. 2, p. 200-229, 2021. Disponível em: https://seer.ufrgs.br/index.php/redppc/article/view/116665. Acesso em: 16 abr. 2023.

PRADO, L. R. **Bem jurídico-penal e Constituição**. 4. ed. São Paulo: Revista dos Tribunais, 2009.

QUEIROZ, P. **Direito Penal** – Parte Geral. 4. ed. Rio de Janeiro: Lumen Juris, 2008. v. 1.

ROXIN, C. **Política criminal y sistema del Derecho Penal**. Tradução de Francisco Muñoz Conde. 2. ed. Buenos Aires: Hamurabi, 2022.

ROXIN, C. **Problemas fundamentais do Direito Penal**. 3. ed. Tradução de Ana Paula dos Santos Luís Natscheradetz. Lisboa: Veja, 1998.

SALIM, A.; AZEVEDO, M. A. de. **Direito Penal:** parte geral. 7. ed. Salvador: Juspodivm. 2017. v. 1.

SANGUINÉ, O. Observações sobre o princípio da insignificância. **Fascículos de Ciências Penais**. Porto Alegre: Sergio Antonio Fabris, a. 3, v. 3, n. 1, 1990.

SANTOS, J. C. dos. **Direito Penal:** parte geral, 6. ed. Curitiba: ICPC Cursos e Edições. 2014.

SILVA, I. L. da. **Princípio da insignificância no Direito Penal**. 2. ed. Curitiba: Juruá, 2011. p. 133.

TAVARES, J. **Teoria do injusto penal**. Belo Horizonte: Del Rey, 2009.

TOLEDO, F. de A. **Princípios básicos de Direito Penal**. 5. ed. São Paulo: Saraiva, 2000.

CAPÍTULO 3

CRIME OMISSIVO IMPRÓPRIO: UM RECORTE DOGMÁTICO PARA ENFRENTAR A PROVA ORAL

Bernardo Oliveira Vervloet de Aquino[47]

1. INTRODUÇÃO

Candidato, discorra acerca do crime omissivo impróprio. Caso prático: um cachorro bravo está passeando com seu dono e foge, vem atacar uma criança que vai a óbito, qual a responsabilidade penal do proprietário do animal?

O texto a seguir foi elaborado com fundamento na obra *Crimes Omissivos Impróprios*, da professora Sheila Bierrenbach.

No final do artigo, trago a forma como poderia ter respondido melhor a questão, com maior riqueza de detalhes. Trata-se de uma técnica de prova oral bem difundida, que evita permitir ao examinador avançar para outros pontos de que o candidato tenha menor domínio. Sempre que o examinador permitir, explore ao máximo o conteúdo teórico.

---

47. Bacharel em Direito pela Universidade Cândido Mendes, Rio de Janeiro. Promotor de Justiça do Ministério Público do Estado de São Paulo.

2. CONCEITO, FINALIDADE E RAZÃO DE EXISTIR

2.1. Conceito e razão de existir do instituto

Antes de adentrar em um conceito do crime omissivo impróprio, vale pontuar que a doutrina classifica as infrações penais em comissivas e omissivas, a depender do comportamento adotado pelo agente.

O delito comissivo é caracterizado por uma conduta positiva do agente descrita no tipo penal incriminador. Assim, o crime de lesão corporal – art. 129 do Código Penal (CP) – pressupõe um atuar positivo, um fazer, do agente que objetiva "ofender a integridade corporal ou a saúde de outrem" – é um delito comissivo.

Delito omissivo, por sua vez, é a realização de uma conduta negativa proibida pela lei. Assim sendo, a omissão de socorro – art. 135 do CP –, que consiste em "deixar de prestar assistência (...)", configura um delito omissivo.

Após a classificação apresentada, o delito omissivo impróprio[48] *consiste* na imputação de um resultado descrito em um tipo penal comissivo que descreve uma conduta positiva em abstrato por força de uma omissão praticada pelo agente que viabilizou a ocorrência do resultado proibido pela lei.[49]

A finalidade do instituto, portanto, é permitir imputar uma resposta penal, pensada para um tipo comissivo, um fazer, a uma conduta omissiva por parte do agente. Em outros termos, é a possibilidade de imputar um homicídio, por exemplo, ao agente, mesmo que ele não tenha adotado uma conduta positiva de matar alguém – atirar, dar uma facada, injetar veneno etc.

Destaca-se que tal possibilidade decorre de um *dever de proteção especial* que é distinto do dever geral de solidariedade que fundamenta os crimes omissivos próprios (Tavares, 2012, p. 313).

---

[48]. Juarez Tavares leciona que as denominações crime omissivo impróprio e crime comissivo por omissão são denominações incorretas, e cita as lições de Jescheck, que sugere a nomenclatura crimes de omissão qualificada e crimes de omissão simples (Tavares, 2012, p. 312).

[49]. Segundo Bierrenbach (2014, p. 12): "Surgem os delitos omissivos impróprios ou comissivos por omissão: comissivos, porque o tipo corresponder descreve, em abstrato, conduta positiva ('matar alguém'); por omissão, já que é por esta via que o agente viabiliza a ocorrência do resultado vedado pela lei (a morte da vítima)".

Trata-se de uma ficção jurídica, pois, se o operador do Direito analisar o mundo dos fatos, não haverá uma subsunção perfeita entre a conduta do agente e o tipo penal incriminador. A doutrina debate acerca de qual o fundamento que autoriza conferir um tratamento penal à omissão de forma similar à ação, o que será mais adiante enfrentado no presente trabalho.

Vale trazer o exemplo da professora Sheila (2014, p. 12), que é bastante elucidador:

> (...) a mãe que, querendo a morte do filho bebê, dolosamente, pois, deixe de aleitá-lo, seguindo-se o óbito da criança. A prática de homicídio doloso faz-se cristalina. No entanto, o resultado morte, descrito no art. 121 do Código Penal, não decorreu de conduta positiva, de ação da agente, mas sim de sua omissão, do deixar de alimentar o bebê.

2.2. Fundamento Legal

O crime omissivo impróprio ou comissivo por omissão é um instituto extraído do art. 13, § 2º, alíneas "a", "b", "c", do CP,[50] seu fundamento legal, portanto. A denominação é doutrinária, pois o legislador não apresentou tal terminologia de forma expressa.

O texto normativo foi objeto de reforma pela Lei nº 7.209/1984, que modificou a Parte Geral do CP. Vale registrar que o CP de 1940 estabelecia no art. 11 da Parte Geral[51] que ação e omissão eram equiparadas em matéria de causalidade de forma expressa (Bierrenbach, 2014, p. 32).

---

50. Art. 13, § 2º, alíneas "a", "b" e "c", do CP: "Art. 13. O resultado, de que depende a existência do crime, somente é imputável a quem lhe deu causa. Considera-se causa a ação ou omissão sem a qual o resultado não teria ocorrido. (...) § 2º A omissão é penalmente relevante quando o omitente devia e podia agir para evitar o resultado. O dever de agir incumbe a quem: a) tenha por lei obrigação de cuidado, proteção ou vigilância; b) de outra forma, assumiu a responsabilidade de impedir o resultado; c) com seu comportamento anterior, criou o risco da ocorrência do resultado."
51. Art. 11 da Parte Geral, atualmente revogado: "O resultado de que depende a existência do crime somente é imputável a quem lhe deu causa. Considera-se causa a ação ou omissão sem a qual o resultado não teria ocorrido."

3. FUNDAMENTO DA OMISSÃO IMPRÓPRIA

3.1. Não há consenso doutrinário, mas existe uma evolução no pensamento dogmático

A dogmática penal precisa encontrar fundamentos para os institutos que a compõem para fins de conferir legitimidade a sua aplicação. Não é possível aplicar um resultado positivo – destinado para um delito comissivo – a uma conduta negativa sem que para tanto exista um fundamento dogmático legitimador de tal operação jurídica.

Entretanto, qual seria o alicerce que permite equiparar e conferir a mesma resposta penal para um resultado não evitado e a realização da conduta penal por via da ação? Tal questionamento não encontra uma resposta pacífica na doutrina.[52]

Vamos apresentar as principais teorias sobre o tema, mas sem a pretensão de esgotar tal assunto pelos limites literários da presente obra, mas conferindo substrato, acreditamos, suficiente para que o candidato enfrente o tema em uma prova oral.

O presente tópico é o de maior densidade teórica e de maior dificuldade de compreensão, portanto, já me adianto e peço desculpas ao leitor caso não tenha conseguido passar com a clareza necessária o tema, mas informo que tentei ser o mais objetivo possível.

3.2. O dever jurídico como fundamento da equiparação

Feuerbach, filiado à doutrina da antijuridicidade, entendia que a responsabilidade penal pela omissão devia ser compreendida de forma restritiva. Dessa forma, era necessária a infração de um dever-jurídico-formal de atuar, de acordo com a lei ou o contrato

---

52. Para Bierrenbach (2014, p. 15 e 16): "Na verdade, desde que, pela primeira vez, foi vislumbrada por Luden a distinção entre delitos de omissão própria e imprópria, a doutrina, sobretudo a alemã, vem empreendendo esforços visando à compreensão dos delitos omissivos impróprios, sendo indiscutível que, até hoje, não se entendem os estudiosos acerca dos fundamentos da equiparação entre a inação que viabilizar o resultado descrito pela figura penal e a realização típica por via da ação. (...)".

(Bierrenbach, 2014, p. 17). Havia a necessidade da violação do dever jurídico de agir para que uma omissão fosse antijurídica.

Spangenberg, por sua vez, se aproxima da teoria da antijuridicidade material, pois, além de entender necessário o dever de atuar juridicamente previsto, acresce o dano oriundo da omissão como um requisito para sua configuração.

Ademais, contribui ampliando a fonte do dever de atuar, acrescentando relações pessoais, como o casamento e o parentesco próximo (Bierrenbach, 2014, p. 18). Assim sendo, a lei é fonte do dever de atuar de forma direta ao impor expressamente, bem como fonte indireta quando permite a responsabilidade penal de agentes envolvidos em tais relações especiais.

Os dois autores citados não trabalhavam a distinção entre as categorias da omissão própria e da imprópria. Tal distinção é atribuída a Luden, para quem comissão e omissão imprópria fazem parte do tipo, uma vez que são igualmente causais do resultado vedado (Bierrenbach, 2014, p. 19).

O professor Juarez Tavares (2012, p. 314) assim preleciona, na nota de rodapé cita as lições de Cristian Reinhol Köstlin:

> Desde então, a doutrina tem entendido que os delitos omissivos impróprios têm como fundamento de sua punibilidade um dever especial que pesa sobre o sujeito de evitar a ocorrência ou a produção de um resultado proibido pela lei penal.

3.3. Teorias causais como alicerce da equiparação

As teorias causais são subdividas em linhas de pensamento distintos, há autores que concentram o fundamento da equiparação na ação precedente, que é considerada causa do resultado, afastando a possibilidade de a omissão, por si só, ser considerada causa do resultado. Os autores de referência são Krug, Glacer e Merkel (Bierrenbach, 2014, p. 19).

No entanto, há quem aponte uma autonomia da omissão como causa do resultado sem a necessidade de análise da ação precedente – é o caso de Binding e Von Buri (Bierrenbach, 2014 p. 21).

Por fim, há autores – Von Bar e Von Rohland – que alocam a ação esperada como o centro da causalidade (Bierrenbach, 2014, p. 22).

3.3.1. Teoria causal: enfoque na ação esperada

Krug estabelece que o fundamento seria a ação precedente adotada pelo agente, a qual é possível correlacionar com o resultado penalmente relevante. Aponta como exemplo a hipótese de que se um bebê falece por falta de alimentos (inanição), pois sua mãe não o alimenta, mas prefere tricotar, tal ação é a causa da morte (Bierrenbach, 2014, p. 19). O agente deve responder pela omissão quando estiver juridicamente obrigado a evitá-lo.

3.3.2. Teorias causais da interferência, omissão com autonomia

Neste grupo de pensadores, a causalidade é o local do fundamento da responsabilidade penal do omitente pelo resultado não evitado (Bierrenbach, 2014, p. 21). Binding e Von Buri são ou autores de destaque.

Nessa linha de pensamento, a omissão ganha autonomia e passa a ser considerada causa do resultado, do mesmo modo que uma ação, entretanto, não há mais necessidade de uma ação precedente (Bottini, 2019, p. 67).

Binding estabelece que a ação precedente não seria uma causa do resultado quando não revestida de dolo ou imprudência, mas seria uma condição positiva que favorece o surgimento do resultado, mas ao mesmo tempo também seria uma condição negativa (que impede o resultado), pois imputa ao agente o *status* de garante de que o resultado não venha a ocorrer.

Nesse contexto, o agente omitente desobedece a seu dever de atuar, o que Binding considera como causa do resultado, já que passa a ser considerada uma condição positiva.

Portanto, em um primeiro momento, a ação precedente e a condição de garante que se impõe ao agente estão em harmonia, e o resultado não ocorre, mas, uma vez adotada uma postura omitente, ocorre um desequilíbrio, e as condições positivas superam as negativas, caracterizando o resultado. Nos dizeres da professora Sheila (2014, p. 21): "(...) Binding reúne culpabilidade e causalidade, mais uma vez, no interior da omissão".

3.3.3. Teoria causal com ênfase na ação esperada (normativa da causalidade)

Von Bar nega a possibilidade de a omissão ser considerada uma causa do resultado (Bierrenbach, 2014, p. 22) do ponto vista naturalístico, mas admite dentro de um critério normativo. Dessa forma, a omissão é causa do resultado, desde que a ação salvadora do bem jurídico seja óbvia a ponto de ser esperado que todos a adotem. Acrescenta que o omitente deve ter conhecimento dessa sua posição, sendo objetivamente previsível.

Nessa toada, a não realização da ação esperada transforma-se em critério normativo da causalidade da omissão.

3.4. Teorias normativas (plano do dever ser) e não no ser (causal)

As teorias normativas exigem a causalidade da omissão, mas também sua antijuridicidade (categoria que não chamou a atenção dos causalistas em um primeiro momento). Duas teorias são apontadas pela literatura especializada: teoria do dever jurídico-formal e teoria da antijuridicidade material de Sauer e Kissin (Bierrenbach, 2014, p. 23-25).

3.4.1. Teoria do dever jurídico-formal

A teoria do dever jurídico-formal estabelece que a causalidade da omissão não é suficiente para justificar a imputação do resultado penalmente relevante. A omissão deve ser também antijurídica.

A antijuridicidade está materializada quando o agente tem o dever de agir juridicamente fundamentado e não o faz.

Nas palavras da professora Sheila (2014, p. 24): "Demanda, pois, dupla valoração; por um lado, a inexistência de causa de justificação (como na comissão); por outro, a infração, pelo omitente, do dever jurídico de agir para evitar o resultado típico".

3.4.2. Teoria da antijuridicidade material de Sauer e Kissin (Bierrenbach, 2014, p. 24)

O agente, ao praticar um tipo proibitivo de causar, realiza a antijuridicidade formal. Entretanto, a antijuridicidade material requer a violação de um dever especial de atuar. Presentes ambas as formas de antijuridicidade, a omissão imprópria e a ação se equiparam, e a responsabilidade do omitente pelo resultado que não evitou está justificada (Bierrenbach, 2014, p. 24).

Sauer preconiza que a inatividade "socialmente danosa" é aquela adequada para produzir lesão ou perigo de lesão para um bem jurídico objetivamente analisada. Tal situação está caracterizada quando: (i) o agente adota um comportamento anterior que cria tal perigo para o bem; (ii) o omitente é titular de uma posição social e jurídica que gera uma expectativa de atuar com a finalidade de evitar a lesão de certos bens jurídicos (Bierrenbach, 2014, p. 25). Em ambas as hipóteses, a inatividade gera mais dano do que utilidade, o que justifica a não evitação do resultado ser classificada como antijurídica do ponto de vista material (Bierrenbach, 2002, p. 25).

3.5. Teorias da tipicidade do delito comissivo por omissão

As teorias ora apresentadas buscam fundamentar a equiparação da omissão imprópria como a ação na **tipicidade**. Nessa construção, a posição de garante é o elemento típico que permite a subsunção a um tipo penal previsto na Parte Especial.

Nas palavras da professora Sheila (2014, p. 26):

> A fundamentação da tipicidade da omissão faz-se através da busca de um elemento típico na própria omissão: *a posição de garante*, que permitirá estabelecer quem, dentre os possíveis omitentes, irá responder a título de comissão por omissão (...).

3.5.1. Teoria dos tipos de autor – Schaffstein e Dahm

Schaffstein sustenta que o omitente deve responder pelo resultado típico que poderia ter evitado em dois contextos: (i) a omissão é contrária a um dever; (ii) o omitente é o autor ou partícipe do delito de acordo com o sentimento popular (Bierrenbach, 2014, p. 26).

Na construção do autor, é necessário estar presente para que a omissão seja considerada típica e justificada a punição do delito omissivo impróprio que a conduta tenha causado o resultado, infringindo o dever de atuar, e que o agente possa ser considerado autor ou partícipe do delito (Bierrenbach, 2014, p. 26).

3.5.2. Nagler e a teoria do garante

Nagler entende que o fundamento da equiparação entre omissão e o fazer não está no plano da causalidade ou da antijuridicidade como os autores acima explanados, mas na tipicidade.

Dessa forma, o omitente deve estar em uma posição especial, da qual deriva a obrigação de proteger bens jurídicos, isto é, deve estar na posição de garantia.

O autor entende que a posição de garantia decorre da lei, do negócio jurídico e do atuar precedente com apoio na teoria das fontes do dever de atuar.

3.5.3. Adequação típica da omissão imprópria

Na linha do exposto, as alíneas do § 2º do art. 13 do CP passam a ser um elemento tipificante da estrutura do tipo penal do crime comissivo por omissão. Assim sendo, trata-se de adequação típica mediata ou indireta, já que é necessário utilizar o art. 13, § 2º e alíneas, do CP em conjunto com o tipo penal da parte especial, como, por exemplo, o art. 121 do CP.

A operação jurídica não é novidade, pois se aplica a mesma equação para fins de tentativa, bem como no concurso de pessoas, respectivamente arts. 14 e 29 do CP (Bierrenbach, 2014, p. 80).

3.6. Conclusão

Diante do todo o exposto, resta clara a dificuldade que a dogmática penal enfrenta de fundamentar a equiparação da omissão imprópria com uma ação para fins de responsabilização penal do omitente.

Dessa forma, se o candidato for indagado acerca do tema, deve responder que o tema não é pacífico, e o fundamento ora se encontrou na causalidade (teorias causais), ora na normatividade e na tipicidade (posição mais atual).

Além dessa discussão teórica, permanece vivo o debate do como e do quando da punição da omissão imprópria. Em outros termos, não há unanimidade acerca da necessidade de tipificação expressa ou se uma cláusula genérica seria suficiente – fórmula adotada pelo CP –, bem como quais os requisitos para estabelecer uma identificação entre a omissão imprópria à comissão ativa.[53]

---

[53]. A elaboração deste capítulo teve seu conteúdo criado e extraído a partir da obra de Sheila Bierrenbach (2014).

4. O PAPEL DE GARANTE

4.1. Fundamento legal e concepção formal e material da posição de garante

As posições de garante estão elencadas no art. 13, § 2º, alíneas "a", "b" e "c", do CP, em um rol taxativo: trata-se da fonte do dever de agir penalmente relevante.[54] Parte importante do estudo, pois o art. 13, § 2º, do CP exige que o agente tenha o dever de agir e o poder de agir (tema que será estudado mais adiante).

Cuida-se de um dever de proteção especial, específico, diferente do dever genérico de proteção que recai sobre as pessoas capazes, que é o fundamento da responsabilização penal do art. 135 do CP, por exemplo.

Há setor doutrinário que, para explicar o papel de garante, se apoia na teoria formal das fontes dos deveres jurídicos, ancorados no contrato, na lei e na conduta anterior perigosa. No entanto, há aqueles que utilizam a concepção material desenvolvida por Armin Kaufmann (Bierrenbach, 2014, p. 64).

Armin Kaufmann desenvolve sua concepção material dividindo os garantes em dois segmentos: no primeiro, estão os garantes de cuidado ou proteção, trata-se das pessoas que devem desempenhar uma função de proteção de certos bens jurídicos; o segundo grupo são os garantes de segurança, que devem vigiar fontes de perigo.

De acordo com a concepção material, podemos estabelecer que, se a fonte do dever é a lei ou alguma outra existente no Direito, como, por exemplo, um contrato, assumido de forma voluntária pelo

---

54. Art. 13. (...)
§ 2º A omissão é penalmente relevante quando o omitente devia e podia agir para evitar o resultado. O dever de agir incumbe a quem: (Incluído pela Lei nº 7.209, de 11.7.1984)
a) tenha por lei obrigação de cuidado, proteção ou vigilância; (Incluído pela Lei nº 7.209, de 11.7.1984)
b) de outra forma, assumiu a responsabilidade de impedir o resultado; (Incluído pela Lei nº 7.209, de 11.7.1984)
c) com seu comportamento anterior, criou o risco da ocorrência do resultado. (Incluído pela Lei nº 7.209, de 11.7.1984)

agente, incidem as alíneas "a" e "b" do art. 13, § 2º, do CP, estamos diante dos garantes de cuidado ou proteção. Por sua vez, a alínea "c" do dispositivo trata do instituto da ingerência (terminologia doutrinária), que se enquadra no grupo de garantes de segurança.

O caso prático enfrentado na prova oral – o proprietário do cachorro bravo sem focinheira que vem atacar uma criança e levá-la a óbito – é resolvido pela incidência do instituto da ingerência adiante com um estudo mais aprofundado.

4.2. Análise das alíneas "a" e "b" do art. 13, § 2º, do CP

4.2.1. Alínea "a" – "tenha por lei a obrigação de cuidado, proteção ou vigilância"

A primeira fonte do dever é a lei, entendida de forma ampla, oriunda de qualquer ramo do direito – público, privado, penal ou extrapenal.

A professora Sheila busca na CRFB/1988 a primeira fonte do dever e cita que, de acordo com os arts. 229 e 230 da CRFB/1988: "(...) tanto os pais têm o dever de assistir os filhos menores quanto os filhos maiores têm o dever de amparar os pais na velhice, carência ou enfermidade. (...)" (Bierrenbach, 2014, p. 66).

A doutrinadora segue explanando que, não havendo dispositivos constitucionais, deve ser analisada a legislação infraconstitucional, e cita o Código Civil como um importante diploma legislativo, pois estabelece quais são os deveres que incidem sobre as relações jurídicas familiares.

Uma controvérsia importante quanto à aplicação da alínea que pode surgir em uma prova oral: é possível o dever de agir decorrer de atos infralegais? A doutrina se divide. A professora Sheila sustenta que não, o dever de agir deve decorrer da lei em sentido estrito, sob pena de violar o princípio da legalidade (Bierrenbach, 2014, p. 67).

No entanto, cita o entendimento de Paulo José da Costa Junior, que leciona pela possibilidade de o dever de agir decorrer de decretos com valor legiferante, ordem legítima de autoridade, decisões judiciais ou regulamentos (Bierrenbach, 2014, p. 67, *apud* Costa Junior, 1989, p. 135). Entendimento que amplia consideravelmente o rol de fonte.

Outro ponto sensível na interpretação da alínea é acerca da possibilidade de o garante responder pelas condutas daqueles que deve vigiar quando incapazes? Por exemplo, um pai pode responder penalmente pela conduta de um filho? A doutrina também diverge sobre o tema.

Uma primeira orientação entende que não é possível tal extensão, pois é um desvirtuamento do papel de garantia, já que estaria ampliando a proteção de bens de terceiros com os quais o garantidor não tem um vínculo prévio. Trata-se da posição de Carlos María Romero Casabona, citado pela professora Sheila (Bierrenbach, 2014, p. 68).

A segunda linha de pensamento, do qual a professora Sheila (2014, p. 68) é adepta, entende pela possibilidade de punição dos garantes em tais hipóteses, argumenta que: "(...) o vocábulo vigilância aposto pelo legislador na alínea 'a' ora analisada sinaliza a teoria das funções de Armim Kaufmann (...)". Segue a autora argumentando que um grupo de posição de garante é aquele que tem o dever de controle de determinadas fontes de perigo onde se insere tal responsabilidade: "Neste grupo, inclui-se a responsabilidade do garantidor acerca da atuação de terceiras pessoas, o que lhe impõe o dever de dominar os perigos provenientes daquele a quem tem o dever de vigiar (...)" (Bierrenbach, 2014, p. 69).

Assim sendo, essas são as singelas observações sobre a citada alínea "a", em especial, os dois debates doutrinários sobre o sentido e alcance da norma que podem ser objeto de questionamento em um exame oral.

4.2.2. Alínea "b" – "de outra forma, assumiu a responsabilidade de impedir o resultado"

A alínea ora estudada encerra o que a doutrina convencionou chamar de assunção voluntária de custódia, havendo ou não um contrato estabelecido (Bierrenbach, 2002, p. 69).

Os exemplos são diversos, como leciona a professora Sheila (2014, p. 69): "(...) a babá, em relação às crianças que lhe são confiadas; com o guarda-vidas de um clube, no que concerne aos banhistas sócios do mesmo clube; com a enfermeira, a respeito dos pacientes que estão a seu cargo (...)".

Um ponto importante: o garantidor deve efetivamente entrar em ação, isto é, assumir o papel de custódia. Nesse caso, a doutrina leciona que uma babá que desiste do emprego antes de assumir a custódia da criança não pode responder se a criança for vítima de um afogamento, por exemplo, mesmo que tenha um contrato formal. Em contrapartida, se a mesma babá assumir a custódia, não pode abandonar seu posto e deixar a criança sem proteção, mesmo que seja depois do horário de trabalho contratado, deve nesse caso aguardar ser substituída (Bierrenbach, 2014, p. 70).

Entretanto, há posições doutrinárias mais contemporâneas que conferem interpretação ao dispositivo com resultado restritivo. Nesse caso, somente quando o garante estabelece com o garantido uma relação de dependência decisiva, seria possível considerar sua omissão posterior penalmente relevante (Bierrenbach, 2014, p. 70).

Vale registrar que existe a mesma discussão doutrinária quanto à extensão do dever do garantidor para vigiar que o garantido não lesione bens jurídicos de terceiros. Nas palavras da professora Sheila (2014, p. 70): "Neste sentido, professores, médicos ou enfermeiros poderão vir a responder penalmente pelos injustos típicos porventura praticados por alunos incapazes, crianças ou doentes mentais. Tal entendimento, longe de ser unânime (...)".

A alínea "c" trata da figura que a doutrina convencionou denominar ingerência e será objeto de um item próprio, pois é o fundamento da resposta enfrentada pelo candidato na prova oral.

5. O INSTITUTO DA INGERÊNCIA – ALÍNEA "C" DO § 2º DO ART. 13 DO CP

O tema merece um item próprio, pois é um ponto que gera muito debate doutrinário no estudo do crime omissivo impróprio. Nas lições da professora Sheila (2014, p. 71): "(...) Pode-se, portanto, afirmar que o atuar precedente com os deveres que dele decorrem é, sem dúvida, a questão mais intrincada e controvertida de toda a doutrina da garantia (...)".

Sem a pretensão de esgotar o tema, serão apresentadas as principais controvérsias sobre o instituto que podem ser objeto de questionamento em uma prova oral.

Primeiro ponto de debate: quais os requisitos que devem estar presentes no comportamento anterior para que o agente ou ingerente passe a ostentar o título de garante? Não há unanimidade na doutrina, a professora Sheila cita alguns requisitos que são encontrados na literatura: "imprudente", "ainda que sem culpa", "objetivamente contrário ao dever", "antijurídico" etc. (Bierrenbach, 2014, p. 71).

A professora cita Welzel (2014, p. 72): "Na Alemanha, aquele que com o fazer ativo, ainda que sem culpa, tenha dado lugar ao perigo iminente do resultado típico, tem o dever de impedir a produção do resultado". Exemplifica com o chefe que, por inadvertência, encerra o empregado. Em seguida, sublinhando a complexidade da ingerência, alude a motorista que, sem culpa, atropela um ébrio, entendendo que, no máximo, responderá por omissão de socorro.

Ademais, cita as lições de Alcides Munhoz Netto (1982, p. 29): "não se faz necessária a previsibilidade do perigo, já que o dever de evitar o resultado surge a partir do momento em que o agente toma conhecimento do risco gerado por sua conduta precedente" (Bierrenbach, 2014, p. 72), bem como de Nelson Hungria (1978a, p. 517), a atividade precedente pode ser culposa, ou mesmo não culposa e inconsciente. Nesse sentido, diz o autor, "é a opinião geral da doutrina, com raras discrepâncias."

Dessa forma, resta claro que o tema não é de fácil aplicação prática. Isso porque podemos encontrar posições que conferem uma interpretação com resultado bem amplo das situações que podem se amoldar ao instituto, como aponta a professora Sheila (2014, p. 72):

> (...) Enquanto alguns defendem a ideia de que qualquer conduta prévia pode fazer nascer o dever de agir, outros chegam a sustentar tese radical no sentido de que, em nenhuma hipótese, o atuar precedente pode gerar a posição de garantia diante do bem jurídico posto em perigo.

A doutrina parece caminhar pelo reconhecimento do instituto, mas a necessidade de uma interpretação restringe o seu alcance.[55] Nesse contexto, o comportamento anterior não pode ser analisado somente sob o enfoque formal, mas deve ser interpretado à luz da união do critério formal e material (Bierrenbach, 2002, p. 74).

Dessa forma, a professora Sheila apresenta alguns critérios para fins de interpretação do dispositivo, a saber:

> (i) O comportamento anterior *deve ser objetivamente antijurídico* para gerar o *status* de garantidor ao agente. Em outros termos, um comportamento anterior admitido pelo Direito impede o nascimento da condição de garantidor. A professora cita o seguinte exemplo: "motorista, dirigindo cautelosamente, é surpreendido por alguém que, com finalidade de (sic) matar-se, atira-se sob o seu carro. Tentando evitar ser preso em flagrante por crime que não cometeu, o condutor foge do local, sem prestar socorro à vítima que vem a falecer" (Bierrenbach, 2014, p. 74).
> Em razão do comportamento anterior – dirigir cautelosamente – estar dentro do campo da licitude, não é possível imputar ao motorista a condição de garantidor para que responda por homicídio

---

55. A professora Sheila preleciona: "Por todas as razões aludidas, a construção do atuar precedente deve ser empreendida da forma mais restritiva e criteriosa possível, afastando qualquer radicalismo. Desta forma, surgida há quase duzentos anos, não pode simplesmente ver-se banida dentre as fontes que geram o dever de agir, somente pelo fato de não se lograr interpretá-la a contento. Contudo, é evidente que descabe conferir-lhe extensão indevida, banida, há muito, da moderna dogmática, o que significaria inaceitável retrocesso, com violações a princípios basilares do Direito Penal Liberal" (2014, p. 73).

na modalidade comissivo por omissão. Nesse caso, deve responder por omissão de socorro, caso a morte não seja instantânea.

(ii) Além de o comportamento anterior ser antijurídico, deve *também criar um perigo adequado ou idôneo para a produção do resultado típico*. Dessa forma, deve estar diante de resultados previsíveis. A professora Sheila cita um exemplo de *Stratenwerth*: "O que acende fogo no mato tem de ter em conta os perigos que derivam desta ação, mas não a possibilidade remota de que um cavalo que passe pelo local se assuste, ocasionando um acidente" (Bierrenbach, 2014, p. 75).

(iii) O último critério apresentado pela professora Sheila ressalta que o *comportamento anterior deve criar um perigo para o bem. Se o comportamento anterior já criar um dano imediato, o delito é comissivo*. O exemplo apresentado na obra de referência: "motorista, faltando ao cuidado objetivo necessário, atropela a vítima e foge do local. Morta, vem a ser necropsiada, concluindo os peritos que o resultado foi instantâneo. Trata-se, inegavelmente, de homicídio culposo comissivo, previsto no art. 302 do CTB (...)". Outro exemplo da obra: "(...) o agente que, tendo atropelado o pedestre, (sic) dirija-se ao mesmo, com o fim de socorrê-lo. Ao aproximar-se, verifica tratar-se de um desafeto, optando por abandoná-lo no local, ermo. A vítima vem a falecer, concluindo os expertos no sentido de que, atendida a tempo, teria sido salvo, certamente. Trata-se de homicídio doloso, praticado por via omissiva, já que, ao atropelar a vítima, o sujeito causou perigo para sua vida. Omitindo-se dolosamente, permitiu que o perigo resultasse no dano proibido pela lei" (Bierrenbach, 2014, p. 76).

Em resumo, são três requisitos para que o agente passe ostentar a posição de garantidor com fundamento na alínea "c", § 2º, do art. 13 do CP, o comportamento anterior deve: (i) ser objetivamente antijurídico; (ii) criar um perigo adequado ou idôneo para a produção do resultado típico: matar, lesionar etc.; (iii) somente criar um perigo para o bem, se criar um dano já é uma infração penal comissiva.

Outro exemplo dado por Jescheck, que a professora Sheila classifica como omissão imprópria: "quem embebeda outro, até que não possa atuar responsavelmente, há de conjurar os perigos surgidos para o mesmo e para terceiros" (Bierrenbach, 2014, p. 77).

A autora também admite o exemplo dado por Diego Manuel Luzón Pena como exemplo de omissão imprópria: "cirurgião, que começa uma operação corretamente, ausenta-se da sala de cirurgia por um momento, ocorrendo, em sua ausência, uma hemorragia. Voltando ao local, decide deixar o paciente sangrar, não contendo a hemorragia" (Bierrenbach, 2014, p. 77).

Segundo ponto que suscita dúvida é se o comportamento anterior estiver sob o manto do instituto da legítima defesa, é possível que ela seja fonte da posição de garantia? Em outros termos, se aquele que atua sob legítima defesa lesiona seu agressor é obrigado a prestar socorro?

A doutrina majoritária leciona que não é possível classificar aquele que se defende da agressão em garantidor. Nas lições da professora Sheila o comportamento anterior que cria o risco é do agressor e não do agredido que se defende legitimamente, corroborando sua linha de pensamento, cita Hans Welzel e Paulo José da Costa Jr. (Bierrenbach, 2014, p. 78).

6. O PODER DE AGIR

O último ponto de análise do presente texto é o requisito do *poder de agir* – já esmiuçamos o dever de agir nos itens acima. Assim, o art. 13, § 2º, do CP estabelece que a omissão é penalmente relevante quando o agente devia *e podia agir*. Contudo, não esclarece o que se entende pela expressão "podia agir", ficando a cargo da doutrina e da jurisprudência delimitar os contornos de tal conceito jurídico indeterminado.

A professora Sheila (2014, p. 81 e 82), citando Jescheck, leciona que o poder de agir deve ser analisado à luz da *capacidade geral de ação aliado à capacidade individual da ação*, presente ambos os critérios, materializado está o poder de agir que a norma exige. Dessa forma, deve-se olhar o homem médio – capacidade geral de agir –, bem como o caso concreto – capacidade individual de agir para se estabelecer se está presente ou não o poder de agir.

Além disso, deve-se ter em mente que o poder de agir também depende de uma análise do *êxito da ação salvadora*, isto é, aptidão para salvar o bem jurídico do perigo.

Há quem entenda, como o professor Bacigalupo, também citado pela professora Sheila (2014, p. 82), que *o poder de agir decorre da possibilidade física de evitar o resultado*, na qual *devem ser consideradas habilidades ou conhecimento especiais* de acordo com o caso concreto.

A doutrinadora Sheila (2014, p. 82) acrescenta que a *presença física* e a *possibilidade de salvá-lo convenientemente* é requisito necessário para poder caracterizar a omissão imprópria. Leciona, à luz do pensamento de Zielinski, que: "o pai é sempre garante dos bens tutelados do filho incapaz, mas só responderá pela omissão se se encontrar na linha dinâmica do perigo e dispuser de conhecimentos ou habilidades especiais necessárias a conjurá-lo".

Assim sendo, a caracterização do poder de agir depende de uma análise casuística para estabelecermos se está presente, e somada ao dever de agir resta materializada uma omissão penalmente relevante.

7. TENTATIVA NO CRIME OMISSIVO IMPRÓPRIO E O ARREPENDIMENTO EFICAZ

7.1. Possibilidade da tentativa e marco do início da execução do crime omissivo impróprio

O crime omissivo impróprio é de resultado material, portanto, o momento da consumação não gera debates doutrinários, pois está consumado quando produz o resultado naturalístico (Bierrenbach, 2014, p. 121).

No que tange à *tentativa*, a doutrina majoritária advoga pela sua *possibilidade*. A professora Sheila traz a posição de Bacigalupo (1983) como um contraponto e o cita: "Para Bacigalupo (Delitos impropios de omisión, p. 192), resulta *impossível* conceber uma aplicação do conceito de *tentativa* aos delitos impróprios por omissão, tanto como aos próprios de omissão".

Vale registrar que, diante de um crime omissivo próprio. a discussão acerca da possibilidade da tentativa é bem acirrada na doutrina.

Vale pontuar que não é hipótese de tentativa quando o garantidor atua com o cuidado esperado e dentro do momento oportuno com a finalidade de salvar o bem, porém o resultado descrito na lei ocorre. Na verdade, é uma hipótese de atipicidade (Bierrenbach, 2002, p. 121).

O primeiro problema na configuração da tentativa da omissão imprópria é delimitar quando aquela se inicia. Na tentativa de um crime comissivo, o marco temporal é o início da execução, nos termos do art. 14, II, do CP. Entretanto, não há um parâmetro legal para trabalhar a omissão.

Uma primeira orientação sustenta que é necessário que a inação faça nascer o perigo ou incrementar um perigo preexistente ao bem jurídico para estarmos diante do início da tentativa. No entanto, a inação será considerada mero ato preparatório caso não crie a situação de perigo ou incremento um perigo já existente (Bierrenbach, 2014, p. 122).

A professora Sheila (2014, p. 122) leciona que há setor doutrinário que adota o critério do: "abandono da primeira possibilidade de salvamento", bem como outra linha de pensamento sustenta que deve ser considerado o "último momento em que era possível ao garante salvar o bem protegido pela norma" (Bierrenbach, 2014, p. 122).

A doutrinadora Sheila (2014, p. 122) entende que:

> (...) Ademais, demonstrado que o garantidor desprezou a primeira oportunidade de salvação que se lhe apresentou, julgamos incabível deixar de imputar-lhe a tentativa. Assim um guarda-vidas que, dolosamente, desatende ao pedido de socorro feito por quem se está afogando – e que acaba por ser salvo por um terceiro – deverá responder, inequivocamente, por tentativa de homicídio.

Dessa forma, deve ser analisado o caso concreto para fins de verificar se a inação gerou ou aumentou o perigo para o bem jurídico, e se nesse contexto o agente demonstrou que não tem a pretensão de adotar a conduta salvadora. Aproveitando o exemplo da professora Sheila, o salva-vidas, quando não atua, incrementa o perigo ao bem jurídico vida do banhista e ao mesmo tempo demonstra que não vai adotar a conduta salvadora, avista o banhista se afogando claramente e fica inerte, cenário no qual já é possível cogitar tentativa de homicídio, caso o banhista seja salvo por um surfista que passe pelo local.

Dessa forma, restam apresentados elementos para o candidato enfrentar a temática da tentativa no crime omissivo impróprio.

7.2. Arrependimento eficaz no crime omissivo impróprio

Há também que se pontuar que é *possível* a incidência do *arrependimento eficaz* no caso de omissão imprópria, já que o garante adota uma conduta ativa para impedir o resultado. Em razão da dificuldade em se delimitar o início da execução, é difícil incidir a desistência voluntária que pressupõe um abandonar dos atos executivos.

Nessa esteira de pensamento sustenta a professora Sheila (2014, p. 123): "Por esta razão, a meu juízo, a modalidade de tentativa abandonada aplicável à omissão imprópria é o arrependimento eficaz e não a desistência voluntária". Para tanto argumenta a autora: "A conclusão não se apoia num paralelo entre tentativa acabada e inacabada, mas na diferença entre a mera desistência de prosseguir e um arrependimento que impõe uma atuação ativa no sentido de evitar o resultado" (Bierrenbach, 2014, p. 123).

Outro tópico que pode ser objeto de questionamento em um exame oral.

8. CONCURSO DE AGENTES EM UM CONTEXTO DE CRIME OMISSIVO IMPRÓPRIO

O crime omissivo impróprio faz parte da categoria denominada delitos de dever ou delitos de infração de dever, ao lado dos crimes culposos e dos crimes próprios (Bierrenbach, 2014, p. 125). Tais categorias apresentam uma marca peculiar, que é a demarcação das figuras do autor e partícipe.

No caso dos crimes omissivos impróprios, o *autor* deve ser aquele que ostente a posição de *garante*, isto é, quem tem o dever de agir para evitar o resultado, mesmo que lhe falte o domínio do fato.

A professora Sheila aponta que nas lições de Roxin o crime omissivo impróprio é compatível com a figura da coautoria e da instigação, mas inaplicável o instituto da autoria mediata. Entretanto, não é tema pacífico: Jescheck admite a autoria mediata e Welzel nega a possibilidade de participação. Não é possível no presente texto fazer uma digressão dessas categorias, em razão do escopo da obra (Bierrenbach, 2014, p. 126).

A professora Sheila (2002, p. 126) conclui que:

> Adaptando a teoria do Roxin a nosso estatuto penal, podemos concluir que somente o garante poderá ser autor do crime omissivo impróprio. O não garante só poderá concorrer para o crime omissivo impróprio na condição de partícipe.

8.1. Autoria

Autor do crime omissivo impróprio é aquele que sustenta a posição de garante a partir das hipóteses apresentadas nas alíneas "a", "b" e "c" do art. 13, § 2º, do CP.

A doutrina da professora Sheila comunga do pensamento da *impossibilidade* da *autoria mediata*, pois não é possível que o garante utilize um terceiro, não garante, para praticar a conduta omissiva que irá violar o dever que somente cabe ao garante.

Se, no entanto, aquele que não ostenta a posição de garantidor coage de forma irresistível o garantidor para que não cumpra o seu dever de agir, tal circunstância não afasta a qualificação do garante de autor, mas esse não será punível e quem coagiu vai ser considerado partícipe.

Note que adotamos – maior parte da doutrina e dos tribunais superiores – a teoria da acessoriedade limitada para tratar da punição do partícipe, isto é, o autor deve praticar um fato típico e ilícito, requisitos preenchidos nessa situação-problema. Portanto, o partícipe vai ser punido pelo delito comissivo impróprio praticado.

8.2. Coautoria

A coautoria resta caracterizada quando há uma divisão de funções dos papéis. Na doutrina há divergência quanto a sua aplicabilidade ao crime omissivo impróprio.

Uma primeira linha de raciocínio entende que a **coautoria é possível** na hipótese do crime omissivo impróprio. Nessa quadra de pensamento estão Jescheck e a professora Sheila Bierrenbach (2014, p. 128-129).

Entretanto, o professor Jescheck apresenta uma delimitação para a incidência do instituto, pois sustenta sua aplicabilidade quando os omitentes só podem cumprir, de forma conjunta, um dever que obriga a todos (Bierrenbach, 2014, p. 128-129).

Nessa toada, a professora Sheila (2014, p. 129) concorda com o pensamento e apresenta um exemplo elucidativo:

> Vítima, obesa mórbida, encontra-se na iminência de afogar-se em mar aberto. Não é possível o salvamento por uma única pessoa. Vários guarda-vidas presentes, garantes, portanto, presenciam o fato e decidem nada fazer. Hipótese de coautoria em crime omissivo impróprio.

Vale registrar um outro exemplo, para diferenciar quando estamos diante de um caso de coautoria e de dois autores, nos termos postos pelo professor Jescheck e a professora Sheila (2014, p. 129), isto é, quando existe um dever que pode ser cumprido separadamente e evitar o resultado penal: "Assim é que, no exemplo da mãe que deixa de aleitar o filho, se o pai assistir, impassível, aos acontecimentos e sobrevier o evento, responderão ambos como autores do homicídio". Nesse exemplo, ambos são autores.

Dessa forma, como o pai podia atuar para salvar o filho independentemente do comportamento da mãe, deve ser considerado autor do homicídio, no entanto, um guarda-vidas não conseguiria salvar a vítima do afogamento sozinho, e diante da omissão de seus colegas os insere todos na categoria de coautores.

Há relevância prática nessa temática. No caso do pai e da mãe, se o pai atua de forma eficaz e consegue evitar o evento morte, deve responder pela lesão provocada caso exista, por sua vez, a mãe deve responder por tentativa de homicídio (preenchidos todos os requisitos, em especial o dolo). No caso do guarda-vidas que sozinho não seria apto a evitar o resultado, possível ser considerada uma ausência de responsabilidade penal.

Contudo, existe uma segunda linha de pensamento que *não admite* a *coautoria* em crime omissivo impróprio. Nesse campo de pensamento estão os professores Enrique Bacigalupo e Nilo Batista, conforme citados pela professora Sheila Bierrenbach (2014, p. 128).

A doutrina de Sheila Bierrenbach (2014, p. 128) consolida que o professor Nilo Batista entende que "o dever de atuar a que está adstrito o autor é indecomponível, o que inviabiliza a coautoria na omissão imprópria".

Dessa forma, a incidência da coautoria no crime omissivo impróprio não é um tema que encontra unanimidade entre os autores.

8.3. Participação

No presente tópico, uma primeira observação importante: a participação ocorre por meio de um auxílio material ou pela participação moral – instigação ou induzimento.

No campo da omissão imprópria, a participação por auxílio material é rechaçada pela doutrina especializada, pois, nos dizeres da professora Sheila (2014, p. 130): "(...) impensável a participação material em sede de omissão, qualquer que seja ela. Irracional pretender que alguém concorra com instrumentos ou tarefas para que outro permaneça inativo (...)".

A participação moral, em linhas gerais, pode ocorrer por meio da instigação ou determinação (induzimento para alguns autores). Na primeira, ocorre um estímulo para que o agente realize a conduta criminosa que já tinha desejado. Na segunda, faz nascer no agente tal pretensão delituosa.

A doutrina diverge acerca da possibilidade da participação por participação moral no crime omissivo impróprio.

Parte da doutrina, como a professora Sheila Bierrenbach (2014, p. 131), adotando a teoria dos delitos de infração do dever de Roxin, sustenta que *é possível* a instigação ou determinação nos crimes omissivos impróprios.

O exemplo é elucidador: "(...) se alguém, querendo livrar-se de um bebê, instiga ou determina à mãe que deixe de aleitá-lo, responderá como partícipe do homicídio por omissão, se sobrevier a morte da criança" (Bierrenbach, 2014, p. 131).

Por fim, há quem entenda pela *impossibilidade* da incidência da participação no crime omissivo impróprio em qualquer modalidade, como diz Luiz Regis Prado, citado pelo autor Juarez Tavares (2012, p. 470): "Na doutrina brasileira, Luiz Regis Prado rejeita qualquer forma de concurso de agentes."

9. RESPOSTA FORNECIDA PELO CANDIDATO E MELHORAMENTOS CABÍVEIS

Diante do todo o exposto, o presente autor conferiu a seguinte resposta, não se trata de uma transcrição exata: o crime omissivo impróprio ou comissivo por omissão decorre do art. 13, § 2º, do CP, e nas suas alíneas estão as hipóteses que fazem surgir a posição de garantidor, como, por exemplo, aquele que tem o dever legal de vigilância, ou que assume de outra forma a responsabilidade. Trata-se de uma norma de extensão que permite adequação típica por subordinação mediata, compatível com os delitos dolosos e culposos. No caso apresentado, está configurada a responsabilidade penal do proprietário do animal, pois com seu comportamento anterior criou o risco do resultado penalmente relevante. Assim sendo, deve responder por homicídio culposo. A hipótese versa sobre a figura da ingerência.

Penso que poderia ter apresentado para melhorar minha resposta: (i) a discussão sobre o fundamento da equiparação da omissão com ação; (ii) a figura do garante é elemento estruturante do tipo comissivo por omissão; (iii) a discussão doutrinária sobre o instituto da ingerência; (iv) ter delimitado o que se entende por poder de agir. Tópicos que foram abordados no presente texto.

Assim sendo, espero ter trazido elementos para que o candidato consiga enfrentar questionamentos sobre o instituto, mas, repita-se, sem a pretensão de esgotar o tema em razão do limite literário da presente obra. Sugere-se que o leitor também faça um estudo do dolo e da culpa na omissão imprópria que não foram abarcados, mas que possuem relevância dogmática.

REFERÊNCIAS BIBLIOGRÁFICAS

BACIGALUPO, E. **Delitos Impropios de Omisión**. Bogotá: Temis, 1983. p. 150.

BIERRENBACH, S. **Crimes Omissivos Impróprios**. Belo Horizonte: Del Rey, 2002.

BIERRENBACH, S. **Crimes Omissivos Impróprios**. Niterói: Impetus, 2014.

BOTTINI, P. C. **Crimes de Omissão Imprópria**. São Paulo: Marcial Pons, 2019.

COSTA JUNIOR, P. J. da. **Comentários ao Código Penal:** parte geral. São Paulo: Saraiva, 1989. v. I e II.

HUNGRIA, N. **Comentários ao Código Penal**. 5. ed. Rio de Janeiro: Forense, 1977.

HUNGRIA, N. **Comentários ao Código Penal**. 5. ed. Rio de Janeiro: Forense, 1978a. v. 1, t. I e II.

HUNGRIA, N. **Comentários ao Código Penal**. 5. ed. Rio de Janeiro: Forense, 1978b. v. 5.

JESCHECK, H. H. **Tratado de Derecho Penal**. 3. ed. Barcelona: Bosch, 1981. v. II, p. 861 (Lehrbuch des Strafrechts).

LUZÓN PENA, D. M. La participación por omisión en la jurisprudencia reciente del TS. **Poder Judicial**, Madrid, n. 1, v. I, p. 73-93, 2º sem. 1986a.

LUZÓN PENA, D. M. La posición jurisprudencial sobre la omisión de socorro a la víctima y su repercusión sobre los requisitos dei dolo em dicha omisión de socorro. **Poder Judicial**. Mardrid, n. 1, p. 95--100, 2º sem. 1986b.

MUNHOZ NETTO, A. Os crimes omissivos no Brasil. **Revista de Direito Penal e Criminologia**, Rio de Janeiro, n. 33, p. 5-29, 1982.

TAVARES, J. **Teoria dos Crimes Omissivos**. São Paulo: Marcial Pons, 2012.

WELZEL, H. **Derecho Penal Alemán**. Tradução de Juan Bastos Ramirez e Sergio Yánes Perez: Santiago: Jurídica de Chile, 1987.

ZUGALDIA ESPINAR, J. M. Omisión y injerencia com relación al supuesto agravado del párrafo 3 del artículo 489 bis del Código Penal. **Cuardenos de Política Criminal**. Instituto Universitário de Criminologia Universidad Complutense de Madrid, Edersa, p. 571--590, 1984.

O CRIME DE "CASA DE PROSTITUIÇÃO" À LUZ DA TEORIA DO BEM JURÍDICO

CAPÍTULO 4

Gustavo Menini[56]

1. INTRODUÇÃO

Ser membro de uma carreira jurídica é o desejo de muitos bacharéis em Direito, que dedicam boa parte de sua vida empreendendo esforços e sacrificando anos de seu tempo em prol do objetivo de lograr êxito na aprovação de um concurso público para uma dessas carreiras.

A carreira de Delegado de Polícia Civil tem sido cada vez mais almejada, isto porque, além de conciliar a função jurídica com a função policial, se mostra, dentro da perspectiva constitucional, de primeira importância, tanto para a aplicação do Direito Penal e do Processual Penal sobre o crime em seu momento mais urgente, quanto por ser aquela que é a primeira a garantir os direitos fundamentais dos envolvidos no fenômeno criminoso.

Nesse sentido, por ser um cargo de grande responsabilidade e complexidade, o certame para ingresso na carreira é devidamente muito exigente, devendo os candidatos estarem extremamente preparados para cada uma das fases do concurso.

A prova oral ocorre após a fase objetiva e a fase discursiva. Nessa altura, a imensa parte dos candidatos já está eliminada, restando

---

[56]. Especialista em Direito Penal e Direito Processual Penal. Bacharel em Direito pela Universidade Federal de Juiz de Fora (UFJF). Delegado de Polícia Civil do Estado do Rio de Janeiro.

somente aqueles que demonstraram um conhecimento jurídico vasto e testado, em nível de abrangência e de profundidade.

O caminho para se chegar até esse momento é longo e competitivo. Entretanto, a prova oral se apresenta como um último obstáculo – em que o êxito poderá ser logrado em definitivo, ou todas as aprovações nas fases anteriores esfaceladas em uma eliminação infausta. É esse o cenário dos pensamentos de um candidato quando da preparação para a fase oral do concurso desejado.

O candidato, que já provou ter conhecimento jurídico, agora será testado, também, emocionalmente. Autocontrole e inteligência emocional são muito importantes nessa fase, o que fomenta a necessidade de um intenso treinamento de oratória e aprimoramento dos estudos jurídicos.

Um dos grandes desafios da prova oral é a extensão – quase infinda – do conteúdo que pode ser arguido pelo examinador. Ao contrário das fases anteriores, não há tempo de se pensar na resposta e repassá-la ao papel com parcimônia. No momento em que o examinador pergunta, o candidato deve oferecer a resposta.

No XIII Concurso para Ingresso na Carreira de Delegado de Polícia Civil do Estado do Rio de Janeiro era o momento de este autor enfrentar o desafio. Ao chamado do sino, o então candidato é levado a sua primeira banca, que foi a banca de Direito Penal. Pela pertinência às funções do cargo e por tradição, a disciplina possui um grau de exigência alto, requerendo um profundo conhecimento por parte do candidato.

Iniciada a avaliação, a primeira questão trazida pela banca, na pessoa de seu examinador presidente Bruno Gilaberte, foi: "Candidato, vamos falar sobre teoria do bem jurídico. Fale-me sobre o bem jurídico tutelado no crime do art. 229 do Código Penal 'Casa de Prostituição'" (Questão 1). Respondida parcialmente por este autor, o examinador continuou: "Nós podemos enxergar no art. 229 do Código Penal uma outra tutela penal que seria compatível com a teoria do bem jurídico?" (Questão 2).

O objetivo deste artigo é apresentar ao leitor o conhecimento necessário para responder tais questões. O trabalho não tem a pretensão de esgotar o tema da teoria do bem jurídico – que é objeto de vastas obras jurídicas ao longo dos séculos e dissertações acadêmicas – mas de apresentar ao leitor uma visão global sobre o tema, de modo que compreenda seu significado e consiga associá-lo à questão levantada pelo examinador em relação ao crime de Casa de Prostituição.

O trabalho, então, será focado em apresentar a teoria do bem jurídico, seus efeitos e funções para que, então, o tipo penal do art. 229 do CP seja analisado em seus termos.

Por fim, será disponibilizada a resposta oferecida pelo autor no momento de sua arguição, e esta será utilizada como parâmetro para análise e para recomendações de preparação e estratégias de que o leitor poderá se valer quando chegada a sua, tão esperada, prova oral.

2. EVOLUÇÃO HISTÓRICA DA TEORIA DO BEM JURÍDICO PENAL

A teoria do bem jurídico é produto de um extenso percurso teórico elaborado a partir de contextos políticos, sociológicos, filosóficos e jurídicos que a influenciaram durante sua formação e desenvolvimento como postulado teórico.

Ainda hoje, a teoria do bem jurídico penal é objeto de transformações a partir da necessidade de justificar e conciliar a sua aplicação aos novos alvos do Direito Penal – até então inexistentes – que emergem diante de inovações tecnológicas e de valores contemporâneos observados pela sociedade.

2.1. O bem jurídico-penal na fase pré-iluminista

A ideia de crime no pré-Iluminismo era intrinsecamente ligada à ideia de moral. Com forte influência religiosa (Martinelli e Bem, 2021, p. 117), na Idade Média, o crime era considerado um pecado, e o criminoso, um pecador que deveria ser irremediavelmente castigado por sua heresia mediante a inquisição.

O período Absolutista trazia a figura do monarca como a própria incorporação da vontade divina. Nesse aspecto, o Estado detinha em mãos um amplo poder irrestrito, uma vez que sua vontade era o desejo de Deus. Os crimes eram enxergados como uma ofensa ao Estado e ao governante, que possuía poder ilimitado de punição (Nascimento, 2021, 22).

2.2. O bem jurídico-penal na fase iluminista

A ruptura com o Absolutismo promovida pelo Iluminismo inaugura o Estado Liberal e fornece a base teórica, intelectual e política para a fecundação da teoria do bem jurídico-penal.

O Direito Penal é separado da moral religiosa, o crime é separado do pecado, o processo de secularização é estimulado. O Estado não é mais detentor de poder irrestrito, e o foco das atenções se volta ao homem e suas liberdades. É nesse contexto que uma série de princípios intenta limitar o poder punitivo estatal, notadamente os princípios da legalidade e da proporcionalidade da pena.

2.2.1. Anselm Von Feuerbach

Com a ruptura entre os conceitos de crime e pecado, era necessário que se delimitasse um conceito material de delito. O primeiro a tentar delimitar esse conceito material foi Feuerbach: o conceito de delito não era uma lesão ao dever de respeito ao Estado, estando ligada, verdadeiramente, à proteção de direitos subjetivos da liberdade pessoal prevista no contrato social (Martinelli e Bem, 2021, p. 118).

Com bases jusnaturalistas, o conceito de direito subjetivo representava a desejada defesa do indivíduo perante o Estado. O crime passou a ser representado pela violação às liberdades do próprio cidadão.

Entretanto, é necessária a ressalva de que Feuerbach também admitia a possibilidade de lesão ao direito subjetivo do próprio Estado, abrindo espaço para a incriminação de condutas que não atingissem interesses exclusivamente individuais, mas também coletivos (Nascimento, 2021, p. 27).

2.2.2. Johann Birnbaum

A origem da expressão "bem jurídico" é atribuída a Birnbaum. O autor não acredita que a proteção esteja relacionada aos direitos subjetivos, mas, sim, a determinados bens materiais, gerando, aí, a ideia da existência de bens jurídicos penalmente tutelados pelo Estado.

Ao contrário de Feuerbach, Birnbaum não acreditava que o crime afetava o direito de outrem, que é um conceito abstrato. O crime, na verdade, em uma visão naturalista, vulnerava uma matéria, um bem. Esses bens estariam conectados ao sistema social, portanto, o crime, provocava um dano social (Martinelli e Bem, 2021, p. 118).

Aquele que é o berço da teoria do bem jurídico acaba por ampliar o campo de atuação do Direito Penal, podendo ser aplicado nos crimes contra os costumes e contra a religião, uma vez que esses eram bens jurídicos caros à sociedade.

Juarez Tavares (2003, p. 184-185) entende que, apesar da clareza quanto a existência dos crimes contra a religião, Estado ou comunidade, perdeu-se a vinculação da incriminação com os pressupostos de legitimidade presentes, de qualquer modo, na teoria de Feuerbach.

2.3. O bem jurídico penal na fase positivista

Karl Binding dá holofotes à teoria do bem jurídico, ao mesmo tempo em que lhe confere outra aplicação dentro do contexto positivista da segunda metade do século XIX. O positivismo pretendeu trazer para o âmbito das ciências sociais os métodos científicos utilizados pelas ciências da natureza, ou seja, o empirismo indutivo e suas conclusões estanques.

Nesse sentido, há uma desvinculação com todo arcabouço filosófico, dedutivo e valorativo que permeava o estudo do Direito Penal. A teoria do bem jurídico, então, passou a ter plena equivalência com a norma: será bem jurídico aquilo que a lei assim define.

Karl Binding, então, acaba por esvaziar a função limitadora do poder estatal que a teoria do bem jurídico poderia ter, afinal, todo poder estaria concentrado nas mãos do legislador, e bem jurídico seria tudo aquilo que o Estado quisesse considerar como tal, alargando os alvos de criminalização e trazendo o bem jurídico para um lugar de tutela do interesse coletivo (Martinelli e Bem, 2021, p. 120).

2.4. O bem jurídico penal na fase neokantista

O neokantismo surge, no início do século XX, como uma contraposição à concepção positivista. Os métodos próprios das ciências da natureza não eram suficientes para explicar o Direito. Na verdade, o Direito e os bens por ele tutelados não se apresentavam no plano da existência material, mas no plano valorativo.

O formalismo do positivismo incomodava os neokantistas que buscavam trazer, à definição do bem jurídico, elementos espirituais que estão fora da norma, presentes no campo dos valores culturais.

Entretanto, em termos práticos, o bem jurídico ainda era definido pelo Estado, que valorava as condutas que mereceriam a tutela penal. Diante disso, a teoria do bem jurídico segue se afastando de sua função limitadora e se aproxima de uma função meramente interpretativa em que há uma complementação subjetiva ao formalismo dos positivistas (Mir Puig, 2003, p. 219-220).

Juarez Tavares (2003, p. 189-190) observa que a metodologia trazida pelos neokantistas serve como um garantidor para que as normas incriminadoras fossem aplicadas sem nenhum tipo de questionamento de sua legitimidade, valendo o bem jurídico como mero exercício retórico ou marco de referência classificatório.

A subjetivação do bem jurídico dá espaço a uma amplificação ilimitada do poder estatal, afinal, torna-se manipulável de acordo com os valores dos interesses dominantes de cada época. É esse esvaziamento da função crítica da teoria do bem jurídico que oferece base para o Direito Penal e as tiranias estatais vigentes no período nacional-socialista alemão, marcado por terríveis tragédias humanitárias.

2.5. As teorias sociológicas do bem jurídico e a teoria personalista de Winfried Hassemer

As teorias sociológicas do bem jurídico surgiram após a Segunda Guerra Mundial e tinham por objetivo estabelecer um conceito material que pudesse definir bens jurídicos. Como uma teoria sociológica, seus teóricos buscaram resgatar o sentido material do bem jurídico a partir da realidade social, deixando de ser mero objeto escolhido ou valorado pelo Direito.

Nesse contexto, Winfried Hassemer se dedicou, em sua teoria personalista, a limitar o poder estatal a partir da definição de bem jurídico penalmente tutelável. O autor demarca fatores sociais indispensáveis à existência de um bem jurídico: frequência da conduta, intensidade da necessidade de preservar o objeto merecedor de tutela e intensidade da ameaça contra tal objeto (Hassemer e Muñoz-Conde, 1989, p. 111).

O centro da teoria de Hassemer e Muñoz-Conde (1989, p. 109) é que o bem jurídico, para limitar o poder estatal, somente poderia ser aquele vinculado à proteção de uma pessoa. Mesmo os bens supraindividuais não possuem legitimidade autônoma para a tutela penal, mas somente quando relacionados ao interesse de indivíduos.

2.6. As teorias constitucionalistas do bem jurídico e a contribuição de Claus Roxin

A partir de 1960 as ciências jurídicas passaram pelo processo de constitucionalização. No neoconstitucionalismo, a constituição assumia o total protagonismo perante todo o direito, de forma que todas as suas áreas deveriam ser submetidas a uma filtragem constitucional.

As normas deveriam estar de acordo com a constituição, que é o documento responsável pelos direitos fundamentais e pela direção político-administrativa do Estado. O mesmo processo ocorreu com a teoria do bem jurídico.

A teoria do bem jurídico, então, passava a assumir um papel de protagonismo dentro do Direito Penal. Afinal, o conceito de bem jurídico penalmente tutelado deveria ser retirado da própria constituição, representando uma clara limitação ao legislador.

A função limitadora do bem jurídico se encontra nessa visão político-criminal do Direito Penal. Para juristas como Roxin, em um Estado Democrático de Direito, os bens jurídicos mais caros à população a merecer tutela penal devem estar previstos, mesmo que de forma implícita, na constituição, não sendo possível que um tipo penal fosse criado descolado dessa correspondência (Nascimento, 2021, p. 72).

3. FUNÇÕES DA TEORIA DO BEM JURÍDICO PENAL

3.1. Função interpretativa ou dogmática

O tipo penal visa a proteger um bem jurídico. Não raras vezes, o operador do Direito se depara com certas dificuldades na aplicação concreta do tipo penal à situação fática encontrada.

Nesse aspecto, o bem jurídico serve de elo entre a norma penal e a realidade fática, como elemento fundamental de interpretação, ajudando a identificar o alcance do tipo penal.

Explicam Leonardo Schmitt de Bem e João Paulo Martinelli (2021, p. 133) que "o bem jurídico é elemento fundamental para a interpretação da norma penal, especialmente para compreender o que se quer proteger e como se dá essa proteção."

3.2. Função político-criminal ou limitadora

Conforme ficou demonstrado no item de evolução histórica, a teoria do bem jurídico oscilou entre períodos em que a função limitadora era eficaz e períodos em que era nula.

Com o advento das teorias constitucionalistas, pode-se dizer que essa se tornou a principal função da teoria do bem jurídico. Com função político-criminal, o bem jurídico se apresenta como uma limitação ao legislador, uma vez que ele precede ao legislador e condiciona a incriminação realizada por este.

Dentro das teorias constitucionalistas, a limitação material do bem jurídico penalmente tutelável deve ser buscada na constituição e conjugada com a subsidiariedade e a fragmentariedade do Direito Penal.

Além disso, é possível verificar a limitação no alcance do tipo penal, ajudando a delimitar um conceito material do delito a partir da identificação do bem jurídico que a norma visa a proteger. Assim, a limitação também abarca o intérprete no momento de aplicação do tipo penal (Martinelli e Bem, 2021, p. 134).

4. O CONCEITO DE BEM JURÍDICO E SUA APLICAÇÃO COMO UM LIMITADOR PARA O DIREITO PENAL CONSTITUCIONAL

Como ficou explanado, o conceito de bem jurídico passou por uma constante evolução histórica. A aplicação da teoria do bem jurídico, em um Estado Democrático de Direito, exige a presença de um arcabouço teórico para limitar o poder do legislador em criar tipos penais livremente.

Claus Roxin (2009, p. 18) conceitua bem jurídico como "circunstâncias reais dadas ou finalidades necessárias para uma vida segura e livre, que garanta todos os direitos humanos e civis de cada um na sociedade ou para funcionamento de um sistema estatal que se baseia nestes objetivos".

No entanto, o conceito de bem jurídico nunca foi consensual. Existem tantas definições e controvérsias sobre essa definição que se torna inviável delimitar um conceito comum a todos os autores e correntes de pensamento.

De fato, a historicidade e a realidade social, com as evoluções e enfrentamentos de cada época, tornam incerta a definição dos bens jurídicos que devem ser tutelados pelo Direito Penal.

Busato explica que uma concreção absoluta do conceito de bem jurídico é indesejável, isto porque sua aparente vagueza conceitual permite uma abertura apta a absorver as tendências da sociedade. O autor segue apontando dois pontos positivos dessa característica: proporciona a possibilidade de negar reconhecimento de relevância social a um bem jurídico ainda que haja previsão concreta de sua incriminação, afastando-o da *práxis* forense e pressionando a transformação legislativa"; e "não engessa com a camisa de força conceitual a constante transformação da primazia dos interesses, permitindo uma *práxis* que admite a permeabilidade pelo princípio de proporcionalidade" (Busato, 2015, p. 368-369).

Apesar da indefinição do conceito, isso não significa que a teoria do bem jurídico não possa cumprir com sua função limitadora. Mais importante do que estudar um conceito fechado e imutável ao longo da história – o que para muitos autores é impossível – é estudar o que não pode ser tratado como bem jurídico penalmente tutelado, de modo a frear o poder estatal sobre os indivíduos e seus comportamentos.

Roxin estabelece algumas diretrizes aptas a identificar objetos que não podem ser considerados bens jurídicos em um Estado de Direito. Normas penais arbitrárias, que tenham um conteúdo autocrático, que sejam meramente motivadas ideologicamente ou que violem direitos humanos não protegem nenhum bem jurídico.

A rejeição a comportamentos considerados imorais também não justifica a sua caracterização, por si só, como bens jurídicos penais. Também não está apta a ser considerada bem jurídico penal a proteção a sentimentos que não sejam decorrentes de ameaças. Não é papel do Direito Penal proteger as emoções das pessoas.

O dano realizado contra si mesmo também não pode ser um bem jurídico, nem o estímulo ou participação neste auto dano, isto porque se encontram na esfera da autonomia do indivíduo. Também devem ser rejeitadas normas penais predominantemente simbólicas, normas penais que incriminem estados existenciais e normas penais que rechaçam situações consideradas como "tabu" pela sociedade (Santos, 2018, p. 237-252). O Direito Penal vem sendo alargado levando em conta a proteção dos chamados bens jurídicos coletivos. Parte da doutrina rechaça qualquer hipótese da existência de bens jurídicos exclusivamente coletivos, como Hassemer em sua teoria personalista.

A teoria do bem jurídico, então, como forma de exercer sua função crítica ou político-criminal, é utilizada como base de identificação de falsos bens jurídicos coletivos, seja porque, na verdade, se trata de uma soma de bens jurídicos individuais, seja porque, de fato, não merecem tutela penal, já que ilegítimo perante uma teoria do bem jurídico baseada no contexto de um Estado Democrático de Direito (Nascimento, 2021, p. 215).

4.1. Bens jurídicos aparentemente coletivos

Os bens jurídicos aparentemente coletivos são aqueles que podem ser discriminados em uma soma de bens jurídicos individuais. Como afirma Bechara (2014, p. 329), esses bens jurídicos se identificam nos casos em que, por meio do uso reificante da linguagem e da adoção de uma perspectiva distanciada, se acaba por ocultar a ausência de um efetivo bem jurídico tutelado pela norma.

Schünemann explica que a equivocada classificação por bem jurídico coletivo daquilo que é a aglomeração de bens jurídicos individuais faz com que a jurisprudência negligencie os princípios de exclusão da proteção penal em razão do consentimento do titular do bem jurídico (Nascimento, 2021, p. 216).

São exemplos de bens jurídicos aparentemente coletivos a saúde pública e a incolumidade pública. A chamada saúde pública é, na verdade, a soma das saúdes de cada indivíduo, e a incolumidade pública é a exposição a perigo da integridade física de vítimas indeterminadas.

Greco aponta três regras-teste para a correta identificação de um bem jurídico coletivo. No chamado "teste de circularidade", o autor afirma que "o fato de que um dispositivo penal não seria legitimável sem um bem coletivo não fornece qualquer razão para postular um tal bem". A segunda regra-teste é denominada "teste de divisibilidade", segundo a qual "o fato de que um número indeterminado de indivíduos tenha interesse em um bem não é razão para postular um bem coletivo". Por fim, Greco (2011, p. 359-365) aponta o "teste da não especificidade", e de acordo com ele "não é permitido postular um bem coletivo como objeto de proteção de uma determinada norma penal se a afetação desse bem necessariamente pressupõe a simultânea afetação de um bem individual".

4.2. Falsos bens jurídicos a partir da teoria político-criminal do bem jurídico

Em um Estado Democrático de Direito, marcado pelo apreço à autonomia individual, à liberdade e ao respeito à dignidade da pessoa humana, fundados em valores consagrados como direitos fundamentais pela constituição, não compete ao Estado elaborar normas penais que visam a proteger pretensos bens jurídicos que estejam em desacordo com esse arcabouço constitucional.

Sendo a liberdade e a autonomia direitos fundamentais primários, tipos penais que buscam puramente controlar o comportamento do indivíduo representam um abuso de poder estatal que a teoria do bem jurídico, em sua função crítica, deve rechaçar, de modo a identificar esses falsos bens jurídicos, que são utilizados para fundamentar esse controle estatal indevido sobre comportamentos.

Em uma teoria constitucionalista do bem jurídico, só é legítima a incriminação que visa a proteger bens jurídicos que se extraem direta ou indiretamente da Constituição. É esta a limitação que se coloca ao legislador, que não pode arbitrariamente criar tipos penais à livre-vontade do Estado ou atendendo interesses dominantes de cada época ou grupo.

Leonardo Schmitt de Bem e João Paulo Martinelli (2021, p. 143-144) explicam que, em um Estado Democrático de Direito, no qual predominam a liberdade individual e o respeito à dignidade humana, a imoralidade de uma ação é somente uma condição necessária para sua criminalização, mas não configura razão positiva para legitimar seu caráter criminoso. O autor ainda aponta a necessidade de impedir que o legislador utilize o Direito Penal como um agente de transformação social.

O que se pretende é que a teoria do bem jurídico ofereça um empecilho para que o Direito Penal punitivo não adentre na esfera pessoal comportamental dos indivíduos, nem se lance a regular os "melhores comportamentos" em uma transmutação paternalista e moralista que não lhe cabe.

Nesse sentido, um dos principais exemplos encontrados na legislação brasileira de crimes que são fundamentados na proteção de falsos bem jurídicos são os delitos que visam a proteger a chamada "moralidade sexual", "moralidade pública" ou "bons costumes".

Não há possibilidade de conciliação da moralidade sexual, ou qualquer aspecto de moral, por si só, como bem jurídico legítimo em um Estado de Direito que utilize a teoria do bem jurídico de forma liberal e democrática (Nascimento, 2021, p. 225).

Ana Elisa Liberatore Bechara (2014, p. 311) infere que:
> Isso não significa negar absolutamente a possibilidade de uma norma incriminadora abarcar também condições morais elementares no âmbito social, desde que sua finalidade seja voltada não à tutela da moral, mas sim à prevenção de efeitos sociais concretamente danosos, por meio da proteção de bens jurídicos.

5. O CRIME DE "CASA DE PROSTITUIÇÃO" E A REFORMA PROMOVIDA PELA LEI Nº 12.015/2009

A redação original do crime do art. 299 do CP prescrevia o seguinte tipo: "Manter, por conta própria ou de terceiro, casa de prostituição ou lugar destinado a fins libidinosos, haja, ou não, intuito de lucro ou mediação direta do proprietário ou gerente".

A Lei nº 12.015/2009[57] retirou o *nomen iuris* "casa de prostituição" e modificou a redação do tipo penal: "Manter, por conta própria ou de terceiro, estabelecimento em que ocorra exploração sexual, haja, ou não, intuito de lucro ou mediação direta do proprietário ou gerente."[58]

Percebe-se que a norma original pretende incriminar, não a prostituição, mas, sim, aquele que mantém estabelecimento em que ocorre essa prática ou estabelecimento destinado a fins libidinosos. O comércio do próprio corpo não é alvo direto do Direito Penal, sendo, inclusive, previsto em regulamentos previdenciários (Gilaberte, 2020, p. 202).

Se a prostituição em si não é proibida – e nem deveria ser, uma vez que está no campo da autonomia decisória do indivíduo – o crime de Casa de Prostituição, ao menos na sua redação original, visa oferecer obstáculos para sua prática. O que se mostra

---
57. Disponível em: http://www.planalto.gov.br/ccivil_03/_ato2007-2010/2009/lei/l12015.htm.
58. Brasil. Decreto-Lei nº 2.848, de 7 de dezembro de 1940. Código Penal. Disponível em: http://www.planalto.gov.br/ccivil_03/decreto-lei/del2848compilado.htm.

despropositado, pois aquilo que não é proibido de forma direta não o deve ser de forma indireta (Queiroz, s.d.).

Após a Lei nº 12.015/2009, o texto legal não faz mais referência direta a casa de prostituição ou lugar destinado a fins libidinosos. O termo "exploração sexual" – de taxatividade contestada – é colocado como o elemento normativo do tipo penal.

6. A LEITURA DOS TRIBUNAIS SUPERIORES SOBRE O ART. 229 DO CP

Ao olhar para a realidade, uma rápida constatação se impõe: as "casas de prostituição" existem e funcionam desafrontadamente no dia a dia. A questão foi levada ao STF no Habeas Corpus nº 104.467. Na oportunidade, o STF afastou o argumento de que os princípios da adequação social e da fragmentariedade teriam descriminalizado a conduta. Além disso, reafirmou a validade e o sentido do tipo penal já alterado pela Lei nº 12.015/2009, concernente à incriminação, por si só, da manutenção de casas de prostituição (considerada uma espécie de exploração sexual), norma penal que tutela a moralidade sexual e os bons costumes.[59]

Greco faz apontamentos em relação às incongruências do crime de Casa de Prostituição interpretado conforme a decisão. O primeiro apontamento é a não distinção entre um conceito dogmático e um político-criminal, que é vinculante ao legislador. O segundo apontamento de equívoco está na própria consideração da moralidade sexual e dos bons costumes como bens jurídicos, uma vez que, desde a Segunda Guerra Mundial, há um consenso obtido pela teoria moderna do bem jurídico de que comportamentos meramente imorais não a integram. Por último, o autor aponta que, ainda que se adotasse uma concepção meramente dogmática

---

[59]. HC nº 104.467/RS, Rel. Min. Carmen Lucia, julg. em 08.02.2011. Disponível em: https://portal.stf.jus.br/processos/detalhe.asp?incidente=390 8850. Acesso em: 06 abr. 2023.

(interpretativa) do bem jurídico, isto deveria ser fundamentado e não meramente informado (Greco, 2011, p. 431-453).

Como forma de enfrentar a realidade da aceitação massiva em normalidade da existência de prostíbulos, o STJ[60] e a jurisprudência majoritária interpretavam o tipo penal como se ele exigisse a exclusividade da prática de prostituição ou congêneres no estabelecimento, elemento não exigido pelo texto da norma. Assim, se, no estabelecimento, ocorresse o mercado sexual, mas também fossem oferecidos serviços de bar, massagens ou shows de dança, o tipo penal do art. 229 do CP não seria aplicável.

Gilaberte (2020, p. 218) critica a interpretação do STJ:

> Através de contorcionismos linguísticos que fazem pouco da relação significante-significado, deixa o tribunal de afirmar o óbvio: existe uma casa de prostituição (ou afim) – que também possui um bar em seu interior, ou uma piscina, ou uma sauna, ou uma quadra de tênis, ou uma sala de convenções, o que seja, mas que ainda assim continua sendo uma casa de prostituição – cujo regular funcionamento é sustentado por argumentos fracos, embora existam outras linhas de pensamento aptas a solucionar o caso, as quais são solenemente ignoradas para se privilegiar uma jurisprudência vetusta.

7. A LEITURA DO CRIME DO ART. 229 DO CP A PARTIR DA TEORIA DO BEM JURÍDICO PENAL

Como visto no Capítulo IV, a teoria do bem jurídico deve ser utilizada de modo a identificar e rechaçar falsos bens jurídicos penais não alicerçados constitucionalmente.

Desse modo, a teoria do bem jurídico impõe que não sejam aceitos tipos penais que visem proteger uma pretensa moral sexual ou

---

60. Ag. Reg. no REsp. nº 1.424.233/SP, Sexta Turma, Rel. Min. Rogério Schietti Cruz, publ. em 10.05.2017. Disponível em: https://www.stj.jus.br/websecstj/cgi/revista/REJ.cgi/ATC?seq=75086094&tipo=0&nreg=&SeqCgrmaSessao=&CodOrgaoJgdr=&dt=&formato=PDF&salvar=false. Acesso em: 06 abr. 2023.

pretensos "bons costumes". A autonomia do próprio corpo está inserida na esfera de liberdade, garantida em primazia como um direito fundamental pela Constituição.

Não é papel do Estado adentrar na esfera privada e íntima do indivíduo para proibir, por meio do Direito Penal, comportamentos considerados imorais ou inapropriados, mas que não afetam bens jurídicos.

Gilaberte (2020, p. 208) aponta:

> A proteção de bens jurídicos não pode ser deduzida a uma fórmula simplesmente dogmática e redundante (o Direito Penal visa a proteger bens jurídicos; bens jurídicos relevantes são aqueles tutelados pelo Direito Penal) mas deve também ser avaliada em sua dimensão político-criminal. (...) Apenas ações que conflitam com direitos de terceiros ou com a harmonia do sistema social podem justificar a intervenção penal.

Humberto Souza Santos (2018, p. 347-348) critica:

> Quem mantém, por conta própria ou de terceiro, o estabelecimento em que ocorre a prostituição, não colide com o exercício, por ninguém, de nenhuma das virtudes que condicionam ao autogoverno e tornam a pessoa autônoma, isto é, que formam o conceito de autonomia como condição. O delito não prevê nenhuma forma de conduta que signifique um constrangimento da pessoa à prostituição, mas a mera manutenção do estabelecimento, com a dispensa, inclusive, da mediação ou do intuito de lucro de seu proprietário ou gerente, e considera suficiente, para a punição, que a prostituição ocorra dentro dele, sob o termo "exploração sexual". A decisão de se prostituir faz parte da esfera intocável da autonomia de uma pessoa adulta e responsável e não significa que essa pessoa que decidiu se prostituir explora sexualmente alguém e nem, ao contrário, uma sujeição automática à exploração por outra pessoa, sem a presença de constrangimento, por isso a sua mera ocorrência dentro de um

estabelecimento não apresenta uma justificativa convincente para a punição daquele que o mantém.

Conclui-se que a teoria do bem jurídico é incompatível com a compreensão do crime de Casa de Prostituição como protetor da moralidade sexual ou dos bons costumes.

Entretanto, a alteração promovida pela Lei nº 12.015/2009 abriu margem a um novo entendimento do tipo penal. Como visto, o elemento normativo exigido pela norma é a exploração sexual. Lançando mão das funções da teoria do bem jurídico levantadas no Capítulo III, temos que a função limitadora ou político-criminal servirá para rechaçar a proteção a falsos bens jurídicos, e a função interpretativa servirá para compreender corretamente a redação e o alcance do art. 229 do CP à luz da teoria do bem jurídico.

O crime de manter, por conta própria ou de terceiro, estabelecimento em que ocorra exploração sexual, haja, ou não, intuito de lucro ou mediação direta do proprietário ou gerente protege, na verdade, a dignidade sexual que é sim um verdadeiro bem jurídico.

Em contraponto a parte da doutrina, Gilaberte (2020, p. 210) ensina:

> Com a Lei n. 12.015/2009, a norma voltou-se à proteção da pessoa, no caso aquela que se entrega à prostituição ou à exploração sexual, de modo que não seja vilipendiada em seus direitos, recebendo de seu empregador tratamento análogo à escravidão, seja com jornadas exaustivas e usurpação considerável dos lucros auferidos, manutenção de estabelecimentos insalubres, uso de coação ou fraude, ou casos de submissão de crianças ou adolescentes. Contudo, inexistindo tratamento indigno, ou seja, se o estabelecimento confere a quem comercializa o próprio corpo um ambiente apto ao desenvolvimento da atividade, deve ser tido como legítimo.

O autor sintetiza: "O objeto da tutela, anteriormente coletivo, passou a ser individual, qual seja, a dignidade sexual de quem exerce a prostituição" (Gilaberte, 2020, p. 210).

Gilaberte (2020, p. 139) ainda aponta que haverá exploração sexual não somente quando estiver caracterizada alguma espécie de fraude, violência ou grave ameaça sobre a vítima, mas também quando a vítima é vulnerável ou lhes são destinadas condições insalubres de trabalho.

A sexta turma do STJ entendeu de forma semelhante no REsp. nº 1.683.375/SP, ao afastar a tipicidade do delito do art. 229 do CP em relação a um caso em que era mantida uma casa para fins libidinosos, mas sem nenhuma violação à liberdade das pessoas que ali livremente exerciam o comércio sexual do próprio corpo:

> RECURSO ESPECIAL. DIREITO PENAL. CASA DE PROSTITUIÇÃO. TIPICIDADE. EXPLORAÇÃO SEXUAL. ELEMENTO NORMATIVO DO TIPO. VIOLAÇÃO À DIGNIDADE SEXUAL E TOLHIMENTO À LIBERDADE. INEXISTÊNCIA. FATO ATÍPICO. 1. Mesmo após as alterações legislativas introduzidas pela Lei nº 12.015/2009, a conduta consistente em manter Casa de Prostituição segue sendo crime tipificado no artigo 229 do Código Penal. Todavia, com a novel legislação, passou-se a exigir a "exploração sexual" como elemento normativo do tipo, de modo que a conduta consistente em manter casa para fins libidinosos, por si só, não mais caracteriza crime, sendo necessário, para a configuração do delito, que haja exploração sexual, assim entendida como a violação à liberdade das pessoas que ali exercem a mercancia carnal. 2. Não se tratando de estabelecimento voltado exclusivamente para a prática de mercancia sexual, tampouco havendo notícia de envolvimento de menores de idade, nem comprovação de que o recorrido tirava proveito, auferindo lucros da atividade sexual alheia mediante ameaça, coerção, violência ou qualquer outra forma de violação ou tolhimento à liberdade das pessoas, não há falar em fato típico a ser punido na seara penal.

3. Recurso improvido (REsp. nº 1.683.375/SP, Rel. Min. Maria Thereza de Assis Moura, Sexta Turma, julgado em 14.08.2018, **DJe** 29.08.2018).[61]

A exigência legal de exploração sexual no tipo penal afasta a incriminação, *per se*, da manutenção de casas de prostituição ou congêneres. Isso porque se entende que a exploração exigida é aquela em que há uma supressão de direitos e/ou liberdades das pessoas que trabalham no estabelecimento, ferindo sua dignidade sexual. Essa é a interpretação que se impõe à luz da teoria do bem jurídico.

8. CONCLUSÃO

O autor, então candidato, respondeu à Questão 1 da seguinte maneira: "O bem que se pretendia tutelar neste tipo penal (art. 229 do CP) seria a moralidade sexual. Diante disso, partindo da função limitadora da teoria do bem jurídico, esse tipo de tutela penal não se coaduna com a limitação que deve se dar, em razão dos bens jurídicos que devem ser tutelados pelo Direito Penal – que não podem estar atrelados a sentimentos pessoais ou questões puramente morais – campos que não estariam afetos à pretensão punitiva estatal em razão dessa função limitadora do bem jurídico".

O examinador, ainda não completamente satisfeito com a resposta, apresenta a Questão 2, que é respondida da seguinte forma: "Seria possível enxergar uma tutela penal se essa casa de prostituição estivesse relacionada a uma prática de exploração no sentido de que direitos individuais fossem ali tolhidos. Na verdade, seria tolhida, então, a dignidade sexual da vítima".

A resposta esperada pelo examinador envolvia o conhecimento sobre a teoria do bem jurídico, tema denso e não comum nos

---

61. Disponível em: https://processo.stj.jus.br/jurisprudencia/externo/informativo/?aplicacao=informativo&acao= pesquisar&livre=@cnot=016750. Acesso em: 26 out. 2023.

manuais mais generalistas focados em concursos públicos. O candidato despreparado poderia se ver em uma situação em que sequer entenderia qual conteúdo estava sendo exigido, correndo grande risco de não conseguir dar qualquer resposta ou partir para um equivocado apontamento da moralidade sexual como bem jurídico tutelado pelo tipo penal.

Com uma infinidade de temas passíveis de pergunta, o leitor pode se perguntar como reduzir a chance de ser surpreendido com uma questão sobre um tema desconhecido. É muito importante que o candidato conheça sua banca examinadora, seus examinadores e os temas de preferência deles. O examinador presidente da banca de Direito Penal é escritor de obras jurídicas, e a teoria do bem jurídico é um assunto muito referido por ele. Além disso, escreve especificamente sobre a correlação da teoria com determinados crimes, dentre eles o crime do art. 229 do CP (Gilaberte, 2018, p. 315-322; Gilaberte, 2020).

O candidato deve acompanhar sobre o que seu examinador tem escrito ou falado. Alguns examinadores são ativos nas redes sociais e lá divulgam suas obras, textos, casos práticos profissionais, e fazem *lives* de conteúdo. É importante, também, acompanhar as redes sociais desses examinadores, afinal, são novos meios de interação e comunicação. O examinador Bruno Gilaberte já havia feito uma *live* sobre teoria do bem jurídico em seu *Instagram*.

Dessa forma, ao escutar a pergunta, o autor se recordou do conteúdo exposto neste artigo e procurou concatenar todo o conhecimento em uma resposta que abordasse corretamente os pontos do tema. Em uma prova oral, quando o candidato se depara com uma pergunta que domina, ele deve trazer uma resposta completa, permeando todos os pontos em sua abordagem até que o examinador o interrompa.

A intenção é que se passe a maior parte do tempo possível abordando um conteúdo que conhece, de modo que demonstre a completude do conhecimento ao examinador e preencha tempo da avaliação oral, uma vez que não se sabe quais serão as perguntas seguintes e se as dominará como a que está respondendo.

Entretanto, é importante que nessa abordagem o candidato já insira os pontos principais do tema, a fim de que estejam presentes todos os pontos almejados pelo examinador. É relevante que o candidato saiba palavras-chave (relativas a esses pontos principais) que irão auxiliá-lo a construir a oratória ao seu entorno e chamar a atenção do examinador entoando-as com mais tonicidade para convencê-lo.

Observa-se que este autor respondeu à Questão 1, mas não preencheu um dos pontos principais buscados pela pergunta – apresentar a dignidade sexual como bem jurídico penalmente tutelado pelo crime de "Casa de Prostituição". Assim, o avaliador foi mais direto na Questão 2, e o examinado trouxe a completude da resposta almejada. Isso só foi possível porque o examinador notou que o candidato conhecia o tema enquanto explicava sobre a incompatibilidade da teoria do bem jurídico com a visão de que o crime de Casa de Prostituição tutelaria a moralidade sexual. Melhor seria se, já na primeira resposta, o examinado trouxesse à oratória todos os pontos principais do tema.

Para desenvolver habilidade de retórica e oratória, o candidato deve treinar falando em voz alta a matéria e pode, inclusive, utilizar a estratégia de se gravar para escutar sua explanação e realizar eventuais reparos. Outra estratégia muito produtiva é se reunir com outros candidatos e realizar treinamentos, mesmo que em videochamadas, arguindo e respondendo questões, simulando uma prova oral. Assim, o candidato desenvolve a habilidade de responder oralmente perante outras pessoas, habituando-se a essa forma de comunicação, o que também trará habilidade retórica de contornar uma eventual situação desconfortável perante uma pergunta que não domina tanto na prova oral.

Por ser um momento de extrema tensão, o candidato deve se precaver em relação ao seu psicológico. Outra maneira de atenuar a insegurança e o nervosismo – que, em alguma medida, vão existir

– é realizar um estudo dedicado, afinal, quanto mais conhecimento se tem sobre um tema, naturalmente tende-se a ter mais segurança ao falar dele.

Como ficou demonstrado, uma pergunta curta reclamava a necessidade do conhecimento de um tema complexo e denso. Tema que não está presente nos materiais preparatórios mais generalistas para concurso público. Os certames jurídicos são concursos de alto nível, exigem uma preparação mais aprofundada, que vai além dos conceitos superficiais decorados. Especialmente, o concurso de Delegado de Polícia Civil do Estado do Rio de Janeiro, que possui uma tradição academicista, requer um alto grau de aprofundamento dos seus candidatos.

O candidato necessitava dominar tudo aquilo que foi abordado neste artigo para oferecer uma resposta correta e completa para as questões aqui trabalhadas. A habilidade de concatenar todo esse conhecimento em uma resposta envolve domínio do tema, raciocínio jurídico, inteligência emocional e articulação argumentativa, todos esses critérios avaliados para selecionar os mais aptos a exercerem a substancial função de Delegado de Polícia.

REFERÊNCIAS BIBLIOGRÁFICAS

BECHARA, A. E. L. S. **Bem Jurídico-Penal**. São Paulo: Quartier Latin, 2014.

BUSATO, P. C. **Direito Penal:** parte geral. 2. ed. São Paulo: Atlas, 2015.

GILABERTE, B. Casa de Prostituição? Não, Startup Para Satisfação de Interesses Individuais Relativos à Libido. In: **Estudos de Direito Público:** aspectos penais e processuais. Belo Horizonte: D'Plácido, 2018. v. 1.

GILABERTE, B. **Crimes contra a Dignidade Sexual**. 2. ed. Rio de Janeiro: Freitas Bastos, 2020.

GRECO, L. Casa de prostituição (art. 229 do CP) e Direito Penal liberal: reflexões por ocasião do recente julgado do STF (HC 104.467). In: **Revista Brasileira de Ciências Criminais**, São Paulo: Revista dos Tribunais, n. 92, 2011.

HASSEMER, W.; MUÑOZ CONDE, F. **Introducción a la Criminologia y al Derecho Penal**. Valência: Tirant lo Blanch, 1989.

MARTINELLI, J. P.; DE BEM, L. S. **Direito Penal:** lições fundamentais. 6. ed. Belo Horizonte, São Paulo: D' Plácido, 2021.

MIR PUIG, S. **Introducción a las Bases del Derecho Penal**. 2. ed. Montevideo-Buenos Aires: B de F, 2003.

NASCIMENTO, D. L. **Bem Jurídico-Penal:** reajustando as expectativas em torno de sua função crítico-limitadora. São Paulo: Dialética, 2021.

QUEIROZ, P. **Casa de Prostituição e Política Criminal**. [S.d.]. Artigo digital em: https://pauloqueiroz.net/casa-de-prostituicao-e-politica-criminal/. Acesso em: 26 out. 2023.

ROXIN, C. **A Proteção de Bens Jurídicos como Função do Direito Penal**. Tradução de André Luís Callegari e Nereu José Giacomolli. 2. ed. Porto Alegre: Livraria do Advogado, 2009.

SANTOS, H. S. **Ainda Vive a Teoria do Bem Jurídico?** Uma contribuição ao debate sobre a teoria do bem jurídico e os limites materiais do poder estatal de incriminar. Tese (Doutorado). Universidade do Estado do Rio de Janeiro, Faculdade de Direito. 2018.

TAVARES, J. Teoria do Injusto Penal. 3. ed. Belo Horizonte: Del Rey. 2003.

POSSÍVEIS MODALIDADES DELITIVAS E OUTRAS REFLEXÕES ACERCA DA PRÁTICA CONHECIDA COMO "RACHADINHA"

Monaliza Gonçalves Araujo[62]

1. INTRODUÇÃO

Era uma manhã de domingo. Éramos seis mulheres naquela rodada de arguições. Por ordem alfabética, e de acordo com a disposição das bancas das seis matérias, minha primeira banca foi a de Direito Penal e, após a formalidade de apresentação à banca e do sorteio do ponto, a primeira pergunta foi justamente a que intitula este artigo.

O tema escolhido dentro do ponto sorteado foi "Crimes contra a Administração Pública". Acionado o cronômetro, o examinador então introduziu o assunto e conceituou a prática da "rachadinha" para, em seguida, questionar acerca da possibilidade do cometimento de algum crime.

Iniciei meu momento de fala com a definição da prática de "rachadinha", pois foi a forma como rapidamente organizei na minha cabeça que formularia a resposta, e, já durante o início da explanação, fui educadamente interrompida pelo examinador, esclarecendo

---

62. Pós-graduada em Direito Processual com ênfase em Relações Jurídicas do Poder Público pela Universidade Federal Fluminense (UFF). Bacharel em Direito pela Universidade Federal Fluminense (UFF). Delegada de Polícia Civil do Estado do Rio de Janeiro.

que aquilo ele já havia falado. Pois bem, elevada em pequena quantidade a dose de nervosismo, anuí ao comentário, deixei de lado o conceito e apenas acrescentei que a prática havia se tornado mais conhecida no âmbito do Poder Legislativo do Estado do Rio de Janeiro, entrando assim no mérito da resposta.

No conteúdo, indiquei a capitulação mais usual apontada pela doutrina e pela jurisprudência, e, durante a explicação, mencionei que, muitas vezes, o agente público que pratica as "rachadinhas" se vale de funcionários fantasmas para a realização de tal conduta.

A partir dessa assertiva, a banca então me indagou se haveria configuração penalmente típica para o funcionário fantasma. E controlando, ou ao menos tentando controlar toda a tensão que tomava conta de mim, respondi qual era a posição prevalente na jurisprudência dos Tribunais Superiores, como será explicitado adiante.

Percebendo um espaço para manifestar minha opinião, ousei acrescentar que, a despeito do enquadramento jurídico, a prática revela uma péssima utilização de recursos públicos, os quais poderiam ser realocados e otimizados em prol da sociedade.

Superado esse ponto e ainda explorando a questão da "rachadinha", foi-me questionado se haveria crime no caso de o agente nomeante exigir a entrega de parte do valor do salário do funcionário nomeado. Todos esses pontos, com efeito, constavam de artigo recentemente escrito pelo presidente da banca de Direito Penal, Bruno Gilaberte (2021), e que, naquele momento, também me, também me questionava. Em verdade, o tema é bastante complexo, haja vista que o referido artigo cita não menos que sete possíveis enquadramentos legais para a conduta.

Prossegui então esclarecendo qual era o delito cabível em tese a essa situação, especialmente na hipótese em que o funcionário é coagido com a ameaça de perder o emprego, quando o nomeante tem a ciência de que o nomeado efetivamente depende daquele cargo para a subsistência sua e de sua família, sendo sabido que o funcionário encontraria resistência em ser absorvido pelo mercado de trabalho, e, por este motivo, o nomeante exige a vantagem indevida como condição para manutenção daquele no cargo.

Claro, havia muito mais a dissertar sobre os debates doutrinários que cercam a prática da "rachadinha", outros crimes possíveis, prática de improbidade administrativa, inexistência de ilícito penalmente relevante, crime contra a ordem tributária etc., porém, naquele momento, a banca deu-se por satisfeita com a abordagem acerca da temática e passou a explorar outros conteúdos pertinentes aos crimes contra a administração pública.

Na sequência, foi-me apresentado um caso concreto para que eu levasse a efeito a correspondente tipificação e, a cada resposta minha, os examinadores iam modificando e complicando a hipótese fática, questionando acerca do delito cabível e dificultando sobremaneira a resposta. Por fim, antes de soar o sinal de que o tempo havia se esgotado, ainda respondi a uma outra pergunta de viés teórico, formulada pelo terceiro examinador.

Foi uma experiência deveras ímpar, de superação e de colocar à prova anos e anos de preparação, exigindo controle emocional, concentração e foco total naquele pequeno e crucial momento em que foi necessário buscar nas entrelinhas da memória as lições estudadas para que resultassem na melhor colocação, buscar a melhor construção de uma oração para que a resposta ficasse o mais clara, coerente e objetiva possível para os examinadores, de me policiar quanto à minha postura diante da banca, de me preocupar se devia rir ou não quando os membros da banca eventualmente contassem algo engraçado, de controlar o movimento das mãos e ajustar uma sincronia com a minha fala, de fazer valer cada renúncia em prol daquela prova, enfim, um momento verdadeiramente único.

À banca de Direito Penal seguiram-se as arguições das outras cinco bancas do certame: Direito Processual Penal, Direito Constitucional, Direito Administrativo, Medicina Legal e Direito Civil, todas com aqueles 10 minutos capazes de definir uma vida, não se ela continuaria, mas como; e é o que descobrirei nas páginas dos próximos capítulos da minha própria história. Nos próximos itens deste artigo, por sua vez, serão abordados alguns pontos específicos pertinentes à prática da "rachadinha", sem a pretensão de esgotar o tema, mas de apenas alimentar o debate acadêmico e crítico acerca dos possíveis enquadramentos legais para aqueles que admitem tipicidade penal na conduta e dos demais reflexos nas esferas extrapenais, revelando implicações ao redor de apenas uma das perguntas formuladas na fase oral do certame.

2. DEFINIÇÃO DE "RACHADINHA"

A prática das "rachadinhas", também conhecida como "rachid"[63] ou "esquema dos gafanhotos",[64] embora não fosse uma manobra recente ou inovadora, ganhou visibilidade no cenário nacional, principalmente, a partir da divulgação do "Caso Queiroz", após investigação levada a efeito pelo Ministério Público Federal, e pode-se dizer que consiste na nomeação de um assessor para cargo em comissão com a condição ou exigência de que parte dos vencimentos percebidos seja repassada à autoridade política nomeante ou a um encarregado seu, a fim de que o nomeado possa se manter no cargo.

---

63. Segundo a definição do dicionário informal, "*rachid*" é um "termo popular para o ato de corrupção em que um político, exercendo seu mandato, exige para si parte do pagamento de servidores como condição para a obtenção ou manutenção do trabalho." Disponível em: https://www.dicionarioinformal.com.br/rachid/. Acesso em: 21 mar. 2023.

64. O termo teve origem a partir de investigação coordenada pelo MPF-RR e pela Polícia Federal em Roraima, que acabou por deflagrar, em 2003, a operação Praga do Egito, a qual apontou uma máfia que desviou recursos públicos federais e estaduais, entre os anos de 1998 e 2002, para deputados estaduais, federais e conselheiros do Tribunal de Contas de Roraima. Como resultado da operação, "mais de 85 denunciados em 52 processos por um desvio superior a R$ 230 milhões de verbas públicas para o pagamento de 5,5 mil servidores fantasmas. 42 pessoas presas em um único dia de ações policiais. Os números que impressionam são do maior esquema de corrupção já registrado pela Justiça de Roraima: o escândalo dos gafanhotos". Gafanhotos, em alusão a insetos que se alimentavam de folhas – no caso, folhas de pagamento –, foi o termo usado pelos investigadores para denominar os funcionários fantasmas nomeados pelos políticos, pessoas, em geral, com baixo nível de escolaridade, que eram aliciadas para fornecer o nome para que este constasse da folha de funcionários, mas não recebiam o salário ou não o recebiam na sua integralidade, acabavam por assinar procurações a "testas de ferro" para que estes tivessem autorização para sacar os vencimentos, o qual era repassado ao político, e, muitas das vezes, não tinham conhecimento do esquema criminoso. Notícia veiculada pelo portal de notícias G1: Escândalo dos Gafanhotos: 15 anos depois, mais de 45 processos aguardam julgamento do maior esquema de corrupção em RR. Disponível em: https://g1.globo.com/rr/roraima/noticia/2018/11/26/escandalo-dos-gafanhotos-15-anos-depois-mais-de-45-processos-aguardam-julgamento-do-maior-esquema-de-corrupcao-em-rr.ghtml. Acesso em: 21 mar. 2023.

Esse repasse de verbas públicas foi historicamente mais vezes verificado entre integrantes do Poder Legislativo, e foi definido por Ivo Patarra (2022, p. 22) como

> um esquema por meio do qual políticos do 'baixo clero' (vereadores, deputados e até senadores sem maior poder de influência), incapazes de participar dos grandes "negócios" e das decisões da vida política, obtêm dinheiro e enriquecem por meio da apropriação dos salários de assessores nomeados em seus gabinetes e remunerados com dinheiro público.

Consiste, de fato, em uma verdadeira manobra para que o dinheiro saia dos cofres públicos com ares de retidão, por uma devida contraprestação, ingresse provisoriamente no patrimônio do particular então nomeado, para que, finalmente, alcance as contas bancárias dos políticos nomeantes ou de seus "laranjas", para quaisquer finalidades espúrias que queiram dar a ele, em manifesto desapreço pela coisa pública.

Nesse contexto, vale ilustrar que já se chegou ao cúmulo de ofertar a nomeação a cargo público em troca da devolução de 90% (noventa por cento) dos salários (Patarra, 2020, p. 48), uma oferta frequentemente direcionada a parentes de detentores de cargos políticos, para que fossem funcionários fantasmas.[65]

De fato, a prática se dá em total desvirtuamento do que se entende por servir ao público, vez que se converte o cargo político em fonte de enriquecimento indevido, às custas do desserviço prestado ao povo, com desprezo aos seus direitos mais comezinhos, como saúde, segurança e saneamento básico, por exemplo. A coisa pública acabou virando um polpudo negócio familiar.

Trata-se de um comportamento que infesta o país e que deve ser reprimido à altura do mal que causa, justamente a discussão a que

---

[65]. "(...) Ana Cristina teria perguntado aos parentes em uma reunião familiar se eles gostariam de ser nomeados no gabinete do marido. Explicou que bastava fornecer o CPF. Não seria preciso trabalhar, apenas distribuir panfletos nas campanhas eleitorais, a cada dois anos. E o mais importante: ficava combinada a devolução ao deputado, todos os meses, de 90% do salário" (Patarra, 2022, p. 30).

se propõe este estudo. Nesse sentido, pela extrema clareza com que se apresenta, cabe colacionar trecho do voto do Desembargador Bandeira Lins, em ação de improbidade administrativa[66] movida pela prática de "rachadinhas" na Câmara de Vereadores de Campo Limpo Paulista/SP, a saber:

> A incorporação de dinheiro público previsto como retribuição a quem foi nomeado para melhorar serviços prestados à comunidade, enfim, é conduta que denota ânimo completamente diverso daquele necessário para votar e ser votado, conferir e exercer mandato de representação popular, assumir ou conservar cargo efetivo, temporário ou comissionado na Administração Pública: para todas essas se exige, como requisito mínimo, a capacidade de abstrair interesses e conveniências particulares para servir condignamente ao interesse público e ao bem comum, vale dizer, o exato oposto da conduta apurada nos presentes autos.

Com efeito, antes que se alcance o debate acerca da inserção da prática das "rachadinhas" em algum tipo penal previamente delimitado – ou não, no caso de se reconhecer a atipicidade da conduta –, urge destacar que o fato se amolda perfeitamente à violação de princípios administrativos, como o da legalidade, o da moralidade e o da eficiência, além de configurar a quebra da confiança depositada no parlamentar por meio do voto,[67] transformando o cenário político em verdadeiro balcão de negócios,[68] não em prol da coletividade, ao revés, em benefício apenas do mandatário eleito.

---

66. TJSP, voto proferido na Apelação Cível nº 1002105-49.2018.8.26.0115 – Voto nº 13.687 e ainda a notícia veiculada sobre o mesmo assunto. Disponível em: https://www.jota.info/justica/vereador-que-praticou-rachadinha-e-condenado-por-improbidade-pelo-tjsp-26042022. Acesso em: 21 fev. 2023.
67. Nesse sentido, vale citar que: "(...) a corrupção é um fenômeno que se reduz drasticamente não em virtude do aumento de leis repressivas, mas especialmente pelo modo como a sociedade a percebe e passa a rejeitá-la" (Araujo, 2020, p. 80).
68. A expressão advém de artigo elaborado por Vander Ferreira de Andrade, para quem: "Não há dúvida de que se trata de um comportamento grave, antissocial, atentatório à moralidade administrativa e extremamente reprovável, vez que convola os mais relevantes espaços de defesa da cidadania em verdadeiros balcões de negócio, ao arrepio do dever de probidade que deve nortear a forma de proceder de todos os agentes públicos, e com rigor, dos mandatários eleitos diretamente pelo povo" (Andrade, 2020).

3. DAS POSSÍVEIS MODALIDADES DELITIVAS

Diante de todo o nervosismo que envolve a fase oral, embora alcançada uma boa pontuação, não foram abordadas todas as modalidades delitivas até então aventadas pela doutrina e pela jurisprudência, de modo que o objetivo deste artigo é justamente mencionar outras nuances acerca do tema.

A doutrina caminha por alguns tipos penais quando se trata de subsumir a prática da "rachadinha" à norma penal, daí a dificuldade da questão formulada na prova oral para Delegado de Polícia Civil do Estado do Rio de Janeiro. E, nesse ponto, convém mencionar a existência da tese de que a conduta se reveste de atipicidade penal, podendo ainda ser enquadrada como improbidade administrativa e/ou como sonegação fiscal.

De toda sorte, a própria tipificação penal, para aqueles que a admitem, é dúbia, havendo menção à concebível ocorrência de peculato (desvio, apropriação ou furto), concussão, corrupção passiva, estelionato ou mesmo crime contra a ordem tributária, delitos cuja ocorrência pode ser verificada de forma isolada ou em concurso, a depender da hipótese ventilada no caso concreto.

3.1. "Rachadinha" como peculato – o início da resposta

Pois bem, de todas as possibilidades delitivas, o peculato, especialmente na modalidade desvio, com previsão na parte final do art. 312 do CP, é a mais aceita pela doutrina e pela jurisprudência, daí ter sido a primeira linha de raciocínio na formulação da resposta.

O peculato é crime contra a administração pública, praticado por funcionário público (crime funcional), com previsão no art. 312 do CP, e consiste no ato de o funcionário se apropriar de dinheiro, valor ou qualquer outro bem móvel, público ou particular de que tem a posse em razão do cargo, ou desviá-lo em proveito próprio ou alheio, sendo a parte final do dispositivo a que por ora interessa a este estudo, haja vista que o delito se considera configurado com o desvio dos valores dos salários dos servidores nomeados, posto que essas quantias são efetivamente apartadas de seu curso normal, qual seja, a remuneração pela prestação de um serviço, para servir a outra finalidade: a de encargo, de uma espécie de contribuição, baseada em percentual do salário percebido, para que o funcionário permaneça no cargo.

O crime de peculato-desvio se consuma, dessarte, com a alteração do destino normal da coisa (Cunha, 2019, p. 831) *in casu*, no momento em que a verba, que deveria integrar o patrimônio do assessor em retribuição pela prestação de serviços, é empregada não como remuneração, mas como garantia de manutenção na função, tendo como destinatário final o próprio parlamentar, detentor do poder de livre-disposição sobre a nomeação para o cargo em comissão ou uma pessoa por ele indicada.

Nesse sentido, cite-se o entendimento do STJ, consolidado no Enunciado nº 11 da edição nº 57 da sua **Jurisprudência em Teses**, qual seja: "A consumação do crime de peculato-desvio (art. 312, *caput*, 2ª parte, do CP) ocorre no momento em que o funcionário efetivamente desvia o dinheiro, valor ou outro bem móvel, em proveito próprio ou de terceiro, ainda que não obtenha a vantagem indevida", sendo certo que o mero proveito econômico dissociado do desvio de verbas públicas não perfectibiliza o peculato-desvio.[69]

Entende-se, portanto, ter havido um desvio de verbas públicas que, postas à disposição do gabinete para contratação de pessoal, passam a ser canalizadas para interesses escusos e dissociados da moralidade. Nessa ordem de ideias, é perfeitamente defensável o enquadramento da norma constante do art. 312, parte final, do CP, à conduta vulgarmente conhecida como "rachadinha", especialmente em se considerando as lições de Paulo José da Costa Junior (2022, p. 56), citado por Cezar Roberto Bitencourt, para quem o peculato

---

69. STJ, 5ª Turma. AgRg no RHC nº 144.053-RJ, Rel. Min. Jesuíno Rissato (Desembargador Convocado do TJDFT), Rel. Acd. Min. Ribeiro Dantas, julgado em 19.10.2021.

"ofende tanto o interesse em que não seja mudado o destino da *res mobile*, como o interesse em que o funcionário público não abuse de sua função para beneficiar a si mesmo ou a terceiros".

Impende mencionar ainda relevante discussão quanto à extensão do conceito de posse para caracterização do peculato-desvio, sendo importante consignar que o posicionamento tanto do STF[70] quanto do STJ[71] segue no sentido de admitir a posse em sentido amplo, de modo a englobar, inclusive, a disponibilidade jurídica sobre os recursos públicos desviados.

Em idêntico sentido, o pressuposto da posse prévia, para Bitencourt (2022, p. 59), pode ser satisfeito pela disponibilidade jurídica sobre o bem, em que o agente, "mesmo não dispondo fisicamente da detenção material da coisa", pode "exercê-la por meio de ordens, requisições ou mandados".

Interessante anotar, em contraponto, o entendimento de Callegari (2021), que, na hipótese das "rachadinhas", sustenta a inexistência de peculato, seja na modalidade apropriação, seja na modalidade desvio, aduzindo que, se os valores chegaram ao seu destinatário final, não poderiam, *a posteriori*, ser desviados. O articulista entende que a posse efetiva dos valores nunca esteve ao alcance do funcionário público nomeante, rechaçando a tese da disponibilidade jurídica sobre o bem aventada linhas acima, negando, portanto, que possa restar configurado o delito de peculato, excetuada a hipótese de contratação de funcionário fantasma.

Com efeito, o entendimento é minoritário, uma vez que a disponibilidade fática ou jurídica já foi consolidada por nossos Tribunais Superiores como suficiente para configurar a posse de que trata o art. 312 do CP, tal como demonstrado.

No que pertine ao tema do funcionário fantasma, parte da minha resposta ao falar da prática da "rachadinha" como peculato-desvio foi mencionar justamente que, nesse contexto, além do repasse de

---

70. STF, Inq nº 2.966, Relator(a): Min. Marco Aurélio, Tribunal Pleno, julgado em 15.05.2014, Acórdão Eletrônico **DJe-**111 Divulg 09.06.2014 Public 10.06.2014.
71. STJ, 5ª Turma. REsp. nº 1.776.680-MG, Rel. Min. Jorge Mussi, julgado em 11.02.2020 (Info nº 666).

verbas por funcionários que efetivamente desempenham funções públicas junto ao gabinete, é comum a contratação de funcionários fantasmas, que apenas emprestam seus dados de qualificação para nomeação no cargo e posteriormente se comprometem com o repasse de parte ou da integralidade da remuneração recebida.

Essa fala suscitou a intervenção de um dos examinadores com novo questionamento: a contratação de funcionários fantasmas, por si só, configura crime?

3.2. Do enquadramento legal do funcionário fantasma – questão suscitada pelo examinador durante a explanação da candidata

Conforme anunciado à banca examinadora por ocasião da resposta à pergunta acima, a contratação de funcionários fantasmas, segundo o entendimento majoritário dos Tribunais Superiores configura fato atípico, haja vista que os valores já pertenciam ao servidor em razão do cargo por ele ocupado, de forma que, para o STJ, a conduta não se ajusta ao delito de peculato, posto não haver a elementar da apropriação.

Em verdade, para além da perspectiva da tipicidade penal, o STJ sustenta o entendimento segundo o qual a ausência de contraprestação pela remuneração percebida, "é questão a ser discutida na esfera administrativo-sancionadora, mas não na instância penal, por falta de tipicidade".[72] Outrossim, o tribunal da cidadania adota a mesma fórmula para a hipótese de contratação de funcionários fantasmas por prefeito,[73] de molde a rechaçar a incidência do delito de apropriação ou desvio de verba pública, previsto no inciso I do art. 1º do Decreto-Lei nº 201/1967.[74]

---

72. STJ, AgRg no AREsp. nº 2.073.825-RS, Rel. Min. Ribeiro Dantas, Quinta Turma, por unanimidade, julgado em 16.08.2022, **DJe** 22.08.2022.
73. STJ, AgRg no AREsp. nº 1.162.086-SP, Rel. Min. Nefi Cordeiro, Sexta Turma, por unanimidade, julgado em 05.03.2020, **DJe** 09.03.2020.
74. Decreto-Lei nº 201/1967: Art. 1º São crimes de responsabilidade dos Prefeitos Municipal, sujeitos ao julgamento do Poder Judiciário, independentemente do pronunciamento da Câmara dos Vereadores: I – apropriar-se de bens ou rendas públicas, ou desviá-los em proveito próprio ou alheio.

Situação diversa é verificada na hipótese em que a remuneração do funcionário fantasma é integralmente fruída pelo agente político nomeante, como se dele fosse, fulcrada na utilização da teoria da posse em sentido amplo, haja vista a detenção da disponibilidade jurídica sobre o bem, o que o STJ[75] já entendeu caracterizar o delito de peculato-apropriação, previsto na primeira parte do art. 312 do CP. No caso de repasse parcial da remuneração percebida, subsiste o entendimento lançado *infra* com relação às "rachadinhas" (peculato-desvio).

É interessante anotar que, no caso envolvendo o então deputado federal Celso Russomano, em razão da nomeação de servidora a cargo público, que, a bem da verdade, prestava serviços particulares ao parlamentar, o TRF da 1ª Região, proferiu sentença condenatória, por entender configurado na hipótese o delito de peculato-furto (art. 312, §1º, do CP), com o argumento de que, ao proceder à nomeação, mediante ardil, o político concorreu para a subtração do salário pela servidora, sendo inexistente a correspectiva prestação de serviços.[76]

Com todas as vênias ao sentenciante, o enquadramento legal levado a efeito não parece o mais adequado, haja vista que o ardil empregado não facilita a subtração, mas, de outro modo, viabiliza a entrega dos valores à servidora pela própria administração pública, distanciando-se, portanto, do peculato-furto e mais se aproximando do delito de estelionato.[77]

Nesse contexto, aproveitando-se os ensinamentos destinados aos crimes patrimoniais (Gilaberte, 2020, p. 55-57), pende a favor da caracterização do estelionato o fato de haver uma expectativa de contraprestação pela administração pública de que os serviços serão prestados, havendo, assim, uma relação sinalagmática fraudada,

---

75. STJ, REsp. nº 1.723.969/PR, rel. Min. Joel Ilan Paciornik, Quinta Turma, julg. em 16.05.2019.
76. TRF1, sentença proferida na Ação Penal nº 0015868-52.2011.4.01.3400. Disponível em: https://processual.trf1.jus.br/consultaProcessual/processo.php. Acesso em: 23 mar. 2023.
77. Sendo esta uma fórmula correta, porém, insuficiente para diferençar furto mediante fraude e estelionato, segundo as lições de Bruno Gilaberte (2020, p. 55-56).

em face da simulação de negócio jurídico encetada pelo funcionário público, com a indicação fraudulenta para o cargo em comissão.

Em consonância com esse entendimento, Davi Tangerino, citado por Gilaberte (2021), defende a existência de estelionato para a hipótese dos funcionários fantasmas, "dada a manutenção em erro da administração pública". Nesse caso, incidiria a causa de aumento do § 3º do art. 171 do CP, sendo dispensável a representação, na forma do § 5º, inciso I, do mesmo dispositivo.

Todavia, para o entendimento jurisprudencial majoritário, a responsabilização penal não encontra lugar na situação em que a remuneração é percebida *in totum* pelo funcionário fantasma; o que sobressai clara e evidente, a seu turno, é a responsabilidade disciplinar e a efetiva ocorrência de ato de improbidade administrativa, que provoca, a um só tempo, enriquecimento ilícito, lesão ao erário e inarredável malferimento de princípios administrativos.

3.3. Da "rachadinha" como concussão – mais uma questão suscitada pelos examinadores em torno do tema

Após a resposta sobre o funcionário fantasma, e ainda como decorrência da primeira questão acerca do crime cometido pelo funcionário público que pratica as chamadas "rachadinhas", a banca examinadora acrescentou um novo elemento à indagação, suscitando qual seria a hipótese legal acaso o funcionário nomeante exigisse que as quantias referentes aos vencimentos do nomeado lhe fossem parcialmente repassadas.

Nesse ponto, a resposta perpassou a análise da situação em que o nomeante, sabendo das dificuldades do nomeado em conseguir um emprego com a mesma remuneração, ou mesmo de se fazer inserir no mercado de trabalho, exige parte do salário alcançado, como condição para que o comissionado permaneça no cargo, aproveitando-se de sua evidente vulnerabilidade econômica.

Destaque-se que a exigência pode ser corolário de ajuste prévio entre contratante e contratado para inserção deste no cargo, em que a ameaça de exoneração, ainda que velada, reste implícita das condições em que se deu a nomeação, desde o seu nascedouro. Ou ainda, vir a ser resultante de uma alteração no acordo de vontades previamente entabulado, quando a exigência de repasse de parte da remuneração passa a ser condição *sine qua non* para a manutenção do servidor comissionado no cargo, caracterizada, portanto, a coação intrínseca à exigência de vantagem indevida e que se dá em razão do cargo.[78]

Com efeito, para o STJ, a configuração do delito de concussão não estabelece a promessa de mal determinado, uma vez que a "ameaça de perda do cargo em comissão endereçada a vítimas de menor capacidade econômica é o que basta para satisfazer o verbo nuclear do tipo e configurar justa causa para a Ação Penal".[79]

Todavia, na hipótese em que o servidor público nomeante exige a devolução de parcela do valor do salário dos nomeados para empregá-la na contratação de outros funcionários, deixando de embolsar qualquer quantia, forçoso concluir que o beneficiário dessa conduta vem a ser a própria administração pública, de forma que, embora reste configurada a péssima atuação do funcionário público como gestor, para parte da doutrina, não seria possível reconhecer a existência do crime de concussão.

Nesse sentido, vale citar Cezar Roberto Bitencourt (2022, p. 120), para quem:

> o crime de concussão não admite que a Administração Pública se beneficie do produto da ação do concussionário, e, quando isso ocorre, tal conduta não se conforma à descrição típica dessa infração penal. (...) Consequentemente, estamos diante de uma inadequação típica, pela ausência do elemento subjetivo especial do injusto, que, concretamente, não existe na ação do sujeito ativo: para si ou para outrem. Logo, se crime houver, será outro, por certo, mas não o de concussão.

---

78. Para Gilaberte (2021), nas hipóteses em que (a) inexistindo ajuste prévio, o agente público coage o comissionado, com a ameaça da exoneração do segundo, ou ainda, (b) a despeito do ajuste prévio, passa a exigir parcela da remuneração como coação, "apenas o agente político será responsabilizado, não a pessoa coagida".
79. STJ, Apn nº 825/DF, Rel. Min. Herman Benjamin, CE, **DJe** 02.02.2016.

Em sentido oposto, Rogério Sanches Cunha entende que, ainda que a indevida vantagem reverta para a própria administração pública, subsiste a violação da moralidade administrativa, de modo que o fato se subsome ao delito do art. 316 do CP (Cunha, 2019, p. 849). O STJ esposa entendimento semelhante ao rechaçar os motivos determinantes da exigência como eventualmente atenuantes ou excludentes do crime de concussão.[80]

O que não se pode deixar de observar é que não há justificativas plausíveis para tal comportamento pelo administrador público, uma vez que a questão poderia ser facilmente solucionada com a realocação de recursos e/ou a criação de novos cargos, tudo feito de forma transparente perante o administrado.

Por fim, à luz da análise do caso concreto, e em respeito à tipicidade estrita, é importante anotar que, acaso reste configurada a presença de grave ameaça na exigência levada a efeito pelo funcionário público, a conduta deverá ser desclassificada para o delito de extorsão (art. 158 do CP), nos termos de sedimentada jurisprudência do STJ, que preconiza:

> Ainda que a conduta delituosa tenha sido praticada por funcionário público, o qual teria se valido dessa condição para a obtenção da vantagem indevida, o crime por ele cometido corresponde ao delito de extorsão e não ao de concussão, uma vez configurado o emprego de grave ameaça, circunstância elementar do delito de extorsão.[81]

---

80. "(...) 24. Motivos determinantes da exigência que são absolutamente desimportantes. Não descaracteriza o crime que os valores embolsados pelo réu tenham sido destinados ao pagamento de festas do próprio gabinete, assinaturas de periódicos ou ajuda a estagiário. As quantias exigidas das vítimas não se classificam como contribuições espontâneas ou voluntárias para essas finalidades e em muito superam os alegados dispêndios. (...) 26. Assinaturas de livros ou revistas não comprovadas. Ainda que essas justificativas pudessem ser tomadas como autênticas, em nada afastariam a indevida exigência de vantagem pecuniária." STJ, APn nº 825/DF, Rel. Min. Herman Benjamin, Corte Especial, julgado em 08.04.2019, **DJe** de 26.04.2019.
81. STJ, HC nº 54.776/SP, Rel. Min. Nefi Cordeiro, Sexta Turma, julgado em 18.09.2014, **DJe** de 03.10.2014. No mesmo sentido: STJ, AgRg no HC nº 660.205/SP, Rel. Min. Rogerio Schietti Cruz, Sexta Turma, julgado em 22.02.2022, **DJe** de 03.03.2022; STJ, AgRg nos EDcl no REsp nº 1.732.520/RS, Rel. Min. Ribeiro Dantas, Quinta Turma, julgado em 07.11.2019, **DJe** de 12.11.2019; STJ, HC nº 198.750/SP, Rel. Min. Marco Aurélio Bellizze, Quinta Turma, julgado em 16.04.2013, **DJe** 24.04.2013.

Em sentido diverso, parte da doutrina considera que a distinção entre extorsão e concussão reside no fato de o constrangimento estar umbilicalmente relacionado ao desempenho da função pública, ausente no primeiro delito, porém, essencial à configuração do segundo, uma vez que, "Em suma, na concussão, a vítima cede à exigência por receio de represálias inerentes à função do agente" (Gilaberte, 2020, p. 156), sendo este o critério diferenciador.

Diante das presentes considerações, possível firmar a responsabilidade penal do agente que pratica as denominadas "rachadinhas" pelo delito de concussão, independentemente de haver a contratação de funcionários fantasmas ou não, desde que, efetivamente, restem assentadas no caso concreto as elementares normativas do art. 316 do CP, sendo certo que a conduta se dá por consumada com a "mera imposição do pagamento indevido" (Bitencourt, 2022, p. 121), dispensável, portanto, o consentimento do sujeito passivo, assim como o recebimento da vantagem indevida.

3.4. Outras modalidades delitivas possíveis para a prática da "rachadinha"

A doutrina e a jurisprudência citam ainda a possibilidade de a conduta do administrador ser enquadrada nos delitos de corrupção passiva, estelionato, crime contra a ordem tributária e organização criminosa, podendo ter como delito conexo, posto que consectário, a lavagem de capitais.

Há diminuta produção acadêmica sobre eventual enquadramento da conduta no delito de corrupção passiva, todavia, ao citar precedente do Tribunal de Justiça do Espírito Santo (TJES), que admitiu que a nomeação de funcionários fantasmas para desvio de dinheiro é conduta que não se confunde com o recebimento de vantagem, havendo, portanto, concurso de crimes entre peculato-desvio e corrupção passiva – Gilaberte (2021) manifestou enfática discordância.

Precedente do Tribunal de Justiça de Pernambuco (TJPE) aponta, em análise inicial, a ocorrência de corrupção passiva, *in verbis*:

> (...) 3. O inquérito policial foi instaurado em cumprimento à Requisição da 1ª Promotoria de Justiça de Timbaúba, com objetivo de apurar com maior nível de detalhamento a possível prática de Corrupção Passiva nas relações remuneratórias com os servidores contratados e comissionados, popularmente conhecida como "esquema da rachadinha", cuja responsabilidade foi apontada para o ora paciente.[82]

Citando a corrupção passiva como uma das possibilidades admitidas pela doutrina, Vander Andrade, todavia, rechaça a tipificação, posicionando-se pelo ajuste da prática da "rachadinha" ao crime de peculato-desvio (Andrade, 2020).

Interessante pontuar a tese aventada por Gilaberte (2021) acerca da possível ocorrência de estelionato na hipótese em que o agente público não detenha a posse direta, tampouco o domínio sobre as verbas públicas manipuladas, afirmando que o autor do fato "se limita a ludibriar a administração, simulando um negócio jurídico para a obtenção de uma contrapartida indevida".

Por sua vez, sem descartar a ocorrência dos demais tipos penais, Gama (2021) acrescenta a ocorrência de inegável sonegação fiscal na conduta do agente público que recebe a indevida vantagem oriunda das "rachadinhas", vez que a famigerada doação perpetrada pelos comissionados configura fato gerador de Imposto de Transmissão *Causa Mortis* e Doação – ITCD (ou Imposto sobre Transmissão *Causa Mortis* e Doação de Quaisquer Bens ou Direitos – ITCMD, a depender do Estado) e, em se considerando tratar-se de polpudas quantias, sequer haverá o ajuste a faixas de isenção, pertencendo a responsabilidade tributária aos donatários.

---

[82]. TJPE, Habeas Corpus Criminal nº 0018835-85.2022.8.17.9000, Rel. Eudes dos Prazeres França, Gabinete do Des. Eudes dos Prazeres França, julgado em 26.01.2023, **DJe**.

Nesse sentido, vale anotar a ausência de *bis in idem* entre o crime contra a administração pública e o ilícito tributário, nos termos do entendimento consolidado no Enunciado nº 13 da coletânea de *Jurisprudência em Teses* nº 57 do STJ, que possui o seguinte teor: "A instauração de ação penal individualizada para os crimes de peculato e sonegação fiscal em relação aos valores indevidamente apropriados não constitui *bis in idem*".

Em boa parte dos casos envolvendo as "rachadinhas", não se trata apenas de um parlamentar solicitando a parcela da remuneração de um servidor ou de alguns deles, mas de um verdadeiro esquema criminoso, estruturado e conscientemente organizado para que os valores ingressem no patrimônio dos agentes públicos que possuem poder de decisão no que concerne à nomeação para cargos em comissão, de molde a restar caracterizado o delito previsto no art. 2º da Lei nº 12.850/2013 ou aquele do art. 288 do CP, em concurso com o crime contra a administração pública.

E para que a empreitada tenha sucesso, muitas das vezes a organização precisa simular outros negócios, a fim de que o dinheiro tenha ares de limpeza, surgindo daí mais um delito conexo e consequente: a lavagem de capitais. Ressalte-se, nesse ponto, que alguns esquemas criminosos somente foram descobertos a partir de relatórios de inteligência financeira do Conselho de Controle de Atividades Financeira (COAF), nos quais foram identificadas movimentações suspeitas, dando ensejo à respectiva apuração na esfera penal.

4. OUTRAS POSSIBILIDADES AVENTADAS PARA A CONDUTA FORA DA ESFERA DO DIREITO PENAL

A prática das "rachadinhas" é conduta que inegavelmente malfere princípios administrativos e denota a improbidade do administrador, ao desviar recursos públicos, ao mesmo tempo em que enriquece indevidamente. Não são poucos os precedentes jurisprudenciais[83] no sentido de admitir que o referido comportamento caracteriza ato de improbidade administrativa, a ser punido também na forma da Lei nº 8.429/1992 (Lei de Improbidade Administrativa – LIA), haja vista a independência entre as esferas penal, disciplinar, civil e eleitoral.

Todavia, a partir das recentes alterações promovidas pela Lei nº 14.230/2021 em dispositivos da LIA, a absolvição em processo criminal, confirmada por decisão colegiada, passa a ser obstáculo ao prosseguimento do processo civil de responsabilização por ato de improbidade administrativa em que sejam discutidos os mesmos fatos, consoante redação do § 4º do art. 21 da LIA e precedentes jurisprudenciais,[84] havendo comunicação com todos os fundamentos de absolvição previstos no Código de Processo Penal (CPP).

O novo regramento afirma ainda a vinculação entre as instâncias no caso de conclusão nas esferas cível e penal pela inexistência da conduta ou pela negativa da autoria, com produção de efeitos em relação à ação de improbidade, determinando ademais que sanções aplicadas em outras esferas sejam compensadas com aquelas aplicadas na forma da LIA (art. 21, §§ 3º e 5º).

---

83. APELAÇÃO CÍVEL – AÇÃO CIVIL PÚBLICA – IMPROBIDADE ADMINISTRATIVA – ENRIQUECIMENTO ILÍCITO E VIOLAÇÃO AOS PRINCÍPIOS DA ADMINISTRAÇÃO PÚBLICA (ARTS. 9º E 11, LEI Nº 8.429/92) – ESQUEMA DE "RACHADINHA" NA CÂMARA MUNICIPAL DE RIO BRANCO DO SUL – VEREADOR EXIGIA PARCELA DOS VENCIMENTOS DE SUA ASSESSORA PARLAMENTAR, SOB PENA DE EXONERAÇÃO – DOLO EVIDENCIADO. (...) TJPR – 5ª Câmara Cível – 0001340-17.2014.8.16.0147 – Rio Branco do Sul – Rel.: Desembargador Renato Braga Bettega – J. 04.05.2021. E ainda: STJ, TutPrv no TP nº 4.173, Ministro Manoel Erhardt (Desembargador Convocado do TRF5), **DJe** de 30.11.2022; STJ, SLS nº 2.639, Ministro João Otávio de Noronha, **DJe** de 04.02.2020; TJSP, Agravo de Instrumento nº 2273001-34.2022.8.26.0000; Relator (a): Aliende Ribeiro; Órgão Julgador: 1ª Câmara de Direito Público; Foro de Diadema – Vara da Fazenda Pública; Data do Julgamento: 15.02.2023; Data de Registro: 16.02.2023; TJRJ, 0002509-86.2013.8.19.0051 – Apelação. Des(a). Norma Suely Fonseca Quintes – Julgamento: 09.12.2020 – Oitava Câmara Cível.

84. Nesse sentido: Improbidade administrativa – Município de Taubaté – Câmara dos Vereadores – Suposta prática da conduta popularmente denominada "rachadinha" – Vereador absolvido em processo criminal no qual se discutiam os mesmos fatos imputados no processo civil público – Necessária comunicação dos fundamentos da absolvição, a teor do art. 21, parágrafo 4º, da Lei n. 8.429/92, com as alterações promovidas pela novel Lei n. 14.230/21 – Precedentes – Sentença reformada para julgar improcedentes os pedidos – Recurso ministerial desprovido, apelo do requerido provido. TJSP; Apelação Cível nº 1008575-84.2019.8.26.0625; Relator (a): Souza Meirelles; Órgão Julgador: 12ª Câmara de Direito Público; Foro de Taubaté – Vara da Fazenda Pública; Data do Julgamento: 09.11.2022; Data de Registro: 10.11.2022.

Além da possibilidade de cassação do mandato do político por quebra de decoro parlamentar, ato a ser disciplinado pelo regimento interno de cada órgão, pode-se mencionar, por derradeiro, a tese que defende que as "rachadinhas" configuram fato penalmente atípico, por consistir em ato privado do servidor de disposição de valores que já integram seu patrimônio.

Desa feita, a partir do momento em que as verbas públicas, na qualidade de remuneração por serviços prestados – leia-se salário – ingressam no patrimônio do particular (nomeado), perdem sua natureza de dinheiro público, cessando a disponibilidade sobre ele por parte do agente nomeante. E ainda, havendo a concordância pelo particular na devolução de parte dos valores, não seria possível falar em crime,[85] uma vez que se atua na seara da autonomia da vontade, sendo permitida a referida negociata, dado o caráter agora privatístico dos valores.[86]

Nesse sentido, sustentando a ocorrência de verdadeira intervenção judicial na política, com eventual exacerbação do princípio da taxatividade, Gueiros (2020) aduz que "não haveria qualquer infração penal, por se tratar de negócio jurídico que dispõe sobre objeto lícito e disponível, notadamente por que, após o ingresso na esfera patrimonial do servidor, este pode dispor como bem lhe aprouver dos valores".

5. CONCLUSÃO

A aprovação na prova oral é um momento de alívio e consagração, pois, embora não seja a fase derradeira do certame, é certamente uma das mais temidas pelos candidatos. A abordagem dos temas no momento da prova, em razão de diversos fatores, por vezes não se dá da forma como gostaríamos, pois é necessário alinhar conteúdo,

---
85. Em sentido contrário Romano (2021).
86. Citando essa corrente como minoritária, Andrade (2020).

oratória, coerência, raciocínio jurídico, controle emocional, postura e capacidade de improvisar, se necessário for, tudo em um único e curto espaço de tempo, daí a complexidade dessa etapa.

Assim, a questão acerca das "rachadinhas", corretamente respondida, com os possíveis enquadramentos como peculato-desvio, de regra, ou como concussão, na hipótese de haver exigência por parte do agente público que nomeia o comissionado e, ainda, tangenciando a situação do funcionário fantasma, que não se considera criminosa, foi abordada por outras lentes neste artigo, com espaço para algumas discussões.

Partindo daí, embora haja celeuma doutrinária e jurisprudencial em torno da conduta, na prática das "rachadinhas", tanto os valores passam a ter outro destino quanto há evidente abuso pelo gestor em relação à atribuição que lhe foi conferida quanto à aplicação das verbas públicas, havendo, destarte, de regra, adequação típica ao peculato-desvio, de molde a rechaçar o entendimento doutrinário de que haveria ofensa ao princípio da taxatividade penal.

No que concerne à concussão, a casuística demonstra que sua ocorrência é perfeitamente possível, conforme apontado acima, sendo fartos os precedentes jurisprudenciais nesse sentido, o que nos leva a duas reflexões: a uma, a conduta é deveras criminosa; a duas, a corrupção é praticada aos montes, nos quatro cantos desse país, extravasando, portanto – as inventadas e nunca respeitadas –, supostas quatro linhas da Constituição.

As demais possibilidades delitivas e não delitivas cabíveis foram igualmente exploradas, deixando claro que o caso concreto pode atrair a sua incidência, não sendo recomendável, portanto, de plano, fixar que as "rachadinhas" sempre assumirão tal ou qual figura normativa, especialmente em razão da criatividade tupiniquim para surrupiar dinheiro público.

Com efeito, a par da repressão penal, urge que tenhamos mecanismos efetivos para evitar que ocorra lesão ao erário e, mais importante, que se pense a respeito do assunto, questionando-se até que ponto acordos políticos, que visam a manutenção no poder ou mesmo o puro e simples enriquecimento, devem se sustentar como legítimos. Até que ponto a coisa pública pode ser objeto de barganha e se prestar a interesses meramente individuais?

Desse modo, a judicialização da política pode e deve ser utilizada como forma de conter os desmandos e as mazelas de uma cultura talhada a tirar vantagem de tudo e de todos, e que vê cargos públicos não como forma de promover o bem comum e fazer da sociedade um local mais digno para todos, mas como forma de promoção pessoal e de conservação de poder, de compra de votos, apoio e cada vez mais influência, um meio de ser servido e não de servir, tal como proposto pelo constituinte de 1988.

Daí se fazer, sim, necessária a intervenção do Direito Penal, desde que, obviamente, respeitadas a taxatividade e a legalidade, sendo suficientes as previsões penais ora existentes para a devida punição da conduta vulgarmente denominada "rachadinha", tal como exposto, questão ainda em amadurecimento na doutrina e na jurisprudência de nossos tribunais.

Não se quer afirmar, por óbvio, que o Direito Penal tenha de ser a resposta para todas as mazelas da sociedade, não tem e não deve, mas que a impunidade não faça de nós reféns de maus políticos e do mau aproveitamento de verbas públicas, em detrimento do bem comum.

Em arremate, não se pode deixar de observar que anos de corrupção produzem resultado nefasto na sociedade, de modo a majorar a desigualdade social e ir de encontro aos objetivos fundamentais da República Federativa do Brasil (art. 3º, inciso IV, da CRFB/1988), sendo, portanto, oportuna a crítica no que tange à má utilização de recurso públicos, com perdas verdadeiramente irreparáveis aos administrados, uma vez que desvios, tais como os aqui narrados (e eles assumem muitas outras modalidades em nossa atual conjuntura política), retiram verbas de merenda escolar e de medicamentos, por exemplo. Nesse sentido, em apresentação à obra *Direito Administrativo e Corrupção*, André Cyrino, Anna Carolina Migueis e Fernanda Morgan (2020, p. 14) são realistas e categóricos ao afirmar: "a corrupção mata".

Dessa forma, a par de qualquer reprimenda nas searas penal, civil, administrativa, política ou disciplinar, sobrevém ressaltar que a maior ferramenta disposta no ordenamento jurídico brasileiro para combater desvios de dinheiro público e, principalmente, a conduta ímproba no seio da administração pública é, efetivamente, o voto.

REFERÊNCIAS BIBLIOGRÁFICAS

ANDRADE, V. **A Prática da vulgarmente Denominada "Rachadinha" Configura Crime?**. 2020. Disponível em: https://www.migalhas.com.br/depeso/333553/a-pratica-da-vulgarmente-denominada-rachadinha--configura-crime. Acesso em: 21 fev. 2023.

ARAUJO, V. S. de. O direito administrativo e sua contribuição no enfrentamento à corrupção. In: CYRINO, A.; MIGUEIS, A. C.; PIMENTEL, F. M. (Coord.). **Direito Administrativo e Corrupção**. Belo Horizonte: Fórum, 2020. p. 80.

BITENCOURT, C. R. **Tratado de Direito Penal:** Parte especial: crimes contra a Administração Pública. 16. ed. São Paulo: Saraiva, 2022. v. 5.

CALLEGARI, A. **Peculato e 'Rachadinha':** dificuldade de adequação típica. 2021. Disponível em: https://www.conjur.com.br/2021-jul-05/callegari-peculato-rachadinha-dificuldade-adequacao-tipica. Acesso em: 21 fev. 2023.

COSTA JR., P. J. da. **Comentários ao Código Penal**. 6. ed. São Paulo: Saraiva, 2000.

CUNHA, R. S. **Manual de Direito Penal:** Parte Especial (arts. 121 ao 361). 11. ed. rev., ampl. e atual. Salvador: Juspodivm, 2019.

GAMA, P. C. N. da. **A Rachadinha do Capone**. 2021. Disponível em: https://www.migalhas.com.br/depeso/354908/a-rachadinha-do-capone. Acesso em: 21 fev. 2023.

GILABERTE, B. **Crimes contra o Patrimônio**. 2. ed. Rio de Janeiro: Freitas Bastos, 2020.

GILABERTE, B. **"Rachadinha" e o Direito Penal:** Crime ou fato atípico?. 2021. Disponível em https://profbrunogilaberte.jusbrasil.com.br/artigos/1338507569/rachadinha-e-o-direito-penal. Acesso em: 23 jan. 2022.

GRECO, R. **Código Penal Comentado**. 13. ed. Niterói. Impetus, 2019.

GUEIROS, G. **Caso Queiroz:** Uso político do Direito Penal. 2020. Disponível em: https://www.migalhas.com.br/depeso/330015/caso-queiroz--uso-politico-do-direito-penal. Acesso em: 21 fev. 2023.

PATARRA, I. **20 anos de Corrupção:** os escândalos que marcaram Lula, Dilma, Temer e Bolsonaro. Rio de Janeiro: História Real, 2022.

ROMANO, R. T. **A "Rachadinha" é Delito contra a Administração Pública**. 2021. Disponível em: https://rogeriotadeuromano.jusbrasil.com.br/artigos/1296347986/a-rachadinha-e-delito-contra-a-administracao-publica. Acesso em: 21 fev. 2023.

LAVAGEM DE DINHEIRO: A POSSIBILIDADE DO CRIME DE SONEGAÇÃO FISCAL FIGURAR COMO CRIME ANTECEDENTE

CAPÍTULO 6

Daniel Ocko Cabral[87]

1. INTRODUÇÃO

Prova oral, última das três etapas de conhecimento do concurso; momento decisivo, verdadeiro divisor de águas. A tensão é inerente. Uma mescla de receio com anseio.

Em 10 minutos de arguição por matéria, o candidato tem de demonstrar que anos de estudos os tornaram apto a ocupar o tão sonhado e disputado cargo público.

Não basta saber, é necessário discorrer oralmente sobre o tema, demonstrar postura e segurança, atributos necessários para desempenhar a função pública almejada. Experiência ímpar, que felizmente culminou na aprovação.

Em um universo de tópicos que poderiam ser objetos de arguição, um tema em especial preponderou na prova oral do autor deste artigo, qual seja: "Lavagem de dinheiro".

Foram sete perguntas ao todo, quatro em Direito Penal e três em Processo Penal, sendo então o assunto mais cobrado na prova e

---

87. Bacharel em Direito pela Universidade Moacir Sreder Bastos, Rio de Janeiro. Ex-oficial de cartório da Polícia Civil do Estado do Rio de Janeiro e Delegado de Polícia Civil do Estado do Rio de Janeiro.

demonstrando a importância de ter amplo conhecimento do tema para a aprovação.

Na prova de Direito Penal, a primeira pergunta sobre o tema foi: Qual é a relação do crime de lavagem com a infração penal antecedente? Na sequência o examinador questionou: É possível configurar crime de lavagem de capitais tendo como crime antecedente a sonegação fiscal?

Respondendo a primeira pergunta, este candidato afirmou que existe uma relação de dependência entre a infração penal antecedente e a lavagem, tendo em vista que a última só pode existir se houver uma infração anterior geradora de bens, direitos e valores para servir de objeto material. Apesar de respondido corretamente, o ideal – inclusive como estratégia de prova, para "gastar" o tempo – seria abordar todos os aspectos que gravitam ao redor do tema, como acessoriedade limitada, gerações da lavagem e autolavagem.

Em resposta à segunda pergunta, este candidato afirmou ser possível a sonegação fiscal ser crime antecedente à lavagem, tendo em vista que a Lei nº 9.613/1998 permite que qualquer infração penal (seja crime ou contravenção) possa anteceder e gerar bens, direitos ou valores objeto de posterior lavagem de capitais.

A resposta do autor baseou-se na redação atual do *caput* do art. 1º da Lei nº 9.613/1998, que prevê que o objeto material dos atos de lavagem são bens, direitos e valores provenientes de "infração penal" (elementar inserida pela Lei nº 12.683/2012, a qual revogou o rol taxativo de crimes). Porém, o assunto é bem mais espinhoso do que superficialmente aparenta, sendo objeto de divergência no mundo acadêmico, agentes da persecução penal e autoridades fiscais.

O presente artigo aborda a relação entre crime de "lavagem" com a infração penal anterior, passando por pontos essenciais para a compreensão do tópico – os quais também foram objeto de pergunta na prova oral do autor – em seguida, trata da celeuma sobre a possibilidade ou não de o crime de sonegação fiscal ser crime antecedente à "lavagem".

2. O CRIME DE LAVAGEM DE DINHEIRO E A RELAÇÃO COM A INFRAÇÃO PENAL ANTECEDENTE

2.1. Conceito de lavagem de dinheiro

Lavagem de dinheiro;

> se refere às práticas econômicas-financeiras que têm por finalidade ocultar, esconder a origem ilícita de determinados ativos financeiros ou bens patrimoniais, fazendo branqueamento dos mesmos, dando-lhes fachada de dignidade, dificultando a demonstração da origem ilícita (Portocarrero e Ferreira, 2020, p. 554).

Em síntese: "lavagem é o ato ou conjunto de atos praticados por determinado agente com o objetivo de conferir aparência lícita a bens, direitos e valores provenientes de uma infração penal" (Lima, 2016, p. 288).

2.2. Origem histórica do nome "lavagem de dinheiro"

A origem do nome remete ao famoso mafioso Al Capone, que, nos Estados Unidos da América, na cidade de Chicago, na década de 1920, utilizou de lavanderias para justificar – ocultando assim a origem ilícita – proveitos econômicos obtidos com comércio ilegal de bebidas alcoólicas, prostituição e outros crimes (Portocarrero e Ferreira, 2020, p. 553).

Em 1970, com o escândalo Water Gates (que envolveu políticos do comitê de reeleição de Nixon), a expressão voltou à cena (Portocarrero e Ferreira, 2020, p. 554).

O emprego do termo *"money laudering"* (lavagem de dinheiro) foi empregado pela primeira vez em um processo judicial nos Estados Unidos somente em 1982, e somente em 1986 os EUA legislaram sobre o tema – *"Money Laundering Control Act"* (Fonseca, 2021, p. 59-61).

Apesar de a nomenclatura ter origem nos Estados Unidos da América, e a modalidade criminosa ter ganhado repercussão internacional nos casos envolvendo figuras mafiosas como Al Capone e Meyer Lansky, na Itália, desde 1978, já havia legislação que tratava das condutas com conteúdo de "lavagem" (Fonseca, 2021, p. 61).

2.3. Lavagem de dinheiro no ordenamento jurídico brasileiro

No Brasil, somente em 1998, com a Lei nº 9.613, passou a existir o tipo penal de lavagem de dinheiro.

A citada lei inaugurou a positivação da Lavagem de dinheiro no ordenamento jurídico brasileiro honrando compromisso internacional firmado pelo Brasil na Convenção de Viena (Portocarrero e Ferreira, 2020, p. 554).

Além de criar o tipo penal em questão, também criou o COAF, órgão com atribuição de disciplinar, aplicar penas administrativas, receber, examinar e identificar as ocorrências suspeitas de atividades ilícitas previstas na lei, realizando o controle e a inteligência sobre operações financeiras.

A Lei nº 9.613/1998 sofreu, desde sua entrada em vigor, sucessivas alterações, sendo a mais significativa a promovida pela Lei nº 12.863, de 2012, quando então o tipo penal de "lavagem de dinheiro", previsto no art. 1º, sofreu alteração no elemento objetivo do tipo que se refere à infração penal antecedente.

O tipo penal criado em 1998 tinha a seguinte configuração: "Art. 1º Ocultar ou dissimular a natureza, origem, localização, disposição, movimentação ou propriedade de bens, direitos ou valores provenientes, direta ou indiretamente, de crime". Em seguida, em oito incisos, constava um rol taxativo (*numerus clausus*) de crimes cujos produtos (bens, direitos ou valores) poderiam servir como objeto material do crime de "lavagem".

Mas, em 2012, diante da pressão internacional para que Brasil reforçasse o combate à lavagem de dinheiro (Lima, 2016, p. 826-827), foi promulgada a Lei nº 12.683/2012, que alterou o art. 1º da Lei nº 9.613/1998.[88] O rol taxativo de crimes antecedentes foi revogado, e a elementar "crime" foi substituída por "infração penal". A partir de então, *a priori*, qualquer infração penal (crime ou contravenção) passou a ser capaz de anteceder a lavagem.

Para Renato Brasileiro, apesar da mudança legislativa, não é qualquer infração penal que pode anteceder a "lavagem", mas somente aquelas que podem ser qualificadas como "infrações produtoras", ou seja, aquelas capazes de gerar bens, direitos ou valores passíveis de "lavagem". Logo, infrações como prevaricação, entre outras, que não geram produtos econômicos não podem servir de infração anterior à lavagem (Lima, 2016, 289).

Brasileiro ainda critica a opção legislativa prevista na lei de 2012, defendendo que o legislador deveria ter seguido a linha da Convenção de Palermo, que exige que o crime antecedente tenha certa gravidade, estabelecendo requisito de *quantum* mínimo de pena cominada ao delito anterior, evitando assim situações de flagrante lesão ao princípio da proporcionalidade (Lima, 2016, p. 289-290).

A doutrina (Habib, 2023, p. 507; Lima, 2016, p. 287-289) classifica a evolução da tipificação e combate à lavagem de dinheiro, quanto à infração penal antecedente, em gerações: na primeira geração, apenas o crime de tráfico de entorpecentes funcionava como crime antecedente à "lavagem" (fruto da Convenção de Viena); na segunda geração, a lei estabelecia um rol taxativo de crimes; uma segunda corrente (Portocarrero e Ferreira, 2020, p. 555) defende que na segunda geração o crime antecedente seria tráfico de drogas e as infrações penais conexas ao tráfico; e na terceira geração qualquer infração penal poderia anteceder a "lavagem".

---

88. A seguir, a íntegra do art. 1º da Lei nº 9.613/1998, alterado pela Lei nº 12.863/2012: "Art. 1º Ocultar ou dissimular a natureza, origem, localização, disposição, movimentação ou propriedade de bens, direitos ou valores provenientes, direta ou indiretamente, de infração penal. Pena: reclusão, de 3 (três) a 10 (dez) anos, e multa". Brasil. Lei nº 9.613, de 13 de março de 1998. Dispõe sobre os crimes de "lavagem" ou ocultação de bens, direitos e valores; a prevenção da utilização do sistema financeiro para os ilícitos previstos nesta Lei; cria o Conselho de Controle de Atividades Financeiras – COAF, e dá outras providências. **Diário Oficial**, Brasília, DF, 3 mar. 1995. Disponível em: http://www.planalto.gov.br/ccivil_03/leis/l9613.htm. Acesso em: 16 maio 2023.

Logo, o Brasil iniciou na segunda geração evoluindo para a terceira geração com a alteração promovida pela Lei nº 12.863/2012.

2.4. Relação de acessoriedade entre a infração penal anterior e o crime de lavagem de dinheiro

O crime de lavagem de dinheiro pressupõe a existência de uma infração penal antecedente, por isso a doutrina o classifica como crime acessório, diferido, remetido, sucedâneo, parasitário ou consequencial (Lima, 2016, p. 299).

No tipo penal do art. 1º, *caput*, da Lei nº 9613/1998, com a redação dada pela Lei nº 12.863/2012, fica claro que o termo "infração penal" funciona como verdadeira elementar do tipo, o que leva a uma relação de acessoriedade objetiva entre as infrações. Em consequência, a inexistência da infração anterior afeta a configuração da tipicidade do crime de lavagem, levando à inexistência desse (Lima, 2016, p. 299).Parte da doutrina bem como o STF[89] entendem que, para a configuração da lavagem, o fato anterior, gerador dos produtos (bens, direitos ou valores), deve ser ao menos típico e ilícito, dispensando-se a culpabilidade; adotando assim a teoria da acessoriedade limitada (valendo-se da teoria adotada majoritariamente pela doutrina no reconhecimento da participação).

Sustenta essa corrente que essa foi a posição adotada pelo legislador no art. 2º, § 1º, da Lei nº 9.613/1998, o qual permite a condenação pela lavagem ainda que "desconhecido ou isento de pena o autor, ou extinta a punibilidade da infração penal antecedente".

---

[89]. Confira-se trecho da decisão exarada nos autos do HC nº 180.567 MC/MG : "Como se verifica, ainda que a relação de acessoriedade seja limitada pela independência processual e por determinados critérios de direito penal material, como, por exemplo, as causas de extinção da punibilidade, existem critérios para uma acessoriedade material, que se encontram no conceito analítico de crime, que não podem ser ignorados, entre eles a tipicidade e a ilicitude. Isso significa que, se o suposto crime antecedente revela conduta manifestamente atípica ou lícita, não há que se falar na configuração do crime de lavagem de dinheiro, que perde ele mesmo o substrato material exigido para a subsunção dos fatos ao tipo penal, ou seja, se o delito antecedente padece de atipia, então o mesmo ocorre com o crime de lavagem". HC nº 180.567 MC/MG – Minas Gerais. Paciente: Cassiana Amorim Lobo Haddad e outro. Impetrante: Jose Eduardo Rangel de Alckmin e outro(a/s). Coator: Relator do HC nº 556.044 do STJ. Relator: Min. Gilmar Mendes. Brasília. 30 de março de 2020. Disponível em: https://jurisprudencia.stf.jus.br/pages/search/despacho1081678/false. Acesso em: 16 maio 2023.

Nesse sentido Renato Brasileiro de Lima (2016), Pierpaolo Bottini e Gustavo Badaró (2012, p. 85-87).

Uma segunda corrente doutrinária sustenta a necessidade de estar configurada também a culpabilidade, nesse sentido, Fonseca (2021, p. 41):

> A culpabilidade é elemento do crime, de forma que, sem ela, não haverá delito. O crime é o injusto culpável. Portanto, se a infração penal antecedente ao crime de lavagem de dinheiro não for completa em vista dos três elementos, tipicidade, antijuridicidade e culpabilidade, não poderá servir como infração penal antecedente para os efeitos da lavagem de capitais como delito posterior.

2.5. Autonomia material do crime de lavagem de dinheiro

Apesar dessa relação de acessoriedade, o crime de lavagem possui autonomia material em relação à infração antecedente, uma vez que, além de possuir estrutura típica autônoma, em regra, protege bem jurídico diverso.[90]

Dessa forma, não há que se falar em absorção do crime anterior pelo crime de lavagem, nem que a lavagem se constitui em *post factum* impunível ou em mero exaurimento da infração penal antecedente. Haverá concurso material de crimes previsto no art. 71 do CP (Bottini e Badaró, 2012, p. 73-74).

Nesse vértice, é possível ocorrer a autolavagem (pergunta da prova oral: o que é autolavagem? É admitida?), ou seja, o autor de uma infração penal realiza o branqueamento do produto dessa infração, ocorrendo no caso concurso material de crimes (Bottini e Badaró, 2012).

---

[90]. Acerca do bem jurídico tutelado pelo crime de lavagem de dinheiro, há quatro posições doutrinárias: 1 – mesmo bem jurídico tutelado pela infração penal anterior; 2 – administração da justiça; 3 – ordem socioeconômica; 4 – pluriofensivo: todos os bens jurídicos anteriores. Essa última posição tem prevalecido na doutrina (Portocarrero e Ferreira, 2020).

Porém, para configurar o crime de lavagem de dinheiro em concurso material, a conduta não pode ser mero desdobramento da infração penal anterior. É necessário que o agente aja com o dolo (consciência e vontade) de realizar o tipo objetivo do crime de lavagem de dinheiro, ou seja, "Ocultar ou dissimular a natureza, origem, localização, disposição, movimentação ou propriedade de bens, direitos ou valores provenientes, direta ou indiretamente, de infração penal" (Fonseca, 2021, p. 39).

Sobre a configuração da lavagem de dinheiro, Renato Brasileiro de Lima ensina que para configuração da lavagem de dinheiro "demanda a prática de um ato de mascaramento do produto direto ou indireto da infração antecedente. Isso significa dizer que o uso aberto do produto da infração antecedente não caracteriza a lavagem de capitais". Complementa:

> o escamoteamento do produto da infração antecedente, por si só, não é suficiente para a tipificação do crime de lavagem de capitais. Para além do mascaramento desses bens, direitos ou valores, também se faz necessária a demonstração dos elementos subjetivos inerentes ao tipo penal em questão, quais sejam, a consciência e a vontade de limpar o capital sujo e reintroduzi-lo no sistema financeiro com aparência lícita (Lima, 2016, p. 313-314).

No mesmo sentido, Bottini e Badaró lecionam que, mesmo que não haja de forma expressa no tipo penal do art. 1º da Lei nº 9.613/1998 como elementar típica, "uma interpretação teleológica faz agregar uma intenção transcendental ao comportamento típico, qual seja, a vontade de reciclar o capital por operações comerciais ou financeiras aparentemente lícitas". Logo, não basta a mera intenção de ocultar ou dissimular, exige-se a intenção de dar aparência de licitude. Trata-se de um elemento subjetivo especial que se configura elementar típica implícita (Bottini e Badaró, 2012, p. 103).

Isso posto, a mera utilização do dinheiro pelo autor do crime não pode configurar o crime de lavagem. Assim, por exemplo, a aquisição de bens (pergunta da prova oral: A aquisição de bens com produto de infração configura lavagem de dinheiro?) pode ou não configurar o crime de lavagem a depender do caso. Se, por exemplo, o agente adquire a propriedade de um imóvel e o registra em seu próprio nome (não tomando qualquer cuidado para dar aparência de licitude), não haverá crime de lavagem, mas mero exaurimento da infração produtora. Porém se o agente compra um imóvel que é registrado em nome de um "laranja", que em tese poderia justificar essa aquisição, nesse caso estará configurada a lavagem (Lima, 2016, p. 313).

A mera ocultação, sem a intenção de inserção do bem na economia formal com aparência de licitude, também não configura a lavagem; como, por exemplo, quando o autor de crime de furto enterra ou esconde em fundos falsos o dinheiro subtraído, esperando o melhor momento para utilizá-lo (Bottini e Badaró, 2012, p. 104-105).

Se a mera ocultação e a dissimulação fossem suficientes para caracterizar a lavagem de dinheiro, não haveria distinção entre esse tipo penal e o crime de favorecimento real (art. 349 do CP). Em consequência esse último crime seria revogado pelo art. 1º da Lei nº 9.613/1998. Além disso, não seria possível reconhecer a autolavagem, pois a mera ocultação do produto do delito, sem intenção de dar aparência de origem lícita, configura-se desdobramento natural da conduta do autor do crime anterior, e está amparado pela inexigibilidade de conduta diversa (Bottini e Badaró, 2012, p. 104).

No Brasil, a doutrina majoritariamente (Bottini e Badaró, 2012, p. 73; Portocarrero e Ferreira, 2020, p. 562) aceita a autolavagem; nesse sentido também é a jurisprudência do STF[91] e a do STJ.[92]

Corrente minoritária (Delmanto, 2006 *apud* Lima, 2016, p. 303) diverge e não admite a autolavagem, afirmando que a lavagem se configura mero exaurimento do crime anterior, um pós-fato impunível, de forma que a punição configura *bis in idem*. Outro

---

91. Brasil. STF. AP nº 1.003. Publicado em 06 de dezembro de 2018. Disponível em: https://www.stf.jus.br. Acesso em: 16 ab. 2023.
92. Brasil. STJ. APn nº 856/DF. Publicado em 06 de fevereiro de 2018. Disponível em: https://www.srj.jus.br. Acesso em: 16 maio 2023.

argumento utilizado é que a punição da autolavagem supostamente fere o direito à não autoincriminação (*nemo tenetur se detegere*), insculpido no art. 5º, LXIII, da CRFB/1988, tendo em vista que não se pode exigir do agente criminoso que o mesmo se entregue à polícia e se utilize de proveito do crime sem que tome medidas para que não seja descoberto (Lima, 2016, p. 303).

Importante destacar que a Convenção de Palermo admite a chamada "reserva de autolavagem".[93] Assim, é permitido aos Estados signatários constar de forma expressa da lei que tipifica a lavagem de dinheiro a impossibilidade da autolavagem. Itália e França são exemplos de países que não admitem a autolavagem por entenderem se tratar de *post factum* impunível; não é o caso do Brasil.

2.6. Autonomia relativa do processo

O § 1º e o inciso II do *caput* do art. 2º da Lei nº 9.613/1998[94] estabelecem o que a doutrina (Lima, 2016, p. 360) chama de autonomia relativa do processo em relação ao crime de lavagem de dinheiro. A lei prevê que o processo e o julgamento do crime de lavagem independem do processo e do julgamento da infração penal antecedente, e que o crime de lavagem pode ser processado e julgado, ainda que desconhecido ou isento de pena o autor, ou extinta a punibilidade da infração penal antecedente.

---

93. A seguir, a íntegra do art. 6º, item 2, "e", da Convenção de Palermo: "Se assim o exigirem os princípios fundamentais do direito interno de um Estado Parte, poderá estabelecer-se que as infrações enunciadas no parágrafo 1º do presente artigo não sejam aplicáveis às pessoas que tenham cometido a infração principal". Brasil. Decreto nº 5.015, de 12 de março de 2004. Promulga a convenção das nações unidas contra o crime organizado transnacional. **Diário Oficial**, Brasília, DF, 5 mar. 2004. Disponível em: http://www.planalto.gov.br/ccivil_03/_ato2004-2006/2004/decreto/d5015.htm. Acesso em: 16 maio 2023.

94. A seguir, íntegra do *caput*, do inciso II e do § 1º do art. 2º da Lei nº 9.613/1998: "Art. 2º O processo e julgamento dos crimes previstos nesta Lei: (...) II – independem do processo e julgamento das infrações penais antecedentes, ainda que praticados em outro país, cabendo ao juiz competente para os crimes previstos nesta Lei a decisão sobre a unidade de processo e julgamento; § 1º A denúncia será instruída com indícios suficientes da existência da infração penal antecedente, sendo puníveis os fatos previstos nesta Lei, ainda que desconhecido ou isento de pena o autor, ou extinta a punibilidade da infração penal antecedente". Brasil. Lei nº 9.613, de 13 de março de 1998. Dispõe sobre os crimes de "lavagem" ou ocultação de bens, direitos e valores; a prevenção da utilização do sistema financeiro para os ilícitos previstos nesta Lei; cria o Conselho de Controle de Atividades Financeiras – COAF, e dá outras providências. **Diário Oficial**, Brasília, DF, 3 mar. 1995. Disponível em: http://www.planalto.gov.br/ccivil_03/leis/l9613.htm. Acesso em: 16 maio 2023.

A lei apenas exige para o recebimento da denúncia que haja indícios da infração penal antecedente. Nesse vértice, quando o *parquet* for oferecer a denúncia em relação ao crime de lavagem, deverá não somente demonstrar a justa causa em relação à lavagem, mas também em relação à infração penal antecedente; é o que a doutrina (Lima, 2016, p. 380) chama de justa causa duplicada (pergunta da prova oral: O que se entende por justa causa duplicada no que tange à lavagem de dinheiro?).

Porém, para que haja condenação pelo crime de lavagem de dinheiro, imprescindível que o Juiz esteja convencido, por meio de prova plena, da existência da infração penal antecedente (prova da tipicidade e ilicitude), e de que o objeto do crime de lavagem apurado é fruto dessa infração penal antecedente, não bastando meros indícios (Fonseca, 2021, p. 40).

Na fase do recebimento da denúncia, a presença de indícios permite o prosseguimento, pois essa fase é regida pelo princípio do *in dubio pro societates* (Fonseca, 2021, p. 41).

Na fase de julgamento, o direito fundamental da presunção de inocência, insculpido no art. 5º, LXXIII, da CRFB/1988, impõe a regra de julgamento do *in dubio pro reo*, que condiciona a condenação a um juízo de certeza (Lima, 2016, p. 384-385).

O autor do crime de lavagem pode ser condenado mesmo que não exista processo em relação ao crime anterior, mesmo que o autor não seja conhecido, mesmo que a punibilidade do crime esteja extinta (pela prescrição, por exemplo). Porém, na sentença, o Juiz deve estar convencido, diante de um juízo de certeza, baseado em prova, de que o injusto penal anterior existiu e gerou produtos que foram objeto material do crime de lavagem de dinheiro objeto de julgamento no caso.

Porém, caso exista processo em relação à infração penal antecedente, estabelece a parte final do inciso II do art. 2º da Lei nº 9.616/1998, que cabe ao "juiz da lavagem" decidir sobre a reunião de processos, ou seja, caso exista processo judicial em relação a infração penal anterior tramitando concomitantemente ao processo relativo à lavagem, não é obrigatório que sejam processados em *simultaneos processus*. Cabe ao Juiz da Lavagem decidir sobre a união, apesar de as regras de conexão previstas nos arts. 76 e 78 do CPP, em regra, determinarem a reunião (em razão de conexão objetiva consequencial e probatória) (Lima, 2016).

O julgamento unificado é uma medida de suma importância pois permitirá que o julgador se embase acerca dos elementos probatórios de maneira a formar sua convicção sobre a existência da infração penal anterior, e do crime de lavagem de dinheiro, evitando assim a ocorrência de decisões contraditórias (Habib, 2023, p. 517).

Porém, diante das peculiaridades do caso concreto, como por exemplo quando a infração penal antecedente for praticada em outro país,[95] sempre objetivando otimizar a celeridade processual e a pretensão punitiva do Estado, o Juiz da lavagem poderá decidir manter os processos separados (Lima, 2016).

Afirma Renato Brasileiro (2016, p. 361) que

> em ambas as hipóteses, seja no caso de separação ou de reunião dos feitos, a comprovação da ocorrência da infração antecedente figura como questão prejudicial homogênea do próprio mérito da ação penal em que se apura o crime de lavagem.

No caso de separação de processos, o juiz da lavagem terá de decidir de forma incidental sobre existência do crime antecedente. Não poderá suspender o feito, de forma a aguardar o deslinde do processo relativo à infração antecedente, por se tratar de questão prejudicial homogênea (matéria penal); o CPP autoriza a suspensão somente nos casos de questão prejudicial heterogênea (arts. 92 e 93). Além disso, é forçosa essa conclusão diante da autonomia processual prevista no inciso II do art. 2º da Lei nº 9.613/1998 (Lima, 2016).

---

95. Vale pontuar que, de acordo com a doutrina, para se reconhecer a lavagem de dinheiro de produtos de infrações penais ocorridas no exterior, deve-se observar o duplo injusto, ou seja, o fato anterior tem de ser considerado injusto penal (fato típico e ilícito) no país onde foi praticado e também no Brasil (Bottini, 2012, p. 91-92).

Caso o julgamento no processo relativo à infração antecedente, em decisão transitada em julgado, reconheça a inexistência do fato (art. 386, I, do CPP), falta de provas da existência do fato, que o fato não configura crime (art. 386, III, do CPP) ou reconheça uma causa de exclusão da ilicitude, vinculará a persecução penal em relação ao crime de lavagem.

Se no processo em que o crime antecedente foi objeto principal houve a absolvição sob esses fundamentos, esse efeito deverá prejudicar o processo de lavagem, cuja análise sobre a existência do crime anterior é questão incidental, de forma que poderão ocorrer as seguintes situações: a) prejudicará o processo relativo a lavagem, que tramita concomitante ao processo relativo à infração anterior, levando a absolvição ou trancamento da ação penal (mediante *habeas corpus*), a depender da instância em que se encontra; b) impedirá o recebimento da denúncia caso ainda não tenha sido iniciado o processo relativo à lavagem; c) poderá ser utilizado como "prova nova" em ação rescisória em face de condenação transitada em julgado pelo crime de lavagem (Bottini e Badaró, 2012, p. 90-91, p. 193).

De igual modo, caso haja a declaração de existência do injusto penal antecedente em sentença transitada em julgada, isso servirá de prova da existência da infração penal anterior no processo relativo à lavagem de dinheiro, sem prejuízo de ter de ser provado também que os produtos dessa infração serviram de objeto material da lavagem de dinheiro (Bottini; Badaró, 2012).

Por fim, se no processo relativo à infração penal anterior ocorrer a absolvição por negativa de autoria, ausência de provas da autoria ou existência de circunstância que isentem o réu de pena, não haverá repercussão em relação à persecução penal relativa ao crime de lavagem de dinheiro. Poderá haver instauração de processo e condenação, desde que existam indícios da infração penal anterior no primeiro caso, e prova plena no segundo (Bottini e Badaró, 2012).

3. SONEGAÇÃO FISCAL COMO CRIME ANTECEDENTE À LAVAGEM DE DINHEIRO

Como visto, com a alteração do art. 1º da Lei nº 9.613/1998, promovida pela Lei nº 12.863/2012, qualquer infração penal, em tese, passou a servir de antecedente à lavagem de dinheiro. Porém, para a doutrina (Lima, 2016), somente as infrações produtoras podem anteceder a lavagem, afinal, são os produtos da infração antecedente que funcionam como objeto material do crime de lavagem.

Isso posto, surgiu a discussão se o crime de sonegação fiscal pode ser considerado infração penal antecedente à lavagem, ou seja, se ela pode ser considerada uma infração penal produtora.

O crime de sonegação fiscal é um crime contra a ordem tributária, e está previsto no art. 1º da Lei nº 8.137/1990.

Do *caput* do art. 1º consta o tipo objetivo de "suprimir ou reduzir tributo, ou contribuição social e qualquer acessório, mediante as seguintes condutas". Em seguida, prevê cinco incisos contendo um rol de condutas-meio.[96]

O tipo penal exige que se configure a supressão ou redução do tributo mediante fraude. Essa fraude é o que leva à "burla tributária ou fiscal". Não basta, portanto, não pagar o tributo, exige-se para configuração a prática de condutas fraudulentas (descritas nos incisos do art. 1º) que resultam na redução ou supressão do tributo devido pelo agente. Trata-se, portanto, de crime material (Prado, 2019, p. 367).

---

96. A seguir, a íntegra do art. 1º da Lei nº 8.137/1990: "Art. 1º Constitui crime contra a ordem tributária suprimir ou reduzir tributo, ou contribuição social e qualquer acessório, mediante as seguintes condutas: I – omitir informação, ou prestar declaração falsa às autoridades fazendárias; II – fraudar a fiscalização tributária, inserindo elementos inexatos, ou omitindo operação de qualquer natureza, em documento ou livro exigido pela lei fiscal; III – falsificar ou alterar nota fiscal, fatura, duplicata, nota de venda, ou qualquer outro documento relativo à operação tributável; IV – elaborar, distribuir, fornecer, emitir ou utilizar documento que saiba ou deva saber falso ou inexato; V – negar ou deixar de fornecer, quando obrigatório, nota fiscal ou documento equivalente, relativa a venda de mercadoria ou prestação de serviço, efetivamente realizada, ou fornecê-la em desacordo com a legislação. Pena – reclusão de 2 (dois) a 5 (cinco) anos, e multa. Parágrafo único. A falta de atendimento da exigência da autoridade, no prazo de 10 (dez) dias, que poderá ser convertido em horas em razão da maior ou menor complexidade da matéria ou da dificuldade quanto ao atendimento da exigência, caracteriza a infração prevista no inciso V". Brasil. Lei nº 8.137, de 27 de dezembro de 1990. Define crimes contra a ordem tributária, econômica e contra as relações de consumo, e dá outras providências. **Diário Oficial**, Brasília, DF, 28 dez. 1995. Disponível em: https://www.planalto.gov.br/ccivil_03/leis/l8137.htm. Acesso em: 17 maio 2023.

Tendo em vista que a existência e a quantificação das elementares do tipo "tributo, contribuição social e qualquer acessório", bem como a constatação da redução ou supressão, dependem da atuação das autoridades fiscais (Receita Federal do Brasil, Receitas Estaduais e Municipais), e ainda diante da necessidade de um processo administrativo fiscal que garanta o direito de petição, o STF editou a Súmula Vinculante nº 24 : "Não se tipifica crime material contra a ordem tributária, previsto no art. 1º, incisos I a IV, da Lei 8.137/1990, antes do lançamento definitivo do tributo".[97]

Ao editar essa súmula vinculante, o STF condicionou a existência do crime de sonegação fiscal[98] à conclusão do processo administrativo tributário. Sem a constituição definitiva não há crime de sonegação fiscal por inexistência de elementares do tipo.

Diante desse entendimento sumulado, e como consequência dele, o STF[99-100] passou a não permitir o recebimento da denúncia em relação ao crime de sonegação fiscal antes do exaurimento da esfera administrativo-fiscal. No entanto, para a Suprema Corte, a investigação por meio de inquérito policial não ficou obstada pela pendência de lançamento definitivo.[101]

Aqueles que defendem que a sonegação fiscal não pode anteceder a lavagem de dinheiro argumentam (Lima, 2002) que, antes da alteração feita pela Lei nº 12.863/2012, o crime de sonegação fiscal não constava do rol taxativo de crimes. A exposição de motivos da Lei nº 9.613/1998,[102] no ponto 34, justificou a ausência desse tipo penal sob

---

97. Disponível em: https://portal.stf.jus.br/jurisprudencia/sumariosumulas.asp?base=26&sumula=1265>. Acesso em: 18 maio 2023.
98. Com exceção daquele praticado por meio da conduta descrita no inciso V, que, para o STF (apesar de haver divergência entre os ministros), é crime formal.
99. Brasil. STF. ARE nº 1.047.419. Publicado em 23 de abril de 2018. Disponível em: https://www.stf.jus.br. Acesso em: 18 maio 2023.
100. Brasil. STF. Rcl nº 31.194 MC. Publicado em 3 de dezembro de 2018. Disponível em: https://www.stf.jus.br. Acesso em: 18 maio 2023.
101. Brasil. STF. HC nº 106.152/MS, Informativo nº 819. Publicado em 29 de março de 2016. Disponível em: https://www.stf.jus.br. Acesso em: 18 maio 2023.
102. A seguir, a íntegra do ponto 34 da exposição de motivos da Lei nº 9.613/1998: "34. Observe-se que a lavagem de dinheiro tem como característica a introdução, na economia, de bens, direitos ou valores oriundos de atividade ilícita e que representaram, no momento de seu resultado, um aumento do patrimônio do agente. Por isso que o projeto não inclui, nos crimes antecedentes, aqueles delitos que não representam agregação, ao patrimônio do

o argumento de que dele não resulta "aumento patrimonial com a agregação de valores novos", e que "há, isto sim, manutenção de patrimônio existente em decorrência do não pagamento da obrigação fiscal".

Alegam também que o tipo penal de lavagem exige que o produto seja proveniente de infração penal; porém o valor referente ao tributo sonegado não tem proveniência da sonegação, mas, sim, de atividade lícita tributável (Lima, p. 144). E ainda, que, antes da configuração da sonegação, a quantia já estava disponível e integrava o patrimônio do autor (Mendes, Soares e Borri, 2022).

Em que pese essa corrente de pensamento, há decisões do STF[103] e do STJ[104] que, apesar de não enfrentarem o tema frontalmente, apontam no sentido de admitir a sonegação fiscal como crime antecedente à lavagem de dinheiro, desde que já tenha havido a constituição definitiva do crédito tributário, em razão da Súmula Vinculante nº 24 do STF. Nesse sentido também lecionam Renato Brasileiro (2016, p. 301-330), Gabriel Habib (2023, p. 511), Bottini e Badaró (2012, p. 87).

Para Bottini e Badaró, a sonegação fiscal gera proveito econômico, que é obtido mediante recebimento de devoluções de valores pelo fisco ou pela manutenção de valores em razão do não pagamento devido, sempre mediante uma das condutas-meio previstas nos incisos do art. 1º da Lei nº 8.137/1990. Esse *quantum* devolvido ou mantido constitui o proveito da sonegação que é capaz de ser lavado (Bottini e Badaró, 2012, p. 72).

Em razão do enriquecimento ilícito gerado pela sonegação fiscal, Barros criticou a não inclusão da sonegação fiscal no rol de crimes

---

agente, de novos bens, direitos ou valores, como é o caso da sonegação fiscal. Nesta, o núcleo do tipo constitui-se na conduta de deixar de satisfazer obrigação fiscal. Não há, em decorrência de sua prática, aumento de patrimônio com a agregação de valores novos. Há, isto sim, manutenção de patrimônio existente em decorrência do não pagamento de obrigação fiscal. Seria desarrazoado se o projeto viesse a incluir no novo tipo penal – lavagem de dinheiro – a compra, por quem não cumpriu obrigação fiscal, de títulos no mercado financeiro. É evidente que essa transação se constitui na utilização de recursos próprios que não têm origem em um ilícito". Disponível em: (https://www.gov.br/coaf/pt-br/acesso-a-informacao/Institucional/a-atividade-de-supervisao/regulacao/supervisao/legislacao/exposicao-de-motivos-lei-9613-1.pdf/view. Acesso em: 18 maio 2023.

103. Brasil. STF. HC nº 118.985-AgR. Publicado em 21 de junho de 2016. Disponível em: https://www.stf.jus.br. Acesso em: 18 maio 2023

104. Brasil. STJ. RHC nº 73.599/SC. Publicado em 20 de setembro de 2016. Disponível em: https://www.stj.jus.br. Acesso em: 28 maio 2023.

antecedentes na antiga redação do art. 1º da Lei nº 9.613/1998, afirmando que: "ao deixar de incluir a sonegação no rol de crimes primários, perde o legislador a rara oportunidade de tentar punir penalmente o sonegador contumaz que constrói riquezas de origem ilícita" (Barros, 1998, p. 34 *apud* Lima, 2002).

Há quem sustente também que, havendo uma fraude, como, por exemplo, falsificação de recibo médico, poderia se reconhecer vantagem patrimonial (correspondente ao tributo que deixou de recolher) que autoriza a existência de posterior lavagem. Mas se a sonegação se der por mera omissão de declaração não seria possível o reconhecimento de posterior lavagem (Luna Neto, 2020, p. 195-211 *apud* Mendes; Soares; Borri, 2022).

Em que pese a celeuma doutrinária sobre o tema, é certo que sonegação fiscal gera proveito econômico. Ora, o que motiva o agente a fraudar o fisco é o proveito econômico que irá obter evitando cobrança e pagamento do tributo devido.

Sonegação fiscal é considerada crime do colarinho branco. Não são raros os casos nos quais sonegadores contumazes se eximem de pagar milhões acumulados em tributo devido, havendo notícia[105] de caso de esquema de sonegação fiscal e lavagem de dinheiro envolvendo valores que beiram a casa de 1 bilhão de reais.

A ENCCLA,[106] por intermédio da Ação nº 14, de 2019, sob a coordenação conjunta da Procuradoria Geral da Fazenda Nacional e da Secretaria Especial da Receita Federal do Brasil, realizou em Brasília, no dia 27.08.2019, um seminário que buscou elaborar diagnósticos sobre a lavagem de dinheiro decorrente de crimes tributários,

---

[105]. Daniel Saboia, Procurador da Fazenda Nacional e Assessor Especial do Ministro da Justiça e Segurança Pública na época (2019), palestrando no seminário "Sonegação fiscal como crime antecedente à lavagem de dinheiro", promovido pela ENCCLA, usou como exemplo um caso real de sonegação com lavagem de dinheiro cujo valor somado chegou à casa de 1 bilhão de reais. Disponível em: https://www.youtube.com/watch?v=Z5u5fPglDfo&t=3017s. Acesso em: 18 maio 2023.

[106]. A Estratégia Nacional de Combate à Corrupção e à Lavagem de Dinheiro (ENCCLA) é a principal rede de articulação institucional brasileira para o arranjo, as discussões, a formulação e a concretização de políticas públicas e soluções de enfrentamento à corrupção e à lavagem de dinheiro. A Estratégia foi criada em 2003 e atualmente conta com aproximadamente 80 instituições públicas pertencentes aos três Poderes (Executivo, Legislativo e Judiciário) e o Ministério Público, abrangendo também as esferas federal, estadual e, em alguns casos, até mesmo municipal". Disponível em: http://enccla.camara.leg.br/. Acesso em: 18 maio 2023.

tendo como título: "A sonegação fiscal como crime antecedente à lavagem de dinheiro" (ENCCLA, 2019). O seminário contou com a participação de autoridades e representantes da comunidade jurídico-acadêmica nacional e internacional.

Unanimemente os palestrantes defenderam a possibilidade de o crime de sonegação fiscal servir como crime antecedente à lavagem.

Admitindo-se que a sonegação figure como infração antecedente à lavagem, surgem outras questões que devem ser enfrentadas, como a incidência do princípio da insignificância na sonegação fiscal[107] e o pagamento do tributo devido.

Segundo a doutrina (Bottini e Badaró, 2012, p. 87; Lima, 2016, p. 330; Fonseca, 2021, p. 42), a incidência do princípio da insignificância em relação a sonegação fiscal leva a sua atipicidade material de forma a impedir em consequência a configuração da lavagem devido à relação de acessoriedade entre as infrações.

O pagamento do tributo devido, segundo previsto em lei,[108] extingue a punibilidade do crime de sonegação fiscal. De acordo com o STF[109] e o STJ;[110] a extinção da punibilidade ocorre com o pagamento a qualquer tempo, mesmo após o trânsito em julgado da sentença penal condenatória.

Para Bottini e Badaró (2012, p. 72), o pagamento do tributo, além de extinguir a punibilidade pela sonegação, também levará à extinção do crime de lavagem.

Renato Brasileiro diverge, para ele a extinção da punibilidade não retira o caráter criminoso da conduta antecedente, pois a punibilidade se trata de mera consequência do delito, de forma

---

107. Incide o princípio da insignificância aos crimes tributários federais e de descaminho quando o débito tributário verificado não ultrapassar o limite de R$ 20.000,00 (vinte mil reais), a teor do disposto no art. 20 da Lei nº 10.522/2002, com as atualizações efetivadas pelas Portarias nºs 75 e 130, ambas do Ministério da Fazenda. Brasil. STJ. Tema/Repetitivo 157, REsp. nº 1.709.029/MG. Publicado em 04 de abril de 2018. Disponível em: https://www.stj.jus.br. Acesso em: 18 maio 2023.
108. A extinção da punibilidade pelo pagamento do tributo é prevista no art. 34 da Lei nº 9.245, de 1995, e no art. 83 da Lei nº 9.430, de 1996.
109. Brasil. STF. HC nº 116.828/SP, Informativo nº 715. Publicado em 17 de outubro de 2013. Disponível em: https://www.stf.jus.br. Acesso em: 18 maio 2023.
110. Brasil. STJ. HC nº 362.478-SP. Publicado em 20 de setembro de 2017. Disponível em: https://www.stj.jus.br. Acesso em: 28 maio 2023.

que, caso incida a extinção da punibilidade em relação à infração antecedente, não haverá impedimento à condenação pelo crime de lavagem (Lima, 2016, p. 300). Destaca-se também que a própria Lei nº 9.613/1998, no art. 2º, inciso II, prevê que o crime de lavagem de dinheiro é punível ainda que extinta a punibilidade pelo crime antecedente.

4. CONCLUSÃO

O presente artigo tratou de pontos importantes do tema "lavagem de dinheiro", passando por tópicos que foram objeto de perguntas na prova oral do autor, para ao final tratar do problema proposto no título.

Iniciou-se com as noções introdutórias, como conceito de lavagem de dinheiro, origem histórica, panorama normativo nacional (a Lei nº 9.613/1998 e sua alteração pela Lei nº 12.863/2012).

Na sequência, foram abordadas a relação da infração penal antecedente com a lavagem de dinheiro, a relação de acessoriedade entre as infrações; e as correntes doutrinárias sobre a necessidade ou não de o fato anterior ser culpável (se basta ser típico e ilícito) para que se reconheça o crime de lavagem subsequente.

Foram tratados a autonomia material do crime de lavagem de dinheiro; os elementos típicos desse crime; a possibilidade da autolavagem, e quando se configura a autolavagem ou se trata de mero exaurimento da infração anterior.

Depois falou-se sobre a autonomia processual da lavagem de dinheiro, prevista no art. 2º, inciso II e § 1º, da Lei nº 9.613/1998, assunto trabalhado pela doutrina de forma a lançar luz às diversas possibilidades práticas.

Por fim, chegou-se no ponto central do artigo: a possibilidade de a sonegação fiscal figurar como infração antecedente à lavagem de dinheiro.

Iniciando a abordagem do problema, o crime de sonegação fiscal foi analisado quanto a sua estrutura típica, abordando a questão da Súmula Vinculante nº 24; a extinção da punibilidade pelo pagamento do tributo e o princípio da insignificância.

Em seguida, adentrou-se a celeuma doutrinária. Em suma, uma corrente doutrinária não aceita a sonegação como crime antecedente por entender que ela não se enquadra como infração produtora, ou seja, não gera o valor sonegado. O tipo penal de lavagem tem como objeto material bens, direitos e valores provenientes de infração penal. Para essa corrente o valor teria sido produzido em atividade lícita e já estaria à disposição do agente antes da sonegação fiscal.

Para uma segunda corrente, que é majoritária, a sonegação fiscal gera, sim, proveito econômico, que são aqueles valores que deixaram de ingressar nos cofres públicos em razão dos atos fraudulentos, e ainda aqueles que foram devolvidos ao agente. Esse *quantum* preservado ou recebido pelo agente é o proveito econômico do crime de sonegação fiscal, o qual pode ser lavado.

Apesar de o STF[111] e o STJ[112] ainda não terem enfrentado o problema, como questão principal, abordando os posicionamentos discordantes supramencionados, há decisões que apontam para admissão da sonegação como crime antecedente à lavagem, desde

---

[111]. Confira-se trecho da decisão exarada nos autos do HC nº 118.985-AgR: "(...) Sobressai da narrativa dos agravantes que 'são investigados outros crimes além dos tipificados no 'art. 1º, incisos I a IV, da Lei nº 8.137/90', dentre eles, crimes contra a administração em geral e de 'lavagem' ou ocultação de bens, direitos e valores', sendo certo o entendimento sufragado por esta Corte no sentido da prescindibilidade do esgotamento das vias administrativas para a investigação do crime de lavagem de dinheiro, conquanto o crime antecedente possa se consubstanciar em crime material contra a ordem tributária, mostrando-se possível a mitigação do enunciado nº 24 da Súmula Vinculante do Supremo Tribunal Federal na hipótese da investigação de crimes cuja natureza é distinta da fiscal". HC nº 118.985-AgR, Primeira Turma. Rel. Min. Edson Fachin. 21 de junho de 2016. Disponível em: https://www.stj.jus.br. Acesso em: 16 maio 2023.

[112]. Confira-se trecho da decisão exarada nos autos do HC nº 715.307/PB: "A jurisprudência do Supremo Tribunal Federal e deste Superior Tribunal de Justiça é no sentido de admitir a mitigação da Súmula Vinculante n. 24 ('Não se tipifica crime material contra a ordem tributária, previsto no art. 1º, incisos I a IV, da Lei nº 8.137/90, antes do lançamento definitivo do tributo.') quando o modus operandi utilizado na conduta delituosa passa pelo cometimento de outros crimes, como forma de burlar a fiscalização tributária, notadamente como no caso em que foram constituídas empresas fantasmas para transferir a cobrança dos impostos para pessoas jurídicas e físicas inexistentes, a fim de beneficiar as empresas que efetivamente recebiam e comercializavam as mercadorias, além de haver ainda o crime de lavagem de dinheiro". HC nº 715.307/PB, Sexta Turma. Rel. Min. Laurita Vaz. 25 de fevereiro de 2022. Disponível em: https://www.stj.jus.br. Acesso em: 16 maio 2023.

que tenha havido a constituição definitiva do crédito tributário devido ao teor da Súmula Vinculante nº 24.

Diante de todo o exposto, restou clara a importância do estudo do tema "lavagem de dinheiro" na preparação para o concurso de delegado de polícia. Tal assunto possui diversas nuances jurisprudenciais e doutrinárias, das quais o candidato deve estar a par para que tenha máximo aproveitamento na prova, obtendo a tão sonhada aprovação.

O presente trabalho poderá servir de auxílio aos candidatos que se preparam para tão disputado cargo, para que, diante de uma banca examinadora exigente, possam falar sobre o tema proposto de forma aprofundada.

REFERÊNCIAS BIBLIOGRÁFICAS

BARROS, M. A. de. **Lavagem de Dinheiro:** implicações penais, processuais e administrativas: análise sistemática da Lei n. 9.613, de 3 de março de 1998. São Paulo: Oliveira Mendes, 1998. p. 34.

BOTTINI, P. C.; BADARÓ, G. H. **Lavagem de Dinheiro:** aspectos penais e processuais penais: comentários à Lei 9.613/1998. São Paulo: Revista dos Tribunais, 2012.

DELMANTO, C. **Leis Penais Especiais Comentadas**. Rio de Janeiro, São Paulo, Recife: Renovar, 2006. p. 552-553.

ESTRATÉGIA NACIONAL DE COMBATE À CORRUPÇÃO E À LAVAGEM DE DINHEIRO (ENCCLA.). **A Sonegação Fiscal como Crime Antecedente à Lavagem de Dinheiro**. Brasília, 2019. Disponível em: https://www.youtube.com/watch?v=Z5u5fPgIDfo&t=3017s. Acesso em: 18 maio 2023.

FONSECA, P. H. C. **Lavagem de Dinheiro:** aspectos dogmáticos. 2. ed. Indaiatuba: Foco, 2021.

HABIB, G. **Leis Penais Especiais**. 13. ed. Salvador: Juspodivm, 2023. v. único.

LIMA, A. M. P. **Lavagem de Dinheiro:** uma análise da tipicidade do delito à luz da teoria do conflito aparente de normas – 2018. 171f. Orientador: Prof. Dr. Nilo Batista. Dissertação (Mestrado). Universidade do Estado do Rio de Janeiro, Faculdade de Direito. p. 142. Disponível em: https://www.bdtd.uerj.br:8443/bitstream/1/9403/2/Disserta%C3%A7%C3%A3o%20-%20Antenor%20Mafra%20Pereira%20Lima%20-%202018%20-%20Completa.pdf. Acesso em: 18 maio 2023.

LIMA, A. M. P. **Uma Análise Crítica da Lei dos Crimes de Lavagem de Dinheiro**. Brasília: CJF, 2002.

LIMA, R. B. de. **Legislação Criminal Especial Comentada**. 4. ed. Salvador: Juspodivm, 2016. v. único.

LUNA NETO, L. A sonegação fiscal como infração antecedente à lavagem de capitais: análise de aspectos dogmáticos e práticos. Revista de Direito Penal Econômico e Compliance, São Paulo, v. 4, p. 195-211, out.-dez. 2020.

MENDES, C. C. T.; SOARES, R. J.; BORRI, L. A. O crime tributário como infração penal antecedente da lavagem de dinheiro. **Revista Brasileira de Ciências Criminais**, São Paulo: Ed. RT, v. 193, ano 30, p. 307-332, nov./dez. 2022. Disponível em: https://www.thomsonreuters.com.br/content/dam/ewp-m/documents/brazil/pt/pdf/other/revista-brasileira-de-ciencias-criminais-vol-193.pdf. Acesso em: 31 maio 2023.

PORTOCARRERO, C. B.; FERREIRA, W. L. P. **Leis Penais Extravagantes**. 5. ed. Salvador: Juspodivm, 2020.

PRADO, L. R. **Direito Penal Econômico**. 8. ed. Rio de Janeiro: Forense, 2019.

PARTE II

DIREITO PROCESSUAL PENAL

LIMITAÇÕES À PROVA ILÍCITA POR DERIVAÇÃO: FONTE INDEPENDENTE E DESCOBERTA INEVITÁVEL

CAPÍTULO 7

Carolina Cardoso Homrich[113]

1. INTRODUÇÃO

Na prova oral do XIII Concurso de Delegado de Polícia Civil do Estado do Rio de Janeiro, na banca de Processo Penal, foi questionada à presente autora a seguinte pergunta: "o que é fonte independente?".

A resposta parece simples à primeira impressão, porém, a pressão de se estar diante de uma oportunidade única, o nervosismo de estar em frente a examinadores que admiramos e a ansiedade de expor tudo o que se sabe sem parecer maçante aos olhos dos examinadores às vezes nos causa confusão.

A alternativa seguida pela autora foi expor uma introdução ao assunto das provas ilícitas, referindo que não são admitidas no processo penal brasileiro, conforme preceituam tanto a CRFB/1988 quanto o CPP.

Prosseguindo, a autora referiu que o Código de Processo Penal traz em seu bojo a inadmissibilidade também das provas derivadas das ilícitas, em clara adoção à teoria americana dos frutos da árvore envenenada (*fruits of the poisonous tree*).

---

113. Delegada de Polícia. Pós-graduada em Ciências Criminais e Criminologia pela Faculdade Palotina de Santa Maria (FAPAS). Bacharel em Direito pela Faculdade Metodista de Santa Maria (FAMES).

Entretanto, aduziu que o próprio CPP excetua situações em que as provas derivadas das ilícitas serão admitidas, trazendo em seu texto expressamente duas exceções: a fonte independente e a descoberta inevitável.

Especialmente quanto à fonte independente, em sua resposta, esta autora conceituou como sendo aquela prova colhida na persecução penal que não possua relação com a prova originalmente ilícita, ou seja, totalmente autônoma e independente desta.

Em seguida, o examinador pede um exemplo de fonte independente, então a autora trouxe o exemplo do policial militar que adentra em residência sem autorização judicial e colhe provas de maneira ilícita, sendo que a polícia civil já possuía um mandado de busca e apreensão domiciliar para a mesma residência, no qual visava colher as mesmas provas.

Prosseguindo, o examinador questiona, então, se o exemplo que deu a autora seria aplicável à teoria da fonte independente ou da descoberta inevitável. Neste momento, percebendo que a resposta não foi correta, a estratégia adotada pela autora foi de reformular a resposta e trazer o exemplo acima para a teoria da descoberta inevitável, e não da fonte independente.

Isso porque o exemplo trazido trata de uma prova ilícita (a indevida entrada em residência), porém, que tem sua ilicitude mitigada por uma prova lícita hipotética, que tem alta probabilidade de ser produzida (o cumprimento do mandado de busca e apreensão), e que chegaria ao mesmo resultado.

Esse tema é bastante complexo e exige atenção aos detalhes, sendo comum a inversão dos conceitos, por isso a escolha de aprofundá-lo e pormenorizá-lo neste livro, para que demais estudantes não façam como fez esta autora, neste momento crucial.

Apesar da reformulação da resposta, a autora almejou os pontos necessários para a aprovação. É a comprovação de que uma resposta errada dentro de um contexto de respostas satisfatórias não fará o candidato ser reprovado nessa fase. Pode-se dizer que mais vale a postura ao admitir o erro (com sensatez e calma, sem desesperar-se) do que a resposta verdadeiramente mais correta.

2. DAS PROVAS ILEGAIS

O termo "prova", em sentido amplo, vem do latim *probatio* e significa verificação, exame, confirmação, demonstração (Nucci, 2006, p. 309). O sistema de apreciação de provas adotado pelo ordenamento jurídico é o da livre-apreciação da prova, do convencimento motivado ou da persuasão racional do juiz, nos termos do art. 155 do CPP,[114] o que significa que o juiz é livre para decidir de acordo com as provas trazidas aos autos, sem hierarquia entre modalidades de provas, desde que fundamente sua decisão.[115]

Ainda que o juiz seja livre para apreciar as provas trazidas ao processo, a CRFB/1988, em seu art. 5º, inciso LVI, diz que "são inadmissíveis, no processo, as provas obtidas por meios ilícitos". O presente inciso traz o direito e a garantia fundamental, e o princípio processual da inadmissibilidade das provas obtidas por meios ilícitos em processos judiciais.

Tal inadmissibilidade decorre do Estado Democrático de Direito, adotado pelo Brasil,[116] o qual se pauta no princípio da legalidade,[117]

---

[114]. "Art. 155. O juiz formará sua convicção pela livre apreciação da prova produzida em contraditório judicial, não podendo fundamentar sua decisão exclusivamente nos elementos informativos colhidos na investigação, ressalvadas as provas cautelares, não repetíveis e antecipadas". Brasil. Decreto-Lei nº 3.689, de 03 de outubro de 1941. Código de Processo Penal. **Diário Oficial**. Disponível em: http://www.planalto.gov.br/CCIVIL/Decreto-Lei/Del3689.htm. Acesso em: 4 abr. 2023.

[115]. Nesse sentido, a Constituição da República traz a imprescindibilidade da fundamentação das decisões: "Art. 93, IX. Todos os julgamentos dos órgãos do Poder Judiciário serão públicos, e fundamentadas todas as decisões, sob pena de nulidade, podendo a lei limitar a presença, em determinados atos, às próprias partes e a seus advogados, ou somente a estes, em casos nos quais a preservação do direito à intimidade do interessado no sigilo não prejudique o interesse público à informação". Brasil. Constituição da República Federativa do Brasil de 1988. **Diário Oficial da União**, Brasília, DF, 05 out. 1988. Disponível em: https://www.planalto.gov.br/ccivil_03/constituicao/constituicao.htm. Acesso em: 4 abr. 2023.

[116]. Cf. nota 3. O Brasil é um Estado Democrático de Direito, visto o art. 1º da Constituição da República de 1988: "Art. 1º A República Federativa do Brasil, formada pela união indissolúvel dos Estados e Municípios e do Distrito Federal, constitui-se em Estado Democrático de Direito e tem como fundamentos: (...)".

[117]. Cf. nota 3. A adoção do princípio da legalidade decorre do art. 37 da Constituição da República de 1988: "Art. 37. A administração pública direta e indireta de qualquer dos Poderes da União, dos Estados, do Distrito Federal e dos Municípios obedecerá aos princípios de legalidade, impessoalidade, moralidade, publicidade e eficiência e, também, ao seguinte: (...)".

que preceitua que o Estado e os indivíduos devem obedecer às leis e, principalmente, que o Estado não pode atuar contra a lei, valendo-se de meios ilícitos, principalmente para prejudicar o cidadão (Rangel, 2021, p. 903).

Ademais, quanto ao processo penal, o ordenamento jurídico adotou o sistema de persecução penal acusatório, conforme reza o art. 129, inciso I, da CRFB/1988,[118] que atribui privativamente ao Ministério Público a função de acusar o réu em processo penal, em clara separação das funções de acusar, julgar e defender o acusado.

Para quem ainda possuía dúvidas sobre a adoção do sistema acusatório, após a reforma da Lei nº 13.964/2019 no CPP (a chamada Lei Anticrime), o art. 3º-A trouxe de forma expressa que "O processo penal terá estrutura acusatória, vedadas a iniciativa do juiz na fase de investigação e a substituição da atuação probatória do órgão de acusação", nada obstante o artigo esteja com eficácia suspensa em liminar concedida pelo STF, conforme as ADIs nºs 6.298, 6.300 e 6.305.[119]

A adoção do sistema acusatório traz consigo a característica da inadmissibilidade das provas ilícitas sob fundamento de alcançar uma *verdade real*. Inclusive, doutrina renomada critica a busca desta verdade real no processo penal, pois esta é uma utopia, e está apenas na cabeça dos envolvidos no fato. O que se pode alcançar, no máximo, é uma verdade processual,[120] ou seja, aquela verdade em harmonia com

---

118. Cf. nota 3. "Art. 129. São funções institucionais do Ministério Público: I – promover, privativamente, a ação penal pública, na forma da lei".
119. Liminar deferida *ad referendum*: "(...) *Ex positis*, na condição de relator das ADIs 6.298, 6.299, 6.300 e 6305, com as vênias de praxe e pelos motivos expostos: (a) Revogo a decisão monocrática constante das ADIs 6.298, 6.299, 6.300 e suspendo *sine die* a eficácia, *ad referendum* do Plenário, (a1) da implantação do juiz das garantias e seus consectários (Artigos 3º-A, 3º-B, 3º-C, 3º-D, 3º-E, 3º-F, do Código de Processo Penal); e (a2) da alteração do juiz sentenciante que conheceu de prova declarada inadmissível (157, § 5º, do Código de Processo Penal); (...). Nos termos do artigo 10, § 2º, da Lei n. 9868/95, a concessão desta medida cautelar não interfere nem suspende os inquéritos e os processos em curso na presente data". Brasil. STF. ADI nºs 6.298, 6.299, 6.300 e 6305. Requerente: Associação dos Magistrados Brasileiros e Outro. Rel. Min. Luiz Fux. Brasília, DF, publicado em 22.01.2020. Disponível em: https://www.stf.jus.br/arquivo/cms/noticiaNoticiaStf/anexo/ADI6298.pdf. Acesso em: 4 abr. 2023.
120. Conforme lição de Renato Brasileiro de Lima (2020, p. 660-661): "Daí se dizer que a busca é da verdade processual, ou seja, daquela verdade que pode ser atingida através da atividade probatória desenvolvida durante o processo. Essa verdade processual pode (ou não) corresponder à realidade histórica, sendo certo que é com base nela que o juiz deve proferir sua decisão".

a liberdade das provas, porém limitada à observância de direitos fundamentais – e não a qualquer custo (Rangel, 2021, p. 905).

Ademais, justificar a adoção de provas ilícitas sob fundamento de busca da verdade real seria uma visão utilitarista do indivíduo submetido a julgamento, uma visão maquiavélica em que os fins justificam os meios, sob pena de deslegitimação do próprio sistema punitivo (Lima, 2020, p. 684).

O CPP, em seu art. 157, *caput*, reproduzindo a Constituição da República, também proibiu a adoção de provas ilícitas: "São inadmissíveis, devendo ser desentranhadas do processo, as provas ilícitas, assim entendidas as obtidas em violação a normas constitucionais ou legais".

Nem a Constituição da República, nem o CPP trazem o conceito de provas ilícitas, e nem as suas consequências, o que foi tratado pela doutrina, como será visto a seguir.

2.1. Provas ilegais, ilícitas e ilegítimas

O CPP, em seu art. 157, *caput*, refere que "são inadmissíveis, devendo ser desentranhadas do processo, as provas ilícitas, assim entendidas as obtidas em violação a normas constitucionais ou legais". O texto do dispositivo legal não foi tão feliz ao conceituar provas ilícitas, pois não distingue se a norma constitucional ou legal infringida é de cunho material ou processual.

Uma vez que a CRFB/1988 e o CPP não diferenciaram provas ilegais, ilícitas e irregulares, a doutrina (Lima, 2020, p. 685) diverge quanto a sua classificação, porém pode-se dizer, majoritariamente,[121] que as diferencia do seguinte modo:

> Provas ilegais são gênero do qual são espécies as provas ilícitas e ilegítimas.[122] As provas ilegais são todas as provas obtidas

---

121. A professora Ada Pellegrini Grinover dirigiu as Mesas de Processo Penal do Departamento de Direito Processual da Faculdade de Direito da Universidade de São Paulo, as quais editaram a Súmula nº 48: "denominam-se ilícitas as provas colhidas com infringência a normas e princípios de direito material".

122. Nucci (2006, p. 350) subdivide as provas de forma diversa, classificando as provas ilícitas como gênero, e como espécies as provas ilegais, que são aquelas que ferem tanto direitos materiais quanto processuais, e provas ilegítimas, que para o autor são as que ferem princípios gerais de direito, bons costumes e moral.

com violação a normas legais, sejam elas de natureza material ou processual.

Provas ilícitas são as que violam direito material (penal ou constitucional), ou seja, normas que resguardam direitos fundamentais, *v.g.*, prova obtida mediante tortura, violando o art. 5º, III, da CRFB/1988 ("ninguém será submetido a tortura nem a tratamento desumano ou degradante") e também o art. 1º, inciso I, alínea "a", da Lei nº 9.455/1997,[123] que criminaliza a tortura com fins de obtenção de provas.

Ademais, quanto ao momento da violação de direitos, as provas ilícitas pressupõem uma violação no momento da colheita da prova, geralmente em momento anterior ou concomitante ao processo, mas sempre externamente a este (extraprocessual). Ou seja, a prova ilícita é obtida fora do processo, mas nada impede que seja produzida em juízo (*v.g.*, um magistrado que não adverte o interrogado quanto ao seu direito ao silêncio).

De outro norte, provas ilegítimas são as que violam direito processual, *v.g.*, reconhecimento pessoal feito sem observância do procedimento do art. 226 do CPP,[124] depoimento de testemunha a qual é proibida pelo art. 207 do CPP.[125] Quanto ao momento de sua produção, ao contrário das provas ilícitas, em regra, serão produzidas no curso do processo (intraprocessual ou endoprocessual).

---

123. "Art. 1º Constitui crime de tortura: I – constranger alguém com emprego de violência ou grave ameaça, causando-lhe sofrimento físico ou mental: a) com o fim de obter informação, declaração ou confissão da vítima ou de terceira pessoa". Brasil. Lei nº 9.455, de 7 de abril de 1997. Define os crimes de tortura e dá outras providências. **Diário Oficial**, Brasília, DF, 07 abr. 1997. Disponível em: https://www.planalto.gov.br/ccivil_03/leis/l9455.htm. Acesso em: 4 abr. 2023.

124. Cf. nota 2. "Art. 226. Quando houver necessidade de fazer-se o reconhecimento de pessoa, proceder-se-á pela seguinte forma: I – a pessoa que tiver de fazer o reconhecimento será convidada a descrever a pessoa que deva ser reconhecida; II – a pessoa, cujo reconhecimento se pretender, será colocada, se possível, ao lado de outras que com ela tiverem qualquer semelhança, convidando-se quem tiver de fazer o reconhecimento a apontá-la; III – se houver razão para recear que a pessoa chamada para o reconhecimento, por efeito de intimidação ou outra influência, não diga a verdade em face da pessoa que deve ser reconhecida, a autoridade providenciará para que esta não veja aquela; IV – do ato de reconhecimento lavrar-se-á auto pormenorizado, subscrito pela autoridade, pela pessoa chamada para proceder ao reconhecimento e por duas testemunhas presenciais".

125. Cf. nota 2. "Art. 207. São proibidas de depor as pessoas que, em razão de função, ministério, ofício ou profissão, devam guardar segredo, salvo se, desobrigadas pela parte interessada, quiserem dar o seu testemunho".

Há doutrinadores[126] que também subdividem a prova ilegal em prova ilegítima, ilícita e irregular. Provas irregulares são aquelas provas admitidas pela lei processual, porém, que exigem, para sua validade, determinadas formalidades, *v.g.*, a busca e apreensão domiciliar é permitida (cf. art. 5º, XI, da CRFB/1988 c/c art. 240 do CPP), entretanto o mandado judicial deve conter todos os requisitos legais exigidos no art. 243 do CPP.[127] Do contrário, será uma prova irregular.

2.1.1. Consequências das provas ilícitas e ilegítimas

Na época do sistema de persecução penal inquisitivo, quando se adotava o princípio da verdade real, tratava-se a prova ilícita segundo o brocardo latino *male captum, bene retentum* (mal colhido, mas bem conservado), ou seja, a prova ilícita era admitida no processo judicial, apenas sujeitando-se o responsável às sanções civis, administrativas e penais.

Posteriormente, com a evolução do Direito Processual Penal e a adoção do sistema de persecução penal acusatório, principalmente no ordenamento jurídico norte-americano (caso Boyd *v.* US, de 1886),[128] passou-se a aplicar a *exclusionary rule* (direito à exclusão), em que não se admite a presença de provas ilícitas na persecução penal, e se esta for parar no processo, deverá ser excluída, sob pena de violação de direitos e garantias individuais.

Com a CRFB/1988 consolidou-se a inadmissibilidade das provas ilícitas. O art. 5º, LVI estabelece que estas não serão admitidas, ou

---

126. "Se no mandado constar que o objeto a ser apreendido é uma arma de fogo, não poderá ser apreendida uma camisa suja de sangue nem qualquer outro instrumento que não conste do mandado, sob pena de colheita de prova irregular. Do contrário, de nada vale a regra constitucional da inviolabilidade do domicílio" (Rangel, 2021 p. 906).

127. Cf. nota 2. "Art. 243. O mandado de busca deverá: I – indicar, o mais precisamente possível, a casa em que será realizada a diligência e o nome do respectivo proprietário ou morador; ou, no caso de busca pessoal, o nome da pessoa que terá de sofrê-la ou os sinais que a identifiquem; II – mencionar o motivo e os fins da diligência; III – ser subscrito pelo escrivão e assinado pela autoridade que o fizer expedir".

128. Nesse sentido: "A despeito da inexistência de norma expressa na Constituição americana, a tese passou a ser sustentada em decisões judiciais desde o Século XIX (caso Boyd *v.* US, de 1886), sob o argumento de que a regra das exclusionary rules estaria implícita na Carta Política como forma de tutela dos direitos fundamentais nela previstos" (Lima, 2020, p. 688).

seja, a sanção processual às provas ilícitas é a inadmissibilidade, e não, somente, a sua nulidade.

Conforme o art. 157, *caput*, do CPP: "são inadmissíveis, devendo ser desentranhadas do processo, as provas ilícitas (...)". Dessa forma, "o que o legislador veda é a admissão. Se admitida, não deve ser valorada pelo juiz, pois é como se não existisse no plano jurídico. Sendo valorada, a sentença é nula de pleno direito e deve ser cassada" (Rangel, 2021, p. 906).

Porém, quanto à consequência, também há diferenciação das provas ilícitas e ilegítimas. O CPP traz expressamente que as provas ilícitas serão desentranhadas do processo (art. 157, *caput*). E as ilegítimas também devem ser desentranhadas? Prevalece que não. Quanto a estas, aplica-se o regime jurídico da teoria das nulidades, e não serão desentranhadas (Lima, 2020, p. 687).

Nas palavras de Ada Pellegrini, Gomes Filho e Fernandes (2007, p. 687), em seu trabalho sobre as nulidades no processo penal: "O não cumprimento da lei processual leva à nulidade do ato de formação da prova e impõe a sua renovação, nos termos do art. 573, *caput*, do CPP".

Impõe-se, portanto, às provas ilegítimas, a sanção processual das nulidades, seja ela absoluta ou relativa, de acordo com o caso, observando-se os requisitos trazidos pelo CPP.

Entretanto, quanto às provas ilícitas, quer se evitar a contaminação do juiz que irá julgar a causa com provas que não deveriam ter sido trazidas ao processo. Por isso, devem ser desentranhadas, para que o julgador não entre no processo de contaminação psicológica em que, mesmo que subconscientemente, valore aquela prova que violou direitos e garantias individuais para julgar o réu (Rangel, 2021, p. 920).

Houve inclusive uma tentativa do legislador de minimizar esse processo de contaminação psicológica do julgador, determinando, com a redação alterada pela Lei nº 13.694/2019, no art. 157, § 5º, do CPP, que: "O juiz que conhecer do conteúdo da prova declarada inadmissível não poderá proferir a sentença ou acórdão". Ou seja, haveria de ser designado (sorteado) outro juiz para proferir a decisão final, pois aquele que teve contato com a prova ilícita estaria, mesmo que subconscientemente, contaminado pelas informações que ela trouxe.

Entretanto, esse foi um dos artigos que tiveram a eficácia suspensa pelo STF, na medida cautelar conferida em sede das ADIs nºs 6.298, 6.299 e 6.300.

2.2. Das provas ilícitas por derivação

O ordenamento jurídico brasileiro valeu-se da Teoria dos Frutos da Árvore Envenenada (*fruis of the poisonous tree*) ou do efeito à distância, ou *taint doctrine*, advinda do preceito bíblico de que *a árvore envenenada não pode dar bons frutos*, e adotada pioneiramente no sistema norte-americano, a partir da decisão no caso Silverthorne Lumber Co. *v.* United States (Lima, 2020, p. 690), em 1920, em que a Suprema Corte norte-americana reputou inválida uma intimação expedida com base em informação obtida por meio de busca ilegal. A acusação não poderia utilizar, portanto, nem as informações colhidas na busca ilegal (prova originariamente ilícita) nem as informações decorrentes da intimação – prova derivada da ilícita (Nucci, 2006, p. 351).

Tal teoria proíbe que provas que decorrem de outras obtidas por meios ilícitos sejam utilizadas em um processo judicial. Isso porque de nada adiantaria proibir as provas ilícitas, se fossem admitidas as que dela decorrerem, *v.g.*, uma confissão obtida mediante tortura, em que o assassino confessa o local em que o cadáver se encontra. Mesmo que o cadáver seja localizado por meios lícitos, não será permitida a utilização de tal prova em juízo, vez que deriva de uma prova ilícita, a confissão mediante tortura.

Há de se ressaltar que, no Brasil, inicialmente a teoria foi rechaçada pelo STF e por parte da doutrina (*v.g.*, professores Hélio

Bastos Tornaghi[129] e Paulo Rangel, sendo que este último mudou de posição na última edição de seu livro),[130] uma vez que a Constituição da República de 1988, ao proibir as provas ilícitas, nada fala sobre as provas derivadas das ilícitas.[131] Posteriormente, a Corte alterou seu entendimento e posicionou-se favoravelmente ao instituto.[132]

Com a entrada em vigor da Lei nº 11.690/2008,[133] a proibição passou a constar expressamente do CPP, em seu art. 157, § 1º: "São também inadmissíveis as provas derivadas das ilícitas, salvo quando não evidenciado o nexo de causalidade entre umas e outras, ou quando as derivadas puderem ser obtidas por uma fonte independente das primeiras".

A parte final do referido artigo adianta o próximo assunto, qual seja, a limitação da proibição das provas ilícitas derivadas: a fonte independente e a descoberta inevitável; bem como algumas teorias criadas pela doutrina e pela jurisprudência que também limitam essa proibição.

---

129. Diz o professor: "Valem as provas legalmente obtidas seguindo-se as indicações dadas pelas ilegalmente conseguidas? Para ilustrar: o réu confessa sob coação, com riqueza de pormenores (fato ilícito). Cada um desses pormenores é averiguado de maneira lícita (com buscas, inspeções, inquirições, perícias etc.). Pode o juiz ter presentes essas outras provas? Na Alemanha a communis opinio afirma que sim (cita-se a exceção de K. Siegert). Em contrapartida, a jurisprudência americana responde negativamente. A questão é menos jurídica do que de política processual. A meu ver, devem levar-se em conta essas provas" (Tornaghi, 1978. p. 466).

130. Em suas palavras: "Aqui nos penitenciamos. Em edições anteriores (até a 13ª edição), éramos favoráveis ao aproveitamento de tal prova, ou seja, a prova obtida com infringência à lei não contaminava aquela que fosse obtida de forma devida e lícita. Não. Toda a prova está contaminada. Se o Estado lança mão de um expediente inidôneo (entenda-se ilícito) para descobrir um fato investigado, tudo o que for descoberto que tiver relação direta com a ilicitude da prova estará contaminado. O preço de se viver em uma democracia não tolera esse tipo de prova colhida ao arrepio da lei. Do contrário, não vale a pena viver em um Estado Democrático de Direito" (Rangel, 2021, p. 915).

131. Brasil. STF, Tribunal Pleno. AP nº 307/DF. Autor: Ministério Público Federal. Réus: Marta de Vasconcelos Soares. Fernando Affonso Collor de Mello. Rel. Min. Ilmar Galvão. Brasília, DF, publicado em 13.10.1995. Disponível em: https://portal.stf.jus.br/processos/detalhe.asp?incidente=1565721. Acesso em: 4 abr. 2023.

132. Nas palavras do Min. Celso de Mello: "ninguém pode ser investigado, denunciado ou condenado com base, unicamente, em provas ilícitas, quer se trate de ilicitude originária, quer se cuide de ilicitude por derivação. Qualquer novo dado probatório, ainda que produzido, de modo válido, em momento subsequente, não pode apoiar-se, não pode ter fundamento causal nem derivar de prova comprometida pela mácula da ilicitude originária. A exclusão da prova originariamente ilícita ou daquela afetada pelo vício da ilicitude por derivação representa um dos meios mais expressivos destinados a conferir efetividade à garantia do 'due process of law' e a tornar mais intensa, pelo banimento da prova ilicitamente obtida, a tutela constitucional que preserva os direitos e prerrogativas que assistem a qualquer acusado em sede processual penal". Brasil. STF. RHC nº 90.376/RJ. Recorrente: Sérgio Augusto Coimbra Vial. Recorrido: Ministério Público Federal. Rel. Min. Celso de Mello. Brasília, DF, publicado em **Dje**-018 17.05.2007. Disponível em: https://portal.stf.jus.br/processos/detalhe.asp?incidente=2477221. Acesso em: 4 abr. 2023.

133. Brasil. Lei nº 11.690 de 09 de junho de 2008. Altera dispositivos do Decreto-Lei nº 3.689, de 3 de outubro de 1941 – Código de Processo Penal, relativos à prova, e dá outras providências. **Diário Oficial**, Brasília, DF, 09 jun. 2008. Disponível em: https://www.planalto.gov.br/ccivil_03/_ato2007-2010/2008/lei/l11690.htm. Acesso em: 4 abr. 2023.

2.3. Das limitações à prova ilícita por derivação

O art. 157, § 1º, do CPP limita a proibição da prova ilícita por derivação, quando as derivadas não decorrem faticamente das provas ilícitas. Haveria, em tese, uma ausência de nexo causal entre as provas ilícitas e as derivadas das ilícitas. Pode-se dizer que são exceções à *exclusionary rule*.

Insta salientar que a CRFB/1988, em seu art. 5º, LVI, quando proíbe as provas obtidas por meios ilícitos, não traz exceção alguma. Por isso, respeitável doutrina, a exemplo do professor Paulo Rangel, critica a limitação da proibição das provas ilícitas por derivação, uma vez que, quando a Constituição não excepciona nenhuma hipótese, não caberia ao legislador ordinário fazê-lo.

Ademais, o CPP teria pormenorizado e conceituado situações em que não há nexo de causalidade entre a prova ilícita originária e a prova independente, em que ausente vício de ilicitude. Esse papel, segundo o autor, seria do juiz, e não do legislador, que não necessitava ter descido a minúcias para dizer o óbvio: quando a prova derivada não tiver conexão com a prova ilícita originária, lícita será.[134]

Apesar da crítica, doutrina e jurisprudência[135] majoritárias aceitam estas limitações, uma vez que não há nexo causal entre a prova ilícita e a derivada da ilícita. Em suma, esta última não seria verdadeiramente derivada, e sim uma prova autônoma, lícita, pois.

---

[134]. Diz o mestre: "Na medida em que se compreende que as provas obtidas por meio ilícito são vedadas, nada mais há que se falar, pois desnecessário o Código descer a conceituações imprecisas e vagas que, em verdade, ficarão a cargo do juiz definir. É como se o legislador constituinte dissesse ao juiz (e não disse) que cabe a ele, juiz, dizer quando a prova será ilícita por derivação, por haver um nexo de causalidade ou por não ser ela uma fonte independente da primeira. Em outras palavras: o Código amesquinhou a Constituição e nesse particular aspecto é inconstitucional porque diminuiu o seu alcance. O princípio existe, está no art. 5º, LVI: 'são inadmissíveis, no processo, as provas obtidas por meios ilícitos'. Não precisamos de mais nada" (Rangel, 2021, p. 918).

[135]. "Se, no entanto, o órgão da persecução penal demonstrar que obteve, legitimamente, novos elementos de informação a partir de uma fonte autônoma de prova – que não guarde qualquer relação de dependência nem decorra da prova originariamente ilícita, com esta não mantendo vinculação causal –, tais dados probatórios revelar-se-ão plenamente admissíveis, porque não contaminados pela mácula da ilicitude originária. A questão da fonte autônoma de prova ('an independent source') e a sua desvinculação causal da prova ilicitamente obtida – doutrina – precedentes do Supremo Tribunal Federal (RHC 90.376/RJ, Rel. Min. Celso de Mello, v. g.) – jurisprudência comparada (a experiência da Suprema Corte Americana): casos 'Silverthorne Lumber co. v. United States (1920); Segura v. United States (1984); Nix v. Williams (1984); Murray v. United States (1988)', v. g." Brasil. STF, 2ª Turma. HC nº 93.050/RJ. Paciente: Luiz Felipe da Conceição Rodrigues. Impetrante: Gustavo Eid Bianchi Prates. Coator: STJ. Rel. Min. Celso de Mello. Brasília, DF, julgamento em 10.06.2008, publicação em 1º.08.2008. Disponível em: https://portal.stf.jus.br/processos/detalhe.asp?incidente=2576066. Acesso em: 4 abr. 2023.

O CPP trouxe expressamente duas hipóteses em que a prova derivada não será tida como ilícita: a fonte independente e a descoberta inevitável, em seu art. 157, *caput* e §§ 1º e 2º.[136]

Dessa forma, vamos pormenorizar as teorias limitadoras das provas ilícitas por derivação.

2.3.1. Da teoria da fonte independente

A teoria ou a exceção da fonte independente (*independente source doctrine*) aduz que elementos de informação obtidos legitimamente, a partir de uma fonte autônoma de prova, que não guarde qualquer relação de dependência, nem decorra da prova originariamente ilícita, com esta não mantendo vínculo causal, são admissíveis, porque não contaminados pela mácula da ilicitude originária (Lima, 2020, p. 692).

Ou seja, trata-se de uma prova verdadeiramente nova, independente, sem qualquer relação, direta ou indireta, com a prova ilícita, e por isso, não será contaminada por ela. Esta prova nova seria colhida na persecução penal pelas atividades normais, próprias de investigação.

O § 1º do art. 157 do CPP aduz expressamente que: "São também inadmissíveis as provas derivadas das ilícitas, salvo quando não evidenciado o nexo de causalidade entre umas e outras, ou quando as derivadas puderem ser obtidas por uma fonte independente das primeiras".

Portanto, é expressa a teoria da fonte independente no ordenamento jurídico brasileiro como sendo uma exceção às provas ilícitas por derivação. Desta forma, quando as provas advierem de uma fonte totalmente independente da prova ilícita, serão consideradas lícitas e poderão ser utilizadas no processo penal, inclusive para condenação do acusado.

---

[136]. Cf. nota 2. "Art. 157. São inadmissíveis, devendo ser desentranhadas do processo, as provas ilícitas, assim entendidas as obtidas em violação a normas constitucionais ou legais.
§ 1º São também inadmissíveis as provas derivadas das ilícitas, salvo quando não evidenciado o nexo de causalidade entre umas e outras, ou quando as derivadas puderem ser obtidas por uma fonte independente das primeiras.
§ 2º Considera-se fonte independente aquela que por si só, seguindo os trâmites típicos e de praxe, próprios da investigação ou instrução criminal, seria capaz de conduzir ao fato objeto da prova".

A teoria da fonte independente decorre da jurisprudência norte-americana, em que, no caso Bynum *v.* U.S., em 1960, inicialmente foi determinada a exclusão de uma identificação datiloscópica realizada durante uma prisão ilegal. Posteriormente, a acusação comprovou que a identificação datiloscópica do acusado já constava de um banco de dados antigo, anterior à prisão ilegal, sem ter com ela qualquer relação (Lima, 2020).

Dessa forma, como a polícia teria investigado tal banco de dados caso não houvesse a identificação datiloscópica derivada da prisão ilegal, o banco de dados antigo foi considerado prova obtida de fonte independente e admitida no processo.

No Brasil, o STF já vem adotando a teoria da fonte independente há alguns anos.[137] A título de exemplo, a Corte decidiu que eventuais vícios ocorridos no inquérito policial não têm o condão de contaminar as provas colhidas na fase judicial, sob o crivo do contraditório.[138]

Insta salientar que o § 2º do art. 157 do CPP busca conceituar a teoria da fonte independente: "Considera-se fonte independente aquela que por si só, seguindo os trâmites típicos e de praxe, próprios da investigação ou instrução criminal, seria capaz de conduzir ao fato objeto da prova".

Doutrina conceituada (Lima, 2020, p. 693) aduz que o CPP trouxe, no presente parágrafo, o conceito de descoberta inevitável, ao invés de fonte independente. Ao utilizar a sentença de forma condicional ("seria capaz de conduzir ao fato objeto de prova"), estaria se referindo ao conceito de descoberta inevitável, como será visto a seguir.

Pode-se observar que a teoria da fonte independente exige que já exista uma prova colhida de forma autônoma, independente daquela considerada ilícita, e no lugar dela será utilizada. Ou seja, a

---

137. Brasil. STF, 1ª Turma. HC nº 74.599/SP. Paciente: Durvalino Lima Vale. Impetrante: Eduardo Munhoz Torres e outro. Coator: Tribunal de Justiça do Estado de São Paulo. Rel. Min. Ilmar Galvão. Brasília, DF, publicado em 07.02.1997, julgado em 03.12.1996. Disponível em: https://portal.stf.jus.br/processos/detalhe.asp?incidente=1652915. Acesso em: 4 abr. 2023.

138. Brasil. STF, 1ª Turma. HC nº 83.921/RJ. Paciente: Charles Portes Fernandes ou Charles Porter Fernandes. Impetrante: Luiz Carlos Da Silva Neto (58804/Df, 071111/Rj) e outro. Coator: STJ. Rel. Min. Eros Grau. Brasília, DF, publicado em 27.08.2004. Disponível em: https://portal.stf.jus.br/processos/detalhe.asp?incidente=2196067. Acesso em: 4 abr. 2023.

prova deve ser anterior àquela considerada ilícita. Este foi o equívoco feito pela autora em seu questionamento na prova oral, pois, ao trazer um exemplo de um mandado judicial que poderia vir a ser cumprido, e ainda não havia sido, não se encaixaria perfeitamente no conceito de fonte independente, e sim, descoberta inevitável.

2.3.2. Da teoria da descoberta inevitável

A teoria da descoberta inevitável, ou da exceção da fonte hipotética independente (*inevitable discovery limitation*), ocorre, segundo Renato Brasileiro de Lima (2020, p. 664), "caso se demonstre que a prova derivada da ilícita seria produzida de qualquer modo, independentemente da prova ilícita originária, tal prova deve ser considerada válida".

Dessarte, se houver um juízo de probabilidade, e não mera possibilidade, de que a descoberta seria inevitável, por meio totalmente independente daquele considerado ilícito, baseado em elementos concretos e não meramente especulativos, a prova perderá seu caráter de ilicitude, e será admitida no processo.

A teoria também advém da jurisprudência norte-americana, da qual o Brasil adota diversos institutos, e tem origem no caso Nix *v.* Williams-Williams II, em 1984, em que um cadáver vítima de homicídio foi encontrado pela polícia por meio da declaração obtida pelo investigado de forma ilícita. Entretanto, no caso em tela, demonstrou-se que um grande grupo de voluntários já estaria realizando buscas no mesmo local, o que, inevitavelmente, levaria ao encontro do cadáver.

Dessa forma, a Corte Norte-Americana entendeu que a teoria dos frutos da árvore envenenada não se aplica quando, por meio de atividades investigatórias lícitas, sem qualquer relação com a prova obtida ilicitamente, a descoberta seria inevitável. Há que se ressaltar que o encontro da prova deve ser, efetivamente, inevitável, de boa-fé, fazendo uso de meios legais, e que efetivamente não pudesse permanecer oculta (Lima, 2020, p. 694).

Por isso, conclui-se que o exemplo trazido pela autora da entrada ilícita da Polícia Militar em determinada residência, sem autorização judicial, violando o direito à inviolabilidade domiciliar e a reserva de jurisdição,[139] para apreender objeto de crime, sendo que a Polícia Civil já possuía um mandado judicial de busca e apreensão na mesma residência, o qual seria cumprido momentos após a entrada ilícita, configura, na melhor visão, exemplo da aplicação da teoria da descoberta inevitável.

Isso porque a descoberta era altamente provável (a polícia descobriria o mesmo objeto, por meio do mandado de busca e apreensão), a polícia estava de boa-fé e seguindo os trâmites legais (possuía autorização judicial), e a prova seria totalmente autônoma e independente daquela colhida ilicitamente, o que faria com que a apreensão do objeto de crime apreendido pudesse ser admitida no processo.

Como visto anteriormente, há entendimento de que o CPP positivou a teoria da descoberta inevitável no art. 157, § 2º, e não a teoria da fonte independente, como aduz seu texto. Isso porque o verbo empregado no condicional ("seria capaz") induz à conclusão de que não é necessário que a prova tenha efetivamente sido produzida (fator exigido pela teoria da fonte independente), contentando-se com a mera possibilidade.

Há que se ressaltar que parte da doutrina (*v.g.*, Nicolitt, 2014, *apud* Rangel, 2021, p. 922) não admite a aplicação da teoria da descoberta inevitável como limitação às provas derivadas das ilícitas. Isso porque há chances de aquela prova, a que seria descoberta posteriormente, não ser mais colhida, ainda que se observe a máxima probabilidade de que se realize. Para exemplificar, trazendo o exemplo que a autora trouxe em sua prova oral, se o juiz tivesse revogado ou cassado o mandado de busca e apreensão concedido, antes de seu cumprimento, a prova não seria colhida.

---

139. "Art. 5º, XI. A casa é asilo inviolável do indivíduo, ninguém nela podendo penetrar sem consentimento do morador, salvo em caso de flagrante delito ou desastre, ou para prestar socorro, ou, durante o dia, por determinação judicial".

Em que pese as divergências doutrinárias, o STJ já vem aplicando a teoria, em julgado em que um herdeiro da vítima obteve extrato bancário desta sem autorização judicial. A 6ª Turma do STJ considerou a prova válida, pois, no caso concreto, após a habilitação no inventário, o herdeiro da vítima teria acesso às suas movimentações financeiras, ou seja, a descoberta era inevitável.[140]

2.3.3. Da teoria da mancha purgada, tinta diluída ou dos vícios sanados

Esta teoria também se origina do direito norte-americano, lá chamada de *purged taint*. De acordo com a teoria, se o nexo causal entre a prova primária e a secundária for atenuado em virtude do decurso do tempo, de circunstâncias supervenientes na cadeia probatória, da menor relevância da ilegalidade, ou da vontade de um dos envolvidos em colaborar com a persecução criminal, não se aplicará a teoria da prova ilícita por derivação (Lima, 2020, p. 695).

Ou seja, um acontecimento futuro e independente atenua o nexo causal entre o vício da ilegalidade e a prova produzida, e expurga o vício da prova e permite que ela seja utilizada no processo.

Há entendimentos de que a teoria da tinta diluída ou da mancha purgada teria sido adotada expressamente pelo art. 157, § 1º, do CPP, que refere que "são também inadmissíveis as provas derivadas das ilícitas, salvo quando não evidenciado o nexo de causalidade entre umas e outras (...)". Essa ressalva da não evidenciação do nexo de causalidade entre a prova ilícita originária e a prova derivada seria a adoção de tal teoria.

Quanto à jurisprudência brasileira, existe um precedente no Superior Tribunal de Justiça adotando a teoria da mancha purgada

---

140. Brasil. STJ, 6ª Turma. HC nº 52.995/AL. Impetrante: Tutmés Airan de Albuquerque Melo – Defensor Público. Impetrado: Câmara Criminal do Tribunal de Justiça do Estado de Alagoas. Pacientes: Andréa Ferreira Da Silva. Arlindo Ferreira da Silva. Belvane Castro Silva. Rel. Og Fernandes. Brasília, DF, julgado em 16.09.2010, publicado em **Dje** 04.10.2010. Disponível em: https://scon.stj.jus.br/SCON/GetInteiroTeorDoAcordao?num_registro=200600116081&dt_publicacao=04/10/2010. Acesso em: 4 abr. 2023.

ou tinta diluída,[141] porém a teoria está muito incipiente no ordenamento jurídico brasileiro.

2.3.4. Da exceção da boa-fé

De acordo com a teoria da exceção da boa-fé (*good faith exception*), a prova obtida com violação a direitos fundamentais, desde que sua obtenção não tenha decorrido da vontade de quem procedeu à investigação, mas, sim, de uma situação de erro ou ignorância, não pode ser considerada ilícita (Lima, 2020, p. 696).

No precedente norte-americano U.S. *v.* Leon, em 1984 (Lima, 2020, p. 696), o entendimento foi de que, uma vez expedido mandado de busca e apreensão por um juiz neutro e imparcial, o qual posteriormente foi considerado infundado por não conter os indícios necessários para sua expedição, as provas colhidas a partir dele não podem ser consideradas ilícitas.

Há dois critérios para a aplicação da teoria: a boa-fé e a crença razoável na legalidade da conduta do agente. No caso em tela, o agente desconhecia a ilicitude do mandado judicial, e possuía boa-fé, acreditando verdadeiramente que agia dentro da legalidade, confiando na decisão judicial.

No Brasil, houve precedentes de sua utilização na famigerada Operação Lava-Jato, pelo, na época, juiz Sérgio Moro. Entretanto, a maioria da doutrina e da jurisprudência rechaça sua aplicação no ordenamento jurídico brasileiro, sob pena de abalar a segurança jurídica (já tão frágil no Brasil).

---

141. Brasil. STJ, Corte Especial. APn nº 856/DF. Autor: Ministério Público Federal. Réu: Robson Riedel Marinho. Rel. Min. Nancy Andrighi. Brasília, DF, julgado em 18.10.2017, publicado em **Dje** 06.02.2018. Disponível em: https://scon.stj.jus.br/SCON/GetInteiroTeorDoAcordao?num_registro=201001847200&dt_publicacao=06/02/2018. Acesso em: 4 abr. 2023.

2.3.5. Teoria da proporcionalidade, teoria da razoabilidade ou teoria do interesse predominante

Na Alemanha foi desenvolvida a teoria da proporcionalidade (nos Estados Unidos, teoria da razoabilidade), que refere que os direitos e garantias individuais devem ser ponderados com os interesses da sociedade. Assim, para verificar se uma prova ilícita poderia ou não ser utilizada em um processo judicial, deve-se realizar um juízo de ponderação, de verificação, se a utilização da prova ilícita deve ser rejeitada ou aceita, no caso concreto (Nucci, 2006, p. 352).

A título de exemplo, para a descoberta da localização de uma vítima de sequestro em um cativeiro, seria admissível a violação do sigilo da comunicação do autor do fato, se impossível aguardar uma decisão judicial, sob pena de risco de vida da vítima.

Ressalte-se que devem ser ponderados direitos individuais entre si (direito individual x direito individual). Quando estiverem em conflito um direito social e um direito individual, este último sempre deverá prevalecer, sob pena de o interesse social, direito humano de terceira geração e conceito jurídico indeterminado, justificar a violação de direitos humanos de primeira geração, já consagrados, sem os quais não há dignidade da pessoa humana, e com os quais já se possui profundo consenso (Lima, 2020, p. 708).

Deve ser feita uma ressalva: direitos individuais coletivos podem ser ponderados em face de outros direitos individuais. Foi o caso decidido pelo STF[142] quando a cantora mexicana Gloria Trevi acusou policiais federais de a terem estuprado dentro da carceragem de uma delegacia da Polícia Federal. No caso em tela, foi aplicada a teoria da proporcionalidade para relativizar o direito à não produção de prova contra si mesma (a placenta da cantora, colhida logo após seu parto) e o direito à intimidade e à privacidade da cantora, privilegiando o direito individual coletivo de idoneidade e

---

[142]. Brasil. STF. Rcl-QO nº 2.040/DF. Reclamante: Glória de los Ángeles Treviño Ruiz. Reclamado: Juiz Federal da 10ª Vara da Seção Judiciária do Distrito Federal. Rel. Min. Néri da Silveira. Brasília, DF, publicado em 21.02.2002. Disponível em https://redir.stf.jus.br/paginadorpub/paginador.jsp?docTP=AC&docID=87540. Acesso em: 2 abr. 2023.

moralidade dos policiais acusados e da Administração Pública, e de não serem processados por crime que não cometeram.

Entretanto, não há precedentes nas Cortes Superiores referindo a utilização de tal teoria. Há autores,[143] inclusive, que rechaçam a utilização desta, uma vez que o sistema jurídico brasileiro é demasiado imaturo para a relativização de determinadas regras processuais.

2.3.6. Da prova ilícita utilizada em favor do réu

A jurisprudência possui precedentes aceitando que provas obtidas por meios ilícitos sejam utilizadas no processo penal, desde que em favor do réu. Há algumas teorias que tentam justificar o afastamento da proibição das provas ilícitas, e uma delas, inclusive, encontra amparo na teoria vista anteriormente, a teoria da razoabilidade ou proporcionalidade.

A justificativa da possibilidade de utilização de uma prova ilícita para absolver o réu encontra amparo na própria Constituição da República, ao repudiar o erro judiciário (art. 5º, LXXV – "o Estado indenizará o condenado por erro judiciário, assim como o que ficar preso além do tempo fixado na sentença"). Desta forma, para a teoria, se for para evitar que um erro judiciário ocorra e um inocente seja condenado, o Estado deve aceitar a prova obtida por meios ilícitos (Nucci, 2006, p. 353).

Ademais, entende-se que a inadmissibilidade da utilização de provas ilícitas no processo é uma limitação ao direito de punir do Estado. Portanto, quando não utilizadas para punir, e sim para absolver o acusado, podem ser admitidas. Ademais, não pode ser de interesse do Estado punir um inocente, e o princípio da presunção de inocência e o direito de defesa devem ser preponderantes ao direito (dever) de punir do Estado (Lima, 2020, p. 707).

---

143. Nesse sentido: "Necessitamos manter o critério da proibição plena da prova ilícita, salvo nos casos em que o preceito constitucional se choca com outro de igual relevância" (Nucci, 2006, p. 353).

Já a justificativa da teoria da razoabilidade ou proporcionalidade baseia-se no fato de que, no caso da utilização de uma prova ilícita para inocentar o réu, há dois direitos fundamentais em conflito: o primeiro, que seria o direito material ou processual violado quando da produção da prova (*v.g.* a violação do domicílio em uma busca e apreensão sem autorização judicial, o sigilo das comunicações, em uma interceptação telefônica ilegal), e o segundo, a liberdade de locomoção do réu, que se vê em risco caso não seja produzida a prova de sua inocência. No conflito destes dois bens jurídicos, há de prevalecer a liberdade de locomoção do réu (Nucci, 2006, p. 353).

Essa teoria deve ser aplicada com parcimônia. Sabe-se que não há direitos absolutos, porém, direitos caros à humanidade, como o de não ser torturado, não podem ser relativizados para a obtenção da inocência do réu. Ressalte-se que parcela da doutrina fala que o direito de não ser torturado é direito absoluto.

Entretanto, há autores (Grinover, Gomes Filho e Fernandes, 2007) que defendem que o argumento para o afastamento da ilicitude da prova é de que o réu, quando viola um direito fundamental em seu favor, para provar sua inocência, atua em excludente de ilicitude, qual seja, a legítima defesa. É a teoria da exclusão da ilicitude.

Desse modo, o réu poderia repelir injusta agressão, atual ou iminente (a condenação), usando moderadamente dos meios necessários (violar o direito alheio, *v.g.*, a violação de domicílio), para salvar direito seu ou de outrem (conseguir sua absolvição), estando presentes todos os requisitos da justificante.[144] Portanto, a produção da prova em violação a direito de terceiros primeiramente até seria penalmente típica, porém não seria ilícita, pois amparada pelo direito.

Subsidiariamente, não sendo possível aplicar a legítima defesa, poder-se-ia defender a aplicação do estado de necessidade,[145]

---

[144]. "Art. 25. Entende-se em legítima defesa quem, usando moderadamente dos meios necessários, repele injusta agressão, atual ou iminente, a direito seu ou de outrem". Brasil. Decreto-Lei nº 2.848, de 7 de dezembro de 1940. Código Penal. **Diário Oficial**. Disponível em:http://www.planalto.gov.br/ccivil_03/decreto-lei/del-2848compilado.htm. Acesso em: 4 abr. 2023.

[145]. Nessa linha, citando que o autor que capitaneou a teoria da exclusão da ilicitude foi o mestre Afrânio Silva Jardim (Rangel, 2021, p. 922).

visto que há dois direitos em conflito, sendo legítimo que o réu inocente, para proteger sua liberdade de locomoção (direito maior), sacrifique direito menor de outrem para salvar-se de perigo atual, que não provocou por sua própria vontade e nem poderia de outro modo evitar.[146]

O exemplo trazido por Paulo Rangel (2021) remete a um réu (vamos chamá-lo de Caio) que subtrai de dentro do domicílio de seu amigo (vamos chamá-lo de Tício) uma carta em que este último declara a inocência de Caio. Caio invade o domicílio de Tício para subtrair essa carta, e junta-a no processo. Com a aplicação da teoria da exclusão da ilicitude, essa carta pode ser utilizada no processo e será considerada lícita, excluindo qualquer ilegalidade.

Ainda, em não sendo possível aplicar nenhuma das justificantes, pode-se pensar na aplicação da excludente de culpabilidade da inexigibilidade de conduta diversa, fundando-se na não censurabilidade, em um juízo do homem médio, na conduta do réu inocente que atuou do modo como atuou, na falta de alternativa lícita. É absurdo exigir do réu inocente que, possuindo provas de sua inocência, não as utilize no processo e suporte a condenação, apenas porque foram colhidas de modo ilícito.

Deve-se ressaltar que a prova ilícita utilizada para absolver o réu inocente, além de ser aplicada excepcionalmente, quando não houver outra alternativa para o réu, não pode ser utilizada para incriminar o verdadeiro culpado, *v.g.*, uma interceptação telefônica clandestina, sem autorização judicial, em que se constata o verdadeiro autor do crime. O réu acusado injustamente pode ser absolvido, porém a interceptação ilícita não pode ser utilizada para denunciar o verdadeiro autor do crime.

Ressalte-se que existem outras teorias que limitam a prova ilícita por derivação, *v.g.*, a teoria do risco, a limitação da destruição da mentira do imputado, a doutrina da visão aberta, a limitação da

---

[146]. "Art. 24. Considera-se em estado de necessidade quem pratica o fato para salvar de perigo atual, que não provocou por sua vontade, nem podia de outro modo evitar, direito próprio ou alheio, cujo sacrifício, nas circunstâncias, não era razoável exigir-se".

renúncia do interessado, entre outras. Entretanto, tais teorias não têm tanta relevância para concursos públicos, por isso não serão tratadas neste artigo (Lima, 2020, p. 697).

3. CONCLUSÃO

Em síntese, a melhor resposta ao questionamento do examinador de "o que é fonte independente?" é que consiste em uma das exceções do CPP à prova ilícita por derivação, juntamente à descoberta inevitável, ambas previstas nos §§ 1º e 2º do art. 157 do diploma legal.

Pode ser conceituada como a teoria que admite elementos de informação obtidos legitimamente, a partir de uma fonte autônoma de prova, que não guarde qualquer relação de dependência, nem decorra da prova originalmente ilícita, com esta não mantendo vínculo causal e não sendo, portanto, considerada derivada da prova ilícita.

REFERÊNCIAS BIBLIOGRÁFICAS

GRINOVER, A. P.; GOMES FILHO, A. M. FERNANDES, A. S. **As Nulidades no Processo Penal**. 10. ed. São Paulo: Revista dos Tribunais, 2007.

LIMA, R. B. **Manual de Processo Penal:** volume único. 8. ed. Salvador: Juspodivm. 2020.

NUCCI, G. de S. **Código de Processo Penal Comentado**. 5. ed. São Paulo: Revista dos Tribunais, 2006.

RANGEL, P. **Direito Processual Penal**. 29. ed. Barueri: Atlas, 2021.

TORNAGHI, H. **Instituições de Processo Penal**. 2. ed. São Paulo: Saraiva, 1978. v. III.

CAPÍTULO 8

TEORIA DO ENCONTRO FORTUITO DE PROVAS OU SERENDIPIDADE

Anderson Cerqueira Barbosa[147]

1. DA PROVA ORAL

Após uma espera de longos 10 anos, o Governo do Estado do Rio de Janeiro, por meio da Secretaria de Polícia Civil, publicou, em meados de setembro de 2021, o edital do XIII Concurso Público para provimento de cargos vagos na classe inicial da carreira de Delegado de Polícia Civil.

Assim, o concurso foi se desenvolvendo e, com a aprovação nas demais etapas do certame, o autor deste artigo foi convocado para arguição oral, momento em que surge uma mistura de sentimentos, tais como nervosismo, ansiedade, sensação de "branco" (falha na memória), tudo isso por estar diante de uma banca composta por ilustres Examinadores de alto gabarito em suas especializações.

E, felizmente, em 16.09.2022, o candidato foi sabatinado pelas seis bancas examinadoras e obteve a tão esperada aprovação na prova oral para Delegado da Polícia Civil do Estado do Rio de Janeiro.

Quando esteve diante da douta banca de Processo Penal, surgiu a seguinte pergunta feita pelo examinador: "No tema relativo às Provas, o que o candidato entende pela expressão Encontro Fortuito de Provas?".

---

[147]. Bacharel em Direito pela Universidade Gama Filho, Rio de Janeiro. Ex-inspetor da Polícia Civil do Estado do Rio de Janeiro. Delegado de Polícia Civil do Estado do Rio de Janeiro.

A resposta foi desenvolvida pelo candidato, e este iniciou pelo conceito do instituto que, basicamente, se tratava do fato de serem encontrados indícios de provas de outros crimes diversos daqueles que eram o objeto originário daquela investigação. Após, esclareceu que a doutrina apontava como sinônimo de encontro fortuito a expressão serendipidade, e que esta era classificada em primeiro e segundo graus, sendo o primeiro quando ocorreria a conexão entre o crime descoberto e aquele que era investigado, e o segundo, quando não havia qualquer tipo de conexão entre os dois crimes. Finalizando, disse ainda que essa prova poderia servir para a investigação desse crime achado, pois não havia qualquer ilicitude na sua colheita. O ilustre Examinador agradeceu pela resposta e comentou que sua intenção era ouvir se o candidato conhecia a expressão serendipidade e a sua classificação doutrinária.

Cabe ressaltar que, após o término da prova, e conseguindo refletir com mais tranquilidade, o autor deste artigo percebeu que poderia ter explorado a discussão acerca da validade da prova obtida fortuitamente, citando, inclusive, a relativização da teoria da prova ilícita por derivação, bem como as consequências da utilização na persecução penal dos indícios do(s) delito(s) descoberto(s) em função da presença ou não da conexão entre os crimes achados e os originariamente investigados. E, ainda, deveria ter fornecido exemplos de medidas de obtenção de prova, onde o instituto do encontro fortuito ocorre mais frequentemente, como nos casos de interceptações telefônicas e cumprimento de mandados de busca e apreensão, dentre outros. O que será melhor desenvolvido neste artigo nas linhas que se seguem.

2. CONSIDERAÇÕES PRELIMINARES

A Teoria do Encontro Fortuito ou Casual de Provas, também conhecida como serendipidade, consiste nos casos em que, no cumprimento de uma diligência relativa a um delito, a autoridade policial casualmente encontra provas pertinentes a outras infrações penais ou novos suspeitos, que não estavam na linha de desdobramento normal da investigação. Esta teoria se dá quando a prova de determinada infração penal é obtida a partir de diligência regularmente autorizada para a investigação de outro crime. Em tais casos, a validade da prova inesperadamente obtida está condicionada à forma como foi realizada a diligência: se houve desvio de finalidade, abuso de autoridade, a prova não deve ser considerada válida; se o encontro da prova foi casual, fortuito, a prova é válida (Lima, 2021, p. 593).

Apesar de a vedação das provas ilícitas ser uma garantia de ordem constitucional, constatou-se que, devido à complexidade e aos desdobramentos relacionados à matéria, surgiram diversas teorias visando a relativização de tal norma, sob o argumento de que a mesma não poderia ser considerada de forma absoluta, devendo, portanto, ser analisada de acordo com cada caso especificamente. Tais teorias utilizam como fundamento o princípio da proporcionalidade, segundo o qual, se faz necessária a existência de uma linha intermediária para a ponderação dos interesses em conflito, buscando-se observar diante do caso concreto qual foi o bem jurídico violado para a obtenção da prova ilícita, sopesando-se assim a importância de ambos, devendo prevalecer aquele de maior relevância. Uma das teorias apontadas pela doutrina como limitadora da prova ilícita por derivação (teoria dos frutos da árvore envenenada), é o Encontro Fortuito de Provas (serendipidade).

Partindo dessa premissa, observa-se que, via de regra, o encontro fortuito de provas não viola a garantia constitucional da vedação a prova ilícita, pois na realidade diz respeito ao aproveitamento de provas válidas, espontaneamente advindas de objeto posterior, o qual será analisado sob a ótica do princípio da proporcionalidade e de acordo com as peculiaridades do caso concreto. Percebe-se que, desde que obedecidos os fatores determinantes para sua introdução no processo, quais sejam, o modo adequado de realização da diligência, a sua conexão com o objeto principal das investigações e a conformidade das mesmas com os direitos constitucionalmente garantidos, elas poderão, sim, ser utilizadas como forma de se provar o alegado nos autos.

A doutrina e a jurisprudência, de forma majoritária, defendem que, a partir da Teoria do Encontro Fortuito, portanto, se relativiza a ilicitude dessa prova descoberta, considerando-a válida, mesmo sem que a sua produção tenha feito parte da autorização judicial para a investigação da infração penal originária, dada a impossibilidade de previsão de tudo aquilo que poderá ser alcançado pela diligência desenvolvida pela autoridade policial durante a fase de investigação. É a fortuidade que preserva a licitude.

A origem da expressão "serendipidade", adveio do direito internacional a partir da palavra inglesa *serendipity*, a qual, se traduzida para o português, passa a significar algo como "descobrir coisas por acaso". O referido termo foi utilizado pela primeira vez em 1754, pelo escritor inglês Horace Walpole, no conto chamado *The Three Princes of Serendip* (Os três príncipes de Serendip), os quais, no decorrer da história, devido à capacidade de observação e à astúcia que possuíam, faziam descobertas de coisas que não procuravam e acabavam encontrando soluções para dilemas impensados, o que fez com que os mesmos fossem eleitos conselheiros do Império.

Em decorrência da não regulamentação pelo ordenamento jurídico pátrio acerca desse encontro fortuito de provas, o tema vem sendo alvo de inúmeras discussões doutrinárias (que serão expostas no decorrer do presente artigo) no tocante à validade ou não da descoberta de fatos ou pessoas distintas daqueles originalmente buscados por intermédio de diversos meios de prova, como, por exemplo, no curso do cumprimento de mandado de busca e apreensão, casos de interceptação telefônica, quebra de sigilo bancário e fiscal, e também no âmbito da colaboração premiada.

Os Tribunais Superiores vêm utilizando largamente a expressão serendipidade em seus julgados, como no seguinte caso: "tem-se aquilo que o Min. Alexandre de Moraes chamou de "crime achado", ou seja, uma infração penal desconhecida e não investigada até o momento em que, apurando-se outro fato, descobriu-se esse novo delito".[148]

É uma teoria que busca auxiliar no meio investigatório, ressaltando-se que precisam ser analisados os critérios da proporcionalidade e da razoabilidade na hora da aplicação da serendipidade para que não haja violação dos direitos fundamentais do homem. A teoria, portanto, presta-se a justificar a adoção de medidas acautelatórias em favor da proteção do direito à intimidade e/ou privacidade, de modo a impedir o incentivo à prática do abuso de autoridade, conduta tipificada no art. 25, *caput* e seu parágrafo único, da Lei 13.869/2019 e consequentemente levar à ilicitude da prova colhida durante as investigações.

3. CLASSIFICAÇÃO

O encontro fortuito de provas é classificado pela doutrina da seguinte forma:

> a) Serendipidade subjetiva: as novas informações obtidas no curso da investigação originária apontam para a participação de um ou mais indivíduos que, *a priori*, não havia indícios de autoria da prática do delito. Há aqui a presença do instituto da continência por cumulação subjetiva, ou seja, quando dois ou mais agentes são acusados pela prática da mesma infração penal (art. 77, I, do CPP).

---

[148]. STF, 1ª Turma, HC nº 129.678/SP, rel. orig. Min. Marco Aurélio, rel. p/ o Acórdão Min. Alexandre de Moraes, julgado em 13.06.2017.

Como, por exemplo, no caso do HC n° 144.137/ES, em que o Ministro Marco Aurélio Bellizze também reconheceu que a interceptação telefônica vale não apenas para o crime ou para o indiciado que consta do pedido originário, mas também para outros crimes ou pessoas, até então não identificados, que vierem a se relacionar com as práticas ilícitas. Durante a interceptação das conversas telefônicas, pode a autoridade policial divisar novos fatos, diversos daqueles que ensejaram o pedido de quebra do sigilo. Esses novos fatos, por sua vez, podem envolver terceiros inicialmente não investigados, mas que guardam relação com o sujeito objeto inicial do monitoramento. Fenômeno da serendipidade. A investigação tratava de corrupção no Ibama, e as escutas recaíram sobre um servidor do órgão. Porém, o Ministério Público ofereceu denúncia por corrupção ativa contra um empresário, supostamente beneficiado pelo esquema.[149]

 b) Serendipidade objetiva: aqui há a descoberta de provas do cometimento de crime(s) distinto(s) daquele para o qual foi autorizada a realização de determinado meio de obtenção de prova. Deve-se verificar se a diligência investigatória foi autorizada pelo juiz dentro das hipóteses legais, ocasionando a validade de todo acervo probatório encontrado, sem violação das garantias fundamentais do indivíduo, ainda que haja a descoberta de delitos que não constavam do objeto da investigação originária, sob pena de ensejar o desvio de finalidade e a consequente invalidade das provas arrecadadas.

Há ainda uma outra classificação que divide o instituto da serendipidade em "graus":

 1) Serendipidade de primeiro grau: as provas descobertas fortuitamente guardam conexão/continência com a infração preliminarmente apurada, como, por exemplo, temos a

---
[149]. STJ, 3ª Turma, HC n° 144.137/ES, Rel. Min. Marco Aurélio Bellizze, julgado em 15.05.2012.

descoberta do crime de ocultação de cadáver durante as investigações que apuram um crime de homicídio.

2) Serendipidade de segundo grau: é o encontro fortuito de provas quando não há conexão ou continência entre o fato que se apurava e aquele que foi descoberto. Nesse caso, será lícita a prova de um crime de estupro colhida fortuitamente em uma interceptação telefônica em que se apurava o delito de tráfico de drogas.

No esteio da serendipidade subjetiva, essa descoberta de informações quanto à participação no delito por pessoa diversa daquela que era objeto da investigação originária adquire especial relevância quando, no curso de investigação que tramita perante o juízo de primeiro grau de jurisdição, venham os trabalhos investigativos a encontrar informações que mencionem, envolvam ou induzam à participação de autoridade detentora de foro por prerrogativa de função, já que isto pode vir a alterar a competência jurisdicional sobre o feito, a fim de preservar o princípio do juiz natural e evitar investigações reflexas.

Entretanto, deve-se concluir que a captação fortuita de diálogos mantidos por autoridade com prerrogativa de foro não impõe, por si só, a remessa imediata dos autos ao Tribunal competente para processar e julgar a referida autoridade, sem que antes se avalie a idoneidade e a suficiência dos dados colhidos para se firmar o convencimento acerca do possível envolvimento do detentor de prerrogativa de foro com a prática do crime. Com efeito, uma simples conversa, um encontro casual ou mesmo sinais de amizade com o indivíduo objeto de investigação, não podem, por si sós, redundar na conclusão de que a autoridade pública participaria do esquema criminoso objeto da investigação.

Nesse contexto, já se pronunciou a 6ª Turma do STJ, cuja remessa imediata de toda e qualquer investigação em que noticiada a possível prática delitiva de detentor de prerrogativa de foro ao órgão jurisdicional competente pode ensejar três consequências negativas: a) implicação de prejuízo à investigação de fatos de particular e notório interesse público; b) sobrecarga acentuada dos Tribunais; c) engendrar suspeitas prematuras sobre pessoas cujas honorabilidade e respeitabilidade perante a opinião pública são determinantes para a continuidade e o êxito em suas carreiras.[150]

Portanto, é possível afirmar que, tão somente em um claro contexto fático do qual se possa com segurança depreender que há indícios concretos de envolvimento da autoridade com foro por prerrogativa de função com a prática do crime, será imperativo o envio dos elementos de informação ao tribunal competente (juiz natural), sob pena de manifesta ilicitude das provas obtidas em determinado procedimento investigatório.[151]

No que tange à serendipidade objetiva, a doutrina majoritária adota como critério de legalidade a existência do instituto da conexão (art. 76 do CPP) entre o crime descoberto e o crime investigado. Assim, se houver conexão entre eles, não há dúvida de que o crime achado poderá ser utilizado como elemento de prova. Entretanto, diante da inexistência de conexão entre os fatos delitivos, não há que se falar em elementos probatórios, mas em mera *notitia criminis* a ser desenvolvida em nova investigação. Tal tema apresenta funda divergência doutrinária, a qual será exposta no próximo item.

4. DO TRATAMENTO DO ENCONTRO FORTUITO DE PROVAS PELA DOUTRINA

A temática acerca da possibilidade de utilização das novas provas descobertas fortuitamente apresenta certa controvérsia na doutrina e na jurisprudência. Tais provas serão válidas ou não? É possível estender a autorização judicial originária para fatos e pessoas

---
150. STJ, 6ª Turma, HC nº 307.152/GO, Rel. Min. Rogerio Schietti Cruz, julgado em 19.11.2015.
151. STJ, 6ª Turma, AgRg no RHC nº 91.681/SC, Rel. Min. Antonio Saldanha Palheiro, julgado em 16.06.2020.

encontradas no decurso do procedimento investigatório inicial, elementos estes diversos daqueles que motivaram a autorização?

Há, basicamente, três posições doutrinárias que versam sobre a utilização e consequente validade dessa nova prova descoberta:

1. Impossibilidade da Utilização de Prova oriunda de Encontro Fortuito

O doutrinador Aury Lopes Junior (2020, p. 617 e ss.) fundamenta a sua posição no princípio da especialidade da prova, defendendo que "

> o ato judicial que autoriza, por exemplo, informações bancárias, fiscais ou telefônicas – com o sacrifício do direito fundamental respectivo – é plenamente vinculado e limitado. Há todo um contexto fático e jurídico necessário para legitimar a restrição ao direito fundamental que institui uma "especialidade" da medida. Ou seja, a excepcionalidade e lesividade de tais medidas exigem uma eficácia limitada de seus efeitos e, mais ainda, uma vinculação àquele processo.

Defende ainda que se deve atentar para a vinculação causal da prova como forma de evitar-se o substancialismo inquisitório e as investigações genéricas, verdadeiros "arrastões" sem qualquer vinculação com a causa que os originou. As regras de conexão podem ser admitidas como forma de relativizar o princípio da especialidade da prova, mas exigem sempre uma leitura restritiva desse conceito, bem como a demonstração da real existência dos elementos que a compõem.

Em suma, o Mestre Aury não nega a possibilidade de que a prova obtida a partir do desvio causal sirva como notícia-crime da investigação do novo crime, sendo assim uma "fonte de prova", mas não como "prova" no mesmo processo, sob pena de incorrermos em uma prova ilícita derivada, contaminando todos os atos praticados na sua continuação. Pois o produto obtido nessa medida probatória originária, com o sacrifício do direito fundamental respectivo, não deve ser utilizado, pois viola a especialidade e a vinculação da prova, afetando outros direitos fundamentais desses indivíduos, que não estariam incluídos na autorização judicial inicialmente concedida.

Cabe ressaltar que o ilustre professor entende que, no caso do cumprimento de um mandado de busca e apreensão devidamente justificado, se o policial constatar a ocorrência de um delito permanente, como, por exemplo, o tráfico de drogas, é lícita a prisão em flagrante do autor de tal infração penal. Não havendo qualquer ilicitude na prova obtida ou crime de abuso de autoridade.

2. Observância do critério da conexão/continência para a admissibilidade de provas encontradas fortuitamente

Esta é a posição intermediária, que é adotada amplamente pelos nossos Tribunais Superiores e pela maioria da doutrina pátria. O Estado Democrático de Direito busca respeitar todos os direitos e garantias que estão elencados na Constituição e em outras legislações. Sendo assim, é importante ressaltar que não há um direito fundamental absoluto no nosso ordenamento jurídico, sob pena de incentivo à salvaguarda de práticas ilícitas pelos indivíduos. Desconsiderar certas descobertas inusitadas que tratem por vezes de crimes de gravidade extremada é reconhecer um Estado sem compromisso com a incolumidade pública, e, ao mesmo tempo, reconhecer uma máxima proteção absoluta de direitos e garantias fundamentais, sem quaisquer restrições, o que é inadmissível frente à quantidade de omissões e condutas imperativas que podem advir de sistemas que não permitem na sua essência a relativização de valores. Entretanto, a análise da legitimidade dessa prova descoberta depende da estreita ligação entre o crime achado e o objeto de investigação a fim de viabilizar a sua utilização nos autos.

Assim, admite-se que as provas colhidas fortuitamente durante a investigação do delito originário, e desde que presentes os requisitos legais e constitucionais exigidos para a decretação daquela medida cautelar probatória, e em havendo conexão ou continência entre o fato investigado e aquele encontrado, podem ser utilizados para a averiguação da infração penal ou corréu descobertos dentro daquele mesmo processo. É o que a doutrina vem entendendo como serendipidade de 1º grau.

Tem-se como exemplo: na busca e apreensão, se encontradas provas referentes a crime diverso do objeto inicial, podem ser validadas pela autoridade policial. Isso porque o STJ já aplicou a serendipidade no RHC nº 45.267/DF, pois, inicialmente, foi autorizado mandado para apreender mídias que pertenciam à investigada, a qual era suspeita de receber propina. Ocorre que, durante o seu cumprimento foram apreendidos documentos que pertenciam ao marido da investigada, que também fazia parte do suposto esquema, levando assim a sua investigação. Dessa forma, diante dessa situação, a 6ª Turma do STJ, validou as provas encontradas, argumentando que, por serem um casal e habitarem a mesma casa, é difícil o policial identificar a propriedade de cada objeto encontrado.[152]

Outrossim, diante da inexistência de conexão/continência entre o fato apurado na investigação originária e aquele descoberto inusitadamente, o entendimento majoritário é no sentido de que não será possível servir como prova para condenar, pois violaria o princípio da intimidade, bem como o devido processo legal, já que, para um ato da autoridade ser válido, é preciso seguir etapas previstas em lei. Entretanto, se desconexos os fatos, o juiz deve analisar no caso concreto sobre a possibilidade e a validade de essa prova servir ou não como *notitia criminis*, para a instauração de um novo inquérito policial ou até mesmo subsidiar uma nova ação penal. A prova obtida no encontro eventual de fatos não conexos não pode ser juntada aos autos principais, sob pena de ser considerada

---

152. STJ, 6ª Turma, RHC nº 45.267/DF, Rel. Min. Nefi Cordeiro, julgado em 24.04.2014.

ilícita. É o fenômeno classificado pela doutrina como serendipidade de 2º grau.

Como, por exemplo, na Ação Penal nº 690, de 15.04.2015, o Ministro João Otavio de Noronha abordou o tema em que a Corte Especial do STJ recebeu denúncia contra envolvidos em um esquema de venda de decisões judiciais no Estado do Tocantins. Naquele caso, a investigação inicialmente foi proposta para apurar o delito de uso de moeda falsa, mas as interceptações telefônicas revelaram a possível negociação de decisões judiciais praticadas por desembargadores, motivo pelo qual a investigação foi remetida ao STJ, foro constitucionalmente competente. O Ministro entendeu que deve ser aberto novo procedimento específico para apurar o crime achado e afirmou ser impensável entender como nula toda prova obtida ao acaso.[153]

3. Total Admissibilidade da Prova Obtida Fortuitamente

Para essa posição, pouco importa se há ou não conexão/continência entre o fato investigado e aquele eventualmente obtido, pois, se houve restrição lícita à privacidade, após decisão judicial devidamente autorizada dentro das hipóteses constitucionais e legais, deve ser permitida a utilização deste elemento como prova. Assim, uma vez franqueada a violação dos direitos à privacidade e à intimidade dos investigados, não haveria razão alguma para a recusa de provas de quaisquer outros delitos achados (Pacelli, 2021, p. 287).

Para o ilustre doutrinador Fernando Capez (2012, p. 350):

> Embora a questão suscite divergências na doutrina, entendemos que a ordem de quebra do sigilo vale não apenas para o crime objeto do pedido, mas também para quaisquer outros que vierem a ser desvendados no curso da comunicação, pois a autoridade não poderia adivinhar tudo o que está por vir. Se a interceptação

---

153. STJ, Corte Especial, AP nº 690, Rel. Min. João Otavio de Noronha, julgado em setembro de 2012.

foi autorizada judicialmente, ela é lícita e, como tal, captará licitamente toda a conversa. Não há nenhum problema.

Pode-se ver que em julgados mais recentes do STJ, como, por exemplo, HC nº 376.927/ES, de Relatoria do Ministro Ribeiro Dantas, julgado em 28.10.2016, a tese de conexão e continência fora relativizada. Isso porque o órgão entendeu por validar as provas fortuitas, mesmo quando os fatos não são conexos ou quando não há continência com o crime originalmente investigado.

Ato contínuo, também é posicionamento do STF a aplicação da serendipidade, ainda que não haja continência ou conexão entre os fatos, conforme alguns precedentes desse tribunal, quais sejam, HC nº 137.438, Primeira Turma, Rel. Min. Luiz Fux, **DJe** de 26.05.2017; HC nº 106.152, Primeira Turma, Rel. Min. Rosa Weber, **DJe** de 24.05.2016, e HC nº 128.102, Primeira Turma, Rel. Min. Marco Aurélio, **DJe** de 23.06.2016.

Cabe ressaltar que a presente posição é recebida com críticas por parte de alguns processualistas brasileiros, pois não se pode de modo algum atribuir validade a quaisquer casos de provas alcançadas fortuitamente, e isso seria ignorar totalmente a adoção de medidas acautelatórias em favor da proteção do direito à intimidade e à privacidade, de modo a incentivar a prática de abuso de autoridade diante da "fragilidade" dos limites impostos pela lei, pois seria fácil impor uma manobra ilegal de forma a maquiar o pedido ou a ordem de uma medida de obtenção de prova, visando, na verdade, um autêntico encontro fortuito.

Assim sendo, no caso de comprovado desvio de finalidade, a prova oriunda de tal ato não poderia ser considerada válida, devendo, portanto, ser desentranhada dos autos, tendo em vista a existência de irregularidades no decorrer da diligência. Como se pode notar, este entendimento tem o propósito de evitar a prática de eventuais abusos de autoridade por parte dos envolvidos na execução das diligências relacionadas a persecução penal, como exemplo, nas hipóteses de busca e apreensão e no uso de interceptações telefônicas, para que tais medidas não se tornem notadamente excessivas ao ponto de ferirem direitos fundamentais para investigação de outros delitos que nada teriam a ver com o caso a ser apurado.

5. JURISPRUDÊNCIA E O ENCONTRO FORTUITO DE PROVAS

De acordo com o processo penal brasileiro, para que se tenha conhecimento de como os fatos delituosos realmente aconteceram, poderão ser empreendidas todas as medidas necessárias e indispensáveis para o deslinde da persecução penal. No entanto, conforme já salientado anteriormente, não serão admitidas ofensas aos direitos fundamentais constitucionalmente garantidos, principalmente com relação à inadmissibilidade das provas ilícitas, tal qual previsto no art. 5º, LVI, da Constituição Federal pátria.

Dentro dessa ótica, vale ressaltar que a teoria do encontro fortuito de provas só veio a ser mencionada pela primeira vez no ordenamento jurídico brasileiro no ano de 2004, em sede do Habeas Corpus nº 84.388/SP, apreciado pela 2ª Turma do STF na data de 26 de outubro de 2004, quando, no decorrer das investigações relativas à "Operação Anaconda", o referido órgão entendeu que não haveria a possibilidade de reconhecimento fortuito de fato em tese criminosa, estranha ao objeto das investigações principais:

> HABEAS CORPUS. "OPERAÇÃO ANACONDA". INÉPCIA DA DENÚNCIA. ALEGAÇÕES DE NULIDADE QUANTO ÀS PROVAS OBTIDAS POR MEIO ILÍCITO. INTERCEPTAÇÃO TELEFÔNICA. IMPORTANTE INSTRUMENTO DE INVESTIGAÇÃO E APURAÇÃO DE ILÍCITOS. ART. 5º DA LEI 9.296/1996: PRAZO DE 15 DIAS PRORROGÁVEL UMA ÚNICA VEZ POR IGUAL PERÍODO. SUBSISTÊNCIA DOS PRESSUPOSTOS QUE CONDUZIRAM À DECRETAÇÃO DA INTERCEPTAÇÃO TELEFÔNICA. DECISÕES FUNDAMENTADAS E RAZOÁVEIS. A aparente limitação imposta pelo art. 5º da Lei 9.296/1996 não constitui óbice à viabilidade das múltiplas renovações das autorizações. DESVIO DE FINALIDADE

NAS INTERCEPTAÇÕES TELEFÔNICAS, O QUE TERIA IMPLICADO CONHECIMENTO NÃO-AUTORIZADO DE OUTRO CRIME. O objetivo das investigações era apurar o envolvimento de policiais federais e magistrados em crime contra a Administração. Não se pode falar, portanto, em conhecimento fortuito de fato em tese criminoso, estranho ao objeto das investigações.[154]

Mas cabe ressaltar que, após cerca de três anos da referida decisão, o STF, contrariando o posicionamento anterior, fundamentou a sua nova decisão em sentido inverso, adotando explicitamente a teoria da serendipidade, em sede da mesma investigação criminal (Operação Anaconda), conforme transcrito adiante:

> (...) DEFERIMENTO DA REALIZAÇÃO DE DILIGÊNCIAS PARA APURAR A PRÁTICA DE OUTROS CRIMES, DIVERSOS DOS CONTIDOS NA DENÚNCIA. POSSIBILIDADE. CONTEXTO DA OPERAÇÃO "ANACONDA". VIOLAÇÃO AO DIREITO DE DEFESA PRELIMINAR PREVISTO PELA LEI Nº 8.038/90. IMPROCEDÊNCIA. CONTRADITÓRIO E DEVIDO PROCESSO LEGAL OBSERVADOS, EM RELAÇÃO AOS FATOS IMPUTADOS. ANÁLISE DA PRÁTICA DE OUTROS CRIMES NA INSTRUÇÃO CRIMINAL. IMPOSSIBILIDADE. AUSÊNCIA DE ACUSAÇÃO E DE DEFESA. DESENTRANHAMENTO DAS PROVAS. ORDEM PARCIALMENTE CONCEDIDA. (...). Estreita ligação entre os fatos apurados na ação penal de origem e aqueles averiguados na "Operação Anaconda". Caso legítimo de "descoberta fortuita" em investigação criminal. Razoabilidade. (...) 6. O deferimento de diligências para apurar outros fatos, diversos daqueles narrados na denúncia, não configurou violação ao procedimento do contraditório preambular previsto nos artigos 4º e 5º da Lei nº 8.038/90, pois a decisão impugnada determinou, textualmente, a notificação dos acusados para oferecer resposta preliminar aos termos da denúncia. (...).[155]

---
154. STF, 2ª Turma, HC nº 84.388/SP, Rel. Min. Joaquim Barbosa, julgado em 26.10.2004.
155. STF, 2ª Turma, HC nº 84.224/DF, Rel. Min. Gilmar Mendes, julgado em 27.02.2007.

Após o referido impasse, STF e STJ pacificaram o tema e passaram a adotar a teoria da serendipidade em diversos julgados, ou seja, admitiam a validade e a utilização das provas obtidas fortuitamente no processo, desde que presentes os institutos da conexão ou continência com o delito ensejador da investigação inicial. Temos os seguintes exemplos: HC nº 84224/DF – "O Supremo Tribunal Federal, como intérprete maior da Constituição da República, considerou compatível com o art. 5º, XII e LVI, o uso de prova obtida fortuitamente através de interceptação telefônica licitamente conduzida, ainda que o crime descoberto, conexo ao que foi objeto da interceptação, seja punido com detenção"[156]; e também o julgado do STJ – RHC nº 28.794/RJ, com relatório da Ministra Laurita Vaz, de 06.12.2012, o qual decidiu que a descoberta de novos fatos provenientes do monitoramento judicialmente autorizado pode resultar na identificação de pessoas inicialmente não relacionadas, mas que possuem estreita ligação com o objeto da investigação e que, por isso, não invalidam a utilização das provas colhidas contra esses terceiros.

Ocorre que os Tribunais Superiores têm relativizado a exigência da conexão/continência estabelecida entre o crime achado e aquele objeto da investigação originária. Sendo assim, há a validação das provas obtidas fortuitamente, mesmo diante da ausência dos institutos supracitados, desde que provado que não houve desvio da finalidade ou fraude na medida legalmente autorizada. Exemplifica-se nos seguintes julgados: STF, HC nº 137.438, Primeira Turma, Rel. Min. Luiz Fux, **DJe** de 26.05.2017; HC nº 106.152, Primeira Turma, Rel. Min. Rosa Weber, **DJe** de 24.05.2016; e HC nº 128.102, Primeira Turma, Rel. Min. Marco Aurélio, **DJe** de 23.06.2016. E no STJ, 5ª Turma, tem-se o HC nº 376.927/ES, com relatoria do Ministro Ribeiro Dantas, julgado em 28.10.2016:

> A jurisprudência desta Corte é firme no sentido da adoção da teoria do encontro fortuito ou casual de provas (serendipidade). Segundo

---

156. *Idem.*

essa teoria, independentemente da ocorrência da identidade de investigados ou réus, consideram-se válidas as provas encontradas casualmente pelos agentes da persecução penal, relativas à infração penal até então desconhecida, por ocasião do cumprimento de medidas de obtenção de prova de outro delito regularmente autorizadas, ainda que inexista conexão ou continência com o crime supervenientemente encontrado e este não cumpra os requisitos autorizadores da medida probatória, desde que não haja desvio de finalidade na execução do meio de obtenção de prova.

6. QUESTÕES POLÊMICAS E MEIOS DE OBTENÇÃO DE PROVAS

6.1. Interceptação telefônica (Lei nº 9.296/1996)

Neste meio de obtenção de prova, rompe-se a proteção constitucional da inviolabilidade do sigilo de comunicação interpessoal, previsto no art. 5º, XII, da CRFB/1988.

Partindo da análise da Lei nº 9.296/1996, a interceptação telefônica só será autorizada se seguir o disposto em lei e estiver diante de uma ordem judicial de juiz competente da ação principal, a qual ocorrerá sob segredo de justiça, consoante o que dispõe o art. 1º da referida lei. Em paralelo a esses requisitos, o art. 2º da lei elenca as hipóteses em que não será permitido realizar a referida medida cautelar, quais sejam: quando não houver indícios razoáveis da autoria ou participação em infração penal; a prova puder ser feita por outros meios disponíveis; e o fato investigado constituir infração penal punida, no máximo, com pena de detenção.

Uma primeira corrente, de forma minoritária, capitaneada pelo ilustre Professor Aury Lopes Junior, defende que existe um ilegal desvio causal da prova autorizada para apuração de um crime e utilizada para punição de outro. Ele utiliza o argumento que já fora supracitado de que o sacrifício do direito fundamental respectivo

– é plenamente vinculado e limitado. Defende que se torna ainda mais grave a ilegalidade, no seguinte exemplo, pois se a prova for utilizada no segundo processo e este tiver sido instaurado para apuração do delito previsto no art. 2º da Lei nº 8.137/1990 apenado com detenção, o art. 2º da Lei nº 9.296/1996 veda a interceptação telefônica quando o fato for apenado com detenção. Portanto, tal prova seria ilícita (Lopes Júnior, 2020, p. 617 e ss.).

Há uma posição intermediária, que sustenta pela validade das provas inesperadamente obtidas no curso da interceptação telefônica, desde que exista conexão/continência com a infração penal inicialmente investigada, podendo, assim, ser valoradas pelo juiz no mesmo processo. Caso não exista, a interceptação que deu ensejo a essa descoberta fortuita não valerá como meio de prova, servindo apenas como uma *notitia criminis* para deflagrar novas investigações, sob pena de violação aos princípios da intimidade e do devido processo legal. Tal posição não distingue se o crime achado é apenado com reclusão ou detenção.

A última corrente defende que, se realizada a interceptação telefônica de forma fundamentada, legal e legítima, as informações e as provas coletadas dessa diligência podem subsidiar denúncia com base em crimes puníveis com pena de detenção e fundamentar um decreto condenatório. Do contrário, a interpretação do art. 2º, III, da Lei nº 9.296/1996 levaria ao absurdo de concluir pela impossibilidade de interceptação para investigar crimes apenados com reclusão quando forem estes conexos com crimes punidos com detenção. Não é a conexão que justifica a licitude da prova, e, uma vez franqueada a violação dos direitos à privacidade e à intimidade do indivíduo, não haveria razão alguma para a recusa de provas de quaisquer outros delitos, punidos ou não com pena de reclusão (Pacelli, 2021, p. 287).

6.2. Busca e apreensão

De acordo com o art. 5º, inciso XI, da CRFB/1988, o juiz constitucionalmente competente pode determinar a violação da garantia fundamental do domicílio desde que o faça de forma fundamentada, sob pena de incidir em desvio de finalidade, bem como no delito de abuso de autoridade, previsto no art. 22 da Lei nº 13.869/2019. Desde que preenchidos os requisitos legais estabelecidos nos arts. 240 e seguintes do CPP, a autoridade policial, no cumprimento de uma busca domiciliar, poderá se deparar com elementos probatórios relacionados a outros delitos, diversos daquele constante no mandado de busca e apreensão.

Logo, ao cumprir o mandado de busca e apreensão, e desde que não haja desvio de finalidade, a polícia poderá apreender qualquer objeto que contribua para as investigações, ainda que seja de caráter pessoal e independentemente de ter sido mencionado de forma expressa na ordem do juiz. Isso porque não há necessidade de que a manifestação judicial que defere a cautelar de busca e apreensão esmiúce quais documentos ou objetos devam ser coletados, até mesmo porque tal pormenorização só poderia ser implementada após a verificação do que foi encontrado no local. Portanto, supondo que a ordem judicial diga respeito ao recolhimento de documentos relacionados aos fatos investigados, é perfeitamente possível a apreensão de documento pessoal, capaz de revelar detalhes da vida privada do indivíduo.

Nesses casos de cumprimento de mandados de busca e apreensão, deve-se atentar para o fato de que a Constituição Federal autoriza a violação ao domicílio nos casos de flagrante delito (CRFB, art. 5º, XI). Logo, se a autoridade policial, munida de mandado de busca e apreensão, depara-se com certa quantidade de droga ou com uma arma de fogo sem autorização e em desacordo com determinação legal ou regulamentar no interior da residência, temos que a apreensão será considerada válida, pois, como se trata do delito de tráfico de drogas na modalidade "guardar" (art. 33, *caput*, da Lei nº 11.343/2006) no primeiro caso, e de um delito previsto no Estatuto do Desarmamento (Lei nº 10.826/2003), espécies de crimes permanentes, haverá situação de flagrante delito, autorizando o ingresso no domicílio mesmo sem autorização judicial. Portanto, nas hipóteses de flagrante delito (*v.g.*, crimes permanentes), mesmo que o objeto do mandado de busca e apreensão seja distinto, será legítima a intervenção policial, a despeito da autorização para entrar na casa ter-lhe sido deferida com outra finalidade.

A validade da prova inesperadamente obtida está condicionada à forma como foi realizada a diligência: se houve desvio de finalidade, abuso de autoridade, a prova não deve ser considerada válida; mas se o encontro da prova foi casual, fortuito, a prova é válida. A título exemplificativo, suponha-se que, no curso de uma investigação relacionada a crimes contra a fauna, uma autoridade policial ingresse em uma residência munida de mandado judicial de busca domiciliar com a finalidade de apreender animal de grande porte mantido em cativeiro sem autorização do IBAMA. Se é esta a finalidade do mandado (CPP, art. 243, II), é de se esperar que a diligência seja levada a efeito exclusivamente para a apreensão do animal. Logo, na hipótese de os policiais passarem a revistar gavetas e armários, eventuais provas documentais referentes a crimes contra o sistema financeiro nacional ali encontradas hão de ser consideradas ilícitas, porquanto não relacionadas ao objeto do mandado de busca, caracterizando evidente violação do domicílio (CF, art. 5º, XI), pois, para tanto, não havia prévia autorização judicial configurando-se o desvio de finalidade da diligência (Lima, 2021, p. 593 e 682).

6.3. Quebra dos sigilos bancário e fiscal

As instituições financeiras conservarão o sigilo em suas operações ativas e passivas e serviços prestados (art. 1º, *caput*, da Lei Complementar nº 105/2001). Entretanto, se constatada a prática de uma infração penal pelo indivíduo, pode o juiz competente determinar, excepcionalmente e de forma fundamentada, a restrição ao direito fundamental da intimidade para fins de investigação ou instrução processual penal. Este meio de investigação também pode ensejar na descoberta de infrações penais e/ou corréus não constantes da persecução penal originária.

No HC nº 282.096-SP, julgado pela 6ª Turma do STJ, o relator Min. Sebastião Reis Júnior mencionou que o fato de as medidas de quebra do sigilo bancário e fiscal não terem como objetivo inicial investigar o crime de peculato não conduz à ausência de elementos indiciários acerca desse crime. Com efeito, pode ocorrer o que se chama de fenômeno da serendipidade, que consiste na descoberta fortuita de delitos que não são objeto da investigação.

A Polícia Federal instaurou inquérito policial para apurar o suposto delito de fraude contra licitação (art. 90 da Lei nº 8.666/1990) a requerimento da autoridade policial e do Ministério Público Federal (MPF), e o juiz decretou uma série de medidas cautelares, dentre elas quebra dos sigilos bancário e fiscal. Ocorre que, durante o cumprimento dessas medidas, a polícia detectou a existência de indícios de que João teria praticado também o delito de peculato (art. 312 do Código Penal – CP). O MPF ofereceu denúncia contra João por fraude contra licitação e, também, por peculato. O réu impetrou *habeas corpus*, alegando que as provas do delito de peculato não poderiam ser utilizadas porque foram obtidas enquanto se investigava um outro crime (art. 90 da Lei de Licitações).[157]

6.4. Colaboração premiada

A técnica especial de investigação ou negócio jurídico processual foi inserida no art. 3º-A do CPP pela Lei nº 13.964/2019. O agente colaborador, visando a concessão de prêmios legais, pode vir a fornecer infrações penais ou coautores que até então eram desconhecidos pelo Estado dentro de determinada organização

---
157. STJ, 6ª Turma. HC nº 282.096-SP, Rel. Min. Sebastião Reis Júnior, julgado em 24.04.2014.

criminosa. Diante de tais fatos, pode-se aplicar a teoria do encontro fortuito de provas para o presente instituto jurídico.

O STF, por meio da 2ª Turma, no julgamento do HC nº 181.978/RJ, decidiu:

> Os elementos de informação trazidos pelo colaborador a respeito de crimes que não sejam conexos ao objeto da investigação primária devem receber o mesmo tratamento conferido à descoberta fortuita ou ao encontro fortuito de provas em outros meios de obtenção de prova, como a busca e apreensão e a interceptação telefônica. A colaboração premiada, como meio de obtenção de prova, não constitui critério de determinação, de modificação ou de concentração da competência. Assim, ainda que o agente colaborador aponte a existência de outros crimes e que o juízo perante o qual foram prestados seus depoimentos ou apresentadas as provas que corroborem suas declarações, ordene a realização de diligências (interceptação telefônica, busca e apreensão etc.) para sua apuração, esses fatos, por si sós, não firmam sua prevenção.[158]

7. CONCLUSÃO

O presente artigo objetivou tecer comentários acerca da teoria do encontro fortuito ou casual de provas, também conhecida como serendipidade, a qual foi objeto de questionamento pela banca de Processo Penal na prova oral para Delegado da Polícia Civil do Estado do Rio de Janeiro, realizada no ano de 2022.

No âmbito do Direito Processual Penal, a referida expressão encontra-se estritamente ligada à matéria probatória, e tem como objetivo a análise da legitimidade das provas fortuitamente obtidas, a partir da busca de outras devidamente autorizadas no decorrer do procedimento, com o intuito de verificar a licitude das mesmas

---

158. STF, 2ª Turma. HC nº 181.978 AgR/RJ, Rel. Min. Gilmar Mendes, julgado em 10.11.2020.

e consequentemente a viabilidade de sua utilização nos autos, bem como se a aplicação dessa teoria enseja a violação de princípios fundamentais, quais sejam, direito à intimidade e à privacidade, elencados no art. 5º, inciso X, da CRFB/1988.

A teoria da serendipidade visa relativizar a ilicitude dessa prova descoberta, considerando-a válida, mesmo que a sua produção não tenha feito parte da autorização judicial para investigação da infração penal originária, dada a impossibilidade de previsão de tudo aquilo que poderá ser alcançado pela diligência desenvolvida pela autoridade policial durante a fase de investigação.

Em um primeiro momento, foram explicitadas no artigo a classificação defendida pela doutrina e as posições acerca da possibilidade de utilização nos autos dessa prova fortuitamente obtida e sua vinculação com o objeto inicialmente investigado. Três são os entendimentos: a) é válida sempre; b) é válida somente se houver conexão/continência; c) somente pode ser empregada como *notitia criminis* em uma futura investigação.

Destaca-se ainda que, atualmente, na análise prática dos julgados do STJ e do STF, se verificou que os institutos da conexão e continência foram relativizados, havendo portanto, uma extensão da aplicabilidade da teoria do encontro fortuito de provas. Isso porque, mesmo não havendo conexão entre os fatos, já há precedentes nesses tribunais que validam a utilização desses novos elementos, desde que não tenha ocorrido fraude ou desvio de finalidade na obtenção da prova.

E, por fim, foram debatidas questões polêmicas envolvendo a licitude dos fatos eventualmente descobertos durante a execução dos meios de obtenção de provas e sua abordagem desenvolvidas pela doutrina e pela jurisprudência pátrias.

REFERÊNCIAS BIBLIOGRÁFICAS

ANDRADE, A. R. de. **Teoria do Encontro Fortuito de Provas e sua Aplicabilidade nos Tribunais Superiores**. Orientador: Renato Carlos Cruz Meneses. Trabalho de Conclusão de Curso (Graduação em Direito) – Universidade Tiradentes – UNIT, Aracaju, 2019.

CAPEZ, F. **Curso de Processo Penal**. 19. ed. São Paulo: Saraiva, 2012.

CAPEZ, F. Serendipidade: o encontro fortuito de prova. **Revista Consultor Jurídico**. São Paulo, 20 maio 2021.

CRISTINA, K. C. R. V. Serendipidade: encontro fortuito de provas nas interceptações telefônicas. **Revista Jus Navigandi**, Teresina, a. 23, n. 5535, 27 ago. 2018. Disponível em: https://jus.com.br/artigos/68444. Acesso em: 4 abr. 2023.

LIMA, R. B. de. **Manual de Processo Penal**. 9. ed. Salvador: Juspodivm, 2021. v. único.

LOPES JÚNIOR, A. **Direito Processual Penal**. 17. ed. São Paulo: Saraiva, 2020. p. 617.

NETO, H. T. M. O fenômeno da serendipidade na perscrutação criminal. **Revista Jus Navigandi**, Teresina, ano 27, n. 6978, 9 ago. 2022. Disponível em: https://jus.com.br/artigos/99576. Acesso em: 4 abr. 2023.

NEVES, M.; VELLOSO, P. I. Uma nova ótica no STF sobre encontro fortuito de provas e prerrogativa de foro. **Revista Consultor Jurídico**. São Paulo, 1 abr. 2022.

PACELLI, E. **Curso de Processo Penal**. 25. ed. São Paulo: Atlas, 2021.

REIS, M. L. dos. **Encontro Fortuito de Provas e sua Admissibilidade no Processo Penal Brasileiro**. 40 f. Orientador: Ricardo Augusto de Bessas. Trabalho de Conclusão de Curso (Graduação em Direito) – Centro Universitário de Formiga-UNIFOR, Formiga, 2017.

SILVA, V. G. da. **Fishing Expedition e Encontro Fortuito na Busca e na Apreensão**: um dilema oculto do processo penal. 2. ed. Florianópolis: Emais, 2022.

CAPÍTULO 9

ALGUNS LIMITES À REALIZAÇÃO DA BUSCA E APREENSÃO

Andressa Ramos[159]

1. INTRODUÇÃO

"Candidata, se a autoridade policial é destinada a cumprir um mandado de prisão, é possível, ao capturar o investigado em seu domicílio, procurar objetos de corpo de delito para realizar a busca e apreensão?".

A questão narrada foi a responsável por inaugurar a minha arguição realizada pela banca de Direito Processual Penal do XIII Concurso de Provas e Títulos de Delegado de Polícia Civil do Estado do Rio de Janeiro, naquele momento composta pelos examinadores Drs. Alan Luxardo, Flávio Mirza Maduro e Antenor Lopes Martins Junior. A resposta, por sua vez, foi proferida nos seguintes termos:

> Excelência, a busca e apreensão, seja realizada em virtude de flagrante delito, seja por ocasião de mandado judicial, depende da designação certa daquilo que se busca apreender. Por esse motivo, havendo apenas o mandado judicial de prisão, a autoridade policial somente poderá realizar a captura do agente, não devendo se aproveitar da oportunidade para perseguir objetos e documentos incertos.

---

159. Bacharel em Direito pela Universidade do Estado do Rio de Janeiro (UERJ). Ex-delegada de Polícia Civil do Estado do Rio de Janeiro. Juíza do Tribunal de Justiça do Estado do Rio de Janeiro

A resolução reside no julgamento realizado pelo STJ, nos autos do Habeas Corpus nº 663.055, extraído do *Diário Oficial* no dia 31 de março de 2022. Segundo a Corte, admitir "a entrada na residência especificamente para efetuar uma prisão não significa conceder um salvo-conduto para que todo o seu interior seja vasculhado indistintamente". Assim, a resposta foi proferida em estrita conformidade com o objeto da pergunta, relativo ao mandado de prisão.

Ocorre, contudo, que os aspectos emocionais e estratégicos inerentes a uma prova oral não me permitiram, no momento, aprofundar o tema de fundo da questão, concernente a busca e apreensão. Esse meio de prova suscita ainda diversas discussões doutrinárias e jurisprudenciais, pois a medida conflita com duas esferas de direitos, aparentemente antagônicas, consagradas na Constituição Federal: por um lado, verifica-se o direito à segurança pública e repressão ao crime; por outro, é possível visar a liberdade individual (no caso de busca e apreensão pessoal) e a inviolabilidade domiciliar (busca e apreensão domiciliar). O tema, ainda, adquire maior relevo por se tratar de prática frequente nos ambientes policial e judiciário.

Todo esse cenário incitou os operadores do Direito a impor determinadas *balizas* à realização da busca e apreensão, para que a sua realização atinja da menor maneira possível o direito dos investigados e ao mesmo tempo possibilite o bom êxito das investigações criminais. O objetivo do presente artigo, pois, será oferecer ao leitor as principais discussões acerca dos limites desse meio de prova, com o devido destaque para as peculiaridades atinentes às diversas espécies de busca e apreensão.

2. DA BUSCA E APREENSÃO

2.1. Aspectos conceituais

Trata-se a *busca* de diligências realizadas com o objetivo de investigação e descoberta de materiais que possam ser utilizados no inquérito policial ou no processo criminal, assim como de pessoas em relação às quais exista ordem judicial de prisão ou que sejam vítimas de crimes (Avena, 2022, p. 594). A apreensão, por sua vez, é medida assecuratória que toma algo de alguém ou de algum lugar, com a finalidade de produzir prova ou preservar direitos (Nucci, 2022, p. 582).

A doutrina diverge acerca da possibilidade de assumirem as duas figuras uma autonomia entre si. Para parte da doutrina, as medidas sempre caminham juntas, de forma que a apreensão é mera finalidade da busca. Outra posição, por sua vez, averigua a possibilidade de

> se determinar uma busca, implicando em colheita (algo diverso de apreensão) ou mesmo de simples libertação da vítima (não significando, também, apreensão, mas recolhê-la do local para a liberdade). Um mandado de busca pode significar, ainda, a mera tomada de fotografias do lugar, havendo utilidade para a prova, o que não quer dizer ter havido apreensão (Nucci, 2022, p. 582).

Quanto à finalidade da busca e apreensão, a concepção doutrinária moderna tem verificado três aspectos: em primeiro lugar, a medida é voltada para a obtenção de elementos visando a elucidação de uma infração já praticada, denominando-se assim *busca investigativa*, constante do CPP (art. 240); a segunda finalidade é predominantemente direcionada à busca pessoal, com o objetivo de evitar cometimento de crimes e garantir a ordem pública, caracterizando-se a chamada *busca preventiva*, vista, por exemplo, nas revistas pessoais realizadas para o ingresso em determinados locais; por fim, tem-se a *busca exploratória*, objeto, inclusive, de questão de prova discursiva do XXXVI Concurso de Provas e Títulos para Promotor Substituto do Estado do Rio de Janeiro, consistente na prerrogativa da autoridade policial, mediante autorização judicial, de ingressar em locais protegidos pela garantia da privacidade, com o intuito de possibilitar determinada investigação. Essa medida foi notabilizada a partir de operação realizada pela polícia federal que, munida de ordem judicial, adentrou no escritório de advogado supostamente envolvido com facção criminosa e ali instalou, durante a madrugada, equipamento de captação acústica (Avena, 2022, p. 594). O STF considerou a prática lícita.[160]

O foco dos demais tópicos será atinente a busca e apreensão *investigativa*, qual seja, aquela destinada ao esclarecimento de infrações penais já cometidas, ressalvando-se a existência de outros fins que podem ser perseguidos pela mesma medida.

2.2. Natureza jurídica

A natureza jurídica da busca e apreensão também é objeto de discussão doutrinária.

Eugênio Pacelli (2021, p. 564) acredita ter a medida natureza cautelar, eis que serve ao acautelamento probatório, de coisas, animais e até de pessoas, que não estejam ao alcance espontâneo da Justiça. Por isso, segundo o autor, a medida é excepcional por implicar quebra da inviolabilidade do acusado e de terceiros, de modo que, somente com fundadas razões, quanto à urgência e à necessidade da medida, é que se poderá conceder a busca e apreensão.

O legislador, por sua vez, pareceu atribuir à medida a natureza de meio de prova, uma vez classificada na codificação processual penal como capítulo pertencente ao Título VII, "Da Prova". O entendimento é seguido por parte da doutrina, a qual considera que, quando destinada à utilização nas investigações criminais e nos

---
160. STF, Inq. nº 2.424/RJ, **DJ** 20.11.2008.

processos judiciais, a busca e apreensão assumirá natureza de meio de prova (Avena, 2022, p. 594).

Enfim, terceira corrente parece ser firmada pelo STJ, o qual parece misturar os conceitos de meio de prova e medida cautelar, assumindo a busca e apreensão caráter híbrido, ao prever que "é medida cautelar real e não pessoal, tem natureza jurídica de meio de obtenção de prova e se encontra disciplinada no Capítulo XI do Título VII, intitulado 'Da Prova'".[161]

2.3. Espécies e objeto da busca e apreensão

A busca pode ser domiciliar, quando realizada no domicílio do investigado; ou pessoal, efetivada sobre a própria pessoa ou objetos que traga consigo.

A doutrina especializada considera a divisão insuficiente, visto que, na prática, se a busca é procura, esta pode ser efetuada em qualquer local, mesmo em bem público de uso comum (como é o exemplo da diligência realizada em oceano). Ademais, com o desenvolvimento tecnológico, criaram-se inúmeras possibilidades de buscas virtuais sem regulamentação específica (Pitombo, 1999, p. 110).

De todo modo, para o CPP, a busca domiciliar, em conformidade com o art. 240, parágrafo primeiro, se destina a: a) prender criminosos; b) apreender coisas achadas ou obtidas por meios criminosos; c) apreender instrumentos de falsificação ou de contrafação e objetos falsificados ou contrafeitos; d) apreender armas e munições, instrumentos utilizados na prática de crime ou destinados a fim delituoso; e) descobrir objetos necessários à prova de infração ou à defesa do réu; f) apreender cartas, abertas ou não, destinadas ao acusado ou em seu poder, quando haja suspeita de que o conhecimento do seu conteúdo possa ser útil à elucidação do fato; g) apreender pessoas vítimas de crimes; e h) colher qualquer elemento de convicção.

---

161. STJ, HC nº 624.608, **DJ** 04.02.2021.

A busca pessoal, por sua vez, incide quando houver fundada suspeita de que alguém oculte consigo arma proibida ou objetos supramencionados nas letras b a f ,e h.

Guilherme Nucci (2022, p. 582) entende ser o rol exemplificativo, nada impedindo que outras hipóteses semelhantes às apresentadas sejam vislumbradas, podendo o juiz expedir mandado de busca (e apreensão, se for o caso) para tanto. O autor, inclusive, defende a utilização da analogia para ampliar o referido rol, uma vez expressamente autorizado pelo art. 3º do CPP. Fernando Capez (2022, p. 158), no entanto, entende ser o rol taxativo, em razão de constituir uma exceção aos direitos individuais; assume, porém, que o dispositivo é abrangente, permitindo-se a busca e apreensão de qualquer elemento de prova que possa interessar ao processo.

3. ALGUNS LIMITES DA BUSCA E APREENSÃO

Independentemente do objeto perseguido ou da natureza jurídica da busca e apreensão, certo é que se trata de medida que restringe direitos fundamentais e, por isso, deve ter limites objetivamente delineados. A observância aos limites da medida, assim, é essencial tanto para a proteção das prerrogativas de liberdade e privacidade do investigado quanto para o êxito das operações de investigação, evitando declarações de nulidade que inviabilizem a devida aplicação da lei penal.

3.1. Da legitimidade

Quanto à legitimidade para se *determinar* a busca, em relação à *busca pessoal*, o CPP determina que tanto a autoridade policial quanto o juiz podem realizá-la. Diferentemente, o mandado de *busca domiciliar* é medida submetida a reserva de jurisdição.

Previsão que suscita discussão é relativa ao art. 242 do CPP, o qual autoriza o juiz expedir o mandado de busca e apreensão domiciliar a requerimento ou de ofício. Guilherme Nucci (2022, p. 582) entende que a previsão é constitucional, uma vez que a "providência faz parte da busca da verdade real, princípio que rege a atuação do magistrado no processo penal, bem como ao impulso oficial, que incentiva o procedimento". Alerta, contudo, que a realização de medida à míngua de qualquer requerimento deverá estar adstrita a hipóteses excepcionais, quando a diligência se mostrar imprescindível à formação do convencimento do julgador. Já Noberto Avena (2022, p. 595) entende que não há como se viabilizar a determinação oficiosa de provas pelo juiz na fase investigativa, sob pena de violação ao sistema acusatório. Na fase judicial, porém, alinha-se ao entendimento anteriormente sufragado, ressalvando que a imprescindibilidade da prova deve visar "dirimir dúvidas relevantes surgidas a partir das provas requeridas ou trazidas pelas partes".

Debate interessante também consiste em verificar se, ao assumirmos a posição doutrinária no sentido de que a busca e apreensão possui natureza de medida cautelar, automaticamente entenderíamos pela impossibilidade de se expedir o mandado de ofício, em razão da recente proibição legal de determinação de medidas cautelares de ofício. A conclusão parece não proceder, eis que o denominado Pacote Anticrime apenas vedou a concessão de ofício de medidas cautelares *pessoais* (art. 282, § 2º, do CPP). A doutrina que defende a natureza jurídica da busca e apreensão como medida cautelar lhe confere caráter *real* e, sobre estas, não há proibição de concessão de ofício, a exemplo do sequestro e da alienação judicial. No mesmo sentido já entendia o STJ.[162]

No que tange às Comissões Parlamentares de Inquérito (CPIs), o debate acerca de sua legitimidade para determinar a busca e apreensão decorre da previsão constitucional que lhe atribui poderes investigatórios próprios das autoridades judiciais (art. 58, § 3º, da

---
162. STJ, RHC nº 93.498, **DJ** 08.05.2018.

CRFB/1988). O STF, porém, não adotou a referida tese, conforme a seguinte ementa:

> Impossibilidade jurídica de CPI praticar atos sobre os quais incida a cláusula constitucional da reserva de jurisdição, como a busca e apreensão domiciliar [...]. Possibilidade, contudo, de a CPI ordenar busca e apreensão de bens, objetos e computadores, desde que essa diligência não se efetive em local inviolável, como os espaços domiciliares, sob pena, em tal hipótese, de invalidade da diligência e de ineficácia probatória dos elementos informativos dela resultantes. Deliberação da CPI/Petrobras que, embora não abrangente do domicílio dos impetrantes, (sic) ressentir-se-ia da falta da necessária fundamentação substancial. Ausência de indicação, na espécie, de causa provável e de fatos concretos que, se presentes, autorizariam a medida excepcional da busca e apreensão, mesmo a de caráter não domiciliar.[163]

Nota-se, pois, que a Suprema Corte inadmite a determinação de busca apenas em locais protegidos pela inviolabilidade domiciliar, não abarcando, assim, locais que não gozam da referida prerrogativa.

Quanto ao requerimento realizado por pessoa cuja identidade não seja possível averiguar (denominada "denúncia anônima"), prevalece que só não haverá óbice ao seu atendimento quando a efetivação da medida seja precedida de investigações preliminares com vistas à verificação da plausibilidade do fato denunciado.[164]

Questão diferente da anteriormente exposta é a legitimidade para a *execução* (não determinação) da busca e apreensão *domiciliar*, já que normalmente está afeta à autoridade policial e seus agentes, mesmo porque a Constituição Federal dispõe que as funções de polícia judiciária (nas quais se incluem o cumprimento dessa medida) são atribuição exclusiva das polícias federal e civil (Avena, 2022, p. 595). É possível, porém, a participação, na diligência, de

---

[163]. STF, MS nº 33.663-MC, **DJ** 08.05.2015.
[164]. STF, HC nº 180.709, **DJ** 14.08.2020.

outros agentes, como decidiu o STJ, ao prever "a participação da guarda municipal em busca domiciliar realizada pela polícia civil não é capaz de macular a licitude das provas obtidas".[165]

Já a *execução* da busca *pessoal*, por fim, pode ser realizada por todos os agentes incumbidos de garantir a segurança pública, a saber: policial federal; policial rodoviário federal; policial ferroviário federal; policiais civis; policiais militares – dentre eles os integrantes de corpos de bombeiros militares (Marcão, 2021, p. 270). A realização por guardas municipais gera divergência, eis que não são elencados como integrantes da segurança pública. Renato Marcão (2021) entende não ser possível, enquanto a jurisprudência do STJ determina que "somente em situações absolutamente excepcionais a guarda pode realizar a abordagem de pessoas e a busca pessoal, quando a ação se mostrar diretamente relacionada à finalidade da corporação".[166] Ou seja, a Corte Superior entende ser possível a busca pessoal quando vinculada à proteção de bens, serviços e instalações municipais, como quando, por exemplo, o agente criminoso se dirige a uma escola municipal portando arma de fogo.

3.2. Da (des)necessidade de mandado

A busca e apreensão domiciliar e a pessoal possuem uma diferença fundamental: enquanto na primeira é imprescindível a expedição de mandado judicial, na segunda poderá haver a dispensa, quando "no caso de prisão ou quando houver fundada suspeita de que a pessoa esteja na posse de arma proibida ou de objetos ou papéis que constituam corpo de delito, ou quando a medida for determinada no curso de busca domiciliar" (art. 244 do CPP).

O fato de se possibilitar a diligência pessoal à míngua de mandado judicial possui relevantes consequências práticas. Isso porque,

---
165. STJ, AgRg no HC nº 476.668/SP, **DJ** 08.03.2019.
166. STJ, AgRg no HC nº 771.705/SP, **DJ** 04.10.2022.

caso o agente de segurança pública julgue estar diante de uma situação que lhe permita a realização da busca pessoal e assim a realize, mas, ao fim, é verificado se tratar de busca domiciliar, a consequência é a nulidade da prova, uma vez eivada de ilicitude insanável. Por isso a importância de se delimitar exatamente as situações ensejadoras de busca pessoal ou domiciliar.

No que tange à busca domiciliar, tem-se que o âmbito de realização da medida é o *domicílio*, conceito este que não se esgota no imóvel residido. O CP estabelece locais equiparados (art. 150, § 4º), quais sejam: (a) o compartimento habitado (barracos em comunidades, por exemplo); (b) o aposento ocupado de habitação coletiva (quarto de hotel, pensão, motel, entre outros); e (c) o compartimento fechado ao público, onde se exercem a profissão e a atividade (escritório, consultório, gabinete, mesmo que destinado ao trabalho de servidor público,[167] entre outros). A jurisprudência e a doutrina, ainda, estendem a proteção aos pátios da casa, quando inequivocadamente fizer parte da residência, e aos veículos automotores, quando destinados a dormitório, como os caminhões de longas viagens. Em resumo, domicílio é todo local, delimitado e separado, que alguém ocupa com direito exclusivo e próprio, a qualquer título (Capez, 2022, p. 158).

A busca pessoal, por sua vez, pode ser direcionada a roupas, veículos (quando não destinados a dormitório), objetos que a pessoa esteja carregando e o próprio corpo (Nucci, 2022, p. 587). Nesse último caso, assume relevância a discussão referente à revista íntima (busca pessoal efetivada nas partes íntimas do corpo), a qual, segundo o STJ, por si só, não ofende a dignidade da pessoa humana, quando realizada dentro dos parâmetros legais e constitucionais.[168]

---

167. STJ, HC nº 298.763/SC, **DJ** 14.10.2014.
168. STJ, AgRg no REsp. nº 1.959.230, **DJ** 16.11.2021.

3.3. Do momento da busca e apreensão e a importância do consentimento

A busca e apreensão pessoal pode ser realizada em qualquer momento, de dia ou de noite, antes ou durante a investigação judicial ou o processo judicial. A busca e apreensão domiciliar, por sua vez, deve obedecer aos ditames do art. 5º, XI, da CRFB/1988, de modo que somente poderá ser feita nas seguintes situações: (a) com autorização do morador, durante o dia ou a noite, com ou sem mandado judicial; (b) sem autorização do morador, durante o dia e com mandado judicial; (c) na hipótese de flagrante delito, durante o dia ou a noite, com ou sem autorização do morador. Da mesma maneira que a busca pessoal, poderá ser realizada antes ou durante a investigação judicial ou o processo judicial.

É de se ver que o consentimento do morador é elemento essencial para se determinar o momento da realização da diligência e as respectivas formalidades a serem observadas. É por isso que o melhor entendimento é no sentido de que a anuência deve ser real, livre e expressa.

Para parte da doutrina, inadmissível a autorização tácita, a menos que, de maneira inequívoca, se possa contatá-la, seja pela prática de atos de evidente colaboração, seja pela notória não oposição à entrada (Pitombo, 1999, p. 110). O STJ, porém, é mais rígido quanto ao controle de validade do consentimento, visto exigir: (a) sua formalização em documento escrito e assinado pelo destinatário da diligência; e (b) registro da operação em áudio-vídeo.[169] A atribuição do ônus da prova acerca da regularidade na obtenção do consentimento é inteiramente dos agentes estatais.

A 6ª Turma da Corte da Cidadania aplicou interessante teoria, com drásticas consequências práticas, quanto à necessidade de se analisar a circunstância do consentimento. Isso porque mesmo um consentimento aparentemente voluntário poderá ser viciado em razão da existência de um *constrangimento ambiental/circunstancial*. No caso concreto, o STJ considerou que "mesmo se ausente

---

169. STJ, HC nº 598.051/SP, **DJ** 15.03.2021.

coação direta e explícita sobre o acusado, as circunstâncias de ele já haver sido preso em flagrante pelo porte da arma de fogo em via pública e estar detido, sozinho (...) diante de dois policiais armados, poderiam macular a validade de eventual consentimento".[170]

No Direito americano, a análise do constrangimento ambiental/circunstancial pode se avaliar, por exemplo, a partir de elementos como o número de policiais na ação, a atitude deles para com o suspeito e até o horário da diligência. É o que a Suprema Corte Americana chama de *totality of circumstances approach* (a totalidade das circunstâncias ou o conjunto delas).

A doutrina processual penal já aplicava essa teoria ao discutir o consentimento efetuado pela pessoa sujeita à prisão cautelar. Para Aury Lopes Júnior, nessas hipóteses, o consentimento é insuficiente em razão de uma inegável intimidação ambiental em decorrência da situação do imputado, motivo pelo qual entende ser imprescindível o mandado judicial para a autorização da busca domiciliar (Lopes Júnior, 2021, p. 315).

Há, ainda, entendimento doutrinário mais radical, no sentido de que todo consentimento efetuado na presença de agente público é eivado pelo vício do constrangimento circunstancial. Defende essa corrente que a busca e apreensão realizada por funcionários estatais deve ser precedida de mandado judicial, enquanto o consentimento só é válido perante particulares (Lopes Júnior, 2021). O posicionamento, no entanto, é minoritário, prevalecendo no âmbito da doutrina e da jurisprudência pátrias a validade da busca domiciliar, realizada por agentes públicos, sem mandado judicial, diante do consentimento do morador. Entender o contrário seria, inclusive, admitir a realização da diligência por particulares, o que é vedado no nosso ordenamento pátrio, em razão da legitimidade atribuída aos agentes de segurança pública, como já expomos no subitem 3.1.

---

170. STJ, HC nº 762.932-SP, **DJ** 30.11.2022.

3.4. Do motivo da busca e apreensão

Transportando-se a teoria dos atos administrativos para o presente estudo, o motivo do ato consiste na razão de sua realização. São, portanto, as circunstâncias jurídicas e fáticas que permitem a realização da diligência. Nesse sentido, ao verificar o motivo da busca e apreensão, devemos nos ater às situações que permitem a sua realização, sob pena de nulidade do ato.

Diante dessa definição, não devemos confundir o motivo da busca e apreensão com o seu objeto. O objeto do ato é a sua providência direta, o exato fim para o qual se destina, já abordado no subitem 2.3. Verificar o objeto da busca e apreensão consiste na seguinte pergunta: "*o que* se irá buscar e apreender?", enquanto o motivo consiste em "*por que* se irá buscar e apreender?". É averiguar o fundamento fático e jurídico da medida.

Nesse sentido, como anteriormente exposto, o CPP autoriza a realização de busca *pessoal sem mandado*, desde que motivada por fundadas suspeitas de que o agente está portando arma ou objeto de corpo de delito. Da mesma forma, a busca *pessoal com mandado* também depende de fundada suspeita das situações delituosas narradas em lei (art. 240, § 2º).

A fundada suspeita, ao contrário da mera suspeita, que é apenas intuitiva, consiste em suspeita com *standard* probatório mais elevado, exigindo-se a descrição dos elementos objetivos e concretos que convenceram o agente de segurança pública acerca do cenário fático autorizador da busca pessoal.

Segundo o STJ,

> não satisfazem a exigência legal [para se realizar a busca pessoal e/ou veicular], (...) intuições e impressões subjetivas, intangíveis e não demonstráveis de maneira clara e concreta, apoiadas, por exemplo, exclusivamente, no tirocínio policial. Ante a ausência de descrição concreta e precisa, pautada em elementos objetivos, a classificação subjetiva de determinada atitude ou aparência como suspeita, ou de certa reação ou expressão

corporal como nervosa, não preenche o standard probatório de "fundada suspeita" exigido pelo art. 244 do CPP.[171]

A fundada suspeita se justifica para: (a) evitar o abuso excessivo da busca pessoal e a consequente violação de direitos fundamentais à liberdade e intimidade, pois, além de se tratar de conduta invasiva e constrangedora – principalmente porque nem sempre ocorre com urbanidade –, também implica a detenção do destinatário, mesmo que de forma breve; (b) garantir o controle da abordagem, permitindo-se o seu controle *a posteriori* pelo Poder Judiciário; e (c) evitar a repetição de práticas que reproduzem preconceitos estruturais arraigados na sociedade, em razão da notória prática policial ostensiva concentrada em grupos marginalizados.[172]

Já na busca *domiciliar*, diferentemente de fundadas suspeitas, a lei exige fundadas *razões* da ocorrência de flagrante delito no local. Trata-se, segundo a jurisprudência do STF, da efetiva demonstração de justa causa, ou seja, da demonstração de indícios razoáveis de autoria e de materialidade.[173] O STJ, por sua vez, estabeleceu que as fundadas razões

> não podem derivar de simples desconfiança policial, apoiada, v.g., em mera atitude "suspeita", ou na fuga do indivíduo em direção a sua casa diante de uma ronda ostensiva, comportamento que pode ser atribuído a vários motivos, não, necessariamente, o de estar o abordado portando ou comercializando substância entorpecente.[174]

Embora similares, a fundada *suspeita* e a fundada *razão* se distinguem quanto ao grau de objetividade. A fundada *razão* exige a utilização de parâmetros mais objetivos em sua exposição (Avena, 2022, p. 598). De qualquer forma, apesar da aparente distinção teórica, na prática, contudo, é inegável que tanto a fundada suspeita

---

171. STJ, RHC nº 158.580/BA, **DJ** 25.04.2022.
172. *Idem*.
173. STF, RE nº 603.616, **DJ** 10.05.2016.
174. STJ, HC nº 598.051/SP, **DJ** 15.03.2021.

quanto a fundada razão exigem a exposição de motivos concretos e plausíveis, desgarrados de meras conjecturas subjetivas, possíveis de justificar a restrição à inviolabilidade domiciliar.

A ausência de fundada razão ou fundada suspeita para a realização da diligência não conduz apenas à nulidade do ato, mas também pode configurar eventual crime de violação de domicílio (art. 150 do CP) ou de abuso de autoridade (art. 22 da Lei nº 13.869/2019). Nesse último caso, ressalva-se, deverá haver a finalidade específica de "prejudicar outrem ou beneficiar a si mesmo ou a terceiro, ou, ainda, por mero capricho ou satisfação pessoal" (art. 1º, § 2º).

Por fim, debate de relevância prática é referente à atuação dos cães farejadores. Busca-se definir se a busca pessoal ou a busca domiciliar sem mandado se justificaria a partir da detectação, pelo cão, de substâncias ilícitas (como entorpecentes) em posse do agente ou em seu domicílio. O STJ se divide acerca da questão. No Habeas Corpus nº 566.818, a Corte determinou a ilicitude da diligência, eis que não se trata de "de algo que já estivesse sendo investigado pela polícia, no qual tenha ocorrido o flagrante delito, mas, sim, de apreensão de drogas feita de forma inesperada e sem o devido mandado judicial".[175] Por sua vez, no Agravo Regimental no Habeas Corpus nº 597.923, entendeu que "não se verifica ilegalidade na realização de abordagem pessoal por guardas municipais que estavam em patrulhamento com cães farejadores, encontrando drogas com o paciente e nas proximidades do local do flagrante".[176]

3.5. Objetivo certo e determinado

Embora o art. 243 exija apenas a caracterização precisa do objeto e da pessoa destinatária no *mandado* de busca e apreensão, certo é que a exigência deve ser estendida a toda espécie desse meio de prova, pessoal ou domiciliar, com ou sem mandado, em

---
175. STJ, HC nº 566.818, **DJ** 25.06.2020.
176. STJ, ArRg no HC nº 597.923, **DJ** 26.10.2020.

razão da restrição aos direitos de liberdade e inviolabilidade que a medida traz.

A primeira consequência de se exigir objetivo certo e determinado é a proibição da realização de operações genéricas, nas quais se conferem ao agente público liberdade de escolhas e opções a respeito dos locais a serem invadidos e pessoas a serem vasculhadas (Nucci, 2022, p. 589). Por essa razão, o STJ considerou ilegal a busca e apreensão coletiva realizada nas residências de determinadas comunidades no Rio de Janeiro.[177] Isso significa que a diligência deve ser objetiva e subjetivamente individualizada.

A jurisprudência superior, contudo, alerta que não "há exigência legal de que o mandado de busca e apreensão detalhe o tipo de documento a ser apreendido, ainda que ele tenha natureza sigilosa".[178] Guilherme Nucci também admite excepcionalmente a expedição de mandado de busca indeterminado, mas cujo destinatário *ou local é determinável*. Seriam situações em que desconhecido o local, mas conhecido o autor do crime, ou vice-versa (Nucci, 2022).

A segunda consequência apontada é a proibição da *fishing expedition*. Segundo Alexandre Morais da Rosa e Tiago Bunning Mendes, a *fishing expedition*, ou pescaria probatória, consiste em "investigação especulativa indiscriminada, sem objetivo certo ou declarado que, de forma ampla e genérica, 'lança' suas redes com esperança de 'pescar' qualquer prova para subsidiar uma futura acusação ou para tentar justificar uma investigação/ação já iniciada" (Rosa e Mendes, 2022). Trata-se, em outras palavras, de diligências que objetivam buscar provas e elementos de corpo de delito de forma aleatória.

O STJ, com base nessa teoria, considerou nula a medida de busca e apreensão na sede de empresa que não figurava como vítima nem como autora dos delitos investigados, eis que não havia nenhum indício de participação nos crimes.[179] A Corte Superior, em julgado recente, utilizando-se da mesma teoria, ainda anulou diligência de

---

[177]. STJ, AgRg no HC nº 435.934, **DJ** 20.11.2019.
[178]. STJ, Processo em Segredo Judicial, julg. 27.04.2021.
[179]. STJ, AgRg no RMS nº 62.562-MT, julg. 07.12.2021.

busca e apreensão baseada apenas na existência de antecedentes penais de tráfico de drogas.[180]

O raciocínio também foi utilizado para justificar o julgado proferido no Habeas Corpus nº 663.055, objeto da primeira questão da prova oral exposta no item introdutório. Isso porque, para a Corte da Cidadania, "mesmo se admitida a possibilidade de ingresso no domicílio para captura do acusado o – em cumprimento ao mandado de prisão ou até por eventual flagrante do crime de falsa identidade – (...) nota-se, com clareza, a ocorrência de desvirtuamento da finalidade no cumprimento do ato", uma vez que

> os objetos ilícitos (drogas e uma munição calibre .32) foram apreendidos no chão de um dos quartos, dentro de uma caixa de papelão, a evidenciar que não houve mero encontro fortuito enquanto se procurava pelo réu – certamente portador de dimensões físicas muito superiores às do referido recipiente –, mas sim verdadeira pescaria probatória dentro do lar, totalmente desvinculada da finalidade de apenas capturar o paciente.

No caso concreto, portanto, a pescaria probatória foi atrelada ao desvio da finalidade no cumprimento do mandado de prisão, o qual, evidentemente, objetivava apenas a captura do agente, e não a busca de eventuais corpos de delitos no domicílio.

A pescaria probatória, por sua vez, não se confunde com o *encontro fortuito de provas*. Este se verifica quando o agente de segurança, durante a diligência, se depara *casualmente* com elementos probatórios relacionados a outros delitos. Nesses casos, a doutrina e a jurisprudência admitem a intervenção policial, a despeito da autorização para entrar na casa ter sido deferida com outra finalidade (Lima, 2020, p. 804). Já na *fishing expedition*, o desvio de finalidade é intencional, consistente na busca aleatória e voluntária do agente por elementos de prova diversos daqueles que consubstanciaram a autorização judicial.

---

180. STJ, HC nº 762.932-SP, julg. 22.11.2022.

Medida diferente também é a busca *exploratória*, mencionada no subitem 2.1. Como visto, a medida foi considerada lícita pelo STF no âmbito da denominada "Operação Hurricane". Embora aparentemente semelhante à pescaria probatória, o traço diferencial fundamental entre os dois institutos é a compreensão de que a medida exploratória consiste em medida preparatória para realização de outra prova, a exemplo da captação ambiental. Não à toa, foi demonstrado que a doutrina distingue a busca *exploratória* da busca *investigativa* em si, pois, enquanto esta consiste na medida investigatória voltada a sujeito e objeto de prova individualizados, aquela serve à realização da prova. Assim, enquanto a primeira é modalidade autônoma de busca, a segunda é modo vicioso de realização da busca investigativa (esta, modalidade distinta de busca).

A construção do STF acerca da busca exploratória foi aceita pelo legislador, que incluiu no art. 8º-A da Lei nº 9.9296/1996 dispositivo autorizador da realização da captação ambiental de sinais, quando a prova não puder ser feita por outros meios disponíveis e igualmente eficazes e houver elementos probatórios razoáveis de autoria e participação em infrações criminais cujas penas máximas sejam superiores a quatro anos ou em infrações penais conexas. O § 2º é taxativo ao permitir a instalação do dispositivo da captação, quando necessário, por meio de operação policial disfarçada ou no período noturno, atribuindo, pois, *status* legal à medida preparatória.

4. CONCLUSÃO

Conforme exposto, a pergunta responsável por inaugurar a minha arguição se referia, especificamente, à possibilidade de desvio da finalidade do mandado de prisão para se buscar elementos de corpo de delito no local em que a medida é realizada. O conteúdo demonstrado neste artigo não esgota, de longe, todos os ensinos e discussões pertinentes a busca e apreensão, mas é o suficiente para demonstrar que qualquer pergunta relativa ao tema permite maiores aprofundamentos pelo candidato.

Ocorre que, como os companheiros de prova oral também podem afirmar, essa etapa é a mais espontânea do concurso, de modo que a decisão pelo caminho da resposta deve ser imediata. Direcionei-me, assim, à realização direta da resposta, sem maiores contornos sobre a busca e apreensão.

Penso, hoje, que explorar algumas das expostas *balizas* acerca desse meio de prova e, principalmente, a questão da *fishing expetition* tornariam a oratória tão ou mais satisfatória do que a efetivamente realizada. De todo modo, o tema é extremamente importante para a carreira policial, pois, como visto, a autoridade policial é atuante assídua nas medidas de busca e apreensão, motivo pelo qual, diante das frequentes transformações doutrinárias e jurisprudenciais, é assunto de estudo necessário e rotineiro pelo candidato e agente da segurança pública.

REFERÊNCIAS BIBLIOGRÁFICAS

AVENA, N. **Processo Penal**. 14. ed. Rio de Janeiro: Método, 2022. v. único.

CAPEZ, F. **Curso de Processo Penal**. 29. ed. São Paulo: SaraivaJur, 2022. v. único.

LIMA, R. B de. **Manual de Processo Penal**. 8. ed. Salvador: Juspodivm, 2020. v. único.

LOPES JÚNIOR, A. **Direito Processual Penal**. 18. ed. São Paulo: Saraiva, 2021. v. único.

MARCÃO, R. **Curso de Processo Penal**. 7. ed. São Paulo: Saraiva, 2021. v. único.

NUCCI, G. de S. **Curso de Direito Processual Penal**. 19. ed. Rio de Janeiro: Forense, 2022. v. único.

PACELLI, E. **Curso de Processo Penal**. 24. ed. São Paulo: Atlas, 2021. v. único.

PITOMBO, C. A. V. B. Da busca e apreensão no processo penal. **Revista dos Tribunais**. v. 2. 1999.

ROSA, A. M. da; MENDES, T. B. Limites para evitar o fishing expedition: análise da decisão do Min. Celso de Mello no Inq. 4.831. DF. **Canal Ciências Criminais**. 2022. Disponível em: https://canalcienciascriminais.com.br/limites-para-evitar-o-fishing-expedition-analise-da-decisao. Acesso em: 2 abr. 2023.

CAPÍTULO 10

DA EXISTÊNCIA DO CONTRADITÓRIO NO INQUÉRITO POLICIAL E SEU PAPEL FUNDAMENTAL NA ORDEM DEMOCRÁTICA

Luciana da Fonseca Pereira[181]

1. INTRODUÇÃO

O presente texto se presta a auxiliar os colegas "concurseiros" nesta árdua e solitária jornada em busca da aprovação no concurso público, e especialmente na tão temida prova oral.

Em relação ao concurso que prestei e fui aprovada, para o cargo de Delegado de Polícia do Estado do Rio de Janeiro, existiam algumas especificidades em face da existência de banca específica – não tão usual na carreira de Delegado –, bem como, em uma mesma banca, a existência de posições antagônicas entre os membros. Deste modo, durante todo o estudo, e desde a primeira fase, tão logo divulgadas as bancas, procurei seguir estudando a doutrina tradicional afeta às disciplinas, mas especialmente me solidificar nas posições e obras dos membros.

A banca da disciplina de Processo Penal, por exemplo, era composta por profissionais das mais diversas carreiras, como Delegados, Desembargador e advogado. Sendo assim, optei, como estratégia

---
181. Bacharel em Direito pela Universidade Candido Mendes. Ex-inspetora de Polícia da Polícia Civil do Estado do Rio de Janeiro. Delegada de Polícia Civil do Estado do Rio de Janeiro.

durante as respostas às perguntas da prova oral, atender ao posicionamento do membro da banca que me arguia e ao mesmo tempo expor que também possuía conhecimento do posicionamento dos demais membros ou mesmo, mencionar posicionamento que também prestigiasse a carreira dos outros examinadores. Compreendi que a referida tática seria importante especialmente porque o tempo de arguição era exíguo, de modo que nem sempre seria possível que todos os membros fizessem perguntas, e, considerando que a nota se daria mediante o somatório da pontuação dada por todos os examinadores ouvintes, seria possível agradar e pontuar com todos.

Do mesmo modo, optei, em se tratando de temas que dominasse, levar à exposição ao máximo possível a fim de preencher o tempo de arguição e assim evitar perguntas que não soubesse – sim, possivelmente você chegará à prova oral sem saber tudo – ou mesmo não me fossem tão confortáveis.

2. DO QUESTIONAMENTO DA PROVA ORAL: PRINCÍPIO DO CONTRADITÓRIO E O INQUÉRITO POLICIAL

Em dado momento da arguição. foi-me questionado pelo ilustre membro da banca de Processo Penal, o Delegado de Polícia do Estado do Rio de Janeiro, Dr. Alan Luxardo, se existia contraditório no inquérito policial.

Em que pese a pergunta inicialmente pareça simples e pudesse ir pelas correntes mais tradicionais, acerca do tema, que negam a sua aplicação, existem importantes posicionamentos que, elevando a natureza do inquérito e a função do Delegado de Polícia, confirmam a sua incidência. Ademais, reitere-se, também estavam presentes quando da arguição os ilustres membros da banca: o Exmo. Dr. Desembargador do TJRJ, Dr. Paulo Rangel e o advogado criminalista Dr. Flávio Mirza, com posicionamentos antagônicos sobre o ponto questionado. Deste modo, optei por tecer uma resposta que abordasse a conceituação do princípio do contraditório e a definição e as características do inquérito consoante as doutrinas modernas e, por fim, informar a existência de divergência acerca do tema, fazendo alusão aos ensinamentos tradicionais, resumidamente nos termos abaixo.

O princípio do contraditório, em apertada síntese, no âmbito penal, é uma garantia constitucional afeta usualmente ao processo judicial, que consiste na possibilidade de uma pessoa, ciente de determinada imputação, contradizer o alegado no bojo dos autos. Isto é, direito de informação e participação, de modo a influir no conhecimento do órgão julgador. Contudo, em que pese o referido princípio seja ínsito aos processos, ou seja, em que há uma relação triangular composta por autor, réu e Estado, moderna doutrina aponta que o mesmo também seria aplicável às investigações de um modo geral, e especialmente ao inquérito. Isto porque, com o advento da Constituição da República de 1988, inspirado por movimentos mundiais de redemocratização, o inquérito passou a ter sua funcionalidade relida à luz da dignidade da pessoa humana – hoje eixo axiológico de todo ordenamento jurídico –, sendo, portanto, importante instrumento de defesa do próprio investigado, que poderá influir no convencimento da autoridade de polícia, esta, atualmente, tido como o primeiro garantidor dos direitos fundamentais. Ademais, a CRFB/1988, ao positivar a garantia fundamental do contraditório fez menção a sua incidência no âmbito do processo judicial ou administrativo, não cabendo uma interpretação restritiva que exclua o inquérito deste contexto sob pena de não se extrair a máxima eficácia que se impõe do dispositivo constitucional.

Contudo, faz-se necessário dizer que o tema é controvertido, existindo ainda importante doutrina tradicional que entende pela inaplicabilidade do princípio do contraditório no âmbito no inquérito policial em face das suas características. Para esta doutrina, o inquérito é mero procedimento administrativo, inquisitório, sigiloso, dispensável e unidirecional/instrumental, que, portanto, diante desta última qualidade, visa apenas arrecadar elementos de autoria e materialidade para fins de convencimento do órgão ministerial. Para esta corrente, o inquérito, diferentemente de uma ação penal, não traz maiores prejuízos ao investigado e, portanto, não se faz necessária a sua participação de forma a exercer o contraditório, que será oportunamente efetivado diante de um processo penal em que há potencial aplicação de uma pena.

Na sequência, foi-me questionado se na atualidade haveria algum inquérito em que, categoricamente, sem controvérsias, incida o contraditório. Ato contínuo, afirmei que, não obstante a natureza diversa, nos inquéritos para fins de expulsão do estrangeiro necessariamente, por força de previsão legal, seriam oportunizados o contraditório e a ampla defesa.[182]

Por fim, mencionei que recentemente o "Pacote Anticrime"[183] formalizou a existência do contraditório e ampla defesa no âmbito dos procedimentos investigativos que envolvam uso da força letal no exercício profissional por servidores vinculados às instituições de segurança pública e aos servidores militares vinculados às Forças Armadas, estes últimos relativos a fatos que digam respeito a missões para garantia da lei e da ordem, ao instituir a intimação do agente para fins de constituição de defensor, que em última

---

182. A seguir, a íntegra do *caput* e parágrafos do art. 58 da Lei nº 13.445/2017: "Art. 58. No processo de expulsão serão garantidos o contraditório e a ampla defesa. § 1º A Defensoria Pública da União será notificada da instauração de processo de expulsão, se não houver defensor constituído. § 2º Caberá pedido de reconsideração da decisão sobre a expulsão no prazo de 10 (dez) dias, a contar da notificação pessoal do expulsando". Brasil. Lei nº 13.445, de 24 de maio de 2017. Institui a Lei de Migração. **Diário Oficial**, Brasília, DF, 25 maio 2017. Disponível em: https://www.planalto.gov.br/ccivil_03/_ato2015-2018/2017/lei/l13445.htm. Acesso em: 8 fev. 2023.

183. A seguir, o *caput* e §§1º e 2º do art. 14-A do CPP: "Art. 14-A. Nos casos em que servidores vinculados às instituições dispostas no art. 144 da Constituição Federal figurarem como investigados em inquéritos policiais, inquéritos policiais militares e demais procedimentos extrajudiciais, cujo objeto for a investigação de fatos relacionados ao uso da força letal praticados no exercício profissional, de forma consumada ou tentada, incluindo as situações dispostas no art. 23 do Decreto-Lei nº 2.848, de 7 de dezembro de 1940 (Código Penal), o indiciado poderá constituir defensor. (Incluído pela Lei nº 13.964, de 2019) § 1º Para os casos previstos no *caput* deste artigo, o investigado deverá ser citado da instauração do procedimento investigatório, podendo constituir defensor no prazo de até 48 (quarenta e oito) horas a contar do recebimento da citação. (Incluído pela Lei nº 13.964, de 2019) § 2º Esgotado o prazo disposto no § 1º deste artigo com ausência de nomeação de defensor pelo investigado, a autoridade responsável pela investigação deverá intimar a instituição a que estava vinculado o investigado à época da ocorrência dos fatos, para que essa, no prazo de 48 (quarenta e oito) horas, indique defensor para a representação do investigado. (Incluído pela Lei nº 13.964, de 2019)". Brasil. Decreto nº 3.689, de 03 de outubro de 1941. Código de Processo Penal. **Diário Oficial**, Brasília, DF, 13 out. 1941. Disponível em: https://www.planalto.gov.br/ccivil_03/decreto-lei/del3689.htm. Acesso em: 8 fev. 2023.

análise seria de responsabilidade do ente público ao qual era vinculado à época dos fatos, diante de eventual omissão do investigado.

Passadas as respostas ofertadas, faz-se necessário o aprofundamento dos pontos que circundam a questão, senão vejamos.

3. DO PRINCÍPIO DO CONTRADITÓRI

O princípio do contraditório, inserto no art. 5º, LV, da CRFB/1988,[184] pode ser conceituado como a garantia fundamental de ciência bilateral dos atos ou termos do processo e a possibilidade de contradizê-los, ou seja, forma dialética que permite às partes o direito de informação e, consequentemente, o direito de reação/participação, de modo a trazer a sua verdade e assim influenciar o órgão julgador. No âmbito do acusado, essa possibilidade de reação traz à tona outro importante direito: o da ampla defesa, garantia fundamental àquele que se vê acusado de se defender tecnicamente por meio de advogado, bem como se autodefender de forma passiva por meio do silêncio ou da inércia quanto à produção de certa prova ou ativa, por depoimento ou participação frente às provas (Lopes Júnior, 2020).

Não obstante o contraditório e a ampla defesa sofram influência recíproca e se manifestem simultaneamente, são princípios que não se confundem. Consoante as lições de Renato Brasileiro, o devido processo legal que alicerça o processo penal exige posições antagônicas entre as partes, de modo que ambas têm o direito de contradizer o alegado, e àquele que se encontra como acusado, obrigatoriamente em posição de se defender, o direito à ampla defesa (Lima, 2023, p. 61), o qual não é dado à parte que acusa.

---

[184]. A seguir, a íntegra do *caput* do art. 5º e inciso LV, da CRFB/1988: "Art. 5º Todos são iguais perante a lei, sem distinção de qualquer natureza, garantindo-se aos brasileiros e aos estrangeiros residentes no País a inviolabilidade do direito à vida, à liberdade, à igualdade, à segurança e à propriedade, nos termos seguintes: (...) LV – aos litigantes, em processo judicial ou administrativo, e aos acusados em geral são assegurados o contraditório e ampla defesa, com os meios e recursos a ela inerentes". Brasil. Constituição da República Federativa do Brasil de 1988. **Diário Oficial**, 24 fev. 1891. Disponível em: https://www.planalto.gov.br/ccivil_03/constituicao/constituicao.htm. Acesso em: 8 fev. 2023.

É tradicionalmente compreendido pela doutrina e pela jurisprudência que o contraditório é de observância obrigatória na fase processual e não, na fase investigativa, ao argumento de que a CRFB/1988 expressamente o restringe ao processo judicial ou administrativo, de modo que o inquérito policial, procedimento administrativo que possui exclusivamente finalidade de arrecadar elementos informativos de autoria e materialidade acerca de crime para o titular da ação penal, não se enquadraria.

4. DA NECESSIDADE DE RELEITURA DO INQUÉRITO POLICIAL DIANTE DO ESTADO DEMOCRÁTICO DE DIREITO E ATUAÇÃO DO DELEGADO DE POLÍCIA COMO EFETIVADOR DE DIREITOS FUNDAMENTAIS

O inquérito policial é uma das espécies de apuração de uma infração penal, sendo conceituado pela doutrina tradicional como procedimento administrativo, preparatório, escrito, sigiloso e inquisitivo, presidido pelo Delegado de Polícia, conforme dispõe o art. 2º, §§ 1º e 2º, da Lei nº 12.830/2013.[185] A natureza de procedimento administrativo se deve ao fato de o inquérito não trazer nenhum tipo de sanção ao investigado, sendo meramente preparatório à ação penal, e transcorrer, em que pese a ausência de regras rígidas para a realização de atos, de forma sequencialmente lógica e ordenada. A característica de procedimento escrito, que se extrai da textualidade do art. 9º do CPP,[186] deve hoje ser interpretada

---

[185]. A seguir, a íntegra do *caput* e parágrafos do art. 2º da Lei nº 12.830/2013: "Art. 2º As funções de polícia judiciária e a apuração de infrações penais exercidas pelo delegado de polícia são de natureza jurídica, essenciais e exclusivas de Estado. § 1º Ao delegado de polícia, na qualidade de autoridade policial, cabe a condução da investigação criminal por meio de inquérito policial ou outro procedimento previsto em lei, que tem como objetivo a apuração das circunstâncias, da materialidade e da autoria das infrações penais. § 2º Durante a investigação criminal, cabe ao delegado de polícia a requisição de perícia, informações, documentos e dados que interessem à apuração dos fatos". Brasil. Lei nº 12.830, de 20 de junho de 2013. Dispõe sobre a investigação criminal conduzida pelo delegado de polícia. **Diário Oficial**, Brasília, DF, 26 jan. 2013. Disponível em: https://www.planalto.gov.br/ccivil_03/_ato2011-2014/2013/lei/l12830.htm. Acesso em: 8 fev. 2023

[186]. A seguir, a íntegra do *caput* do art. 9º do CPP: "Art. 9º Todas as peças do inquérito policial serão, num só processado, reduzidas a escrito ou datilografadas e, neste caso, rubricadas pela autoridade". Brasil. Decreto

como a exigência de que os atos do procedimento sejam documentados para a posteridade, o que importa na admissão de outros recursos tecnológicos hábeis ao registro, como gravação magnética e outros.[187] O atributo de procedimento sigiloso, inserto no art. 20 do CPP,[188] resulta da necessidade que tem o inquérito de que seus atos se operem de forma resguardada, com fator surpresa – ao menos quanto a sua produção[189-190] – a fim de garantir o sucesso das investigações. A característica da inquisitoriedade que se atribui ao inquérito decorre de seu caráter instrumental, porquanto se destina apenas a angariar elementos informativos de autoria e materialidade do crime ao titular da ação penal e não, ao menos diretamente, à aplicação de uma sanção, o que afastaria a necessidade de implementação do contraditório, com ciência e oportunidade de defesa ao investigado quanto aos atos do inquérito.

Contudo, conforme aponta doutrina de vanguarda, tais características refletem uma interpretação equivocada e atrasada do inquérito policial, demasiadamente influenciada pelo CPP brasileiro, datado de 1941, que possui fortes raízes no Código Rocco italiano de 1930, este produzido durante o regime fascista de Benito Mussolini

---

nº 3.689, de 03 de outubro de 1941. Código de Processo Penal. **Diário Oficial**, Brasília, DF, 13 out. 1941. Disponível em: https://www.planalto.gov.br/ccivil_03/decreto-lei/del3689.htm. Acesso em: 8 fev. 2023.

187. Nesses termos, legislações mais atuais, como as Leis nºs 13.431/2017 e 13.505/2017, que alteraram, respectivamente, o Estatuto da Criança e do Adolescente (ECA) e a Lei Maria da Penha, mencionam o registro de depoimentos por meio de gravações audiovisuais.

188. A seguir, a integra do *caput* do art. 20 do CPP: "Art. 20. A autoridade assegurará no inquérito o sigilo necessário à elucidação do fato ou exigido pelo interesse da sociedade". Brasil. Decreto nº 3.689, de 03 de outubro de 1941. Código de Processo Penal. **Diário Oficial**, Brasília, DF, 13 out. 1941. Disponível em: https://www.planalto.gov.br/ccivil_03/decreto-lei/del3689.htm. Acesso em: 8 fev. 2023.

189. Nesse sentido é o verbete da Súmula Vinculante nº 14 do STF: "É direito do defensor, no interesse do representado, ter acesso amplo aos elementos de prova que, já documentados em procedimento investigatório realizado por órgão de competência de polícia judiciária". Disponível em: https://jurisprudencia.stf.jus.br/pages/search/seq-sumula762/false. Acesso em: 10 fev. 2023.

190. Do mesmo modo, o inciso XIV e § 11 do art. 7º do Estatuto da Ordem dos Advogados do Brasil: "Art. 7º São direitos do advogado: (...) XIV – examinar, em qualquer instituição responsável por conduzir investigação, mesmo sem procuração, autos de flagrante e de investigações de qualquer natureza, findos ou em andamento, ainda que conclusos à autoridade, podendo copiar peças e tomar apontamentos, em meio físico ou digital; (...) § 11 No caso previsto no inciso XIV, a autoridade competente poderá delimitar o acesso do advogado aos elementos de prova relacionados a diligências em andamento e ainda não documentados nos autos, quando houver risco de comprometimento da eficiência, da eficácia ou da finalidade das diligências". Brasil. Lei nº 8.906, de 04 de julho de 1996. Dispõe sobre o Estatuto da Advocacia e a Ordem dos Advogados do Brasil (OAB). **Diário Oficial**, Brasília, DF, 05 jul. 1994. Disponível em: https://www.planalto.gov.br/ccivil_03/leis/l8906.htm. Acesso 10 fev. 2023.

(Xavier, 2020, p. 23), em que as razões do Estado prevaleciam em detrimento de garantias individuais. Contudo, desde então, sucederam diversos fatos históricos no âmbito nacional e no internacional que influenciaram o ordenamento jurídico como um todo, especialmente após a Segunda Guerra Mundial, quando então a sociedade passou a não se bastar com a mera legalidade, senão com Estado de Direito que cumpra sua finalidade máxima de proteção do homem (Cunha Júnior, 2018, p. 533). Acusa a doutrina, ainda, que, não obstante a implementação do período pós-positivista, com força normativa dos princípios, com enfoque na dignidade da pessoa humana, e mesmo com o advento da CRFB/1988 –[191] inspirada com tais valores –, seguimos com um processo penal demasiadamente retrógrado, especialmente no que tange ao inquérito policial – sobretudo pelas interpretações que lhe são conferidas –, o que resulta na necessidade urgente de sua releitura e filtragem constitucional constante.

A CRFB/1988, em seu art. 129, inciso I[192] fez clara opção pelo sistema acusatório – decerto, não puro (Rangel, 2020, p. 37) –, hoje reforçado com o art. 3º-A do CPP,[193] o que importa no reconhecimento de direitos àqueles que se encontrem como acusados, como, por exemplo: juiz imparcial, separação das funções de acusar e julgar, tratamento igualitário entre as partes, publicidade dos atos, contraditório e ampla defesa, valoração motivada das provas e, especialmente, pela produção probatória sob responsabilidade das partes – este reconhecido como núcleo fundamental do sistema. No entanto, como informa a doutrina, o fato de o sistema processual penal possuir etapas de persecução, mediante inquérito e processo

---

191. Brasil. Constituição da República Federativa do Brasil de 1988. **Diário Oficial**, 24 fev. 1891. Disponível em: https://www.planalto.gov.br/ccivil_03/constituicao/constituicao.htm. Acesso em: 8 fev. 2023.
192. A seguir, a íntegra do *caput* do art. 129 e inciso I, da CRFB/1988: "Art. 129. São funções institucionais do Ministério Público: I – promover, privativamente, a ação penal pública, na forma da lei". Brasil. Constituição da República Federativa do Brasil de 1988. **Diário Oficial**, 24 fev. 1891. Disponível em: https://www.planalto.gov.br/ccivil_03/constituicao/constituicao.htm. Acesso em: 8 fev. 2023.
193. A seguir, a íntegra do *caput* do art. 3º-A do CPP: "Art. 3º-A O processo penal terá estrutura acusatória, vedadas a iniciativa do juiz na fase de investigação e a substituição da atuação probatória do órgão de acusação". Brasil. Decreto nº 3.689, de 03 de outubro de 1941, alterado pela Lei nº 13.964/2019. Código de Processo Penal. **Diário Oficial**, Brasília, DF, 30 mar. 2021. Disponível em: https://www.planalto.gov.br/ccivil_03/decreto-lei/del3689.htm. Acesso em: 8 fev. 2023.

penal, marcado aquele por traços inquisitoriais, não tem o condão de descaracterizar o sistema acusatório adotado e, por muito menos, importa em cerceamento de direitos na fase investigativa, os quais, todavia, serão ofertados na medida do possível, de forma temperada.

Afirma a doutrina que o inquérito policial, sem se afastar de sua finalidade de angariar elementos informativos para eventual ação penal, e especialmente a fim de legitimar futuras reprimendas do Estado, deve ser mecanismo concreto de satisfação de direitos fundamentais, sobretudo de contenção do poder estatal, tendo em vista a potencialidade de sua repercussão negativa na esfera pessoal e de bens do investigado. Ademais, na atualidade, com o mundo informatizado, com maior velocidade de informações e possibilidade de devassa da vida privada, os efeitos de se ter uma investigação contra si são muito mais nocivos do que alguns anos atrás (Xavier, 2015, p. 80 e 132), motivo pelo qual, mais do que nunca, o inquérito policial há de ser espaço de observância do Estado Democrático de Direito, no qual, na medida do possível, a fim de que não se frustre a arrecadação de elementos informativos, devem ser ofertados os direitos de contraditório e ampla defesa. É o que, nas lições de Pedro Ivo de Souza (2015, p. 65), se chama de "amplitude democrática adequada" do inquérito, que a um só tempo observa a finalidade investigativa e os direitos fundamentais.

A medida do possível informada pela doutrina quanto ao contraditório se aperfeiçoa, por exemplo, no momento em que o investigado tem acesso aos elementos informativos já documentados nos autos – e não, desde o início do inquérito policial ou informado acerca das medidas a serem tomadas no curso –, perfazendo a informação que reveste o referido direito. Do mesmo modo, diante do acesso aos autos, é possível que o investigado, realizando o direito de defesa, seja inquirido e apresente sua versão dos fatos ou permaneça em silêncio quanto às circunstâncias do crime investigado,[194] solicite diligências e formule razões ou que-

---

194. CPP: "Art. 6º Logo que tiver conhecimento da prática da infração penal, a autoridade policial deverá: (...) V – ouvir o indiciado, com observância, no que for aplicável, do disposto no Capítulo III do Título VII, deste Livro, devendo o respectivo termo ser assinado por duas testemunhas que lhe tenham ouvido a leitura; (...)

sitos à perícia.[195-196] Corroborando com isto foram as alterações inseridas pelas Leis nºs 13.245/2016 e 13.973/2019 no Estatuto da Ordem dos Advogados do Brasil,[197-198] que reforçaram as prerrogativas dos advogados na defesa de seus clientes, especialmente quanto à atuação defensiva no inquérito policial.

Portanto, tendo em vista a adoção do sistema processual penal acusatório, que deve, ou pelo deveria, conviver harmonicamente com a carga inquisitória do inquérito policial, que, registre-se, decorre apenas de a gestão dos elementos de informação se concentrar nas mãos da autoridade policial responsável pelas investigações (Xavier, 2020, p. 43), que por vezes demanda atuação mediante fator surpresa, é perfeitamente possível a adequação dos direitos de contraditório e defesa no inquérito, que serão facultados aos investigados e realizados na medida e na forma que não inviabilizem as atividades investigativas.

Art. 186. Depois de devidamente qualificado e cientificado do inteiro teor da acusação, o acusado será informado pelo juiz, antes de iniciar o interrogatório, do seu direito de permanecer calado e de não responder perguntas que lhe forem formuladas. (Redação dada pela Lei nº 10.792, de 1º.12.2003) Parágrafo único. O silêncio, que não importará em confissão, não poderá ser interpretado em prejuízo da defesa". Brasil. Decreto nº 3.689, de 03 de outubro de 1941. Código de Processo Penal. **Diário Oficial**, Brasília, DF, 30 mar. 2021. Disponível em: https://www.planalto.gov.br/ccivil_03/decreto-lei/del3689.htm. Acesso em: 8 fev. 2023.

195. CPP: "Art. 14. O ofendido, ou seu representante legal, e o indiciado poderão requerer qualquer diligência, que será realizada, ou não, a juízo da autoridade. (...) Art. 159. O exame de corpo de delito e outras perícias serão realizados por perito oficial, portador de diploma de curso superior (...) § 3º Serão facultadas ao Ministério Público, ao assistente de acusação, ao ofendido, ao querelante e ao acusado a formulação de quesitos e indicação de assistente técnico". Brasil. Decreto nº 3.689, de 03 de outubro de 1941. Código de Processo Penal. **Diário Oficial**, Brasília, DF, 30 mar. 2021. Disponível em: https://www.planalto.gov.br/ccivil_03/decreto-lei/del3689.htm. Acesso em: 8 fev. 2023.

196. A seguir, inciso XXI, "a", do art. 7º Estatuto da Ordem dos Advogados do Brasil: "Art. 7º São direitos do advogado: (...) XXI – assistir a seus clientes investigados durante a apuração de infrações, sob pena de nulidade absoluta do respectivo interrogatório ou depoimento e, subsequentemente, de todos os elementos investigatórios e probatórios dele decorrentes ou derivados, direta ou indiretamente, podendo, inclusive, no curso da respectiva apuração: a) apresentar razões e quesitos". Brasil. Lei nº 8.906, de 04 de julho de 1996. Dispõe sobre o Estatuto da Advocacia e a Ordem dos Advogados do Brasil (OAB). **Diário Oficial**, Brasília, DF, 05 jul. 1994. Disponível em: https://www.planalto.gov.br/ccivil_03/leis/l8906.htm. Acesso em: 10 fev. 2023.

197. Brasil. Lei nº 13.245, de 12 de janeiro de 2016. Altera o art. 7º da Lei nº 8.906, de 4 de julho de 1994 (Estatuto da Ordem dos Advogados do Brasil). **Diário Oficial**, Brasília, DF, 13 jan. 2016. Disponível em: https://www.planalto.gov.br/ccivil_03/_Ato2019-2022/2019/Lei/L13793.htm#art2. Acesso em: 19 fev. 2023.

198. Brasil. Lei nº 13.793, de 03 de janeiro de 2019. Altera as Leis nºs 8.906, de 4 de julho de 1994, 11.419, de 19 de dezembro de 2006, e 13.105, de 16 de março de 2015 (Código de Processo Civil), para assegurar a advogados o exame e a obtenção de cópias de atos e documentos de processos e de procedimentos eletrônicos. **Diário Oficial**, Brasília, DF, 04 jan. 2019. Disponível em: https://www.planalto.gov.br/ccivil_03/_Ato2019-2022/2019/Lei/L13793.htm#art2. Acesso em: 19 fev. 2023.

Como argumento de reforço para a aplicação do princípio do contraditório no âmbito do inquérito policial, a doutrina informa que, não obstante o art. 5º, LV, da CRFB/1988 assegure aos litigantes do processo judicial ou administrativo e aos acusados em geral o direito de contraditório e ampla defesa, considerando se tratar de um direito fundamental e objetivando a consolidação do atual projeto constitucional, deve o mesmo ser interpretado da forma que lhe viabilize o maior alcance possível, motivo pelo qual não há por que se retirar a referida garantia de procedimentos, como o inquérito policial.

Desse modo, considerando o inquérito policial constitucional, isto é, que se aperfeiçoa com o Estado Democrático de Direito e com o sistema processual penal acusatório adotado, a doutrina atual traz a seguinte conceituação: processo administrativo *sui generis*, apuratório, indispensável, realizado por Delegado de Polícia (Hoffman, 2019, p. 28). A natureza de procedimento *sui generis* advém, em que pese a inexistência de acusação formal, da existência de controvérsias a serem analisadas pela autoridade policial que podem resultar da restrição de direitos. A característica apuratória é adotada em substituição à terminologia inquisitiva e repousa na ideia de gestão dos elementos de informação pelo delegado e a necessidade de certas medidas ocorrerem mediante fator surpresa, sem, contudo, representar a supressão de direitos ao investigado ou a admissão de um sistema processual penal misto. A indispensabilidade do inquérito repousa, não obstante a viabilidade de oferecimento da ação penal desacompanhada deste, em se cuidar de uma garantia do cidadão, como mais um e necessário mecanismo de contenção do poder estatal a fim de se evitar ações penais injustas, razão pela qual se torna imperiosa a apuração dos fatos mediante tal procedimento.

Por fim, embora existam outros tipos de investigação, como a sindicância, a comissão parlamentar de inquérito, o termo circunstanciado, a investigação pelo Ministério Público, dentre outros, o inquérito policial é de exclusiva atribuição do Delegado de Polícia, na forma do art. 2º, §§ 1º e 2º, da Lei nº 12.830/2013,[199] sendo este o responsável pela condução e, assim, a gestão dos elementos informativos, que, afastando-se do antigo viés antidemocrático, no qual era incumbido de exercer as razões autoritárias de Estado, deve se prestar à busca pela elucidação quanto à autoria e à materialidade do fato criminoso, sem, contudo, se dissociar de seu papel relevante de primeiro garantidor dos direitos fundamentais, que indubitavelmente se perfaz pelo reconhecimento da ampla defesa e contraditório no âmbito do inquérito policial, de forma temperada, como já mencionado.

5. CONTRADITÓRIO E DEFESA TÉCNICA NOS PROCEDIMENTOS QUE POSSUAM COMO INVESTIGADOS AGENTES DE SEGURANÇA PÚBLICA E MILITARES DAS FORÇAS ARMADAS

Ainda sobre a temática, recentemente o CPP foi alterado pela Lei nº 13.964/2019, então denominada como "Pacote Anticrime", que passou a dispor categoricamente em seu art. 14-A da observância do contraditório e da defesa técnica no inquérito policial ao instituir a obrigatoriedade de notificação e instituição de defensor quando os investigados forem agentes da segurança pública ou militares das forças armadas,[200] estes últimos agindo em garantia

---

199. Cf. nota 5. O teor do art. 1º, §§ 1º e 2º, da Lei nº 12.830/2013 revela que: "Art. 2º As funções de polícia judiciária e a apuração de infrações penais exercidas pelo delegado de polícia são de natureza jurídica, essenciais e exclusivas de Estado. § 1º Ao delegado de polícia, na qualidade de autoridade policial, cabe a condução da investigação criminal por meio de inquérito policial ou outro procedimento previsto em lei, que tem como objetivo a apuração das circunstâncias, da materialidade e da autoria das infrações penais. § 2º Durante a investigação criminal, cabe ao delegado de polícia a requisição de perícia, informações, documentos e dados que interessem à apuração dos fatos".

200. Cf. nota 3. O teor do art. 14-A e parágrafos, do CPP informa que: "Art. 14-A. Nos casos em que servidores vinculados às instituições dispostas no art. 144 da Constituição Federal figurarem como investigados em inquéritos policiais, inquéritos policiais militares e demais procedimentos extrajudiciais, cujo objeto for a investigação de fatos relacionados ao uso da força letal praticados no exercício profissional, de forma consumada ou tentada, incluindo as situações dispostas no art. 23 do Decreto-Lei nº 2.848, de 7 de dezembro de 1940 (Código Penal), o indiciado poderá constituir defensor. § 1º Para os casos previstos no *caput* deste artigo, o investigado deverá ser citado da instauração do procedimento investigatório, podendo constituir defensor no prazo de até 48 (quarenta e oito) horas a contar do recebimento da citação. § 2º Esgotado o prazo disposto no § 1º deste artigo com ausência de nomeação de defensor pelo investigado, a autoridade responsável pela investigação

da lei, na ordem na forma da Lei Complementar nº 97/1999[201] e do Decreto nº 3.897/2001,[202] por uso da força letal, no exercício profissional, de forma consumada ou tentada, incluindo as situações de legítima defesa. Adiante, o dispositivo normativo estabelece prazos para fins de notificação e constituição de defensor, bem como eventuais responsáveis pela defesa diante da omissão do investigado.

Preliminarmente, ainda que se reconheça a louvável e necessária previsão que, em síntese, visa dar proteção à atuação legal dos agentes de segurança pública, especialmente a fim de se evitar que temerária e açodadamente se tornem futuramente réus em ações penais que poderiam ter sido evitadas, a mesma é digna de críticas pela doutrina, em especial pela ausência de técnica utilizada para sua instituição, senão vejamos.

O § 1º do art. 14-A do CPP determina a citação do investigado para que, no prazo de 48 horas, constitua defensor, o que revela atecnia ao empregar o termo citação no âmbito da investigação, tendo em vista se cuidar de ato inerente ao processo penal, que ocorre após o recebimento da denúncia ou queixa que visa cientificar o réu acerca de certa acusação, abrindo-lhe prazo para defesa. Assim sendo, absolutamente impertinente o uso da referida

---

deverá intimar a instituição a que estava vinculado o investigado à época da ocorrência dos fatos, para que essa, no prazo de 48 (quarenta e oito) horas, indique defensor para a representação do investigado. § 3º Havendo necessidade de indicação de defensor nos termos do § 2º deste artigo, a defesa caberá preferencialmente à Defensoria Pública, e, nos locais em que ela não estiver instalada, a União ou a Unidade da Federação correspondente à respectiva competência territorial do procedimento instaurado deverá disponibilizar profissional para acompanhamento e realização de todos os atos relacionados à defesa administrativa do investigado. § 4º A indicação do profissional a que se refere o § 3º deste artigo deverá ser precedida de manifestação de que não existe defensor público lotado na área territorial onde tramita o inquérito e com atribuição para nele atuar, hipótese em que poderá ser indicado profissional que não integre os quadros próprios da Administração. § 5º Na hipótese de não atuação da Defensoria Pública, os custos com o patrocínio dos interesses dos investigados nos procedimentos de que trata este artigo correrão por conta do orçamento próprio da instituição a que este esteja vinculado à época da ocorrência dos fatos investigados. § 6º As disposições constantes deste artigo se aplicam aos servidores militares vinculados às instituições dispostas no art. 142 da Constituição Federal, desde que os fatos investigados digam respeito a missões para a Garantia da Lei e da Ordem".

201. Brasil. Lei Complementar nº 97, de 09 de junho de 1999. Dispõe sobre as normas gerais para a organização, o preparo e o emprego das Forças Armadas. **Diário Oficial**, Brasília, DF, 10 jun. 1999. Disponível em: http://www.planalto.gov.br/ccivil_03/leis/lcp/lcp97.htm. Acesso em: 8 fev. 2023.

202. Brasil. Decreto nº 3.897, de 24 de agosto de 2001. Fixa as diretrizes para o emprego das Forças Armadas na garantia da lei e da ordem, e dá outras providências. **Diário Oficial**, Brasília, DF, 24 ago. 2001. Disponível em: http://www.planalto.gov.br/ccivil_03/decreto/2001/d3897.htm. Acesso em: 8 fev. 2023.

terminologia, tendo em vista que a investigação, além de não imputar fato criminoso, se presta apenas ao esclarecimento do fato e sua eventual autoria. Logo, conforme adverte a doutrina, a terminologia correta seria notificação.[203]

Em sequência, afere-se que o CPP instituiu a defesa técnica obrigatória aos investigados nos moldes do art. 14-A, o que se depreende dos §§ 2º a 5º do referido artigo, que informa que no caso de o investigado não constituir advogado deverá ser notificado o órgão de origem do servidor à época dos fatos, para que em 48 horas indique defensor, cabendo preferencialmente à Defensoria Pública e nos locais em que esta não estiver instalada, que seja ofertado profissional que, inclusive, pode não integrar os quadros da administração, quando então a contratação se dará a expensas do ente federativo. Contudo, critica a doutrina que a previsão da Defensoria Pública como órgão preferencial de defesa dos investigados padece de inconstitucionalidade material, tendo em vista destoar da atribuição constitucional precípua, qual seja: assistência jurídica integral e gratuita aos comprovadamente hipossuficientes, de modo que seria melhor a instituição de defesa pelas advocacias públicas, como Procuradorias dos Estados e do Distrito Federal, e Advocacia-Geral da União, responsável pela representação judicial das respectivas unidades federativas (Lima, 2023, p. 178).

Ressalte-se, como bem esclarece a doutrina, que a constituição de defensor é medida obrigatória que deve ser suprida pelo órgão de origem do agente de segurança pública, de modo que a não constituição não possui o condão de sobrestar as investigações ou fazer com que a autoridade policial responsável por estas institua defensor dativo e, uma vez constituído, o advogado que acompanhará

---

[203]. O Enunciado nº 05 do Grupo Nacional de Coordenadores de Centro de Apoio Criminal (GNCCRIM) aclara que: "Não obstante a terminologia utilizada no § 1º, admite-se qualquer forma efetiva de comunicação do investigado acerca da instauração do procedimento investigatório criminal (pessoal, e-mail, carta, whatsapp, SMS ou qualquer outro meio de comunicação), aplicando-se, analogicamente, o teor do § 4º do artigo 19 da Resolução CNMP nº 181". Brasil. Grupo Nacional de Coordenadores de Centro de Apoio Criminal – CNCCRIM. Enunciados Interpretativos da Lei nº 13.964/2014. Disponível em: https://www.cnpg.org.br/images/arquivos/gndh/documentos/enunciados/GNCCRIM_Enunciados.pdf. Acesso em: 12 fev. 2023.

as investigações terá os mesmos poderes de qualquer outro defensor, nos moldes que determina o Estatuto dos Advogados do Brasil, observados os limites já mencionados do verbete da Súmula Vinculante nº 14 do STF (Alves, 2021, p. 182).

Por fim, não obstante reconheça que os agentes de segurança pública sejam mais suscetíveis a riscos e invariavelmente a serem investigados em decorrência de suas atividades que envolverem o uso de força letal, a doutrina faz críticas à referida previsão, tendo em vista criar um privilégio não razoável (Alves, 2021, p. 181). Questiona a doutrina se não teria sido oportuno, de uma vez por todas, ratificar formalmente a existência de direito de contraditório e defesa no inquérito policial a todos os investigados, tal qual se ratificou o sistema acusatório adotado no art. 3º-A do CPP,[204] também fruto do Pacote Anticrime. Aos olhos da doutrina, o legislador perdeu uma excelente oportunidade de finalmente aclarar que o sistema acusatório adotado convive com o inquérito policial de nuance inquisitória, que somente é assim reconhecido, reitere-se, pela gestão e direção se concentrarem nas mãos da autoridade policial, que teria, contudo, o dever de ofertar ao investigado o direito de contraditório e defesa, ressalte-se, possíveis.

6. DO CONTRADITÓRIO NO INQUÉRITO POLICIAL DE EXPULSÃO

Ainda que a matéria esteja afeta ao Direito Internacional Público e possua cunho eminentemente administrativo, a fim de se trazer um *plus* à discussão, faz-se necessário mencionar a existência de contraditório e ampla defesa no inquérito policial de expulsão do estrangeiro.

A expulsão é medida administrativa de retirada obrigatória de migrante ou visitante do território nacional, conjugada com impedimento

---
[204]. O teor do art. 3º-A do CPP informa que "O processo penal terá estrutura acusatória, vedadas a iniciativa do juiz na fase de investigação e a substituição da atuação probatória do órgão de acusação. (Incluído pela Lei nº 13.964, de 2019)".

de reingresso temporário, que, em face da nova roupagem dada ao estrangeiro (Portela, 2019, p. 373), pela Lei nº 13.445/2017, em consonância com a nova ordem constitucional e com os tratados de direito humanos dos quais o Brasil é parte, se limita a duas hipóteses: a) crime de genocídio, crime contra a humanidade, crime de guerra ou crime de agressão, nos termos definidos pelo Estatuto de Roma do Tribunal Penal Internacional; e b) crime comum doloso passível de pena privativa de liberdade, consideradas a gravidade e as possibilidade de ressocialização em território nacional (art. 54, § 1º).[205]

A medida de expulsão é antecedida do processo administrativo denominado "Inquérito Policial de Expulsão", sob responsabilidade do Ministério da Justiça e da Segurança Pública, a cargo da Polícia Federal, em que será necessariamente, por força de lei, observado o contraditório e ampla defesa, cabendo, diante da não constituição de defensor, a defesa pela Defensoria Pública da União, na forma do art. 58 e seu § 1º, da Lei nº 13.445/2017.[206]

Uma vez concluído o inquérito, com observância do contraditório e ampla defesa, a medida de expulsão é ato discricionário do Presidente da República que se materializa mediante portaria, que, no entanto, é tomada com base no que foi apurado no referido procedimento, e, não obstante se cuidar de ato que envolva conveniência e oportunidade, é passível de controle jurisdicional quanto à legalidade e à constitucionalidade, por força da garantia

---

205. A seguir, a íntegra do art. 54 da Lei nº 13.445/2017: "Art. 54. A expulsão consiste em medida administrativa de retirada compulsória de migrante ou visitante do território nacional, conjugada com o impedimento de reingresso por prazo determinado. § 1º Poderá dar causa à expulsão a condenação com sentença transitada em julgado relativa à prática de: I – crime de genocídio, crime contra a humanidade, crime de guerra ou crime de agressão, nos termos definidos pelo Estatuto de Roma do Tribunal Penal Internacional, de 1998, promulgado pelo Decreto nº 4.388, de 25 de setembro de 2002; ou II – crime comum doloso passível de pena privativa de liberdade, consideradas a gravidade e as possibilidades de ressocialização em território nacional". Brasil. Institui a Lei de Migração. **Diário Oficial**, Brasília, DF, 24 maio 2017. Disponível em: https://www.planalto.gov.br/ccivil_03/_ato2015-2018/2017/lei/l13445.htm. Acesso em: 20 fev. 2023.
206. A seguir, o art. 58, § 1º, da Lei nº 13.445/2017: "Art. 58. No processo de expulsão serão garantidos o contraditório e a ampla defesa. § 1º A Defensoria Pública da União será notificada da instauração de processo de expulsão, se não houver defensor constituído". Brasil. Institui a Lei de Migração. **Diário Oficial**, Brasília, DF, 24 maio 2017. Disponível em: https://www.planalto.gov.br/ccivil_03/_ato2015-2018/2017/lei/l13445.htm. Acesso em: 20 fev. 2023.

fundamental da inafastabilidade do Poder Judiciário inserta no art. 5º, XXXV, da CRFB/1988.[207]

Em relação à temática, diante na nova roupagem democrática dada ao inquérito policial para fins de expulsão do estrangeiro, há doutrina que reforce a necessidade de revisão dos conceitos do inquérito policial e especialmente do diálogo das fontes (Barbosa, 2017), com fluxo de normas que se apliquem aos demais sistemas, para o fim de, uma vez por todas, se reconhecer a incidência do contraditório e defesa possíveis no inquérito policial, a fim de se extrair uma investigação policial compatível com a ordem constitucional.

7. INVESTIGAÇÃO CRIMINAL DEFENSIVA

A investigação defensiva, hoje disciplinada pelo Provimento nº 88/2018 do Conselho Federal da OAB,[208] resulta de uma tentativa, ainda que tímida, pela busca da paridade de armas na persecução penal brasileira, tendo em vista que o aparato estatal ainda se encontra em favor da acusação, especialmente quando das investigações – esta ainda muito afastada do Estado Democrático de Direito –, o que favorece a desigualdade no sistema de Justiça.

Cuida-se de um conjunto de atividades de natureza investigatória, desenvolvido em qualquer fase da persecução criminal, realizado pelo defensor do investigado ou acusado, que se presta à coleta de elementos objetivos, subjetivos e documentais de convicção, com o fim de construir um acervo probatório lícito, para

---

207. A seguir, a íntegra do *caput* do art. 5º e inciso XXXV, da CRFB/1988: "Art. 5º Todos são iguais perante a lei, sem distinção de qualquer natureza, garantindo-se aos brasileiros e aos estrangeiros residentes no País a inviolabilidade do direito à vida, à liberdade, à igualdade, à segurança e à propriedade, nos termos seguintes: (...) XXXV – a lei não excluirá da apreciação do Poder Judiciário lesão ou ameaça a direito". Brasil. Constituição da República Federativa do Brasil de 1988. **Diário Oficial**, 05 out. 1988. Disponível em: https://www.planalto.gov.br/ccivil_03/constituicao/constituicao.htm. Acesso em: 8 fev. 2023.
208. Brasil. Provimento nº 188, de 11 de dezembro de 2018. Regulamenta o exercício da prerrogativa profissional do advogado de realização de diligências investigatórias para instrução em procedimentos administrativos e judiciais. **Diário Eletrônico da Ordem dos Advogados do Brasil**, DF, 31 dez. 2018. Disponível em: https://www.oab.org.br/leisnormas/legislacao/provimentos/188-2018. Acesso em: 10 fev. 2023.

fins do exercício da ampla defesa do imputado em contraponto às investigações ou acusações oficiais (Lima, 2023, p. 243). Essa investigação defensiva não se confunde com a participação do defensor nos autos do inquérito policial, mas se presta como medida de reforço à defesa do investigado, à medida que viabiliza a condução das diligências pelo defensor em busca de acervo probatório que lhe seja favorável e a proteção contra inquéritos policiais dirigidos com aspirações das razões de Estado.

Por fim, registre-se que a investigação criminal defensiva está inserta no projeto do Novo Código de Processo Penal (arts. 12 a 14 do Projeto de Lei nº 156/2009),[209] o que denota a tentativa de se viabilizar a efetiva isonomia entre as partes e a defesa do imputado em todas as fases da persecução penal, conforme determina a nova ordem constitucional.

8. CONCLUSÃO

Passada a análise dos pontos que seriam de interesse à questão arguida quando da prova oral, ressalto que no caso havia a necessidade de se explorar um pensamento crítico para além das doutrinas usuais, especialmente tendo em vista que a banca de Processo Penal possuía uma composição heterogênea, com membros das mais

---

209. A seguir, íntegra dos arts. 12 a 14 do Projeto de Lei nº 156/2009: "Art. 12. É garantido ao investigado e ao seu defensor acesso a todo material já produzido na investigação criminal, salvo no que concerne, estritamente, às diligências em andamento. Parágrafo único. O acesso compreende consulta ampla, apontamentos e reprodução por fotocópia ou outros meios técnicos compatíveis com a natureza do material. Art. 13. É direito do investigado ser ouvido pela autoridade competente antes que a investigação criminal seja concluída. Parágrafo único. A autoridade tomará as medidas necessárias para que seja facultado ao investigado o exercício do direito previsto no *caput* deste artigo, salvo impossibilidade devidamente justificada. Art. 14. É facultado ao investigado, por meio de seu advogado ou de outros mandatários com poderes expressos, tomar a iniciativa de identificar fontes de prova em favor de sua defesa, podendo inclusive entrevistar pessoas. Parágrafo único. As entrevistas realizadas na forma do caput deste artigo deverão ser precedidas de esclarecimentos sobre seus objetivos e do consentimento das pessoas ouvidas". Brasil. Senado Federal. Projeto de Lei nº 156, de 30 abr. 2019. Comissão de Juristas responsável pela elaboração de anteprojeto de reforma do Código de Processo Penal. Disponível em: https://legis.senado.leg.br/sdleg-getter/documento?dm=2966191&ts=1630439504987&disposition=inline&_gl=1*1qqvjjf*_ga*MTM0NzU5MzE4LjE2ODY1MjQ2NzI.*_ga_CW3ZH25XMK*MTY4NjUvNDY3Mi4xLjEuMTY4NjUyNDc5MS4wLjAuMA. Acesso em: 1º maio 2023.

diversas carreiras. Soma-se a isto o fato de que o concurso público para provimento do cargo de Delegado de Polícia do Estado do Rio de Janeiro possui em todas as disciplinas membros altamente técnicos e com posicionamentos que fogem aos manuais tradicionais, o que acaba por exigir do candidato uma verticalização dos estudos e um pensar e argumentar com olhar mais analítico.

No caso em análise não havia posicionamento específico do membro da banca quanto à aplicação ou não do contraditório no inquérito policial, mas existia artigo do mesmo defendendo exaustivamente a análise dos elementos do crime em sede policial pelo Delegado de Polícia (Luxardo, 2012), como consequência lógica da ordem constitucional ora adotada, que possui como vetor hermenêutico a dignidade da pessoa humana, dando ênfase ao papel desempenhado pela autoridade policial, hoje responsável pela garantia de direitos, primeiro agente de contenção aos poderes e abusos do Estado. Ademais, há anos que os membros da carreira de Delegado de Polícia vêm lutando para que, de uma vez por todas, seja reconhecido seu atual papel constitucional, de modo que não há como se assumir uma postura parcialmente garantista ou garantista de conveniência para se conceber a atribuição de se debruçar sobre os elementos do crime, mas não se reconhecer que as investigações também são espaço de proteção, onde há aplicação do contraditório e defesa possível.

Logo, reputo por acertada a estratégia de tecer comentários iniciais sobre as doutrinas tradicionais e por fim trabalhar posicionamentos de vanguarda, que especialmente ressaltam a importância e elevam a qualidade do inquérito policial e a atuação do Delegado de Polícia no atual cenário democrático, em consonância com material existente de autoria do membro da banca.

Por fim, aos colegas que seguem na luta diária de estudos a fim da tão sonhada aprovação no concurso público, desejo disciplina, obstinação e fé, pois somente assim será possível.

REFERÊNCIAS BIBLIOGRÁFICAS

ALVES, L. B. M. **Processo Penal Parte Geral**. 11. ed. Salvador: Juspodivm, 2021.

BARBOSA, R. M. **O novo inquérito de expulsão deve dialogar com o inquérito comum**. 2017. Disponível em: https://www.conjur.com.br/2017-dez-05/academia-policia-inquerito-expulsao-dialogar-inquerito-comum#:~:text=O%20novo%20Inqu%C3%A9rito%20de%20Expuls%C3%A3o%20deve%20dialogar%20com%20o%20Inqu%C3%A9rito%20comum,-5%20de%20dezembro&text=H%C3%A1%2015%20dias%20entrou%20em,operou%20no%20dia%20seguinte%2C%2025. Acesso em: 25 abr. 2023.

CUNHA JÚNIOR, D. da. **Curso de Direito Constitucional**. 13. ed. Salvador: Juspodivm, 2018.

HOFFMAN, H. **Temas avançados de Polícia Judiciária**. 3. ed. Salvador: Juspodivm, 2019.

LIMA, R. B. de. **Manual de processo penal**. 12. ed. São Paulo: Juspodivm, 2023. v. único.

LOPES JÚNIOR, A. **Direito Processual Penal**. 17. ed. São Paulo: Saraiva Educação, 2020.

LUXARDO, A. Autonomia e Independência Funcional do Delegado de Polícia: a possibilidade da valoração da tipicidade, ilicitude e culpabilidade em sede policial. **Revista Jurídica da Polícia Civil do Estado do Rio De Janeiro**, v. 1, 2012.

PORTELA, P. H. G. **Direito Internacional Público e Privado**. 11. ed. Salvador: Juspodivm, 2019.

RANGEL, C. E. **Poder Punitivo, Polícia Judiciária e Democracia**: reflexões contemporâneas sobre a atividade de investigação criminal. Rio de Janeiro: Freitas Bastos, 2020. p. 37.

SOUZA, P. I. de. Investigação criminal no Estado Constitucional: reflexões sobre um novo paradigma investigatório. In: ZANOTTI, B. T.; SANTOS, C. I. **Temas avançados de Polícia Judiciária**. Salvador: Juspodivm, 2015.

XAVIER, L. M. da F. **Constitucionalização da investigação policial**. Rio de Janeiro: Freitas Bastos, 2020.

PARTE III

DIREITO CONSTITUCIONAL

PRINCÍPIO DA SIMETRIA: CONCEITO, ORIGEM E FUNDAMENTO

Pedro Cassundé[210]

1. INTRODUÇÃO

Amigo leitor, peço desculpas e licença neste campo para uma breve sugestão sobre crenças: durante a preparação no concurso, acreditei verdadeiramente que o divisor de águas (aquilo me faria passar) entre mim e os demais candidatos nas provas seria a fase discursiva, sempre insisti muito em escrever de forma correta, didática e bem estruturada as temáticas estudadas e talvez esse tenha sido o "pulo do gato" no meu processo, opinião sincera.

Isso porque naturalmente se criaria "gordura" para provas objetivas, desenvolvendo raciocínio para posterior fase oral. Deu certo para mim, talvez ajude o futuro candidato.

Outra dica valiosa, principalmente em Direito Constitucional, é estar sempre antenado com o palco político, isto é, muitas perguntas pensadas pelos examinadores são extraídas do cenário subjacente, sendo muito importante levar em consideração a necessária implicação política no direito, e vice-versa. Estar atento, naquela época (da minha prova), direcionou o meu estudo para os temas atuais, rendendo-me nota máxima na prova oral de Direito Constitucional.

---

210. Pós-graduado em Direito Penal e Direito Processual Penal pela Universidade Cândido Mendes. Bacharel em Direito pela Universidade Cândido Mendes. Graduado em Serviços Penais pela Universidade do Sul de Santa Catarina. Delegado de Polícia Civil do Estado do Rio de Janeiro.

Sem mais delongas, na prova oral do XIII Concurso Público para o cargo de Delegado da Polícia Civil do Estado do Rio de Janeiro, o examinador da banca de Direito Constitucional fez a seguinte pergunta: "Candidato, discorra sobre o princípio da simetria, indicando a sua origem e o fundamento de validade".

> Antes de ingressar na resposta que considero adequada, é necessário revisitar algumas lições de Teoria Geral do Estado,[211] de modo que o leitor não adquira uma visão parcial do assunto, mas seja capaz de compreender e situar o questionamento em seu local acadêmico ideal: a formação do Estado, demonstrando ao examinador domínio do tema e servindo de roteiro ao seu desenvolvimento.

2. ELEMENTOS MORFOLÓGICOS DO ESTADO

Inauguramos nossa explanação com uma breve apresentação dos elementos constitutivos de um Estado soberano, buscando indicar a ligação que existe entre o elemento território e a forma de organizar o Estado, imprescindível ao deslinde deste trabalho.

A literatura, em geral, pressupõe três elementos que. Necessariamente, reunidos compõem a estrutura de um Estado perfeito:[212] a) população;[213] b) território; c) governo soberano.[214] A doutrina majoritária (Portela, 2009) insere o atributo da soberania entre os

---

[211]. "A Teoria Geral do Estado é a parte geral do Direito Constitucional, a sua estrutura teórica. Não se limita a estudar a organização específica de um determinado Estado, mas abrange os princípios comuns e essenciais que regem a formação e a organização de todos os Estados e Nações" (Maluf, 2018, p. 24).
[212]. A perfeição é no sentido de que a ausência de qualquer dos elementos constitutivos essenciais retiraria da organização sociopolítica a plena qualidade de Estado.
[213]. População é "(...) expressão que envolve um conceito aritmético, quantitativo, demográfico, pois designa a massa total dos indivíduos que vivem dentro das fronteiras e sob o império das leis de determinado país". Segue o autor dizendo que "(...) Em nenhum Estado seria lógico confundir população, em sentido amplo, com a unidade nacional, pois só essa detém legitimamente o poder de soberania como direito subjetivo absoluto...". Cf. nota 2, p. 31 e 38. Povo, por sua vez, é somente seus nacionais, natos ou naturalizados, já os estrangeiros e os apátridas domiciliados estão incluídos no conceito de população.
[214]. Governo é "(...) uma delegação de soberania nacional, é a própria soberania posta em ação, no dizer de Esmein. A conceituação de governo depende do ponto de vista doutrinário, mas exprime sempre o exercício do poder soberano, daí a confusão muito comum entre soberania e governo, alerta o autor. A soberania é exatamente a força geradora e justificadora do elemento governo, este pressupõe a soberania". Cf. nota 2, p. 41.

elementos, outros, no entanto, se posicionam pela não inclusão, defendendo que a soberania é um pressuposto para a existência do elemento governo.

A discussão é destituída de maior relevância, sendo certo que governo é a dimensão política do Estado que exercerá o poder soberano na ordem do Direito das Gentes (DIP) e no plano da Lei Constitucional.

Destaca-se mais o elemento território, já que nele, após a decisão política fundamental de organizar um Estado descentralizado politicamente (autonomia) – e não somente um Estado unitário descentralizado administrativamente –, desenvolver-se-á o princípio da simetria.

> É o território o local em que se assenta o elemento humano e onde se exercerá o exercício do poder e aplicação do ordenamento jurídico positivo. Não há Estado sem território, porque é uma condição indispensável ao exercício da autoridade política sobre o elemento população: constrangimento, organização e execução dos serviços públicos.

3. FORMAS DE ESTADO

3.1. No Plano do Direito Internacional Público (DIP)

Sendo o tema da simetria afeto à noção de Estado Federal, que, por sua vez, diz respeito à forma de Estado acolhida em uma dada Constituição de Estado, sentimos a necessidade de abrir este **tópico para demonstrar ao leitor atento que a expressão "formas de Estado" pode ser definida sob duas perspectivas, tanto no plano do direito interno de um Estado (Direito Constitucional), como no plano do** *Jus Gentium* **(DIP).**

Com base no último enfoque, um Estado pode ser classificado como simples ou composto, conforme ele se projete perante a comunidade internacional (DIP) como uma unidade ou não, ou seja, um ou mais sujeitos de Direito Público Internacional. Sendo composto quando a união de dois ou mais Estados apresentar duas esferas distintas de poder governamental.

A título ilustrativo, a federação é um Estado simples no plano do DIP, enquanto a confederação, que é uma reunião permanente e contratual de Estados independentes que se ligam para fins de defesa externa e paz interna (Jellinek), é classificada como um Estado composto:

> Na união confederativa os Estados confederados não sofrem restrição à sua soberania interna, nem perdem a personalidade jurídica de direito público internacional, delegando competências ao supergoverno da união confederal, uma forma instável da união política (Maluf, 2018, p. 194-195).

3.2. No Plano do Direito Constitucional

Dissemos anteriormente que um Estado se constitui quando seus três elementos morfológicos são reunidos,[215] por conseguinte, é sobre o território que o Governo soberano determina como se dará a distribuição do poder político: centralizando ou descentralizando (Horta, 2010, p. 479) capacidades, organizando, assim, a estrutura do Estado na Lei Constitucional.

Essa decisão político-fundamental em nível estruturante (centralizar ou descentralizar), fruto do Poder Constituinte,[216] é definida, de acordo com o ensinamento Kelsiano (Kelsen, 2000, p. 433), segundo o exame das diferenças nas suas ordens jurídicas, ou seja, é referente às esferas de validade das normas jurídicas e dos órgãos que as criam e aplicam, e continua:

---

215. População, território e governo soberano.
216. Não se pode descuidar que novos arranjos organizatório-constitucionais possam ser criados (art. 18 da CRFB/1988) pelo Poder Constituído Derivado, não há óbices, desde que respeitados os limites e as condições a essa decisão. Muito embora a configuração inicial do Estado seja produto de um Poder inaugural originário, ela se refere às porções territoriais que integram a União Federal. Neste sentido: "não há mais como formar novos Estados senão por divisão de outro ou outros" (Silva, 2005, p. 248).

Em uma ordem jurídica centralizada, todas as suas normas são válidas para todo o território pelo qual se estende, noutro giro, ordens jurídicas descentralizadas consistem em normas jurídicas que têm esferas territoriais de validade diferentes. Algumas normas terão validade para o território inteiro – do contrário, este não seria o território de uma única ordem –, enquanto outras serão válidas apenas para parte dele. Sugerimos que as normas válidas para o território inteiro sejam chamadas normas centrais e as normas válidas só para parte do território, normas não-centrais ou normas locais (Kelsen, 2000, p. 434).

Historicamente, o Brasil Império surge como um Estado juridicamente unitário na Constituição de 1824 e, mesmo no período colonial, a divisão em capitanias hereditárias já demonstrava a inclinação ao ideal descentralizador.[217] Mas é por meio do Decreto nº 1, de 15.11.1889, que o Brasil proclama, vindo a adotar de forma definitiva com a Constituição de 1891[218] o arranjo federal, instaurando o princípio da União indissolúvel e perpétua entre os Estados componentes da Federação (Estados-membros).

3.2.1. O Estado Federal

A federação é uma organização de entidades componentes descentralizada politicamente – Estados (EUA, Brasil, Venezuela), Províncias (Argentina), Cantões (Suíça), Länder (Alemanha) – sob uma base de repartição de competências[219] estatuída em uma Constituição rígida.

---

217. "(...) estas autarquias territoriais (Províncias do Império) debateram sempre por uma maior autonomia dentro do Estado Unitário imperial" (Silva, 2005, p. 282). Nas palavras de Sahid Maluf: "os primeiros sistemas administrativos adotados por Portugal, as governadorias gerais, as feitorias, as capitanias, traçaram os rumos pelos quais a nação brasileira caminharia fatalmente para a forma federativa. A enormidade do território, as variações climáticas, a diferenciação dos grupos étnicos, toda uma série imensa de fatores naturais ou sociológicos tornaram a descentralização política um imperativo indeclinável da realidade social geográfica e histórica" (Maluf, 2018, p. 203 e 204).
218. Art. 1º A Nação brasileira adota como forma de Governo, sob o regime representativo, a República Federativa, proclamada a 15 de novembro de 1889, e constitui-se, por união perpétua e indissolúvel das suas antigas Províncias, em Estados Unidos do Brasil.
219. Ensina o prof. José Afonso da Silva que "(...) por organização horizontal do poder estatal entende-se a

Na dicção dos Profs. Souza Neto e Sarmento (2019, p. 303), "envolve a partilha vertical do poder entre diversas entidades políticas autônomas, que coexistem no interior de um Estado soberano. Trata-se de um modelo de organização política que busca conciliar a unidade com a diversidade".

Dessas breves noções trazidas pelos doutrinadores fluminenses, podemos concluir que, mais do que uma descentralização administrativa como sói ocorrer no seio de um Estado unitário, é o regime de autonomia que confere a peculiar natureza do Estado federal.

Raul Machado Horta (2017, p. 332), após expor a dificuldade para se precisar um conceito de autonomia, elabora a seguinte acepção: é "a revelação de capacidade para expedir as normas que organizam, preenchem e desenvolvem o ordenamento jurídico dos entes públicos". E, sendo assim, é justamente a fim de atender a vontade do seu povo, segundo as peculiaridades próprias regionais e locais, que a Constituição Federal, busca promover o pluralismo no interior da unidade nacional.

Registre-se que a característica da autonomia das entidades federativas pressupõe a repartição de competências para o exercício e desenvolvimento das suas capacidades (autogoverno, auto-organização, autoadministração). Esta distribuição constitucional de poderes é o ponto nuclear da noção de Estado Federal (Silva, 2005, p. 243).

3.2.1.1. Auto-organização[220]

No subtópico anterior, ao tratarmos da descentralização normativa (regime de autonomia), caracterizadora do Estado Federal, vimos que há uma relação necessária entre autonomia e criação de normas constituintes de um ordenamento jurídico próprio (ordens

---

distribuição autônoma do poder político no território nacional, o que dá origem à forma de Estado Federal (matéria do Título III), enquanto por organização vertical do poder entende-se a técnica de divisão funcional do poder político em Legislativo, Executivo e Judiciário (assunto do Título IV)" (Silva, 2005, p. 247).

220. Dentro do domínio da autonomia, interessa-nos particularizar o poder de auto-organização, que delimita o campo deste trabalho, portanto, não trataremos das outras virtudes.

parciais), achamos, portanto, importante trazer – ainda que rapidamente – algumas noções acerca desse poder de auto-organização denominado Poder Constituído Decorrente.

É a Constituição Federal o pressuposto lógico-jurídico da autonomia dos Estados-membros (arts. 18, 25-28 e 125), que se consubstancia na capacidade de auto-organização, autolegislação, autogoverno, autoadministração e autofinanciamento.

A auto-organização ou autoconstituição designa o poder conferido aos Estados-membros para criar suas próprias constituições, mas não só, pois aos entes federativos também é dado o poder ordinário de editar leis dentro de um campo próprio de validade circunscrito a eles, é o que estabelecem os arts. 11 e 25 do Ato das Disposições Constitucionais Transitórias (ADCT). Neste sentido, José Afonso da Silva (2005, p. 283) observa que a auto-organização é o elemento primário da autonomia estadual, que "se concretiza na capacidade de dar-se a própria Constituição".

E Cunha Ferraz (1979, p. 57) arremata: "Toda Constituição pressupõe a existência de um poder capaz de formulá-la, de um poder que não é instituído por ela, mas que a institui, de um poder que, através dela, institui os demais poderes". Esse poder tem recebido o nome de Poder Constituído Decorrente,[221-222] ele "não é inicial, mas derivado da Constituição que o consagra e regula, não é soberano, mas limitado pela ordem constitucional federal, e é condicionado, já que exercido de acordo com os procedimentos traçados pela Constituição" (Neto; Sarmento, 2019, p. 327).

---

221. Art. 11 do ADCT: Cada Assembleia Legislativa, com poderes constituintes, elaborará a Constituição do Estado, no prazo de um ano, contado da promulgação da Constituição Federal, obedecidos os princípios desta.
222. No Brasil, os municípios foram içados à condição de entes da Federação (arts. 1º e 18), tendo a Constituição Federal lhes assegurado um regime de autonomia (art. 37, VII, "c") com seus desdobramentos. Possui, portanto, poder de auto-organização (art. 29). Parágrafo único do art. 11 do ADCT: "Parágrafo único. Promulgada a Constituição do Estado, caberá à Câmara Municipal, no prazo de seis meses, votar a Lei Orgânica respectiva, em dois turnos de discussão e votação, respeitado o disposto na Constituição Federal e na Constituição Estadual". Mas há grande controvérsia doutrinária relativa à natureza do poder que edita a lei orgânica municipal, se seria ou não expressão do poder constituinte derivado decorrente.

3.2.1.2. Dificuldades Relativas à Organização do Estado Federal

A esta altura, tentaremos desenhar um modelo de raciocínio que consideramos adequado ao desenvolvimento da resposta a ser dada ao examinador. E faremos isso a partir da formulação de cinco questionamentos. A intenção, caro leitor, é facilitar a articulação das ideias até o desaguar na pergunta objeto deste texto. Sigamos.

Tendo os representantes do povo (Assembleia Nacional Constituinte) estruturado o Estado brasileiro sob bases federativas, isto é, destinado, por meio de uma Constituição rígida, um regime de autonomia aos componentes da União, resta saber: (1) *Como definir o campo de atuação das entidades federadas com relação ao ente federal?* (2) *Existiriam limites ao Poder Constituído Decorrente para se auto-organizar e autolegislar?* (3) *Em havendo, que limites seriam estes?*

Além disso, uma quarta e uma quinta perguntas poderão ser feitas em desdobramento do grupo de perguntas acima. É que considerando a complexidade sistemática do ordenamento jurídico (ordem total e ordens parciais), (4) *como, então, solucionar os conflitos federativos em que a Constituição Federal seja silente ou lacunosa?* Ou seja, não traga uma regra evidente de solução no sistema. (5) *E qual seria a ferramenta utilizada pelo guardião (art. 102, I, "f") da Constituição Federal nestes casos?* Trataremos das duas últimas perguntas mais à frente.

3.2.1.3. Regras de repartição de competências

A repartição de competências está inserida na temática geral dos limites ao Poder Constituído Decorrente, isto é, restrições à atuação normativa dos entes federados, mas que, por questões didáticas, preferimos destacar e tratar em apartado. Contudo, chamamos a atenção do leitor para – como se verá abaixo – as classificações de Raul Machado Horta e José Afonso da Silva dos limites do poder de auto-organização, que incluem as regras de competência entre as suas espécies.

José Afonso da Silva (2005, p. 288) observa que "não se instituirão Estados federados se não se outorgar a eles um mínimo de matérias para o exercício exclusivo de sua atividade normativa", demonstrando que a teoria da repartição de competências –materiais e legislativas – é ponto central da noção de Estado Federal.

Já a doutrina de Gilmar Mendes e Paulo Branco (2002, p. 949) parte da ideia de repartição de competências como instrumento saneador de forças antinômicas no interior do federalismo, e que, devido à pluralidade de ordens jurídicas sobre o mesmo território e pessoas, se impõe "a adoção de mecanismo que favoreça a eficácia da ação estatal, evitando conflitos e desperdício de esforços e recursos".

Conjugando os ensinamentos, temos a repartição de competências como a técnica jurídica orientada à promoção do poder de autodeterminação (autonomia) próprio das entidades federadas e que se desenvolve dentro de um círculo traçado por outro poder, o soberano, observados ainda outros limites assecuratórios da unidade nacional impostos pela Constituição Federal.

Uma investigação da Constituição Federal com relação à dinâmica de particionamento das competências, bem como da maior ou menor intensidade vinculativa das normas centrais, revela um movimento de forças tendencialmente centrífugas (descentralizadoras) ou centrípetas (centralizadoras) no interior do Estado Federal e "havendo uma dosagem contrabalanceada, fala-se em federalismo de equilíbrio" (Mendes e Branco, 2022, p. 950).

3.2.1.3.1. Técnicas de repartição de competências

Basicamente "(...) as formulações constitucionais estão associadas a dois modelos – o modelo clássico, de origem norte-americana, e o modelo moderno, que se seguiu à Primeira Grande Guerra Mundial" (Mendes e Branco, 2022, p. 950).

No modelo clássico, a Constituição enumera ou expressa exaustivamente os poderes da União e reserva aos Estados componentes os poderes não especificados ou remanescentes.[223] Para Gilmar

---

223. Para superar o rigor da enumeração exaustiva, "(...) nos EUA elaborou-se a doutrina dos poderes

Mendes e Paulo Branco (2022, p. 950-951), o modelo moderno visa responder "(...) às contingências da crescente complexidade da vida social, exigindo ação dirigente e unificada do Estado, em especial para enfrentar crises e guerras".

Por meio dessa técnica, são inseridas no texto constitucional não só as competências exclusivas da União, mas também uma competência comum ou concorrente a ser particionada entre o poder central e as entidades federadas.

Outras classificações possíveis são as nomeadas pela doutrina (Mendes e Branco, 2022, p. 950-951) de repartição horizontal e repartição vertical de competências. Na primeira, ocorre uma enumeração exaustiva das matérias destinadas a determinada pessoa política (União ou unidades federadas), não se admitindo concorrência material ou legislativa, a depender do caso, quando já entregues a alguma das entidades.

Na segunda, "(...) realiza-se uma distribuição da mesma matéria entre a União e os Estados-membros (...)" (Mendes e Branco, 2022, p. 950-951), estabelecendo entre eles, no que tange à competência legislativa, "(...) um verdadeiro condomínio legislativo" (Mendes e Branco, 2022, p. 950-951) que exige, portanto, execução orquestrada das forças políticas envolvidas nas suas exatas esferas de validade, sob pena de inconstitucionalidade da atuação.

A Constituição de 1988 estabeleceu um sistema que combina competências exclusivas, privativas e principiológicas com competências comuns e concorrentes, buscando reconstruir um sistema pautado no equilíbrio. Aplica-se o princípio da predominância do interesse[224] para solver casos em que em determinadas matérias a Carta Magna tenha recorrido à repartição comum ou concorrente.

---

implícitos, de modo a incluir na competência da União tudo o que seja necessário e útil para o cumprimento das competências enumeradas" (Mendes e Branco, 2022, p. 950-951).

224. "Princípio geral que norteia a repartição de competências entre as entidades componentes (...) é o da predominância do interesse, segundo o qual à União caberão aquelas matérias e questões de predominante interesse geral, nacional, ao passo que aos Estados tocarão as matérias e assuntos de predominante interesse regional, e aos Municípios concernem os assuntos de interesse local (...)" (Silva, 2005, p. 243-244).

Feitas essas considerações, já podemos retornar ao primeiro questionamento.

(1) *Como definir o campo de atuação das entidades federadas com relação ao ente federal?*

Ora, é justamente pela observação do círculo de competências traçado na Constituição Federal, aliado ao critério da participação[225] na esfera da normatividade ou da realização material, que obteremos a resposta. Sistematizamos para facilitar a compreensão:

    a) Competência material: pode ser exclusiva (art. 21) e comum, cumulativa ou paralela (art. 23).

    b) Competência legislativa: pode ser exclusiva (art. 25, §§ 1º e 2º), privativa (art. 22), concorrente (art. 24) e suplementar (art. 24, § 2º).

3.2.1.4. Limites ao Poder Constituído Decorrente

A Constituição de 1988, além de estabelecer uma zona de determinação, que, como dito anteriormente,[226] **já constitui um conjunto de limitações implícitas vedatórias da atuação estatal desautorizada, ordena que as constituições e leis subnacionais observem "os princípios desta Constituição". É o que se extrai da cabeça do art. 25 e do art. 11 do ADCT.**

Nesse ponto, é esclarecedora a lição de Souza Neto e Sarmento (2019, p. 328-359):

---

225. "Quanto à extensão ou à participação, a competência se distingue em (a) exclusiva, (...) atribuída a uma entidade com exclusão das demais (art. 21); (b) privativa, (...) enumerada como própria de uma entidade, com possibilidade, no entanto, de delegação e de competência suplementar (arts. 22 e seu parágrafo único e 23 e seus §§); (...); (c) comum, cumulativa ou paralela, reputadas expressões sinônimas, que significa a faculdade de legislar ou praticar certos atos, em determinada esfera, juntamente em pé de igualdade, consistindo, pois, num campo de atuação comum às várias entidades, sem que o exercício de uma venha a excluir a competência de outra, que pode ser, assim, ser exercida cumulativamente (art. 23); (d) concorrente, cujo conceito compreende dois elementos: (d.1) possibilidade de disposição sobre o mesmo assunto ou matéria por mais de uma entidade federativa; (d.2) primazia da União no que tange à fixação de normas gerais (art. 23 e seus §§); (e) suplementar, que é correlativa da competência concorrente e significa o poder de formular normas que desdobrem conteúdo de princípios ou normas gerais ou que supram a ausência ou omissão destas (art. 23, §§ 1º-4º)" (Silva, 2005, p. 245).

226. Subtópico 3.1, Regras de repartição de competências.

O poder constituinte decorrente se justifica pela necessidade de que os entes federativos possam se estruturar de acordo com as peculiaridades e a vontade de seu povo, desde que respeitados os limites impostos pela Constituição. Portanto, o seu reconhecimento incorpora a valorização do pluralismo, ao permitir que unidades federais diferentes se organizem de forma distinta. Sem embargo, a Constituição de 88 consagra inúmeras restrições inequívocas à auto-organização dos Estados (...). Pode-se até criticar a Constituição por possíveis excessos nessa área, que exprimiriam um centralismo exagerado, mas, do ponto de vista jurídico, não há dúvida de que vinculam os Estados (...).

Um giro pela literatura demonstra que há diversas classificações para o conjunto de limitações ao Poder Constituído Decorrente, as mais mencionadas, nada obstante, são aquelas de Raul Machado Horta (2010, p. 73-78) e José Afonso da Silva (2005, p. 285-287) e, sendo assim, nelas é que iremos nos concentrar.

Raul Machado Horta (2010, p. 175-176) explica que, para que seja possível a preservação da diversidade dentro da homogeneidade, a autonomia das entidades federadas é subordinada a um conjunto de normas centrais[227] no texto da Constituição Federal, as quais, segundo o autor, são de quatro espécies: (a) princípios desta Constituição;[228] (b) princípios constitucionais enumerados;[229] (c) normas de competência deferidas aos Estados;[230] e (d) normas de preordenação.[231]

---

227. Veja: "as (...) normas centrais não são normas de centralização, como as do Estado Unitário. São normas constitucionais federais que servem aos fins da participação, de coordenação e da autonomia das partes constitutivas do Estado Federal" (Horta, 2010, p. 254).

228. Os princípios desta Constituição elencados pelo autor são: arts. 1º, I a IV; e 4º, I a X; 2º; 5º, I, II, III, VI, VIII, IX, XI, XII, XX, XXII, XXIII, XXXVI, LIV e LVII; 6º a 11; 12 a 14; 29, I a XII; 37, I a XXI; entre outros (Horta, 2010, p. 301-302).

229. Os princípios constitucionais citados pelo autor estariam no art. 34, VII, *a-e* (Horta, 2010, p. 302).

230. Normas de competência deferidas aos Estados registradas pelo autor: arts. 23, I a XII; 24, I a XVI; 27, § 3º; 25, *caput*, e §§ 1º, 2º e 3º; 96, I, *a-f*, II, *a-d*, III; 75, parágrafo único; 125, § 4º; 144, §§ 4º, 5º e 6º; entre outros (Horta, 2010, p. 302).

231. São exemplos de normas de preordenação: arts. 27, *caput*, §§ 1º e 2º; 28, *caput* e parágrafo único; 37,

Segundo o professor mineiro, a Constituição de 1988 contém na sua estrutura um tipo de norma que vincula diretamente à organização da forma federal de Estado, a que deu o nome de normas centrais. Estas normas ultrapassam a organização da União, para alcançar a estrutura constitucional do Estado-membro, em fase ulterior. Para Horta (2010, p. 45), devido a essa sujeição, "a atividade do constituinte estadual se exaure, em grande parte, na elaboração de normas de reprodução".[232] José Afonso da Silva, por sua vez, classifica os princípios que entrincheiram a unidade federal em relação a autonomia estadual em princípios constitucionais sensíveis, princípios constitucionais estabelecidos e princípios constitucionais extensíveis.

Os primeiros são aqueles listados no art. 34, VII, e que, nos dizeres de José Afonso (2005, p. 284-285),"constituem o fulcro da organização constitucional do país, de tal sorte que os Estados federados, ao se organizarem, estão circunscritos à adoção (a) da forma republicana de governo; (b) do sistema representativo e do regime democrático; (c) dos direitos da pessoa humana; (d) da autonomia municipal; (e) da prestação de contas da Administração Pública, direta e indireta". "São princípios que dizem respeito basicamente à organização dos poderes governamentais dos Estados (...)" (Silva, 2005, p. 284-285) e que, em caso de descumprimento dos seus preceitos, podem levar à decretação excepcional de intervenção federal, na forma do art. 36, III.

> Já os princípios constitucionais estabelecidos são aqueles que limitam a autonomia organizatória dos Estados. São aquelas regras que revelam, previamente, a matéria de sua organização e as normas constitucionais de caráter vedatório, bem como os princípios de organização política, social e econômica, que determinam o retraimento da autonomia estadual (Silva, 2005, p. 284-285).[233]

I a XXI, §§ 1º a 6º; 39 a 41; 42, §§ 1º a 11; 75; 95, I, II e III, e parágrafo único, I, II e III; e 235, I a XI (Horta, 2010, p.302).

232. Para Horta (2010, p. 45), as normas de reprodução refletem uma expansividade do modelo federal e possuem caráter obrigatório, enquanto as normas de imitação traduzem uma faculdade de adesão a uma determinada disposição constitucional.

233. São exemplos, os parágrafos do art. 25; os arts. 29-31; 37-41; 42; os parágrafos do art. 25; os arts. 93-95 com relação ao 125; 127-130; 132-135; 144; entre outros, neste sentido, Silva, 2005, p. 285-286.

Com relação aos princípios extensíveis, eles firmam normas de organização da União, cuja aplicação também aos Estados é mandatória.

Porém, segundo o professor paulista (Silva, 2005, p. 285), esse último grupo de princípios foi praticamente eliminado na Constituição de 1988, defendendo, após investigação do texto da CRFB/1988, que os princípios que circunscrevem a atuação do constituinte estadual são de duas categorias apenas: (a) princípios constitucionais sensíveis e (b) princípios constitucionais estabelecidos.

Por tudo o que foi dito, ingressaremos agora no enfrentamento das questões (2) e (3): existiriam limites ao Poder Constituído Decorrente para se auto-organizar e autolegislar? Em havendo, que limites seriam estes?

Para a pergunta de nº 2, a resposta positiva se impõe. Já na resposta da questão de nº 3, devemos dizer, depende. Isso, porque, como se viu acima, a doutrina não é uníssona na classificação das normas que limitam o poder de auto-organização das entidades federativas. Mas independente do nome que se dê a essas normas limitadoras, todas elas são extraídas explícita ou implicitamente da Constituição Federal, sendo, portanto, o único local autorizado a servir de fonte de pesquisa ao intérprete.

Atente que, ao pretender de normas limitativas, isso naturalmente significa restrição a um dos princípios fundamentais da ordem constitucional brasileira, o princípio federativo. Ponderando o conflito, José Afonso da Silva (2005, p. 287) aduz:

> A autonomia dos Estados (art. 18), verdadeira decisão política fundamental, que é o princípio federativo, que descansa na autonomia das unidades federadas, fulcro da estrutura do Estado brasileiro, tão importante que o constituinte nacional o erigiu em núcleo imutável por via de emenda (art. 60, § 4º, I). Daí sua preeminência em relação àqueles princípios que constituem limitações à capacidade organizatória dos estados, salvo quanto aos que decorrem do sistema constitucional, (...) superiores, dado que revelam os fins e fundamentos do próprio Estado Brasileiro.

Sistematizamos a resposta (3) para facilitar a compreensão:

a) Em Raul Machado Horta: as normas centrais de absorção obrigatória – das quais são espécies "os princípios desta Constituição", "os princípios constitucionais enumerados", "as normas de competência deferidas aos Estados" e "as normas de preordenação".

b) Em José Afonso da Silva: os princípios sensíveis e os princípios estabelecidos (lembrando que o autor defende a quase inexistência dos princípios extensíveis na CRFB/1988).

4. O PRINCÍPIO DA SIMETRIA

A menção ao chamado princípio ou regra de simetria não é incomum na jurisprudência do STF que, ora o invoca para determinar a conformação das entidades federativas aos esquemas traçados para a ordem jurídica federal,[234] ora para desobrigá-las de tal submissão.[235] E a depender da conclusão interpretativa a que chegue o tribunal, haverá maior ou menor deferência ao princípio constitucional da *autonomia*.

Como demonstramos antes, a *autonomia* político-constitucional dos entes federativos já é bastante limitada por uma série de normas constitucionais de *absorção obrigatória* dispostas na Constituição Federal. Ocorre que o STF vem se utilizando do argumento de *simetria* de modo a alargar o rol dessas normas de *reprodução obrigatória*,

---

234. "A CE/RO não seguiu o modelo previsto na Constituição Federal. As regras básicas do processo legislativo previstas na Constituição Federal são de observância obrigatória pelos Estados-membros por força do princípio da simetria (art. 25 da CF/88 c/c o art. 11 do ADCT)". STF. Plenário. ADI nº 6.453/RO, Rel. Min. Rosa Weber, julgado em 11.02.2022, Info nº 1043, outros: ADIs n.º468, 486, 1.353, 1.722.

235. Neste sentido decidiu o STF que: "não incide o princípio da simetria relativamente à norma inscrita no art. 57, § 4º, da Constituição Federal, não sendo norma de reprodução obrigatória" (STF. Plenário. ADI nºs 6.688/PR, 6.698/MS, 6.714/PR, 7.016/MS, 6.683/AP, 6.686/PE, 6.687/PI e 6.711/PI, Rel. Min. Nunes Marques, julgados em 07.12.2022, Info nº 1.079). "É válida norma da Constituição do Estado que atribui ao Procurador da Assembleia Legislativa ou, alternativamente, ao Procurador-Geral do Estado, a incumbência de defender a constitucionalidade de ato normativo estadual questionado em controle abstrato de constitucionalidade na esfera de competência do Tribunal de Justiça. Essa previsão não afronta o art. 103, § 3º, da CF/88 já que não existe, quanto a isso, um dever de simetria para com o modelo federal" (STF. Plenário. ADI nº 119/RO, Rel. Min. Dias Toffoli, julgado em 19.02.2014, Info nº 736).

surgindo questionamentos acerca da legitimidade dessa postura da Corte frente ao potencial inovador do constituinte estadual, fecundo no experimentalismo democrático.[236]

Conquanto não haja grandes dificuldades, como visto nos parágrafos anteriores, para descrever a aplicação prática do princípio da *simetria*, é a sua natureza (o que é em substância?) que gera intensa controvérsia entre os estudiosos do assunto. Desde já, é possível elencar algumas definições doutrinárias do princípio, que vão de *princípio-instrumental de hermenêutica* (Leoncy, 2011), *princípio constitucional implícito*,[237] instrumento de integração (*analogia*) *de lacuna constitucional* (Leoncy, 2011) à *regra inexistente no ordenamento atual* (Neto; Sarmento 2019).

Sarmento e Souza Neto (2019, p. 328) pontuam que o princípio da *simetria* teria origem na Constituição 1967, mais especificamente no art. 13, III,[238] que determinava a sujeição do constituinte estadual às normas sobre processo legislativo positivadas naquela Carta. Isso significa que, apesar da repartição constitucional de competências para o exercício da autonomia conferida, a atuação dos entes subnacionais dentro da respectiva moldura normativa deveria se dar nos termos das regras legislativas estabelecidas para a União, especialmente, no que concerne à reserva de iniciativa.

Nada obstante, a regra expressa na Constituição de 1967 não foi renovada no texto da Constituição de 1988, mas, o STF, todavia, permaneceu lançando mão da exigência de simetria para solucionar conflitos federativos dos quais não haja regra

---

236. Veja-se, neste sentido, o trecho do voto proferido pelo Min. Cezar Peluso, no julgamento da ADI nº 4.298-MC, da qual foi Relator: a "(...) vinculação larga ou excessivamente rígida do poder constituinte e da competência legislativa estaduais a ditames da organização federal inscritos na Constituição da República podem desvirtuar a Federação brasileira (...), reduzindo ou aniquilando a autonomia essencial dos Estados-membros" (julgado em 07.10.2009. **DJ** de 27.011.2009).

237. Um princípio da simetria implícito no princípio constitucional democrático-sensível associado, pelo STF, ao princípio constitucional essencial da tripartição de poderes, para invalidar normas constitucionais e infraconstitucionais dos Estados-membros, bem como de leis municipais, por destoar do modelo de separação dos Poderes federal. Neste sentido: STF, ADI-MC nº 1.905, **DJ** de 05.11.2004, Rel. Min. Sepúlveda Pertence; ADI nº 6.762/ RJ, **DJ** de 29.11.1996, rel. Min. Carlos Velloso.

238. Art. 13 da Constituição de 1967: "Os Estados se organizam e se regem pelas Constituições e pelas leis que adotarem, respeitados, dentre outros princípios estabelecidos nesta Constituição, os seguintes: I – (...); II – (...); **III – o processo legislativo**" (grifos nossos).

evidente de solução para pacificar a questão. Eis a encruzilhada, amigo leitor.

Gilmar Mendes e Paulo Branco (2022, p. 963) expõem que, com advento da Constituição de 1988, se instalou certa insegurança a respeito das regras do processo legislativo federal, se elas "(...) deveriam ser absorvidas compulsoriamente pelos Estados", tendo a jurisprudência do STF confirmado a obrigação de seguir as regras básicas do processo legislativo.

De acordo com os autores (Mendes; Branco, 2022, p. 963), esse raciocínio foi exposto na ADI nº 97/RO[239] pelo relator, o Ministro Moreira Alves:

> Argumentou-se que entre os princípios fundamentais do Estado Democrático (Título I da CF) está o da tripartição de poderes (art. 2º da CF), indissociável do regime democrático. Este, por seu turno, configura princípio constitucional sensível (art. 34, VII, *a*, da CF) e, portanto, se impõe aos Estados-membros.

Sarmento e Souza Neto (2019, p. 328), de outro modo, consideram inexistente no ordenamento jurídico brasileiro o chamado princípio da simetria, possuindo os Estados "ampla liberdade para disciplinarem o processo de reforma da sua Constituição, desde que assegurada a sua rigidez e o caráter democrático do procedimento de alteração", sendo o princípio da simetria, portanto, produto "(...) de interpretação retrospectiva da Constituição: analisa-se a nova ordem jurídica sob a ótica do regime passado, como se nada houvesse mudado", explicam os autores.

Há ainda aqueles (Leoncy, 2011) que defendem ser o postulado invocado um processo argumentativo complexo, o qual envolve uma série de procedimentos interpretativos e integrativos para resolver um caso lacunoso ou indeterminado, que se traduz em analogia constitucional.

---

239. **RTJ**, 151/664.

Apesar das dificuldades em cravar a natureza do princípio ou regra de simetria, é fora de dúvida, no entanto, que se trata de uma construção pretoriana da jurisprudência do STF, conforme ressalta o ex-Ministro Cezar Peluso na ADI-MC 4.298. A postura defensiva da Corte, nesse sentido, teria como fim garantir, "quanto aos respectivos aspectos substanciais, a homogeneidade na disciplina normativa da separação, independência e harmonia dos poderes, nos três planos federativos".

Para alguns ministros da Corte,[240] o fundamento mais direto da regra ou princípio de simetria é extraído do art. 25 da CRFB/1988 e do art. 11 do ADCT, os quais determinam a sujeição dos Estados-membros aos *princípios desta Constituição*.

Depois do que foi dito até aqui, o leitor pode estar se perguntando: mas, afinal, quando é que se exige a dita simetria? A resposta a essa pergunta está diretamente ligada a duas outras formuladas há algumas linhas acima:

Como, então, solucionar os conflitos federativos em que a Constituição Federal seja silente ou lacunosa (pergunta 4)? Ou seja, não traga uma regra evidente de solução no sistema. E qual seria a ferramenta utilizada pelo guardião (art. 102, I, "f") da Constituição Federal nestes casos (pergunta 5)?

Uma das características dos arranjos federativos é a existência de um órgão de cúpula cuja missão é o equilíbrio federativo e a segurança da ordem constitucional, e, nesse sentido, é que a Constituição de 1988 entregou ao STF[241] a última palavra provisória acerca das questões interfederativas, o qual, quando diante de casos concretos difíceis e sem solução evidente, se vale não raro do argumento de simetria.

Percebe-se, com isso, que não é possível antecipar, fora dos casos já decididos pelo Supremo, as hipóteses de uso do princípio da simetria, que depende da leitura interpretativa do tribunal. De

---

240. ADI nº 4.298-MC, julgado em 07.10.2009, **DJ** de 27.11.2009.
241. Art. 102, CRFB/1988.

modo interessante, Sarmento e Souza Neto (2019, p. 328) defendem que essa diretriz sobre a simetria foi "provavelmente assumida por prudência: a Corte parece ter pretendido evitar que arranjos institucionais desprovidos de razoabilidade fossem praticados em estados e municípios".[242]

Finalmente, após toda essa explanação, acreditamos que já é possível recuperar o objeto central deste artigo. Vejamos, na prova oral do XXXIII Concurso Público para o Cargo de Delegado da Polícia Civil do Estado do Rio de Janeiro, o examinador da banca de Direito Constitucional fez a seguinte pergunta: *"Candidato, discorra sobre o princípio da simetria, indicando a sua origem e fundamento de validade".*

Excelência, de acordo com o princípio ou a regra de simetria, o Poder Constituído Decorrente, ao desempenhar sua missão constitucional de auto-organização, isto é, a criação da Constituição estadual, deve obedecer às linhas gerais do modelo federal. Essa obediência é extraída pela doutrina e pela jurisprudência do STF das chamadas *normas centrais*, que, na literatura de José Afonso da Silva, são de duas espécies: (a) princípios sensíveis e (b) princípios estabelecidos.

A origem da regra é a Constituição Federal de 1967, que, de forma explícita (positivada), determinava a observância pelos Estados e Municípios das regras legislativas estabelecidas para a União. Essa regra de simetria não foi repetida, ao menos expressamente, nas Constituições que se seguiram, mas o STF, valendo-se de uma interpretação retrospectiva, passou a utilizar o argumento de simetria para pacificar questões federativas sem regra evidente de solução.

Vale ressaltar, que um setor importante da literatura, como, por exemplo, o Prof. Daniel Sarmento, nega a existência do princípio da simetria, tendo em vista que limitações à autonomia estadual, cerne do princípio federativo, devem ser compreendidas e interpretadas

---

[242]. O STF declarou a inconstitucionalidade de dispositivo de Constituição estadual que subordinava a escolha de delegados de polícia à eleição, feita pela população de município, entre os integrantes da carreira por violação do esquema federal (ADI nº 244, Rel. Min. Sepúlveda Pertence. Julg. 11.09.2002. **DJ**, 31 out. 2002)

restritivamente de modo a não sufocar o espaço regional e local fértil ao experimentalismo democrático.

Alguns ministros do STF defendem, no entanto, que o fundamento dessa construção é extraído do art. 25 da CRFB/1988 e do art. 11 do ADCT, que, ao destinarem um regime de autonomia às pessoas políticas, estabelecem limites ao poder de auto-organização a partir da interpretação da expressão "*obedecidos os princípios desta Constituição*".

REFERÊNCIAS BIBLIOGRÁFICAS

FERRAZ, A. C. C. **Poder Constituinte do Estado-Membro**. 1. ed. São Paulo: RT, 1979.

HORTA, R. M. **Estudos de Direito Constitucional**. 5. ed. Belo Horizonte: Del Rey, 2010.

KELSEN, H. **Teoria Geral do Direito e do Estado**. 3. ed. São Paulo: Martins Fontes, 2000.

LEONCY, L. F. **Princípio da Simetria e Argumento Analógico**. Tese de doutorado da Faculdade de Direito da USP. 2011.

MALUF, S. **Teoria Geral do Estado**. 34. ed. São Paulo: Saraiva. 2018.

MENDES, G.; BRANCO, P. G. **Curso de Direito Constitucional**. 17. ed. São Paulo: SaraivaJur, 2022.

NETO, C. P. de S.; SARMENTO, D. **Direito Constitucional, teoria, história e métodos de trabalho**. 2. ed. Rio de Janeiro: Fórum, 2019.

PORTELA, P. H. G. **Direito Internacional Público e Privado**. 1. ed. Salvador: Juspodivm, 2009.

SILVA, J. A. da. **Comentário contextual à Constituição.** 1. ed. São Paulo: Malheiros Editores, 2005.

CAPÍTULO 12

TRIPARTIÇÃO DE PODERES: DOGMA; ANTIDOGMA; E PRÁXIS

Lucas dos Reis Montenegro[243]

1. INTRODUÇÃO

Há momentos na vida – e na carreira – em que a capacidade de adaptação e superação de limites do ser humano é testada. A prova oral para ingresso em concursos jurídicos de alto nível – o caso da carreira de Delegado de Polícia do Estado do Rio de Janeiro – é, sem dúvidas, um desses momentos.

O contexto de medo, ansiedade, e mesmo de proximidade com o objetivo final cria, para o candidato, um cenário talvez não muito favorável para maiores digressões mentais e acadêmicas. A despeito disso, haverá de enfrentar uma banca composta por membros preparadíssimos e prontos para exigir do candidato o seu melhor.

Com o autor deste artigo não foi diferente. Era hora de enfrentar a banca – no caso, de Direito Constitucional. O prédio da Academia de Polícia Sylvio Terra foi palco para o que poderia ser tanto um momento de consagração quanto um triste espetáculo. Soa o silvo de um apito – era o sinal de que o candidato deveria ingressar na sala em que haveria a arguição. Sorteado o ponto, uma das questões indagadas foi: "Candidato, o que é a tripartição de poderes, qual a sua origem?".

O tema não há de causar estranheza no estudioso do Direito. A forma como a resposta deve ser apresentada é que viria a ser o

---
[243]. Mestre em Direito da Regulação pela Fundação Getulio Vargas (FGV Direito Rio). Especialista em Direito Público pela Universidade Cândido Mendes. Bacharel em Direito pela UFRJ. Delegado de Polícia do Estado do Rio de Janeiro.

problema. "O que deseja ouvir o examinador?", pode se perguntar o candidato. Aquela resposta padronizada e massificada dos manuais de concursos – possivelmente fruto de uma replicação acrítica de conceitos trabalhados por diferentes autores (Petroski, 2011)[244] – ou uma abordagem com viés mais academicista, em que o rigor conceitual haveria de ser mais acurado.

A alternativa a que se propôs o autor foi uma espécie de *via media*: delinear aquilo que se entende, habitualmente, por tripartição de poderes, expondo, de maneira breve, a sua origem e evolução, para, após, apresentar críticas pontuais à forma como trabalhamos o conceito de tripartição de poderes.

Foi, talvez, uma boa opção tanto por uma questão de segurança de manejo do tema quanto por uma questão de manejo do tempo: alongar, na maior medida possível, a fala em respostas de domínio do candidato – nunca se sabe, pois, qual viria a ser a próxima pergunta.

O dilema apresentado é ilustrativo de uma tensão dialética que permeia a mente de aspirantes a cargos públicos: o que se deve estudar? Aquilo que é replicado em manuais – e resumos de manuais, diga-se de passagem – ou os conceitos jurídicos em sua melhor acepção teórica?

Parece intuitivo que a primeira alternativa seria a melhor – sobretudo em razão do volume e da diversidade de assuntos a serem estudados pelos postulantes às carreiras jurídicas. Não deve, contudo, o candidato se manter alheio à precisão acadêmica, sob pena de, diante de um examinador com maior rigor na aplicação de conceitos jurídicos, cometer alguma *gafe* – o que pode abalar a confiança do candidato em sua arguição oral.

É dessa dúvida que surge este artigo. Uma pergunta aparentemente simples, como o conceito e a origem da tripartição de poderes, pode ser abordada de diferentes formas. Se o instante da prova oral não parece propício para aproximarmos dois mundos

---

[244]. É o caso, por exemplo, do pós-positivismo, tido como lugar comum no Brasil, e cuja existência é tida como impossível na academia estrangeira.

– um prático, dos concursos públicos e um investigativo, da academia –, a reflexão diferida, posterior à prova oral, o é.

O objetivo deste artigo é, assim, o de identificar diferentes acepções do conceito de tripartição de poderes. Cada uma das acepções a serem trabalhadas corresponde a um nível possível de formulação de resposta em uma arguição oral, a depender da oportunidade menor ou do maior grau de aprofundamento – o que, *ultima ratio*, incumbirá ao examinador, que detém o poder para determinar que o candidato encerre sua resposta.

Uma primeira acepção, a que chamamos de *dogmática*, remete aos conceitos de manuais e a conceitos replicados habitualmente na literatura jurídica. Essa primeira acepção seria um primeiro nível de aprofundamento de resposta. Uma segunda acepção, a que chamamos de *antidogmática*, seria aquela crítica, em que se apontam críticas ao conceito de tripartição de poderes, levantando, no limite, dúvidas com relação a sua existência – o segundo nível de aprofundamento de resposta. Uma terceira acepção, por fim, a que chamamos de *práxis*, diz respeito aos diferentes usos argumentativos do conceito – terceiro e último possível nível de aprofundamento de resposta, a ser utilizado apenas a depender das circunstâncias de tempo e interesse do examinador.

As três modalidades de acepção conceitual de tripartição de poderes acima sugeridas podem ser concebidas, ainda, da seguinte forma: (i) existência; (ii) não existência; e (iii) utilidade.[245]

O artigo será desenvolvido a partir da exposição do que seriam as três acepções pretendidas. Após, iremos aprofundar a terceira vertente – *práxis* – para demonstrar que, na prática jurídica, a tripartição de Poderes existe tanto enquanto dogma a ser defendido e aplicado quanto antidogma a ser superado.

---

245. Goertz (2005, p. 6-15) trabalha com a multiplicidade de níveis de um conceito – o que será útil para nosso trabalho – , apontando, em síntese breve, a existência de um nível conceitual básico; um nível secundário; e um nível de indicadores. O nível básico corresponde a uma dimensão eminentemente descritiva de um conceito; o nível secundário, a uma dimensão normativa; e, por fim, o nível de indicadores corresponderia aos elementos que permitiriam, em uma análise parametrizada, valorizar o conceito enquanto dimensão normativa.

2. TRIPARTIÇÃO DE PODERES: O DOGMA

A primeira forma de concebermos a tripartição de poderes é por nós chamada de dogma. É vista como um dos elementos centrais do constitucionalismo, uma espécie de *conditio sine qua non* para caracterizar ou não uma determinada organização social como democrática. O dogma da tripartição de poderes é uma pedra angular a que se oporiam os regimes amalgamados sob o rótulo de *ancien régime*[246] (Sordi, 2010).

Tripartição de poderes – enquanto expressão – ganharia uma valoração semântica positiva na medida em que tendencialmente associada ao Estado de Direito, à ideia de um governo de leis, não de homens.[247] Sem maiores temores – e sem, talvez, necessidade de maior aprofundamento nas origens históricas –, podemos afirmar que o núcleo duro do conceito de tripartição de Poderes seria a separação dos Poderes – ou funções – de executar, legislar e julgar.

Identificar o que seria a atribuição de legislar e de julgar é algo mais intuitivo: legislar é criar a norma – a *lei*, em sentido estrito –, ao passo que julgar é a aplicação da norma criada pelo legislador ao caso concreto. Identificar a função executiva é algo um pouco mais complexo, havendo autores que se valem de um critério residual para fazê-lo: função executiva é aquela que não é legislativa e nem judiciária – mas limitada, notadamente, pela lei (Binenbojm, 2016).

---

246. Sordi bem ilustra o que seria o novo estado de coisas trazido pelas revoluções burguesas – o Estado Liberal – em comparação com o que se convencionou chamar de Antigo Regime. Para o autor, haveria uma mudança de configuração de Estado: transmudava-se o chamado Estado de Polícia (*Polizeistaat*) e se alcançava o Estado de Direito (*Rechtstaat*). Inserida nessa mudança estaria a ideia de fragmentação do poder, notadamente do poder de legislar e julgar.

247. A Separação dos Poderes com a determinação de espaços específicos de atuação foi trabalhada pela Constituição de Massachusetts de 1780, que, em seu artigo 30, determina que: "*In the government of this commonwealth, the legislative department shall never exercise the executive and judicial powers, or either of them: the executive shall never exercise the legislative and judicial powers, or either of them: the judicial shall never exercise the legislative and executive powers, or either of them: to the end it may be a government of laws and not of men*". Em uma tradução livre: "no governo deste estado, o Poder Legislativo nunca deverá exercer os Poderes Executivo e Judiciário – ou qualquer um deles: o Judiciário jamais deverá exercer o Poder Legislativo e o Poder Executivo – ou qualquer um deles – para que se possa ter um governo de leis, não de homens" (Constituição do Estado de Massachusetts de 1780).

Por vezes, neste artigo, tripartição de Poderes e separação de Poderes serão utilizadas de maneira intercambiável – sem que se queira dizer, contudo, que tais conceitos sejam rigorosamente idênticos, pois se pode conceber um modelo, por exemplo, dual de separação de Poderes, ou quadripartido, como a Constituição do Império do Brasil de 1824.[248] Para efeitos de melhor sistematização – sobretudo em razão de parcela da bibliografia trabalhar com a noção de separação de Poderes –, trataremos tais expressões como sinônimos – inclusive por terem em seu núcleo comum a ideia de segregar funções, independentemente da quantidade de órgãos ou pessoas a que recairão tais atribuições.

A tripartição de Poderes implica, necessariamente, uma atribuição de funções a centros de tomada de decisão distintos. De maneira quase adjunta à tripartição de Poderes, temos a independência de tais poderes aparteados. O art. 2º da CRFB/1988 afirma serem o Judiciário, o Legislativo e o Executivo poderes "(...) independentes e harmônicos entre si (...)".[249]

A Montesquieu é habitualmente atribuída a sistematização definitiva do modelo de tripartição de Poderes. O autor o fez em seu livro, **Do Espírito das Leis**, especificamente em um capítulo em que analisa a Constituição da Inglaterra, o que demonstra que arranjos de segregação de poderes são anteriores – remontam, inclusive, à Antiguidade – a formulações teóricas iluministas (Montesquieu, 1995, p. 51).

Feitas essas exposições iniciais, por que motivo se haveria de falar em tripartição de poderes enquanto *dogma*?

O termo dogma – palavra emprestada do grego – significa: (i) algo tido como uma opinião estabelecida, uma regra; (ii) um código de opiniões ou definições estabelecidas; e (iii) um ponto de vista estabelecido como de concordância obrigatória – por vezes sem fundamentos adequados (Merriam-Webster, s.d.).

---

248. Art. 10. Os Poderes políticos reconhecidos pela Constituição do Império do Brasil são quatro: o Poder Legislativo, o Poder Moderador, o Poder Executivo e o Poder Judicial.
249. São Poderes da União, independentes e harmônicos entre si, o Legislativo, o Executivo e o Judiciário.

Chamar a tal arranjo de alocação de poderes um *dogma* se mostra pertinente em razão do *status* de imperatividade a ele atribuído enquanto um conceito caracterizador do Estado de Direito – sobretudo quando em uma comparação com o arranjo de poder anterior: o antigo regime. O estudioso do direito noviço haverá de ouvir falar em separação de poderes por diversas vezes, aprendendo que se trata de uma evolução ao que seria uma centralização autoritária de poder na figura de uma só pessoa e/ou órgão, como é normalmente dito sobre a monarquia, sobretudo a francesa em períodos anteriores à Revolução.

O Poder tripartido é, aqui, um elemento do próprio conceito de Estado de Direito, um marco do processo de evolução histórica por que teriam passado as democracias – sobretudo as ocidentais (Vile, 1998, p. 87) –, um marco do constitucionalismo (Thayer, 2010, p. 129-156).

Voltando ao contexto de uma indagação de prova oral, o primeiro nível de resposta a ser apresentado ao arguidor seria, portanto, aquele caracterizado como *dogma*.

Como poderia ser feita uma formulação da tripartição de Poderes – exclusivamente – enquanto dogma? O dogma poderia ser estabelecido por meio do seguinte *canon*: "a Tripartição de Poderes consiste em segregar, em diferentes centros de atribuição, as funções de executar, legislar e julgar". Desejoso o candidato de aprofundar a sua resposta, passaria ao próximo nível: o *antidogma*.

3. TRIPARTIÇÃO DE PODERES: O *ANTIDOGMA*

Trabalhada a tripartição de Poderes enquanto um dogma, o que equivaleria ao primeiro nível de resposta do examinando, se a ocasião assim o permitir, chega-se ao momento de descer a um nível de antítese, de questionamento – a que chamamos antidogma.

O antidogma da tripartição de Poderes pode ser visto de duas maneiras: (i) não existe tripartição de Poderes pois o Poder é um; (ii) as funções de Estado – julgar, executar e legislar – não são propriamente segregadas, mas compartilhadas; e (iii) a tripartição de Poderes, enquanto habitualmente trabalhada – o dogma – haveria de ser superada.

A primeira feição do antidogma – de que o Poder é um – seria mais afeta às teorias políticas, carecendo de uma acurada distinção entre poder e função, o que, para um candidato em prova oral, talvez não fosse das melhores opções táticas. A noção de Poder – utilizamos o termo *noção* em detrimento de *conceito* em razão da mutabilidade do termo – se relaciona à própria soberania do Estado.

O Estado tem o Poder de impor a sua vontade em seu território. Essa é uma primeira afirmação, que mereça, talvez, alguma mitigação. Se o Soberano – o monarca –, durante o antigo regime, tinha seu poder controlado por costumes, moral, religião e toda espécie de corpos intermediários,[250] o Estado – na ordem social que sucede as revoluções burguesas – passa a ter o exercício do poder em tensão dialética com a democracia e os meios de que essa dispõe para subtrair do Estado eventuais exercícios ilegítimos do poder (Tinland, 1985). Esse Poder do Estado soberano seria uno, indecomponível.

O candidato desejoso de desafiar – ainda que de maneira quase que semântica – o dogma da tripartição de poderes diria que o Poder do Estado é um, o que se divide é a função.

O segundo nível de crítica ao dogma da tripartição de poderes seria a afirmação de que o que ocorre, em verdade, seria a formação de um espaço de compartilhamento de poder entre diferentes funções do Estado, que exercem, de maneira típica, uma função que lhe dá nome – o Legislativo legisla – e, de maneira, atípica, a função típica de um outro poder – o Legislativo julga, no caso de processos de *impeachment*. Ainda nos encontramos em uma seara típica de manuais.

---

250. Corpos intermediários podem ser definidos como entes mediadores entre o Poder do Estado e a população, a exemplo da Igreja e das Corporações de Ofício. O espaço político do homem medievo e de princípios da idade moderna consistia em sua presença em tais corpos. Com o advento das revoluções burguesas, houve uma supressão de tais corpos, o que teve por efeito nocivo uma perda da coesão social e a abertura de um espaço que viria a ser ocupado – em sua plenitude – pelo Estado (Sobre o tema, ver Chevallier, 2009).

Costuma-se dizer que esse compartilhamento de funções seria mais afeto a uma noção de *checks and balances*, em que cada função contrabalança a outra; e o exercício de mais de uma função por cada um dos poderes – Executivo, Legislativo e Judiciário – possibilitaria esse equilíbrio (Sharp, 1935).

O terceiro nível de crítica de dogma – talvez o que melhor represente o que se propõe por *antidogma* – consiste em uma proposição normativa: tripartição de Poderes é algo a ser superado.

Essa linha – de difícil desenvolvimento por um candidato em exame de prova oral de concurso público – tem por mote a ideia de que o dogma da tripartição de Poderes seria, em verdade, uma construção demasiado oitocentista e anacrônica, que não se coaduna com a dinâmica das relações sociais modernas.

A crítica à tripartição de Poderes se fez presente, de maneira forte, quando da gênese do Estado Regulador e do *Administrative State* norte-americano (Lawson, 1994, p. 1231-1254) e, anos depois, brasileiro (Sundfeld, 2014, p. 121).

Um segundo exemplo de superação da tripartição de Poderes enquanto dogma surge no Direito Penal: as leis penais em branco propriamente ditas, em que o complemento exigido pelo preceito primário do tipo penal surge em ato normativo diverso da lei. O art. 66 da Lei nº 11.343/2006[251] é uma manifestação desse fenômeno, trazendo, inclusive, uma hipótese de atuação do Estado Regulador na seara penal.

Há diferentes situações em que a insuficiência do modelo de tripartição de Poderes é invocada. O Poder Legislativo, como tem por atribuição a nomogênese, a criação de normas jurídicas gerais e abstratas – a lei em sentido estrito – parece ser o Poder menos afeto a clamar por uma superação da dogmática da tripartição de Poderes.

Os Poderes mais afetos a intentar uma superação do modelo tripartite são aqueles que estão mais vinculados à lei: o Poder Executivo e o Poder Judiciário. Com relação ao primeiro, há um

---

251. Art. 66. Para fins do disposto no parágrafo único do art. 1º desta Lei, até que seja atualizada a terminologia da lista mencionada no preceito, denominam-se drogas substâncias entorpecentes, psicotrópicas, precursoras e outras sob controle especial, da Portaria SVS/MS nº 344, de 12 de maio de 1998.

clamor por uma ideia de atuação do Estado Administrador para além dos limites da lei. Há autores que falam em uma atuação com fundamento direto na própria Constituição: o *moderno* Direito Administrativo estaria menos vinculado ao Princípio da Legalidade e mais à ideia de juridicidade, isto é, vinculação não à lei, mas ao direito como um todo (Binenbojm, 2016; Aragão, 2002, p. 3-42).

O Judiciário, a seu turno, evoca uma superação da tripartição de Poderes em casos de judicialização de políticas públicas, mormente quando condena a Administração Pública a uma determinada obrigação de fazer, atuando, assim, como formulador de políticas públicas – "*juger l'administration, c'est encore administrer*" (Sauvé, 2017), diz o consagrado aforisma do Conselho de Estado francês.

A dificuldade em efetuar certas classificações de maneiras de agir estatais leva autores como Bruce Ackerman – em trabalho com o provocativo título de *Good-bye, Montesquieu* – à proposição de um novo modelo, para além dos rótulos Executivo, Legislativo e Judiciário, que seriam insuficientes enquanto elementos de uma categorização inserida em um contexto de formulação de uma teoria descritiva de direito comparado (Ackerman, 2012).

O candidato propenso a risco, poderia, assim, encerrar a sua resposta com uma provocação: é hora de dar adeus a Montesquieu.

4. TRIPARTIÇÃO DE PODERES: A PRÁXIS

O terceiro nível de resposta de nosso candidato hipotético seria – novamente, caso possibilitado o espaço – o de superar tanto o dogma quanto o antidogma, a proposição e a refutação, a tese e a antítese, apresentando a práxis, o uso instrumental, para além de um rigor teórico, da tripartição de Poderes. Um uso pragmático de tripartição de Poderes (James, 2014).

Para identificarmos o que poderia ser um uso pragmático da tripartição de Poderes, precisamos ter em mente que a fala jurídica[252] está inserida em um contexto sobretudo argumentativo. O Direito é retórico por excelência, e as diferentes formulações teóricas – independentemente de sua qualidade – são utilizadas como elemento de convencimento do interlocutor. A argumentação, assim, seria, nessa perspectiva, suprema – a retórica vence a dogmática.

Qual seria um uso instrumental – argumentativo – da tripartição de Poderes? Podemos identificar duas formas de uso instrumental, isto é, do uso da tripartição de Poderes enquanto retórica, enquanto argumento. Seriam duas hipóteses: (i) o uso da tripartição de Poderes enquanto argumento para a conservação de determinada atribuição, em detrimento de um outro órgão ou Poder do Estado; e (ii) o uso da tripartição de Poderes enquanto argumento de diversão de culpa.

Com relação ao primeiro uso, a tripartição de Poderes é evocada em situações em que órgãos integrantes de determinado Poder se insurgem contra uma atuação aparentemente exorbitante de um Poder rival e, desejosos de manutenção de sua esfera de atribuição, afirmam que a atuação de seu concorrente "violaria a separação dos Poderes" ou a "tripartição dos Poderes".

Utilizando, a título de exercício, a expressão "separação de poderes" no buscador do STF nos faz encontrar nada mais, nada menos do que 1.656 resultados. Ainda que sem os maiores rigores metodológicos necessários para a realização de uma pesquisa empírica, podemos ao menos levantar a possibilidade de que, em grande parte desses casos, se trata de uma disputa por delimitação de zona de atuação e de exercício legítimo de um poder ou faculdade.

Mais curiosa e provocativa é a segunda situação, em que se vislumbra um uso argumentativo da separação de Poderes não como forma de manutenção de uma zona de exercício de poder, mas sim como um mecanismo de diversão de culpa.

---

252. Shapiro e Plunkett (2017), tentando ir além da eterna discussão positivismo *v. não positivismo*, para além da discussão, Hart-Dworkin, tentam mover a teoria do direito para a investigação do que seria a fala jurídica, o *legal talk*. Aproximam-se, assim, de uma discussão centrada no papel do convencimento e da argumentação nos sistemas jurídicos, e não apenas se o direito de determinada sociedade seria identificável com base nas fontes – o positivismo – ou a partir de normas superiores ao ordenamento posto – o não positivismo.

Trata-se do fenômeno político trabalhado pela literatura norte-americana como *blame avoidance* – evasão de culpa, em uma tradução livre, em que determinado agente político se vale de diferentes mecanismos para se escusar da culpa por uma determinada ação ou inação (Weaver, 1986).

Agentes políticos atuam – como qualquer agente econômico – por uma perspectiva de incentivos e de maximização de sua utilidade. Atuam, assim, pensando nas consequências de seus atos quando confrontados com seus interesses. A transposição de elementos descritivos das teorias econômicas para o contexto da ciência política é típica dos adeptos da Public Choice, traduzida, habitualmente, como Teoria da Escolha Pública.[253]

O argumento da separação ou da tripartição dos Poderes, aqui, faz parte de um intrincado jogo de diferentes rodas, em que determinado agente público – notadamente aqueles sujeitos ao respaldo eleitoral, que sofrem com a possibilidade de retaliação imediata de seu eleitorado, não os conduzindo a novo mandato –, sabendo que determinada política que propõe, além de eleitoreira, é inconstitucional, dá a ela cabo, ainda assim, contando que outro Poder – o Judiciário, p.e. – venha a declarar sua inconstitucionalidade.

Aos olhos de seu eleitorado, não houve traição alguma de seus interesses – foi outro Poder que sepultou sua política. O argumento da separação de Poderes, aqui, entra de maneira não apenas defensiva como verdadeiramente com tom de escusa. "Eu tentei, mas o Judiciário declarou inconstitucional, preciso respeitar a separação dos Poderes. Nada tenho a fazer", formularia nosso agente político hipotético, adepto da *public choice*. Trata-se de uma forma de evitar possível retaliação pelo insucesso de uma política por meio da diversão da culpa.

Note-se que, nesse momento, não há discussão valorativa quanto ao mérito ou demérito da existência ou da necessidade de superação de uma lógica de alocação tripartite de Poder. Não. Há,

---

253. Como exemplo de *public choice*, temos o trabalho de um de seus percursores, James Buchanan (1975).

exclusivamente, um uso argumentativo desse arranjo para consecução de um determinado fim.

Por essa razão, por essa supremacia da práxis sobre a ortodoxia, esse uso instrumental da separação dos Poderes – argumento – seria verdadeira manifestação do pragmatismo em seu sentido forte.

Esse seria o último sentido possível de resposta acerca da tripartição de Poderes, fechando o ciclo da resposta.

5. CONCLUSÃO

Vimos, neste artigo, a partir de uma questão feita em arguição oral do autor, que existe espaço para uma zona de confluência entre as indagações acadêmicas e a massificação exigida de candidatos a concursos públicos jurídicos.

Voltando ao mundo do "pé no chão", das provas em que os candidatos apostam seu futuro, podemos traçar alguns breves comentários conclusivos.

Tentamos, partindo de nossa pergunta, dialogar com diferentes níveis de resposta que o candidato poderia vir a elaborar, bem como, a partir desse mote, com diferentes níveis de formulação de respostas para uma questão aparentemente simples – um questionamento genérico da temática tripartição de Poderes.

Em questões genéricas há maior espaço tanto para o candidato desenvolver sua resposta, mostrar seu conhecimento e, por que não, ganhar tempo. Da mesma maneira, há maior espaço para o examinador contra-argumentar, fazer novos questionamentos que, por vezes, podem deixar o candidato desconfortável.

Desenvolvimentos de diferentes níveis de elaboração do tema tripartição de Poderes, que foi apresentado sob formas por nós denominadas *dogma, antidogma e práxis*. Esse exercício tem por aptidão demonstrar como questões de aparência de mera exposição de conceitos adquiridos na graduação podem vir a se desdobrar por uma série de abordagens.

Em um desenvolvimento por vezes mais ensaístico do que científico, procuramos mostrar que existe um primeiro nível de resposta – a que chamamos dogma; um segundo nível – o antidogma; e, ainda, um terceiro nível – a práxis. Fecha-se, assim, um conceito enquanto tese, sua antítese e seus usos instrumentais.

O manejo instrumental de conceitos jurídicos – a práxis – é, talvez, a dimensão mais interessante a ser trabalhada. Direito é, em larga medida, retórica; argumento; convencimento. Candidatos a concursos públicos de alto nível – sobretudo aqueles com perfil de banca mais academicista, como o de Delegado da Gloriosa Polícia Civil do Estado do Rio de Janeiro – precisam estar preparados para esse nível de aprofundamento.

Não nos iludamos, é claro: por certo o reino do concurso público é mais dado às certezas dos manuais, mas é preciso que haja, sim, uma margem de manobra para que o candidato saiba argumentar, aprofundar e, por que não, desconstruir verdades tidas como dogmas.

A arguição moral é o momento em que o candidato pode – deve – demonstrar que está, sim, apto a tomar posse de seu sonhado cargo. É o momento de demonstrar fibra, resiliência e, claro, criatividade. Nem sempre o simples é simples. Sempre há o que aprofundar.

REFERÊNCIAS BIBLIOGRÁFICAS

ACKERMAN, B. Good-bye Montesquieu. In: ROSE-ACKERMAN, S.; LINDSETH, P. S. (Org.). **Comparative Administrative Law**. Northampton: Edward Eugar Publishing. 2017.

ARAGÃO, A. S. de. Regulação da economia: conceito e características contemporâneas. **Revista de Direito da Associação dos Procuradores do Novo Estado do Rio de Janeiro**, v. 11, p. 3-42, 2002.

BINENBOJM, G. **Poder de polícia, ordenação e regulação:** transformações político-jurídicas, econômicas e institucionais do Direito Administrativo ordenador. Belo Horizonte: Fórum, 2016.

BUCHANAN, J. Public finance and public choice. **National Tax Journal**, v. 28, n. 4, p. 383-394, 1975.

CHEVALLIER, J. **O estado pós-moderno**. Tradução de Marçal Justen Filho. Belo Horizonte: Fórum, 2009.

GOERTZ, G. **Social science concepts**: a user's guide. Princeton: Princeton University Press, 2005. p. 6-15.

JAMES, W. **Pragmatism:** a new name for some old ways of thinking. Cambridge: Cambridge University Press, 2014.

LAWSON, G. The rise and rise of the administrative state. **Harvard Law Review**, v. 107, n. 6, p. 1231-1254, abr. 1994.

MERRIAM-WEBSTER dicionário online de língua inglesa. Dogma. [S.d.]. Disponível em: https://www.merriam-webster.com/dictionary/dogma. Acesso em: 20 mar. 2023.

MONTESQUIEU, C. L. de S., Baron de La Bréde et de. Chapitre VI: de la constitution de l'Angleterre. In: **De l'Esprit des Lois** - Deuxième Partie (livres IX a XIII). Paris: Edition Gallimard, 1995. p. 51.

PETROSKI, K. Is Post-Positivism possible? **German Law Review**, v. 12, n. 2, p. 663-692, fev. 2011.

PLUNKETT, D.; SHAPIRO, S. Law, morality and everything else: general jurisprudence as a branch of meta-normative inquiry. **Ethics**, v. 128, n. 1, p. 37-68, out. 2017. Disponível em: https://papers.ssrn.com/sol3/papers.cfm?abstract_id=2964089. Acesso em: 20 mar. 2023.

SAUVÉ, J.-M. Dialogue entre les deux ordres de juridiction. **Conselho de Estado Francês**, jul. 2017. Disponível em: https://www.conseil-etat.fr/publications-colloques/discours-et-interventions/dialogue-entre-les-deux-ordres-de-juridiction#:~:text=%C2%AB%20Juger%20l'administration%2C%20c,Cour%20de%20cassation%20en%201828. Acesso em: 20 mar. 2023.

SHARP, M. The Classical American Doctrine of "The Separation of Powers". **The University of Chicago Law Review**, v. 2, n. 3, p. 385-436, p. 389, abr. 1935. Disponível em: https://www.jstor.org/stable/1596321. Acesso em: 20 mar. 2023.

SORDI, B. Révolution, **Rechtsstaat and the Rule of Law**: historical reflections on the emergence and development of administrative law. 2010. Disponível em: https://www.elgaronline.com/view/edcoll/9781784718657/9781784718657.00008.xml. Acesso em: 14 mar. 2023.

SUNDFELD, C. A. Direito público e regulação no Brasil. *In*: GUERRA, Sérgio (Org.). **Regulação no Brasil**: uma visão multidisciplinar. Rio de Janeiro: FGV, 2014. p. 121.

THAYER, J. B. The Origing and Scope of the American Doctrine of Constitutional Law. **Harvard Law Review**, v. 7, n. 3, 2013, p. 129-156. Disponível em: https://www.jstor.org/stable/pdf/1322284.pdf. Acesso em: 20 mar. 2023.

TINLAND, F. Hobbes, Spinoza, Rousseau et la formation de l'idée de démocratie comme mesure de la legitimité du pouvoir politique. **Revue Philosophique de la France et de l'Étranger**, v. 175, n. 2, p. 195-222, p. 201, abril a junho de 1985. Disponível em: https://www.jstor.org/stable/41093850. Acesso em: 20 mar. 2023.

VILE, M. J. C. **Constitutionalism and the Separation of Powers**. 2. ed. Indianápolis: Liberty Fund, 1998. p. 87.

WEAVER, K. The Politics of Blame Avoidance. **Journal of Public Policy**, v. 6, n. 4, p. 371-398, dez. 1986.

PARTE IV

DIREITO ADMINISTRATIVO

ATO ADMINISTRATIVO: DUPLA FINALIDADE; MITIGAÇÃO DA VINCULAÇÃO DA FINALIDADE E A QUESTÃO DO NÃO ATO

CAPÍTULO 13

Iasminy Pereira de Oliveira Vergetti[254]

1. INTRODUÇÃO

A prova oral certamente é o momento mais aguardado na vida de quem se dedica aos concursos que preveem esta fase. É nesse momento que enxergamos a luz no fim do túnel, e que estamos, certamente, perto do ponto de chegada. Embora o candidato tenha de aprofundar seus conhecimentos jurídicos, nesta etapa, conta muito o controle emocional. Nem sempre a pergunta direcionada contará com uma resposta pronta e exata, sendo necessário raciocinar e dar ao examinador a resposta conjecturada.

Eu queria muito estar ali na arguição da prova oral e, quando cheguei, confesso que não foi fácil encarar de frente pessoas capacitadíssimas para me examinar. Posicionada, então, diante da banca de Direito Administrativo para o cargo de Delegado de Polícia Civil do Estado do Rio de Janeiro, tudo começou. Lembro-me como se fosse hoje: uma cadeira, três examinadores; os pontos para sortear; e um relógio cronometrando o tempo.

---

[254]. Bacharel em Direito pela Universidade Anhanguera. Delegada de Polícia Civil do Estado do Rio de Janeiro.

Ponto sorteado, relógio contando e a primeira pergunta feita: "candidata, descreva sobre os elementos do ato administrativo". Em primeira análise, nada muito complicado. Temática muito familiar ao estudioso do Direito. Começo a minha exposição e, logo em seguida, tantas outras perguntas: o ato administrativo pode ter duas finalidades? Sendo a finalidade do ato vinculada, esta pode ser mitigada? E quanto ao *não ato*: pode ser um ato?

É nessa hora que respiramos fundo, controlamos a emoção e construímos o raciocínio. Como foi dito, nem sempre os conceitos estão prontos, pois precisaremos pensar e construí-los ali, naquele momento de tensão. Discorrer sobre os elementos não seria uma tarefa árdua, mas sabia que a partir disto viriam perguntas aprofundando o tema. Geralmente, os examinadores iniciam a arguição com questionamentos menos complexos, e a partir daí o nível de dificuldade aumenta.

Ato com duas finalidades? Mitigação da vinculação da finalidade? *Não ato* sendo legitimado como ato? Certamente, não havia conceitos prontos. Por isso, a nossa base jurídica deve ser bem fincada. Firme. O superficial, nesses casos, não se sustentaria.

Desses questionamentos, surge este artigo. Confesso que tais temas me intrigaram e, posto isso, passei a pesquisá-los.

Partindo disso, vamos dividir nosso estudo em três itens. No primeiro, abordaremos sobre o ato administrativo, seu conceito e elementos, analisando a dupla finalidade do ato. No segundo item, discutiremos sobre discricionariedade e vinculação, voltando os olhos para a possibilidade de mitigar a vinculação do elemento finalidade. No último, teceremos sobre o *não ato* (silêncio administrativo).

Por fim, na conclusão, traremos ao leitor a resposta que foi dada à banca, fazendo os apontamentos e as correções pertinentes.

2. DO ATO ADMINISTRATIVO

2.1. Conceito

Antes de elaborarmos o estudo a respeito da primeira indagação feita pelo examinador (elementos do ato), achamos de suma importância trazer para o leitor a conceituação do que seria ato administrativo, pois, compreendendo o seu conceito, torna-se mais fluida a discussão sobre a primeira questão abordada.

A expressão *ato administrativo* vem sendo construída com o tempo. Nem sempre foi utilizada por nós, mas comumente se falava em *atos do Rei ou da Coroa*, já que vivíamos em um Estado Absoluto. O primeiro texto legal a citá-la foi a Lei Francesa de 16/24-8-1790, cuja leitura do art.10, em tradução livre, nos permite entender que "os tribunais não poderão tomar, direta ou indiretamente, parte no exercício do Poder Legislativo, nem impedir ou suspender a execução dos decretos do corpo legislativo, sancionados pelo rei, sob pena de prevaricação".[255]

Na doutrina, podemos encontrar tal expressão no Repertório de Merlin de Jurisprudência, na sua edição de 1812, que define o ato administrativo como "ordenança ou decisão de autoridade administrativa, que tenha relação com a sua função (Merlin, 1812, p. 72).

A noção do que seria ato administrativo ganha força contemporaneamente ao movimento do constitucionalismo, submetendo a Administração Pública ao Direito (Estado de Direito) e à própria divisão dos Poderes. Isso gerou uma desconcentração neste âmbito, dividindo o poder igualmente entre Legislativo, Judiciário e Executivo. Não se falava mais em "atos do Rei", já que este não mais detinha todo poder em mãos. Logo, o ato era da Administração, pautado e regulado pelo Direito.

---

[255]. França. **Loi des 16-24 août 1790 sur l'organisation judiciaire**. Disponível em: https://www.legifrance.gouv.fr/loda/id/JORFTEXT000000704777/. Acesso em: 16 out. 2023. No original: *"Les tribunaux ne pourront prendre directement ou indirectement aucune part à l'exercice du pouvoir législatif, ni empêcher ou suspendre l'exécution des décrets du Corps législatif, sanctionnés par le Roi, à peine de forfaiture".*

Diante desse cenário, é importante ser ressaltado que o ato administrativo está intrinsecamente ligado à própria função administrativa e à submissão do Estado às normas legais, visando à satisfação do interesse coletivo.

Autores como Rafael Carvalho Rezende de Oliveira (2020, p. 478) definem o ato administrativo como sendo "a manifestação unilateral de vontade da Administração Pública e de seus delegatários, no exercício da função delegada, que, sob o regime de direito público, pretende produzir efeitos jurídicos com o objetivo de implementar o interesse público".

Por sua vez, há autores que conceituam o ato administrativo com base em dois critérios: subjetivo e objetivo. Pelo critério subjetivo (também conhecido como orgânico ou formal), ato administrativo seria aquele editado por um órgão da Administração. Desta forma, atos que fossem editados pelo Legislativo ou pelo Judiciário não estariam enquadrados na categoria de ato administrativo. Já pelo critério objetivo (funcional ou material), não mais voltamos os olhos para quem editou aquele ato (seja o Poder Legislativo, o Judiciário ou o Executivo), pois o importante é que tenha sido editado no momento do exercício da função administrativa, sendo certo que cada Poder exerce funções atípicas (Di Pietro, 2022, p. 521).

Nessa toada, não seria suficiente que o ato fosse editado no exercício da função pública para ser qualificado como ato administrativo. É necessário verificar a natureza da atividade exercida. Assim, podemos ter atos de governo; atos privados; atos administrativos e atos materiais (fatos administrativos).

Os atos privados, embora editados na função administrativa, são aqueles regidos pelo direito privado (não excluindo a possibilidade de mesclar com o regime público), como compra e venda, locação etc. No entanto, os atos de governo ou políticos relacionam-se com o exercício da função política e são editados pelos Poderes Executivo e Legislativo. Os fatos administrativos, por sua vez, são acontecimentos materiais que podem vir a gerar efeitos no mundo jurídico.

Assim, o ato administrativo se difere não somente por ser editado diante da atuação administrativa, mas, sim, por ser regido pelo direito publicístico, produzir efeitos jurídicos, sofrer controle judicial e estar vinculado ao princípio da juridicidade. Exterioriza, portanto, a manifestação do Estado (ou de seus delegatários) em busca da satisfação dos direitos e garantias fundamentais dos seus administrados.

Entendido, nesta breve exposição, o sentido do que seria ato administrativo, podemos, de fato, aprofundar o nosso estudo na primeira pergunta que foi direcionada: dissertar sobre os elementos que compõem o ato administrativo.

2.2. Elementos do ato administrativo

Iniciaremos este tópico alertando que não há um consenso doutrinário quanto à nomenclatura. Embora seja possível a utilização da expressão "requisitos do ato administrativo", a doutrina tem preferido adotar a noção de "elementos do ato administrativo" (Di Pietro, 2022, p. 537). A inexistência de consenso também atinge o elenco dos elementos (terminologia adotada por nós). De fato, quanto a estes, tem prevalecido o seguinte: agente competente, forma, finalidade, motivo e objeto (Carvalho Filho, 2020, p. 169).

Trazidas as divergências e os esclarecimentos, passaremos à perquirição de cada um, todavia em breve análise, já que o foco da pergunta se fincou no elemento finalidade e sua mitigação. Posto isto, deixaremos a finalidade por último por questão de didática e por acreditar que, desta forma, a proposta deste artigo será melhor compreendia.

2.2.1. Competência, forma, motivo e objeto

Quando falamos em *ato administrativo*, devemos ter em mente que este é espécie do gênero *ato jurídico* e, com isto, certos parâmetros precisam ser observados para que o mesmo seja válido e produza seus efeitos materiais.

O primeiro elemento que deve compor o ato administrativo é a competência (ou agente competente), isto é, o ato administrativo deve ser editado por um agente competente para o exercício da função pública. A competência delineada pela norma, além de validar o ato, é base estruturante da organização administrativa. Neste contexto, bastaria imaginar um ente central dotado de competência para editar todos os atos. Seria inviável tal situação, uma vez que a atuação estatal ficaria estagnada diante de tanta demanda em um único polo emissor. Pensando nisso, a norma trata da repartição de competências na estrutura da Administração, ficando cada um com a sua parcela de colaboração para o funcionamento do Estado e a satisfação do interesse público.

A competência pode ainda ser analisada sob dois ângulos: ao mesmo tempo em que a norma habilita a atuação do agente, com vistas à garantia dos direitos fundamentais, de outro, limita, uma vez que, excedendo a sua competência, agirá em excesso de poder.

Além de ser indispensável para a edição do ato que o administrador seja competente, a forma também deve ser observada no momento do seu surgimento. Em termos simplórios, a forma é definida como o revestimento que o ato ganha ao ser exteriorizado. Em sentido amplo, forma engloba todo processo de formação do ato, ou seja, todas as formalidades legais que devem ser observadas na formação da vontade administrativa (Oliveira, 2020, p. 489).

Quando estamos diante do Direito privado, ao falarmos de ato jurídico, vigora como regra o princípio da liberdade das formas, dando aos particulares autonomia para firmarem seus pactos e acordos da maneira que atendam aos seus interesses.[256] Todavia, no que tange ao ato administrativo, regido pelo Direito Público, a norma impõe mais rigor, dando um formalismo maior. Isto tem uma explicação simples e lógica: o agente público age para atender

---

256. É o que dispõe o art. 107 do Código Civil (CC): "A validade da declaração de vontade não dependerá de forma especial, senão quando a lei expressamente a exigir". Brasil. Lei nº 10.406, de 10 de janeiro de 2002. Institui o Código Civil. **Diário Oficial**, 11 jan. 2002. Disponível em: https://www.planalto.gov.br/ccivil_03/leis/2002/l10406compilada.htm. Acesso em: 16 out. 2023.

ao interesse público, não aos seus interesses particulares. Por isso, ao editar o ato, deve atender às exigências legais, pautando-se no princípio da solenidade das formas. O ato, portanto, deve conter a forma escrita e sempre visar à finalidade pública.

Devemos observar, contudo, que, devido à proporcionalidade, em casos excepcionais, é possível que tenhamos uma mitigação da solenidade exigida. Embora vigore um formalismo, este é moderado. A título de exemplo, podemos citar as placas de trânsito, ainda que não estejam sob a forma escrita e solene, constituem ato administrativo.

Para além da competência e da forma, para que o ato administrativo surta efeitos no mundo jurídico, é necessário haver o motivo, isto é, que seja delineado o seu conteúdo. A edição do ato público não pode ser vazia, deve existir alguma situação (seja de fato ou de direito), que legitima a produção de seus efeitos. Todo ato, portanto, deve ter um motivo que o explique. A violação infracional, por exemplo, é a causa da edição de um ato punitivo. Logo, temos o motivo como pressuposto e elemento do próprio ato administrativo.

O elemento em estudo permite maior transparência na atuação pública, já que, ao expor os motivos que determinaram a edição do ato, o mesmo deve ser legítimo e compatível com os mandamentos legais, sob pena de invalidade. Aqui fazemos uma observação: não podemos confundir motivo com motivação, pois esta é a exteriorização daquele e não se configura como elemento do ato administrativo.

Em conclusão, quanto ao objeto, último elemento a ser analisado neste tópico, podemos defini-lo como o conteúdo do ato. É o resultado imediato do ato e se constitui no objetivo manifestado pela vontade administrativa (Oliveira, 2020). Temos como exemplo um ato punitivo: o seu conteúdo é exatamente punir aquele agente que cometeu a infração funcional.

O agente público não fica limitado à edição de ato administrativo com apenas um conteúdo. Para agilizar sua atuação e torná-la eficiente, pode editar um ato com dois objetos (ou conteúdos), são os chamados objetos plúrimos. De toda forma, este será sempre o fim imediato buscado, e deve ser lícito e possível.

Trazidas as definições quanto aos elementos componentes do ato administrativo, e, assim, finalizando a estruturação da primeira pergunta proposta, passaremos a compreender a finalidade pública e seus desdobramentos.

2.2.2. A finalidade do ato administrativo

Na vigência do Estado absoluto, todas as funções do Estado (administrativa, legislativa e judiciária) eram concentradas nas mãos do governante, com o fundamento de garantir a paz e a segurança. Logo, era ele quem emitia os comandos legais (leis), julgava e administrava o seu povo. Ficava visível que, com a concentração de poder, se desenvolvia total dominação. O monarca era o próprio Deus na Terra.

Com as Revoluções liberais (séculos XVIII-XIX) a sociedade passa a lutar por mais igualdade, liberdade e fraternidade, dando marco ao movimento do Constitucionalismo e, como consequência, limitando o Poder do Estado. O poder que era depositado nas mãos do monarca passa a ser institucionalizado nas mãos do Estado, que exerceria em nome dos cidadãos.

A limitação do poder estatal se dá com a divisão dos Poderes, trazida por Montesquieu, em sua obra O *Espírito das Leis*[257] (Montesquieu, 1772), assim, o Estado passaria a funcionar em três esferas: Legislativo, Judiciário e Executivo.

---

257. No original: *"Il n'y a point encore de liberté, si la puissance de juger n'est pas séparée de la puissance législative, & de l'exécutrice. Si elle étoit jointe à la puissance législative, le pouvoir sur la vie & la liberté des citoyens seroit arbitraire; car le juge seroit législateur. Si elle étoit jointe à la puissance exécutrice, le juge porroit avoir la force d'un oppresseur. Tout seroit perdu, si le même homme, ou le même corps des principaux, ou des nobles, ou du peuple, exerçoient ces trois pouvoirs; celui de faire des loix, celui d'exécuter les résolutions publiques, & celui de juger les crimes ou les differends des particuiliers".* Na tradução livre: "Ainda não há liberdade se o poder de julgar não estiver separado do Poder Legislativo e do Executivo. Se fosse combinado com o Poder Legislativo, o poder sobre a vida e a liberdade dos cidadãos seria arbitrário; porque o juiz seria um legislador. Se estivesse unido ao Poder Executivo, o juiz poderia ter a força de um opressor. Tudo estaria perdido se o mesmo homem, ou o mesmo corpo de diretores, ou nobres, ou pessoas, exercessem esses três poderes; o de fazer leis, o de executar resoluções públicas e o de julgar crimes ou disputas de indivíduos".

Com a evolução histórica e a vivência do Estado Democrático de Direito, os direitos e garantias dos cidadãos ganham forte destaque, e a divisão dos Poderes passa a se dar de forma independente e harmônica. Aqui a soberania é do povo, não do monarca. Neste ponto, a nossa Constituição diz: todo poder emana do povo.[258] Ou seja: este transfere ao Estado o poder, para que o mesmo seja usado em seu nome e satisfaça os seus interesses. Logo, essa transmissão não é incondicionada, e sim, condicionada ao interesse público. Este é o ponto central.

Não queremos aqui esgotar as teorias do surgimento do Estado e seus momentos históricos, pois tal contexto é tão rico que não caberia nesta proposta de artigo. Necessitaríamos de um longo livro. O que queremos deixar claro é o contexto em que a finalidade pública, ou seja, o atendimento ao interesse da sociedade, ganha força em nosso meio. É exatamente quando a titularidade do poder é do povo, portanto, deve ser voltado ao atendimento de suas necessidades e, assim, toda atuação administrativa deve sempre buscar essa finalidade.

Se toda atuação estatal deve buscar uma finalidade como fim mediato, não existe manifestação de vontade da Administração (seja unilateral, bilateral ou plurilateral) sem fins bem estabelecidos.

É sabido que a finalidade deve ser sempre aquela que atenda da melhor forma aos direitos de todos os administrados, ou seja, o interesse público. Diante disso, toda atuação da Administração Pública deve ser impessoal, pois o móvel do agente sempre será oportunizar melhores condições para seus administrados. Nem sempre o Estado dará conta de atingir de forma satisfatória todas as pretensões da sociedade. Por isso mesmo, temos formas de organização do Estado (como a descentralização e a desconcentração), buscando sempre uma prestação eficiente.

---

258. Brasil. Constituição da República Federativa do Brasil de 1988. **Diário Oficial da União**, 05 out. 1988. Disponível em: http://www.planalto.gov.br/ccivil_03/constituicao/constituicaocompilado.htm. Acesso em: 17 out. 2023. Vejamos a redação do art. 1º, parágrafo único: "Todo poder emana do povo, que o exerce por meio de representantes eleitos ou diretamente, nos termos desta Constituição".

O que queremos dizer é que o Estado deve empregar os melhores esforços para atingir os interesses primários da coletividade, da forma mais eficiente possível. Infelizmente, nem sempre atingimos o ideal.

Não se pode conceber que o administrador atue com fins privados, já que ele atua na gestão de interesses coletivos e a sua atividade deve ter sempre como intuito o melhor atendimento aos interesses públicos. Se o interesse público não for respeitado, essa atuação é viciada, seja por desvio de poder ou desvio de finalidade, e o ato sofrerá de um vício insanável.

A doutrina define a finalidade como um elemento vinculado do ato administrativo (Oliveira, 2020, p. 489). E não poderia ser diferente. Se a lei, por exemplo, impõe um ato punitivo de demissão ao servidor que agir de certa forma, não pode o gestor público aplicar uma admoestação verbal. Neste caso, o administrador encontra-se vinculado ao mandamento legal, e não pode usar critérios de liberalidade para definir o fim mediato do ato.

A finalidade como elemento do ato, portanto, é a manifestação do próprio Estado Democrático de Direito, que traz como garantia o atingimento dos interesses da sociedade, direcionando a atuação do administrador a esta concretização.

Neste momento, chegamos ao cerne da indagação proposta pela banca examinadora: o ato administrativo poderia, nestes termos, abarcar mais de uma finalidade?

2.2.2.1. Atos administrativos com finalidades múltiplas: uma visão contemporânea

Se, por um lado, ao editar o ato administrativo a Administração Pública deve sempre buscar a finalidade genérica (interesse social), por outro, devemos analisar se várias finalidades públicas poderiam estar englobadas em um único ato (ou se isto ensejaria a edição de tantos outros). Tal questionamento (que me foi feito pela banca examinadora de Direito Administrativo na arguição da prova oral do XIII Concurso para ingresso no cargo de Delegado do Estado do Rio de Janeiro) passa por uma breve reflexão.

A atuação da Administração Pública, bem como de seus delegatários, deve estar pautada na eficiência, insculpida em um princípio que carrega o mesmo nome.[259] O ponto central deste é a busca pela prestação de uma atuação eficiente, que atenda o maior número de administrados possível, de forma satisfatória e com menos gasto de dinheiro público.

Nessa toada, quando falamos em uma atuação administrativa eficiente, devemos considerar pontos como a celeridade, a produtividade, a desburocratização, a flexibilidade e a qualidade (Carvalho Filho, 2020, p. 80).

Nesse cenário, o que encontramos é um verdadeiro mandamento legal à atuação estatal. É exatamente este o fundamento para que um ato seja editado visando ao atingimento de mais de uma finalidade pública.

Cada vez em que a Administração se propõe a regulamentar ou editar atos, gera custos para os cofres públicos. É o que chamamos de *custo do Direito*, principalmente quando estamos diante da satisfação de direitos sociais (saúde, moradia, transporte).

Neste sentido, os atos administrativos editados pelo Estado, que podem ser de várias espécies, tais como atos normativos, ordinários, negociais, enunciativos, de controle – ou verificação – e punitivos (Oliveira, 2020, p. 511), ao serem editados, geram custos para a Administração.

Basta imaginarmos um ato normativo (como um decreto regulamentar), estabelecendo regras para proteção ao meio ambiente. Neste caso, não apenas o meio ambiente saudável e equilibrado está em jogo, mas a própria vida e a saúde da sociedade entram na finalidade estatal. Daí se dizer que o ato poderia ter mais de uma finalidade pública: meio ambiente, vida e saúde.

---

259. É a própria Constituição que estabelece de forma expressa o princípio da eficiência em seu art. 37, *caput*, inscrito pela Emenda Constitucional nº 19/1998, tendo este força normativa. Cf. nota 558.

Outro exemplo seria a edição de um ato negocial, como uma licença para dirigir. Ao editar o ato permissivo para aquele que cumpre todos os requisitos de modo a obter a habilitação, o Estado não tem só a finalidade de manter a segurança no trânsito, com respeito às normas. Busca-se, também, a proteção da vida de todos os cidadãos, inclusive dos pedestres. Logo, temos mais de uma finalidade.

Um ato punitivo, como a interdição de um estabelecimento que esteja fora das regras sanitárias, não busca apenas aplicar uma medida coercitiva ao seu proprietário, mas, também, resguardar a vida e a saúde da coletividade.

Assim, se analisarmos com cuidado, enxergaremos sempre mais de uma finalidade específica na concretização do ato administrativo. Dizer que o ato é editado buscando sempre o interesse público não é algo mecanizado e uno. Dentro do que chamamos de interesse público, muitos outros interesses podem ser desmembrados.

Isso porque os direitos e as garantias fundamentais são múltiplos. Com isto, vários deles sempre estarão englobados dentro do mesmo ato estatal. É dessa forma que o Estado atuará de maneira eficiente, célere e concretizadora dos interesses primários da sociedade.

Para além da concretização do princípio da eficiência, a doutrina defende que todo ato administrativo tem duas finalidades: genérica e específica. A genérica está presente em todos os atos praticados pela Administração. É exatamente o interesse público, fim buscado em todos os atos administrativos.

A finalidade específica, por sua vez, é aquela estabelecida pela lei. Ou seja, o resultado específico que deve ser alcançado pelo ato administrativo. Um decreto de desapropriação, por exemplo, deve ser feito para fins de interesse social, necessidade pública ou utilidade com fins públicos, esta finalidade é trazida especificamente pela norma (Carvalho, 2018, p. 272).

Em resumo, a finalidade genérica é o interesse público presente em todo ato administrativo. Entretanto, além da finalidade genérica o mesmo ato deve atender à finalidade específica que a lei impõe.

Ressalta-se que o ato violador da finalidade (seja específica ou geral) enseja a nulidade da conduta praticada. Ainda que o agente público esteja buscando o interesse público, mas viole a finalidade específica, este ato será viciado.

Podemos concluir que o ato administrativo sempre terá duas finalidades: geral e específica. Bem como, pautando-se pela eficiência, poderá (ou deverá) satisfazer diversos direitos e garantias fundamentais na sua concretização.

Para além de múltiplas finalidades, a questão também passa pela análise da sua mitigação (vale dizer, se é possível – ou não – mitigar a finalidade do ato administrativo). Neste ponto, acreditamos que a temática será melhor compreendida se antes entendermos o que é vinculação e, posteriormente, adentrarmos ao questionamento.

3. DISCRICIONARIEDADE E VINCULAÇÃO

3.1. Conceito

No momento da sua atuação, o agente público competente terá como pressuposto a lei imposta. Esse movimento legalista vem desde o positivismo clássico, onde tudo girava em torno da lei. Isto se deu com a necessidade de obstaculizar arbitrariedades e abusos advindos do próprio Estado.

Nesse diapasão, ao falarmos em poder vinculado (como o próprio termo nos induz), pressupomos dependência entre uma coisa e outra. O Estado e suas autoridades estão vinculados à lei, e esta indicará quais passos podem e devem ser tomados. Assim, quando a legislação traça todas as diretrizes na edição do ato administrativo, não deixando liberdade de atuação ou espaço para o agente público, dizemos que estamos diante de um poder vinculado, ou seja, a própria lei impõe qual é a medida a ser tomada. Logo, a escolha é feita pelo legislador, e não pelo administrador.

Podemos citar como exemplo a licença para o exercício de atividade profissional, pois, no momento em que são cumpridos todos os requisitos objetivamente definidos em lei, a Administração Pública se vê diante de um poder vinculado, devendo editar o ato concessivo.

Quando falamos em vinculação, queremos dizer que o poder ou a competência estatal é vinculada, não o ato administrativo em si. Será a atuação do agente no momento de sua apreciação em concreto, que estará albergada pela vinculação (ou discricionariedade). Tanto é assim que há elementos do ato que são vinculados (competência, finalidade, forma), e outros que são discricionários – motivo e objeto (Di Pietro, 2022, p. 558-559).

De todo modo, seria ingenuidade acreditar que a lei imperativa pudesse traçar todos os passos da Administração. Seria uma tarefa impossível para o legislador, além de tornar a função administrativa totalmente mecanizada e engessada aos comandos legais. Há de ser dado algum poder de decisão ao administrador, para que seja efetiva a sua atuação.

Nesse sentido, quando o agente público possui certa margem de liberdade decisória diante do fato concreto, estaremos diante de um poder discricionário. Tal discricionariedade não se confunde com arbitrariedade: é a própria lei que, ao definir a atuação do Poder Público, determinará se a mesma será vinculada ou discricionária. Logo, não há atuações totalmente discricionárias, pois elas sempre estarão vinculadas aos limites impostos legalmente. Temos como exemplo os casos de autorização de uso de bens públicos, onde o legislador deixa a cargo do agente público o poder de escolha.

Pode-se concluir, portanto, que a atuação da Administração será vinculada quando a lei elenca todos os requisitos objetivamente, sem deixar margem de liberdade para que o agente, diante do caso concreto e da análise de oportunidade, conveniência, equidade e proporcionalidade, faça a melhor escolha.

Todavia, será discricionária quando, ao editar o comando legal, o legislador trouxer opções de escolha diante da situação fática.

Neste caso, o agente terá um grau de liberdade mais intenso, pautando sua atuação nas diretrizes que a lei impôs. Diz-se, então, que o agente tem liberdade decisória ou espaço de atuação previamente previsto pela lei, por meio de uma análise de oportunidade e conveniência.

3.1.1. Finalidade e mitigação da sua vinculação

Ao analisarmos a finalidade como elemento do ato administrativo, foi dito que esta estaria vinculada ao interesse público (finalidade genérica). Logo, seria um elemento vinculado. Nesta toada, é válido refletirmos se haveria alguma mitigação ou flexibilidade na sua vinculação.

Voltando os olhos para a historicidade, conseguimos observar que a implementação do interesse público como objetivo final é uma forma de conter excessos advindos da própria Administração.

Não podemos, entretanto, nos esquecer que vincular a atuação do Poder Público à lei e ao interesse público, sem analisar situações práticas, acabaria por inviabilizar o poder de iniciativa da Administração. O processo legislativo é moroso, e tornar a atuação estatal sempre (sem qualquer flexibilização) dependente do parlamento significa retirar toda sua eficiência na prestação dos interesses primários dos seus administrados.

Além disso, o interesse público como finalidade a ser atingida é uma construção um tanto quanto subjetiva (o que seria o interesse público?). Termos mais abstratos, também abrem espaços para a discricionariedade ou, pelo menos, para uma flexibilização (Di Pietro, 2022, p. 560).

Diante desse cenário, a doutrina vem trazendo uma releitura do princípio da legalidade, para pautar a atuação estatal na juridicidade. Isso se deve à constitucionalização do Direito Administrativo, que relativiza a vinculação do administrador somente à lei positiva (Oliveira, 2020, p. 104).

Com o giro democrático, podemos observar a força normativa da Constituição (Hesse, 1991, p. 19) e de seus princípios, ou seja, não é apenas a lei que vincula a atuação da Administração ao atingimento da finalidade pública, mas, sim, a própria Constituição que permite ao administrador agir, independentemente de intermediação legislativa, na satisfação de direitos e garantias fundamentais de seus administrados.

Permitir que o Poder Público somente satisfaça os interesses da sociedade quando a norma legal trouxer objetivamente os critérios a serem implementados significa esvaziar a atuação estatal e contrariar o próprio núcleo protetivo dos direitos fundamentais. Se é a própria Constituição que impõe o atingimento de finalidades públicas por parte do administrador e a satisfações dos interesses dos particulares, estaria a atuação estatal vinculada à juridicidade, e não somente à legalidade.

Por conseguinte, a releitura do princípio da legalidade e a força que vem ganhando o princípio da juridicidade geram críticas às noções de atuações discricionárias e vinculadas. Isto porque a dicotomia entre vinculação e discricionariedade deve ser adaptada. Neste caso, não existiriam ações estatais totalmente discricionárias, sem qualquer margem de vinculação (seja à lei ou ao direito) ou controle. Assim, também, não teríamos atuações totalmente vinculadas, já que o administrador sempre teria algum espaço de interpretação normativa em relação à norma. Não se pode permitir que a prestação estatal seja totalmente dependente, esvaziando todo o seu sentido.

Como muito bem define Rafael Oliveira, a observação a ser feita é quantitativa e não qualitativa. O que vai ser medido é o grau de liberdade que o legislador conferiu ao administrador (Oliveira, 2020, p. 497).

Posto isso, a finalidade poderia ser flexibilizada. Em outras palavras: pode haver mitigação da vinculação da finalidade do ato. Isto não quer dizer que o administrador atuará sem qualquer margem legal. Não. Mas terá uma margem de liberdade para interpretar o comando legal, pautando-se na própria juridicidade e efetivação dos direitos fundamentais.

É importante relembrarmos que a finalidade engloba duas vertentes: a genérica e a específica. No primeiro sentido, quando se fala em finalidade genérica, ou seja, o alcance do interesse público, permite-se certa flexibilização da vinculação, gerando uma discricionariedade, ou, ao menos, liberdade interpretativa para o administrador, já que o próprio conceito do que seria o interesse público é passível de interpretação.

Por sua vez, na finalidade específica estamos diante de situação na qual a lei define o alcance do ato, havendo uma especificidade que não pode ser contrariada. A finalidade do ato de demissão, por exemplo, é punir o infrator, se atender objetivo diverso, é ilegal. A atuação será, portanto, vinculada (Di Pietro, 2022, p. 558).

Entretanto, como temos afirmado ao longo deste artigo, tal atuação da Administração exige certa flexibilização, para que seus atos não sejam totalmente automatizados. Isso não quer dizer que haverá arbitrariedade, mas, sim, mais eficiência no atendimento das infinitas e crescentes necessidades da coletividade, que não estariam ao alcance de previsibilidade do legislador.

Assim sendo, não haveria edições de atos administrativos totalmente discricionários ou vinculados, pois sempre existirá possibilidade para que o administrador interprete e analise as situações práticas antes de editar o ato. Mesmo assim, a juridicidade sempre deve ser observada.

Posto isso, resta-nos analisar o último questionamento trazido pela banca examinadora: *não ato*.

4. SILÊNCIO ADMINISTRATIVO – *NÃO ATO*

4.1. Breve introdução

O termo silêncio administrativo tem seu nascedouro no contencioso administrativo da França, mais precisamente com a Lei de

16-24 de agosto de 1790.[260] Em linhas gerais, a lei mencionada obstaculizou o acesso ao Judiciário ao dispor que, caso a Administração fosse inerte em suas respostas, toda ação dos administrados contra a Administração seria julgada pela mesma. Não havendo manifestação administrativa, nada poderia ser feito, gerando um efeito negativo por ocasião do silêncio.

Posta a origem do seu termo, cabe conceituar o que seria o *não ato* ou *silêncio administrativo*. Este pode ser tido como a falta de resposta do Poder Público, no que tange à edição de um ato administrativo concreto, quando provocado por seu administrado. Tal silêncio ocorre porque a Administração demora excessivamente para praticar um ato, principalmente quando a lei não estipula prazo para tal ou porque não exerceu sua manifestação de vontade no prazo estabelecido.

A problematização, entretanto, não se encontra em sua origem ou conceituação, mas, sim, na possibilidade de o silêncio configurar-se como manifestação de vontade do Poder Público.

Ao conceituarmos ato administrativo no início deste trabalho,[261] dissemos que ele é a manifestação de vontade unilateral da Administração de forma expressa. Partindo disto, devemos analisar se o silêncio administrativo, ou o *não ato*, também poderia legitimar a vontade administrativa.

No ramo do direito privado vigora o que podemos chamar de consentimento tácito (quer dizer, quando o particular é omisso, como regra, o seu silêncio é interpretado como anuência).[262] No entanto, no Direito Administrativo não podemos afirmar o mesmo, a omissão da Administração não poder ser tida como manifestação da sua vontade. Logo, não podemos dar ao silêncio administrativo o mesmo tratamento que é dado no direito privado.

Para que tenhamos um ato administrativo, é necessária uma manifestação volitiva expressa. Logo, uma ação e não inércia. Neste

---
260. Cf. nota 255.
261. *Vide* item 2.1.
262. Cf. nota 256. "Art. 11. Com exceção dos casos previstos em lei, os direitos da personalidade são intransmissíveis e irrenunciáveis, não podendo o seu exercício sofrer limitação voluntária".

contexto, o silêncio administrativo não estaria legitimado como um ato, já que neste caso há uma omissão da própria Administração, e justamente pelo fato de que uma omissão não pode substituir um ato comissivo, o que teremos é um fato jurídico administrativo que pode vir a produzir efeitos se houver previsão em lei (Carvalho Filho, 2020, p. 167). Excepcionalmente, poderíamos interpretar o silêncio administrativo como manifestação de vontade (ato e não fato), quando a própria lei trouxer de forma expressa.

Uma relevante inovação no Direito Administrativo (que serve como exemplo), consta do art. 3º, IX, da Lei nº 13.874,[263] relatado ainda pelos §§ 6º, 7º, 8º e 10 do mesmo diploma legal.[264] A lei em análise atribuiu efeitos positivos ao silêncio administrativo no que se refere aos atos de liberação estatal. Diante de toda burocracia Estatal, aquele que dependa do consentimento público para realizar atividade econômica terá seu direito preservado e garantido após a decorrência do prazo estabelecido em lei, se não houver nenhuma manifestação da Administração. A nova regra atribui espécie de

---

263. "Art. 3º São direitos de toda pessoa, natural ou jurídica, essenciais para o desenvolvimento e o crescimento econômicos do País, observado o disposto no parágrafo único do art. 170 da Constituição Federal: (...) IX – ter a garantia de que, nas solicitações de atos públicos de liberação da atividade econômica que se sujeitam ao disposto nesta Lei, apresentados todos os elementos necessários à instrução do processo, o particular será cientificado expressa e imediatamente do prazo máximo estipulado para a análise de seu pedido e de que, transcorrido o prazo fixado, o silêncio da autoridade competente importará aprovação tácita para todos os efeitos, ressalvadas as hipóteses expressamente vedadas em lei". Brasil. Lei nº 13.874, de 20 de setembro de 2019. Institui a Declaração de Direitos de Liberdade Econômica; estabelece garantias de livre mercado; altera as Leis nºs 10.406, de 10 de janeiro de 2002 (Código Civil), 6.404, de 15 de dezembro de 1976, 11.598, de 3 de dezembro de 2007, 12.682, de 9 de julho de 2012, 6.015, de 31 de dezembro de 1973, 10.522, de 19 de julho de 2002, 8.934, de 18 de novembro 1994, o Decreto-Lei nº 9.760, de 5 de setembro de 1946 e a Consolidação das Leis do Trabalho, aprovada pelo Decreto-Lei nº 5.452, de 1º de maio de 1943; revoga a Lei Delegada nº 4, de 26 de setembro de 1962, a Lei nº 11.887, de 24 de dezembro de 2008, e dispositivos do Decreto-Lei nº 73, de 21 de novembro de 1966; e dá outras providências. **Diário Oficial da União**, 20 set. 2019. Disponível em: https://www.planalto.gov.br/ccivil 03/ ato2019-2022/2019/lei/l13874.htm. Acesso em: 19 out. 2023.

264. Cf. nota 263. "§ 6º O disposto no inciso IX do *caput* deste artigo não se aplica quando: I – versar sobre questões tributárias de qualquer espécie ou de concessão de registro de marcas; II – a decisão importar em compromisso financeiro da administração pública; e III – houver objeção expressa em tratado em vigor no País. § 7º A aprovação tácita prevista no inciso IX do *caput* deste artigo não se aplica quando a titularidade da solicitação for de agente público ou de seu cônjuge, companheiro ou parente em linha reta ou colateral, por consanguinidade ou afinidade, até o 3º (terceiro) grau, dirigida a autoridade administrativa na política do próprio órgão ou entidade da administração pública em que desenvolva suas atividades funcionais. § 8º O prazo a que se refere o inciso IX do *caput* deste artigo será definido pelo órgão ou pela entidade da administração pública solicitada, observados os princípios da impessoalidade e da eficiência e os limites máximos estabelecidos em regulamento. § 10 O disposto no inciso XI do *caput* deste artigo não se aplica às situações de acordo resultantes de ilicitude".

deferimento tácito, um ato administrativo ficto, como bem define André Cyrino (2020, p. 156).

Nada impede que a lei, ao invés de efeitos positivos ou deferimento tácito, estabeleça efeitos negativos. De todo modo, o mais comum é observarmos hipóteses em que a lei é omissa quanto aos efeitos do silêncio administrativo e ao estabelecimento de prazos.

No que diz respeito ao prazo para a resposta administrativa, ele pode estar expresso em lei. Diante disto, escoando-se o lapso estabelecido e mantendo-se inerte o Poder Público, estará caracterizado o silêncio administrativo. Todavia, a norma pode não mencionar prazo algum para que a Administração edite o ato em resposta à requisição do administrado. Nessa situação, poderíamos usar analogicamente os prazos estabelecidos na Lei nº 9.784, de 29 de janeiro de 1999[265] (lei que regulamenta o processo administrativo) e na Lei nº 12.016, de 07 de agosto de 2009[266] (lei regulamentadora do mandado de segurança).

De todo modo, ainda que haja silêncio, são garantidos ao cidadão os direitos de informação,[267] petição[268] e certidão[269] (art. 5º, XXXIII, XXXIV, "a" e "b", todos da CRFB/1988). Além de requerer explicações e apontamentos da Administração Pública.

---

265. Brasil. Lei nº 9.784, de 29 de janeiro de 1999. Regula o processo administrativo no âmbito da Administração Pública Federal. **Diário Oficial da União**, 01 fev. 1999. Disponível em: https://www.planalto.gov.br/ccivil_03/leis/l9784.htm. Acesso em: 19 out. 2023.
266. Brasil. Lei nº 12.016, de 07 de agosto de 2009. Disciplina o mandado de segurança individual e coletivo e dá outras providências. **Diário Oficial da União**, 10 ago. 2009. Disponível em: https://www.planalto.gov.br/ccivil_03/_ato2007-2010/2009/lei/l12016.htm. Acesso em: 19 out. 2023.
267. Cf. nota 258. "XXXIII – todos têm direito a receber dos órgãos públicos informações de seu interesse particular, ou de interesse coletivo ou geral, que serão prestadas no prazo da lei, sob pena de responsabilidade, ressalvadas aquelas cujo sigilo seja imprescindível à segurança da sociedade e do Estado".
268. Cf. nota 258. "XXXIV – são a todos assegurados, independentemente do pagamento de taxas: a) o direito de petição aos Poderes Públicos em defesa de direitos ou contra ilegalidade ou abuso de poder".
269. Cf. nota 258. "XXXIV – são a todos assegurados, independentemente do pagamento de taxas: (...) b) a obtenção de certidões em repartições públicas, para defesa de direitos e esclarecimento de situações de interesse pessoal".

4.2. Formação do *não ato*

Situação curiosa com a qual podemos nos deparar é sobre a formação do *não ato*. Neste cenário, poderíamos aplicar a mesma teoria dos atos administrativos, reservando-se algumas peculiaridades, que veremos a seguir.

O agente, mesmo que permaneça em silêncio, deve ser competente para a prática do ato. A forma deste será presumida, e seu objeto deve ser lícito e possível. Em tais situações, o silêncio não pode servir para obscuridades. A finalidade e o motivo também devem estar presentes, mas o que não será exigível é a motivação, já que por óbvio não há manifestação formal de vontade no silêncio. Logo, não há exposição dos motivos (Cyrino, 2020, p. 166). De qualquer modo, assim como o ato administrativo, o ato de consentimento tácito é objeto de controle, não só pela autotutela da Administração, como, também, pelos demais Poderes (Cyrino, 2020, p. 167).

O tema discorrido neste tópico ainda tem muito a ser acrescido e discutido, a doutrina e a jurisprudência são muito reducionistas neste assunto. Não há, no direito brasileiro, uma padronização para configurar o silêncio administrativo, nem mesmo estabelecimento de prazos para que isso ocorra, mas a via judicial ainda é o meio cabível para solucionar tais questionamentos.

Atualmente, o que temos por concluir é que o silêncio não é considerado como manifestação da vontade administrativa, mas, sim, fato administrativo. Excepcionalmente, assim será, quando a lei impuser.

Por fim, como forma de garantia aos administrados, a omissão administrativa pode gerar responsabilização ao administrator que se manteve inerte, seja no campo civil, no penal ou no administrativo.

5. CONCLUSÃO

No decorrer deste artigo, pudemos observar que muitas vezes a resposta não está pronta e acabada, havendo digressões que precisam ser feitas. Isso permite que o candidato traga todo seu conhecimento e mostre ao examinador profundidade a respeito do assunto. Muitas vezes é isso que ele quer do candidato: demonstração da capacidade de construir um raciocínio, quando não há um conceito pronto e decorado. A prova oral, verdadeiramente, é um palco. E é a hora de brilhar.

Confesso que não tive dificuldades em responder à primeira pergunta (definição dos elementos do ato administrativo). Contudo, ao começar, optei por conceituar o que seria ato administrativo e, posto isto, citar seus elementos e as divergências. Acredito que, desta forma, além de mostrar conhecimento, a resposta ficou mais coesa. De fato, a pergunta não englobava o conceito de ato, mas isso me fez ganhar tempo enquanto estruturava mentalmente o questionamento formulado pelo examinador. É uma boa saída.

Quanto às perguntas subsequentes (ato com finalidades múltiplas e mitigação da mesma), eram temas mais abstratos e me permitiram divagar mais. Embora tenha respondido conforme expus neste artigo, naquele momento eu poderia ter abordado também as duas finalidades que a doutrina preconiza: genérica e específica. Entretanto, como não lembrava especificamente sobre isso, abordei os exemplos e pude fundamentar na eficiência da prestação estatal. Como foi dito: é a construção do raciocínio e a capacidade de *se virar* que vai agir em seu favor.

A última pergunta (*não ato*) me gerou certo conforto, pois era um tema sobre o qual já havia me debruçado de forma mais cuidadosa, haja vista que um dos examinadores escreve a respeito. Uma outra dica: conheça o perfil do seu examinador. Certamente, você o deixará muito feliz quando souber discorrer sobre um tema com o qual ele tem afinidade.

A etapa da arguição oral é uma experiência incrível, que depende não só do estudo em si, como, também, de controle emocional. Por fim, uma boa receita para alcançar o objetivo: estudo, disciplina, fator emocional e descanso. Boa sorte!

REFERÊNCIAS BIBLIOGRÁFICAS

CARVALHO, M. **Manual de Direito Administrativo**. 5. ed. Salvador: Juspodivm, 2018.

CARVALHO FILHO, J. dos S. **Manual de Direito Administrativo**. 34. ed. São Paulo: Atlas, 2020.

CYRINO, A. **Direito Administrativo de carne e osso:** estudos e ensaios. Rio de Janeiro: Processo, 2020.

DI PIETRO, M. S. Z. **Direito Administrativo**. 35. ed. Rio de Janeiro: Forense, 2022.

FRANÇA. **Loi des 16-24 août 1790 sur l'organisation judiciaire**. Disponível em: https://www.legifrance.gouv.fr/loda/id/JORFTEXT000000704777/. Acesso em: 16 out. 2023.

HESSE, K. **A Força Normativa da Constituição**. Tradução de Gilmar Ferreira Mendes. Porto Alegre: Sergio Antonio Fabris Editor, 1991. Título original: Die Normative Kraft der Verfassung.

MERLIN, P. A. **Répertoire universel et raisonne de jurisprudence**. 4. ed., corrigée, réduite aux objets dont la connaissance peut encore être utile, et augmentée 1º d'un grand nombre d'Articles, 2º de Notes indicatives des changemens apportés aux Lois anciennes par les Lois nouvelles, 3º de Dissertations, de Plaidoyers et de Réquisitoires de l'Éditeur sur les unes et les autres. Paris: Chez Garnery, 1812. t. 1. A-B.

MONTESQUIEU, C.-L. de S., Baron de La Bréde et de. **Œuvres de Monsieur de Montesquieu**. De l'esprit des loix. Londres: Chez Nourse, 1772. Tome Premier. Livre Premier. Des loix en géneral. Livre XI.

OLIVEIRA, R. C. R. **Curso de Direito Administrativo**. 8. ed. Rio de Janeiro: Método, 2020.

CAPÍTULO 14

AS ALTERAÇÕES PROMOVIDAS NA LEI DE IMPROBIDADE ADMINISTRATIVA

Gabriel Ramos Souza[270]

1. INTRODUÇÃO

O presente artigo tem por finalidade fornecer uma possível resposta adequada ao questionamento formulado pela banca de Direito Administrativo, na prova oral do XIII Concurso Público para o provimento de cargos na classe inicial da carreira de Delegado de Polícia – 3ª classe, do Estado do Rio de Janeiro, ocorrida no mês de setembro de 2022.

Na ocasião, foi-me formulado o seguinte questionamento: *fale sobre as inovações/alterações ocorridas na Lei de Improbidade Administrativa*. Posteriormente, essa indagação central foi complementada com as seguintes perguntas: *fale sobre a (ir)retroatividade das alterações ocorridas na Lei de Improbidade*, e, por fim, sobre a *(im)prescritibilidade da ação de ressarcimento de danos ao erário*.

Será, nesta oportunidade, feita uma breve explanação sobre as alterações promovidas na Lei nº 8.429/1992, além de fornecida a resposta dada por mim, na ocasião da realização da prova oral, além de se tentar trazer a lume a possível resposta ideal, de forma completa, que poderia ter sido apresentada à banca, tendo por

---

[270]. Ex-assessor jurídico do Ministério Público do Estado do Rio de Janeiro. Especialista em Direito Penal e Direito Processual Penal. Delegado de Polícia Civil do Estado do Rio de Janeiro.

base os dispositivos trazidos pela Lei nº 14.230, de 25 de outubro de 2021, que, como é cediço, promoveu diversas alterações na Lei nº 8.429/1992.

2. INTRODUÇÃO SOBRE O CONTEXTO DA PROVA ORAL EM SI

No dia 16.09.2022, perante a banca de Direito Administrativo, da prova oral do XIII Concurso para Ingresso na Carreira de Delegado da Polícia do Estado do Rio de Janeiro, a segunda pergunta formulada a mim foi a seguinte: "candidato, fale sobre as inovações ocorridas na Lei de Improbidade Administrativa", bem como se a nova lei retroage" e, por fim, a examinadora indagou a respeito da (im)prescritibilidade das ações de ressarcimento ao erário.

> Registre-se que cada candidato possuía 10 minutos para cada banca, sem possibilidade de aumento desse tempo, pois a marcação era rigorosamente realizada e controlada pelos diversos fiscais da Cebraspe. Na ocasião da minha arguição oral, foram-me formuladas, no total, nesse interregno de tempo, três perguntas no tocante à disciplina Direito Administrativo.

Inicialmente, cabe informar ao leitor que está em busca da aprovação em concurso público que, normalmente, é gerada uma enorme tensão emocional quando se está sendo, ou prestes a ser examinado por uma banca de prova oral, haja vista o formato como a prova é realizada. Essa tensão faz com que a maioria de nós fiquemos bastante nervosos, o que é normal acontecer e, com isso, tenha um déficit em relação à capacidade de raciocínio e, consequentemente, na concatenação das ideais, sem olvidar que não se pode descuidar da postura corporal e da oratória.

Diante da questão jurídica que me foi indagada, acima transcrita, é importante salientar para o leitor candidato a enorme importância do estudo da letra da lei ("lei seca") também para fins de formulação das respostas em uma prova oral. Nota-se que, por norma, o candidato conseguiria responder, a contento, o questionamento feito, tendo como base o seu conhecimento quase que exclusivo da Lei nº 14.230/2021, de modo que não se pode, na fase oral do certame, abandonar-se o estudo da legislação. Assim sendo, fica a dica: jamais abandone o estudo da lei, pois ela se mostra importante em todas as fases do concurso.

Na ocasião, iniciei minha resposta de forma bastante direta, oportunidade em que sustentei que as alterações feitas pela Lei nº 14.230/2021 modificaram substancialmente a Lei de Improbidade Administrativa (LIA), e mencionei, como dito acima, que parcela respeitável da doutrina (não citei nenhum doutrinador específico, por receio de confundir-me com os nomes) afirmava que se tratava, na verdade, praticamente, de uma nova lei, tamanha a reforma realizada. Ademais, também respondi que parte da doutrina criticou muitas dessas reformas terem caracterizado um retrocesso no espectro de proteção da administração pública.

Aqui, importante fazer um adendo: há forte discussão acerca de como o candidato deve iniciar uma reposta perante uma banca de prova oral. Alguns professores orientam que se responde de forma direta, indo no ponto exato questionado pelo examinador; outros, por sua vez, ensinam que, antes de responder ao questionamento principal, se deve formular uma breve introdução sobre o assunto, com explanação sucinta sobre o tema arguido, deixando para o final a resposta principal.

Meu ponto de vista: não há um padrão específico para se formular a resposta. Mesmo após ter sido aprovado nessa fase do certamente, ainda não tenho convicção de qual é a melhor forma de responder, acreditando que a mescla entre as duas formas é o ideal.

Entendo que é importante sentir a disposição do examinador no momento da pergunta, sua fisionomia e sua expressão corporal, disposição em ouvi-lo, estado de ânimo, assim como a dinâmica da prova em si, sem se descuidar do tempo permitido para a apresentação da resposta – geralmente curto –, além, é claro, da complexidade da pergunta, pois não é interessante responder a questionamentos simples e objetivos, com enormes divagações. E, por fim, o que reputo mais importante são o domínio que o candidato possui sobre o conteúdo da matéria que lhe foi arguida e a clareza na forma de falar.

A princípio, podem parecer muitos detalhes para serem percebidos em tão pouco tempo de prova, entretanto, asseguro-lhes, pelo que vivenciei, é possível, sim, em fração de segundos, com o olhar do examinador, o candidato conseguir perceber o perfil de quem o está arguindo, o nível de empatia e a disposição em "ajudar" o candidato em sua reposta.

Nesse ponto, no caso da minha prova oral, salvo engano, foram 18 examinadores no total, a considerar serem 6 bancas, uma de cada matéria, possuindo 3 examinadores cada uma delas. Posso lhes dizer que os examinadores são diferentes na forma de conduzir a prova com estilos pessoais, no jeito como formulam suas perguntas. Alguns examinadores têm mais paciência, mais empatia com o candidato; outros, nem tanto, mostram-se mais apressados, o que não significa, em hipótese alguma, desrespeito com quem está sendo arguido. Existem examinadores com o comportamento bastante amigável, em detrimento de outros que detêm um tom mais sério, sóbrio, com um viés de "apertar" mais o candidato no momento da arguição.

Aliás, um fato curioso, e debatido pelos professores de cursos preparatórios para prova oral, é a respeito dos examinadores que balançam a cabeça afirmativamente durante a resposta do candidato. Fui orientado que esse comportamento pode consistir em uma verdadeira armadilha, pois não há garantia de que, de fato, o examinador esteja gostando de sua resposta ou que ela esteja correta. O examinador pode estar fingindo concordar com a sua reposta, o que pode lhe conduzir a um caminho de erro na resposta, em caso de haver empolgação.

Com isso, fica o pequeno, porém válido, alerta aos candidatos sobre esse ponto, para não se empolgarem ou se abaterem com a feição do examinador, pois ele pode estar sisudo, mas gostando do que está ouvindo, mesmo sem demonstrar nenhuma expressão.

E lembre-se: toda ou a maioria das provas orais são filmadas e gravadas, de modo que não há hipótese – ao menos em tese – de o candidato ser ajudado ou beneficiado pelo examinador, sob pena de quebra da isonomia e da imparcialidade no certame, sem olvidar que é cabível recurso nessa fase.

No meu caso particular, é válido salientar que me apresentei para a realização da prova oral às 12h do dia 16.09.2022 (sexta-feira), e somente fui convocado para a arguição perante a banca por volta das 18h30. O tempo de espera foi considerável, meu humor oscilou bastante nesse lapso temporal, mas a companhia dos colegas foi fundamental.

Em razão do estendido tempo de espera para ser chamado para dirigir-me à banca, presumi, única e exclusivamente com base na minha intuição, que os examinadores poderiam estar cansados em decorrência de todo o desenrolar das provas naquele dia, que tiveram início ainda pela manhã. Desse modo, a princípio, enquanto subia as escadas em direção ao início da prova, controlando mil pensamentos, achei por bem adotar a estratégia de responder às perguntas de forma mais direta e objetiva possível, a considerar a questão do horário.

Todavia, notei que o fato de vários dos examinadores estarem nas bancas desde a manhã daquele dia, definitivamente, não significou que o nível dos questionamentos, a atenção e o profissionalismo dos membros da banca diminuíssem. É preciso salientar o compromisso profissional e a competência dos examinadores do XIII Concurso Público para o Provimento de Cargos na Classe Inicial da Carreira de Delegado de polícia – 3ª classe, do Estado do Rio de Janeiro, assim como o alto nível respeitoso no trato com os candidatos, não se tendo notícias de casos em que tenha ocorrido humilhação, desrespeito, soberba e violação do princípio da isonomia por parte das bancas.

Não à toa, diz-se que o concurso para ingresso na carreira de Delegado da Polícia Civil do Estado do Rio de Janeiro figura como sendo o mais difícil do país, dentre os concursos para a referida carreira (de delegado).

Desse modo, dando prosseguimento à resposta da questão, ao me sentir seguro perante a primeira banca (de Direito Administrativo), optei, quando do início da prova, em mesclar a maneira como formularia as respostas; ora optando por ser direto e objetivo, ora fazendo uma pequena introdução, apresentando conceitos e classificações sobre o tema, notadamente se estivesse sentindo confiança em relação ao conhecimento do assunto, que certamente varia de uma matéria para outra.

3. DESENVOLVIMENTO

Como é sabido, a Lei nº 8.429/1992 regulamenta o § 4º do art. 37 da CRFB/1988, que dispõe sobre as sanções aplicáveis em virtude da prática de atos de improbidade administrativa que importem enriquecimento ilícito (art. 9º), danos ao erário (art. 10) e (violação aos princípios da Administração (art. 11), todos da Lei nº 8.429/1992. Saliente-se, por oportuno, que ainda existem atos de improbidade administrativa tipificados no art. 52 da Lei nº 10.257/2001 (Estatuto da Cidade), em que os prefeitos são os únicos agentes públicos que podem cometê-los.

Ademais, não se pode olvidar que a Lei nº 14.230/2021[271] revogou o art. 10-A da LIA, que versava sobre os atos de improbidade administrativa decorrentes de concessão ou aplicação indevida de benefício financeiro ou tributário. Não obstante a aludida revogação, não houve extinção da referida tipificação de improbidade, mas, sim, o seu deslocamento para o inciso XXII do

---

271. Brasil. Lei nº 14.230, de 25 de outubro de 2021. Altera a Lei nº 8.429, de 2 de junho de 1992, que dispõe sobre improbidade administrativa. **Diário Oficial da União**, 26 out. 2021. Disponível em: https://www.planalto.gov.br/ccivil_03/_ato2019-2022/2021/lei/l14230.htm. Acesso em: 3 abr. 2023.

art. 10 da LIA, que tipifica os atos de improbidade que causam danos ao erário.

Os atos que acarretam enriquecimento ilícito, previstos no art. 9º, alterado pela Lei nº 14.230/2021, referem-se às condutas dolosas que acarretem qualquer tipo de vantagem patrimonial indevida em razão do exercício de cargo, de mandato, de função, de emprego ou de atividade nas entidades referidas no art. 1º da LIA.

Por sua vez, os atos de improbidade, que causam lesão ao erário, tipificados no art. 10 da LIA, alterado pela Lei nº 14.230/2021, dizem respeito a ação ou omissão dolosa, que acarreta efetiva e comprovada perda patrimonial, desvio, apropriação, malbaratamento ou dilapidação dos bens ou haveres da Administração Pública e demais entidades mencionadas no art. 1º da LIA.

E, por fim, configura-se o ato de improbidade administrativa a conduta dolosa, comissiva ou omissiva, que contraria os princípios da Administração Pública, em desconformidade com os deveres de honestidade, imparcialidade e legalidade, caracterizada por uma das condutas descritas no art. 11 da LIA, alterado pela Lei nº 14.230/2021.

Etimologicamente, segundo lição do professor Rafael Carvalho Rezende Oliveira: o vocábulo "probidade", do latim *probitate*, significa aquilo que é bom, relacionando-se diretamente à honradez, à honestidade e à integridade. A improbidade, ao contrário, deriva do latim *improbitate*, que significa imoralidade, desonestidade.

Além do mencionado § 4º do art. 37 da CRFB/1988, relembra o professor Rafael Carvalho Rezende Oliveira que diversas outras normas constitucionais preveem o tratamento da improbidade administrativa, dentre elas pode-se citar o art. 14, § 9º, da Carta Magna, que remete à lei complementar a prerrogativa para fixar outros casos de inelegibilidade e os prazos de sua cessação, a fim de proteger a probidade administrativa, a moralidade para o exercício de mandato, considerada a vida pregressa do candidato, e a normalidade e a legitimidade das eleições contra a influência do poder econômico ou o abuso do exercício de função, cargo ou emprego na administração direta ou indireta; o art. 15, V, da CRFB/1988, que admite a perda ou a suspensão de direitos políticos no caso de improbidade administrativa, nos termos do seu art. 37, § 4º; o art. 37, *caput*, da Carta de outubro, que enumera os princípios expressos que são aplicáveis à Administração Pública (legalidade, impessoalidade, moralidade, publicidade e eficiência); e, por fim, o art. 85, V, que define como crime de responsabilidade os atos do Presidente da República que atentem contra a probidade na Administração.

Registre-se que ordenamento jurídico prevê, entre os diversos instrumentos de controle da moralidade administrativa, a ação de improbidade administrativa, sem olvidar a existência da ação popular (art. 5º, LXXIII, da CRFB, e Lei nº 4.717/1965); a ação civil pública (art. 129, III, da CRFB, e Lei nº 7.347/1985); as hipóteses de inelegibilidade previstas no art. 1º da LC nº 64/1990, alterada pela LC nº 135/2010 ("Lei da Ficha Limpa"); as sanções administrativas e judiciais previstas na Lei nº 12.846/2013 (Lei Anticorrupção).

Nessa toada, para o professor Rafael Carvalho Rezende Oliveira (2021, p. 1504), a ação de improbidade administrativa, atualmente, é o instrumento processual que tem por objetivo aplicar sanções aos agentes públicos ou terceiros que praticarem atos dolosos de improbidade administrativa.

Pois bem.

Para introduzir, especificamente, a resposta da questão formulada pela banca, notadamente no que pertine ao conceito de improbidade administrativa, colacionam-se os ensinamentos do procurador e professor Bruno Betti Costa (2022, p. 7) que:

> O conceito jurídico de ato de improbidade administrativa, por estar no campo do direito sancionador, é inelástico, isto é, não pode ser ampliado para abranger situações que não tenham sido contempladas no momento da sua definição. Nesse sentido, o referencial da Lei nº 8.429/1992 é o ato do agente público frente à coisa pública a que foi chamado a administrar. Portanto, não há

improbidade administrativa, por exemplo, na prática de eventuais abusos perpetrados por agentes públicos durante abordagem policial, caso os ofendidos pela conduta sejam particulares que não estavam no exercício de função pública. Esse é o entendimento da doutrina, chancelado pela jurisprudência do STJ.

Ainda no que tange à conceituação da temática, para fins de introdução da resposta, registre-se que o professor Rafael Carvalho Rezende Oliveira (2021, p. 1504), por sua vez, ensina que:

> Não obstante a dificuldade na conceituação da improbidade administrativa, é possível conceituá-la como o ato ilícito doloso, praticado por agente público ou terceiro, contra as entidades públicas e privadas, gestoras de recursos públicos, capaz de acarretar enriquecimento ilícito, lesão ao erário e violação aos princípios da Administração Pública. A partir da Reforma da LIA, promovida pela Lei 14.230/2021, é possível conceituar a improbidade administrativa como o ato ilícito doloso, praticado por agente público ou terceiro, contra as entidades públicas e privadas, gestoras de recursos públicos, capaz de acarretar enriquecimento ilícito, lesão ao erário e violação aos princípios da Administração Pública.

Continuando a resposta, após a apresentação do conceito, cumpre dizer que, a bem da verdade, a Lei nº 8.429/1992 foi substancialmente alterada pela Lei nº 14.230, de 25 de outubro de 2021, cuja vigência ocorreu no dia de sua publicação, ou seja, em 26.10.2021.

Para Maria Sylvia Zanella di Pietro (2022, p. 269), "a Lei nº 8.429/92 foi profundamente alterada pela Lei nº 14.230, de 251021, a tal ponto que talvez tivesse sido mais adequada a elaboração de outra lei".

Para parcela respeitável da doutrina, verifica-se que, para dizer a verdade, se trata de praticamente uma nova Lei de Improbidade Administrativa, haja vista as profundas modificações operadas na Lei nº 8.429/1992.

Para reforçar a informação acima, colaciona-se o sempre relevante posicionamento do professor Rafael Carvalho Oliveira Rezende, no sentido de que:

> A LIA sofreu profundas alterações pela Lei 14.230/2021. A Reforma legislativa representa, em última análise, uma descaracterização da redação originária do texto legal, com a modificação de quase todos os dispositivos da Lei 8.429/1992. Formalmente, restou preservada a numeração da Lei 8.429/1992. Contudo, sob o aspecto material, o conteúdo da LIA foi intensamente alterado. Trata-se, de fato, de uma nova Lei com a mesma numeração.

Respondi – também sem mencionar nenhum doutrinador específico – que parcela respeitável da doutrina criticou as alterações promovidas pela Lei nº 14.230/2021, por considerarem um retrocesso no que se refere ao processamento e à punição dos atos de improbidade administrativa, tendo em vista várias alterações benéficas aos agentes ímprobos, o que fez diminuir o espectro de proteção da lei.

Segui – para ganhar um pouco de tempo com o raciocínio que estava sendo formulado – dizendo que foram inúmeras as alterações promovidas pela Lei nº 14.230/2021, oportunidade em que me lembrei de enumerar as seguintes mudanças legislativas: a supressão da prática culposa de ato de improbidade administrativa, o prazo prescricional, que foi alterado de cinco para oito anos; falei da alteração processual em relação ao pedido para decretação da indisponibilidade de bens, já que, agora, se entende se tratar de uma tutela de urgência, isto é, necessária a demonstração do *periculum in mora*; falei sobre a legitimidade ativa do Ministério Público para propositura da ação, bem como explanei acerca do tratamento conferido ao art. 11 da lei, em relação a se tratar de rol taxativo, a considerar que o referido artigo passou a prever, expressamente, a expressão "caracterizada por uma das seguintes condutas", em vez da revogada "notadamente".

Por fim, discorri sobre a comunicabilidade da sentença criminal absolutória, em que se discutiam os mesmos fatos no processo criminal, em relação ao processo por ato de improbidade administrativa, havendo essa extensão de efeitos com todos os fundamentos de absolvição previstos no CPP.

Por fim, a examinadora complementou a pergunta, ao solicitar que eu falasse sobre a irretroatividade, ou não, da Lei nº 14.230/2021, e sobre a prescritibilidade, ou não, da ação de ressarcimento ao erário, oportunidade em que discorri acerca do então recente entendimento do STF, fixado no Tema nº 1.199, veiculado no Informativo nº 1.065, acerca da irretroatividade da revogação da prática de ato de improbidade na modalidade culposa, salvo se o processo ainda não tivesse transitado em julgado, e aproveitei o ensejo para discorrer sobre o entendimento, também, do STF sobre a restauração da legitimidade concorrente dos entes públicos (pessoa jurídica interessada) para ajuizamento da ação de improbidade, entendimento este veiculado no Informativo nº 1.066.

Sobre a legitimidade ativa para propositura da ação pela prática de ato de improbidade administrativa, foi reconhecida no art. 17 da LIA, alterado pela Lei nº 14.230/2021, somente ao Ministério Público. Lembre-se de que, na redação originária, o referido dispositivo mencionava, ainda, a pessoa jurídica lesada como legitimada ativa, entendimento restaurado recentemente pelo STF.

No que se refere à (im)prescritibilidade da ação de improbidade, novamente imprescindível citar as lições da doutrina de Rafael Oliveira (2021, p. 1437), no sentido de que:

> (...) Cabe registrar que a reforma da LIA não estabeleceu tratamento específico sobre a prescrição do ressarcimento ao erário. Após inúmeros debates, no contexto da redação originária da LIA, o STF decidiu, em sede de repercussão geral, que são imprescritíveis as ações de ressarcimento ao erário fundadas na prática de ato doloso tipificado na Lei de Improbidade Administrativa, submetendo-se, contudo, à prescrição a pretensão de ressarcimento

ao erário fundada em ato culposo de improbidade. Lembre-se de que, na redação originária, a única possibilidade de ato culposo de improbidade era aquela tipificada no art. 10 da LIA. De nossa parte, não concordávamos com a orientação da Suprema Corte, uma vez que não enxergamos a adoção no art. 37, § 5º, da CRFB, que foi utilizado como parâmetro interpretativo, da distinção entre atos dolosos e culposos de improbidade para fins de ressarcimento nas ações de improbidade. O ideal, em nossa opinião, seria a submissão das ações de ressarcimento ao erário a prazos prescricionais com o intuito de efetivar o princípio da segurança jurídica. De qualquer forma, em razão do silêncio da LIA e da extinção da modalidade culposa de improbidade, a partir do entendimento apresentado tradicionalmente pela Suprema Corte, é possível concluir pela imprescritibilidade do ressarcimento ao erário a partir da reforma introduzida pela Lei 14.230/2021, em razão da prática de qualquer ato de improbidade que deve ser, necessariamente, doloso. É preciso destacar a possibilidade de prosseguimento da ação judicial de improbidade administrativa que formule pretensão de ressarcimento ao erário, ainda que sejam declaradas prescritas as sanções previstas no art. 12 da LIA.

Nessa altura, vale transcrever as teses fixadas nos aludidos julgados, sobre os quais mencionei, que foram veiculados por intermédio dos Informativos nºs 1.065 e 1.066, publicados pelo STF, que embasaram a segunda parte da minha resposta:

I. É necessária a comprovação de responsabilidade subjetiva para a tipificação dos atos de improbidade administrativa, exigindo-se – nos artigos 9º, 10 e 11 da LIA – a presença do elemento subjetivo – DOLO; 2) A norma benéfica da Lei 14.230/2021 – revogação da modalidade culposa do ato de improbidade administrativa –, é IRRETROATIVA, em virtude do artigo 5º, inciso XXXVI, da Constituição Federal, não tendo incidência em relação à eficácia da coisa julgada; nem tampouco durante o processo de execução das penas e seus incidentes; 3) A nova Lei 14.230/2021 aplica-se aos atos de improbidade administrativa culposos praticados na vigência do texto anterior da lei, porém sem condenação transitada em julgado, em virtude da revogação expressa do texto anterior; devendo o juízo competente analisar eventual dolo por parte do agente; 4) O novo regime prescricional previsto na Lei 14.230/2021 é IRRETROATIVO, aplicando-se os novos marcos temporais a partir da publicação da lei (STF. Plenário. ARE nº 843.989/PR, Rel. Min. Alexandre de Moraes, julgado em 18.08.2022, Repercussão Geral – Tema 1.199, Info nº 1.065).

II. Os entes públicos que sofreram prejuízos em razão de atos de improbidade também estão autorizados, de forma concorrente com o Ministério Público (MP), a propor ação e a celebrar acordos de não persecução civil em relação a esses atos. (...) Com base nesses entendimentos, o Plenário, por maioria, em julgamento conjunto, julgou parcialmente procedentes as ações para (a) declarar a inconstitucionalidade parcial, sem redução de texto, do *caput* e dos §§ 6º-A e 10-C do art. 17, assim como do *caput* e dos §§ 5º e 7º do art. 17-B, ambos da Lei 8.429/1992, na redação dada pela Lei 14.230/2021, de modo a restabelecer a existência de legitimidade ativa concorrente e disjuntiva entre o Ministério Público e as pessoas jurídicas interessadas para a propositura da ação por ato de improbidade administrativa e para a celebração de acordos de não persecução civil; (b) declarar a inconstitucionalidade parcial, com redução de texto, do § 20 do art. 17 da Lei 8.429/1992, incluído pela Lei 14.230/2021, no sentido de que não existe "obrigatoriedade de defesa judicial"; havendo, porém, a possibilidade de os órgãos da Advocacia Pública autorizarem a realização dessa representação judicial, por parte da assessoria jurídica que emitiu o parecer atestando a legalidade prévia dos atos administrativos praticados pelo administrador público, nos termos autorizados por lei específica; e (c) declarar a inconstitucionalidade do art. 3º da Lei 14.230/2021. Por via de consequência, o Tribunal também declarou a constitucionalidade (a) do § 14 do art. 17 da Lei 8.429/1992, incluído pela Lei 14.230/2021; e (b) do art. 4º, X, da Lei 14.230/2021. Vencidos, parcialmente, os ministros Nunes Marques, Dias Toffoli e Gilmar Mendes, nos termos de seus votos (...) (STF. Plenário. Adis n.º 7.042/DF e 7.043/DF, Rel. Min. Alexandre de Moraes, julgados em 31.08.2022, Info nº 1.066).

E, por fim, a examinadora indagou se a ação de ressarcimento ao erário se observaria ou não prazo prescricional, momento em que diretamente respondi que, em razão de mandamento constitucional expresso (art. 37, § 5º, CRFB), as ações de ressarcimento pela prática de atos dolosos de improbidade administrativa são imprescritíveis.

Reputo que o fato de ter mencionado esses recentes julgados à época, cujos informativos foram publicados no mês de agosto, pouco menos de um mês antes da prova oral, tenha sido um diferencial para obtenção de uma boa nota na questão, haja vista que demonstrei conhecimento atualizado sobre a temática e que, em razão da importância dos julgados, certamente a examinadora buscava essa informação específica, pois foram os primeiros julgados em que a Suprema Corte se debruçou sobre as alterações trazidas pela Lei nº 14.230/2021.

Sobre a informação acima trazida, concernente à postura e à feição dos examinadores, foi nítido que, após eu ter falado sobre os entendimentos acima explicitados, houve um semblante de contentamento – na minha percepção – por parte da examinadora, ocasião em que ela disse que "estava satisfeita" e passou a palavra para a examinadora seguinte.

Perceba o leitor que a pergunta formulada pela dileta banca examinadora foi deveras ampla/aberta, conferindo ao candidato – que estivesse devidamente preparado –, a possibilidade de falar por um considerável tempo sobre as diversas alterações efetivadas pela Lei nº 14.230/2021.

Certo é que, ao que se percebe, em razão da dinâmica da prova oral – com o tempo máximo de 10 minutos por banca, sendo 6 matérias a serem examinadas – não é possível que o candidato "enrole" para responder o examinador. No entanto, uma pergunta desse tipo, se formulada a um candidato altamente preparado, permite que ele discorra oralmente por quase todo o tempo permitido pela banca e, possivelmente, até ser interrompido, com a famosa frase: "candidato, estou satisfeito", o que soa como um alívio naquele momento.

É preciso rememorar aos candidatos que a prova oral traz com ela toda uma carga de nervosismo, inerente ao momento peculiar do certame, sem olvidar que é necessário que a preparação do estudante seja feita de maneira que ele se torne, em termos de conhecimento jurídico, um candidato generalista, e não um especialista em determinado assunto ou matéria e, reforçando, jamais abandone a leitura da lei e sempre fique atento às últimas decisões do STF e do STJ.

Nessa esteira, ainda na banca de Direito Administrativo, composta na ocasião por três examinadoras, além dessa indagação sobre as inovações na LIA, foram-me formuladas outras duas perguntas; a primeira, sobre a Lei de Licitações, com pedido específico para discorrer sobre a diferença entre licitação deserta e fracassada, as modalidades, a diferenciação entre concorrência e pregão e, por fim, foi pedido para explicar a nova modalidade referente ao Diálogo Competitivo. A última indagação consistiu em uma pergunta sobre a diferença entre publicidade e transparência, bem como sobre a aplicação da Lei de Acesso à Informação e da Lei de Proteção de Dados Pessoais aos inquéritos policiais em trâmite, com pedido para explicar a diferença entre o sigilo interno e o externo do inquérito policial.

Retomando a questão formulada pela banca, no tocante às alterações trazidas pela Lei nº 14.230/2021, poderia, ainda, caso o candidato detivesse excelente memória, ter sido mencionadas – sem pretensão de esgotar todas as alterações ocorridas – outras diversas modificações no corpo da Lei nº 8.429/1992. Senão veja-se.

i. Discussão sobre a (ir)retroatividade da lei, salientando-se que existem duas posições: a primeira, por entender serem benéficas às alterações, deveriam retroagir, pois a referida lei faz parte do chamado direito sancionador; a segunda corrente sustenta que não retroage.

ii. Previsão expressa do bem jurídico tutelado, qual seja, a probidade na organização do Estado e no exercício de suas funções (art. 1º da Lei nº 8.429/1992).

iii. Nepotismo e promoção pessoal como atos ímprobos; no entanto, registre-se que não se configurará improbidade a mera nomeação ou indicação política por parte dos detentores de mandatos eletivos, sendo necessária a aferição de dolo com finalidade ilícita por parte do agente (art. 11, § 5º).

iv. O prazo para condução do inquérito civil, que passou a ter duração de 1 ano, podendo ser prorrogado uma única vez. Antes da alteração, ele era de 180 dias.

v. Supressão dos atos de improbidade administrativa praticados de forma culposa, consoante art. 1º, § 1º, da Lei nº 8.429/1992. Atualmente, exige-se que o dolo na prática dos atos de improbidade administrativa seja específico, não bastando a voluntariedade do agente (art. 1º, § 2º).

vi. Previsão expressa no art. 2º, de que agentes políticos – à exceção do Presidente da República – podem responder por improbidade administrativa, o que pacificou de vez essa questão.

vii. A impossibilidade de punição às pessoas jurídicas, pela Lei nº 8.429/1992, caso o ato de improbidade administrativa seja também sancionado como ato lesivo à administração pública de que trata a Lei nº 12.846/2013, conforme o art. 3º, § 2º).

viii. Para apuração do ato de improbidade administrativa deverá ser instaurado PAD pela Administração Pública (art. 14, § 3º).

ix. A nova lei dispõe que o sucessor e o herdeiro daquele que causar dano ao erário ou se enriquecer está ilicitamente sujeito apenas à obrigação de repará-lo até o limite do valor da herança ou do patrimônio transferido (art. 8º).

x. Com o advento da Lei nº 14.320/2021, os atos de improbidade administrativa que estavam previstos em quatro artigos agora estão agrupados em três: 9º, 10 e 11.

xi. Para a configuração da prática de ato de improbidade administrativa que cause lesão ao erário, agora é necessário que se comprove o efetivo prejuízo ou dano ao erário (art. 10).

xii. O rol de condutas do art. 11 (violação a princípios) passa a ser exaustivo, *numerus clausus*, além de ter quatro incisos revogados.

xiii. A alteração referente ao ressarcimento ao erário, que não tem mais natureza de sanção, mas, sim, de consequência do ato de improbidade administrativa (art. 12).

xiv. Alterações dos prazos de duração da suspensão de diretos políticos, nos prazos para contratar com o poder público e nos valores da multa civil.

xv. A nova lei trouxe a previsão da ocorrência de dedução do valor da obrigação no ressarcimento ocorrido nas instâncias criminal, civil e administrativa que tiver por objeto os mesmos fatos (art. 12, § 6º).

xvi. A sanção aplicada a pessoas jurídicas não pode acarretar o encerramento de suas atividades (art. 12, § 3º).

xvii. Limite máximo de 20 anos para as sanções de suspensão de direitos políticos e proibição de contratar ou receber incentivos fiscais, ou creditícios do Poder Público (art. 18-A, parágrafo único).

xviii. Submissão da ação judicial de improbidade administrativa às normas do Código de Processo Civil – CPC (art. 17).

xix. Possibilidade de conversão da ação de improbidade em ação civil pública, quando não estiverem presentes os requisitos para aplicação das sanções por improbidade (art. 17, § 17).

xx. Observância de normas e princípios já previstos na Lei de Introdução às Normas do Direito Brasileiro – LINDB (art. 17-C).

4. CONCLUSÃO

Com o presente artigo, quis demonstrar uma possível resposta adequada a ser fornecida quando da minha arguição na prova oral, perante a banca da disciplina Direito Administrativo, além de tentar transportar o estimado leitor para dentro do ambiente de prova oral que vivenciei, e que em breve você estará vivenciando.

Assim sendo, com o presente artigo, não desejei trazer conteúdo jurídico aprofundado referente às inovações da LIA, pois a isso, obviamente, o leitor tem acesso junto às excelentes doutrinas de Direito Administrativo, e até mesmo pela simples consulta à própria legislação. De forma alguma tive a pretensão de esmiuçar e ensinar sobre as inovações na LIA, haja vista não deter conhecimento suficiente para tanto.

O meu intuito foi fornecer uma singela colaboração com este livro, após o honroso convite feito pelo professor Bruno Gilaberte Freitas, delegado de polícia do Estado do Rio de Janeiro e presidente da banca de Direito Penal do XIII Concurso para Delegado de Polícia do Estado do Rio de Janeiro,

Assim sendo, de forma sucinta, tentei passar para o leitor como é o momento dessa fase específica do certame, objetivando afastar os mitos que pairam sobre a prova oral e, com isso, colaborar com a preparação dos candidatos que estão no caminho pela tão sonhada aprovação, que virá no momento certo, desde, é claro, que permaneça estudando com afinco e disciplina.

REFERÊNCIAS BIBLIOGRÁFICAS

CAVALCANTE, M. A. L. **Lei 14.230/2021:** Reforma da Lei de Improbidade Administrativa. Buscador Dizer o Direito, Manaus, 2021. Disponível em: https://www.buscadordizerodireito.com.br/novidades_legislativas/detalhes/39461a19e9eddfb385ea-76b26521ea48. Acesso em: 3 abr. 2023.

COSTA, B. B. **Improbidade administrativa à luz da Lei nº 14.230/21**. 2. ed. Brasília: CP Iuris, 2022.

DI PIETRO, M. S. Z. **Direito Administrativo**. 35. ed. Rio de Janeiro: Forense, 2022.

FERREIRA, D. V. **Nova Lei de Improbidade Administrativa:** principais mudanças. 2022. Disponível em: https://www.estrategiaconcursos.com.br/blog/nova-lei-improbidade-administrativa/. Acesso em: 3 abr. 2023.

OLIVEIRA, R. C. R. **Curso de Direito Administrativo**. 9. ed. Rio de Janeiro: Método, 2021.

LEI DE ACESSO À INFORMAÇÃO: PUBLICIDADE, TRANSPARÊNCIA E OS DIREITOS À PRIVACIDADE E À INTIMIDADE

CAPÍTULO 15

Gabriela Andrade[272]

1. INTRODUÇÃO

Durante a preparação para um concurso jurídico, por várias vezes nos transportamos para o cenário de uma prova oral – desejando muito que esse dia aconteça. Mas acredite: nada do que se possa imaginar representa a realidade. A fila indiana e o som encavalado dos sapatos nas escadas de ferro da Academia Estadual de Polícia Sylvio Terra; o rodízio nas salas de arguição e o soar daquela sirene que, juntos, produziram um estado de apreensão poucas vezes experimentado pela maioria dos candidatos. Uma banca extremamente qualificada; um sorteio que pode definir a qualidade da sua resposta e a sensação de que qualquer coisa a ser dita passaria muito longe do ideal. Esse é o cenário, e não resta outra alternativa, a não ser o enfrentamento.

No que se refere à disciplina Direito Administrativo, havia um ponto do edital temido por alguns candidatos por contemplar

---

[272]. Bacharel em Direito pela Universidade Estácio de Sá. Especialista em Direito Penal e Processual Penal pela Universidade Cândido Mendes. Ex-sargento especialista da Aeronáutica. Ex-oficial de cartório da Polícia Civil do Estado do Rio de Janeiro. Ex-delegada de Polícia do Estado de Minas Gerais. Delegada de Polícia do Estado do Rio de Janeiro.

temas "não muito explorados" durante os estudos para o concurso de Delegado de Polícia, e foi justamente esse o sorteado: ponto 5. Dentro dele, vários tópicos poderiam ser objeto de arguição. E o tema inicial foi a Lei nº 12.527/2011 – a Lei de Acesso à Informação.

Sejamos sinceros: por mais que se trate de uma lei com mais de uma década de existência e se revista de grande relevância, fato é que o estudo para concurso público demanda, muitas vezes, que façamos escolhas trágicas – e aqui nos referimos aos temas que são negligenciados em prol de outros com maior pertinência ao cargo pretendido. Por alguns segundos, mãos suadas e gélidas, imaginando o que poderia ser perguntado dentro deste tema.

A Lei nº 12.527/2011 regulamentou dispositivos constitucionais atinentes ao acesso à informação (arts. 5º, inciso XXXIII; 37, § 3º, inciso II; e 216, § 2º, da CRFB/1988) – conforme se extrai de sua própria ementa. Em tais passagens, o legislador constituinte dispôs acerca do acesso às informações de interesse particular, coletivo ou geral, acesso dos usuários a registros administrativos e informações sobre atos de governo, bem como consulta à documentação governamental. Para tanto, necessário o advento de uma legislação que regulamentasse a matéria, estabelecendo a forma de exercício desse direito.

Nos ensinamentos de Claudia Maria de Freitas Chagas (2017, p. 27):

> O acesso à informação pública e aos documentos sob a guarda do poder público é indissociável da ideia de Estado Democrático de Direito. Viabiliza a formação da opinião, a manifestação e a tomada de decisões pelo indivíduo. É também essencial à recuperação de fatos históricos e à apuração da violação de direitos humanos. A Lei de Acesso à Informação – Lei nº 12.527/2011 – tem grande importância para a efetivação do direito constitucional à informação e para a transição de uma cultura do sigilo para a transparência. Não deixa, contudo, de garantir a inviolabilidade da intimidade e da vida privada, também prevista na Constituição Federal, impondo limites à publicidade das informações pessoais.

Em suma, a legislação em estudo apresenta um duplo viés: o primeiro voltado ao resgate de fatos históricos ligados a violações de direitos humanos. O segundo – e mais trabalhado neste artigo – ligado à ideia de controle social dos atos públicos e à implementação de uma cultura de transparência voltada ao combate a atos de corrupção.

Ainda, conforme destaca Claudia Maria de Freitas Chagas (2017, p. 25):

> A Lei nº 12.527/2011 estabelece, como regra geral, o acesso pleno, imediato e gratuito a informações que se encontram sob a custódia dos órgãos públicos integrantes da Administração Direta dos Três Poderes, do Ministério Público, das autarquias, das fundações públicas, das empresas públicas, das sociedades de economia mista e outras entidades, inclusive as privadas sem fins lucrativos que recebem recursos públicos. Trata-se de inegável evolução na legislação de acesso aos arquivos no Brasil, o que permite maior controle social.

Durante o período da ditadura militar, o Brasil experimentou um momento marcado por uma política de sigilo e autoritarismo, dando margem a arbitrariedades e ilegalidades. Com o advento da CRFB/1988 – aberta, eclética e de valores plurais – alinhada a um processo de redemocratização e marcada pelos valores a serem perseguidos por um Estado Democrático de Direito, houve um verdadeiro giro legislativo – e também hermenêutico – no sentido de conferir tratamento diverso à questão: o sigilo, como exceção; a publicidade e a transparência, como regra.

O objetivo do presente artigo é estabelecer as principais nuances acerca do direito fundamental de acesso à informação, partindo de questões genéricas levantadas em uma arguição oral até um debate mais específico relativo à compatibilização do direito à informação com o direito à privacidade e à intimidade de pessoa investigada no bojo de um inquérito policial ou outro procedimento investigativo previsto em lei.

2. PUBLICIDADE E TRANSPARÊNCIA. SERIAM EXPRESSÕES SINÔNIMAS?

A primeira questão formulada pela examinadora foi acerca do direito à transparência, estabelecendo sua relação com o princípio da publicidade.

Por mais que o tema não se revista de grande complexidade, era preciso ter cautela para não apresentar conceitos idênticos para institutos que guardam diferenças entre si, ou seja, publicidade e transparência não são expressões sinônimas, apresentam conceitos que se interpenetram e se complementam, contudo, não podem ser tratados como se fossem rigorosamente a mesma coisa.

A publicidade, como um dos princípios reitores da Administração Pública, vem prevista nos arts. 37 da CRFB/1988; 2º da Lei nº 9.784/1999; e 2º da Lei Estadual RJ nº 5.427/2009.

No escólio de Rafael Oliveira (2021, p. 106):

> o princípio da publicidade impõe a divulgação e a exteriorização dos atos do Poder Público. A visibilidade dos atos administrativos guarda estreita relação com o princípio democrático (art. 1º, CRFB), possibilitando o exercício do controle social sobre os atos públicos. A atuação administrativa obscura e sigilosa é típica dos Estados autoritários. No Estado Democrático de Direito, a regra é a publicidade dos atos estatais; o sigilo é exceção.

Ainda, consoante ensinamentos de Bobbio (1997, p. 30): "a república democrática – *res publica* não apenas no sentido próprio da palavra, mas também no sentido de exposta ao público – exige que o poder seja visível."

Para Fabrício Motta (2018):

> Publicidade possui, portanto, um *substrato positivo* – o dever estatal de promover amplo e livre acesso à informação como condição necessária ao conhecimento, à participação e ao controle da administração – e outro *negativo* – salvo no que afete à

segurança da sociedade e do Estado e o direito à intimidade, as ações administrativas não podem desenvolver-se em segredo.

Nesse sentido, pode-se afirmar que a publicidade administrativa se apresenta como um preceito geral, direito fundamental do cidadão, de observância mandatória na Administração Pública, relegando o sigilo a um plano secundário – e excepcional. Publicizar, portanto, no sentido de tornar público, de não se manter em segredo.

> O ordenamento jurídico consagrou diversos instrumentos jurídicos aptos a exigir a publicidade dos atos do Poder Público, tais como: o direito de petição ao Poder Público em defesa de direitos ou contra ilegalidade ou abuso de poder (art. 5º, XXXIV, "a", da CRFB/88); o direito de obter certidões em repartições públicas para defesa de direitos e esclarecimento de situações de interesse pessoal (art. 5º, XXXIV, "b", da CRFB/88); o mandado de segurança individual e coletivo (art. 5º, LXIX e LXX, da CRFB/88); o *habeas data* para conhecimento de informações relativas ao impetrante, constantes de registros ou bancos de dados de entidades governamentais ou de caráter público, bem como para retificação de dados (art. 5º, LXXII, da CRFB/88) (Oliveira, 2021, p. 108).

Sobre a transparência, temos apenas uma referência constitucional, prevista no art. 216-A, § 1º, inciso IX, que diz respeito aos princípios relativos ao funcionamento do Sistema Nacional de Cultura – transparência e compartilhamento das informações. Não obstante, a referência ao termo transparência tornou-se comum na legislação infraconstitucional, a exemplo da Lei nº 12.527/2011, objeto da presente análise.

Buscando a definição do vocábulo Transparência no dicionário, temos:[273]

---

[273]. Como pode ser observado no dicionário da língua portuguesa. Disponível em: https://www.infopedia.pt/dicionarios/lingua-portuguesa/transpar%C3%AAncia. Acesso em: 14 abr. 2023.

Substantivo feminino: 1. qualidade ou estado do que é transparente; 2. fenômeno pelo qual os raios luminosos visíveis são observados através de certas substâncias; 3. qualidade do que transmite a verdade sem a adulterar, limpidez; 4. qualidade de quem não tem nada a esconder; 5. caráter do que não é fraudulento e pode vir a público (em matéria econômica); 6. folha de plástico transparente, com texto ou gravuras, para uso no retroprojetor.

Como visto, o direito à informação apresenta matriz constitucional (art. 5º, XXXIII, CRFB/1988), dispositivo regulamentado pela Lei nº 12.527/2011 – a Lei de Acesso à Informação. Logo em seu art. 5º, a legislação em comento aponta como este direito dever ser viabilizado: de forma clara, em linguagem de fácil compreensão, mediante processos objetivos e ágeis: eis o *aspecto da transparência*.

Retomando a ideia: publicizar, portanto, no sentido de tornar público, acessível, disponível. Ocorre que, nem tudo o que é público, acessível e disponível é, necessariamente, dotado de transparência.

Nessa linha intelectiva, falar em transparência pública ou transparência na Administração Pública impõe a ideia de que as informações devem ser disponibilizadas de forma clara, objetiva e compreensível. Por outras palavras, a transparência está ligada a aspecto qualitativo da informação disponibilizada e/ou acessada pelo administrado.

No escólio de Fabrício Motta (2018):

> o princípio da publicidade pode, sim, ser correlacionado com transparência: exige não somente *quantidade* (assim entendida a divulgação no maior número possível de meios disponíveis), mas *qualidade de informação*. Ofende o princípio a disponibilização de informações em linguagem hermética, confusa, tecnicizada além do necessário para a sua correta compreensão. As informações devem ser repassadas com *clareza e objetividade* para que se possa reforçar o controle e a participação democrática da administração. Sob essa ótica, pode-se falar em transparência como substrato material do princípio da publicidade. Entende-se a

publicidade como característica do que é público, conhecido, não mantido secreto. *Transparência*, ao seu turno, é atributo do que é transparente, límpido, cristalino, visível; é o que se deixa perpassar pela luz e ver nitidamente o que está por trás. A transparência exige não somente *informação disponível*, mas também *informação compreensível*. Os atos administrativos devem ser públicos e transparentes – públicos porque devem ser levados a conhecimento dos interessados por meio dos instrumentos legalmente previstos (citação, publicação, comunicação etc.); transparentes porque devem permitir entender com clareza seu conteúdo e todos os elementos de sua composição, inclusive o motivo e a finalidade, para que seja possível efetivar seu controle. Resumindo em singela frase a reflexão proposta, *nem tudo o que é público é necessariamente transparente*.

3. TRANSPARÊNCIA ATIVA E TRANSPARÊNCIA PASSIVA

A transparência apresenta, ainda, uma dupla face: ativa e passiva. Trata-se do segundo questionamento formulado bela banca examinadora. Não havia, de imediato, uma resposta pronta e, por alguns segundos, um raciocínio relacionado ao significado dos vocábulos auxiliou na formulação da solução apresentada. A matéria é tratada nos arts. 7º e 9º do Decreto nº 7.724/2012,[274] que regulamenta a Lei de Acesso à Informação.

---

274. "Art. 7º É dever dos órgãos e entidades promover, independente de requerimento, a divulgação em seus sítios na Internet de informações de interesse coletivo ou geral por eles produzidas ou custodiadas, observado o disposto nos arts. 7º e 8º da Lei nº 12.527, de 2011.
Art. 9º Os órgãos e entidades deverão criar Serviço de Informações ao Cidadão – SIC, com o objetivo de: I – atender e orientar o público quanto ao acesso à informação; II – informar sobre a tramitação de documentos nas unidades; e III – receber e registrar pedidos de acesso à informação." Brasil. Decreto nº 7.724, de 16 de maio de 2012. Regulamenta a Lei nº 12.527, de 18 de novembro de 2011, que dispõe sobre o acesso a informações previsto no inciso XXXIII do *caput* do art. 5º, no inciso II do § 3º do art. 37, e no § 2º do art. 216 da Constituição. Disponível em: https://www.planalto.gov.br/ccivil_03/_ato2011-2014/2012/decreto/d7724.htm. Acesso em: 20 abr. 2023.

Por transparência ativa, entende-se a difusão das informações levada a efeito por iniciativa do Poder Público de forma espontânea, independentemente de solicitação pelo particular/administrado. Como exemplo, a divulgação de informações na internet e demais meios de comunicação, possibilitando que qualquer interessado possa acessá-las. Sobre o ponto, citamos ainda a previsão contida no art. 8º da Lei nº 12.527/2011.[275]

No que se refere à transparência passiva, a informação está passível de disponibilização ao interessado, sendo necessário, contudo, que seja formulado requerimento à Administração Pública para que se obtenha o acesso pretendido. O art. 9º do Decreto nº 7.724/2012 estabelece a criação do Serviço de Informações ao Cidadão (SIC), cujo objetivo é oferecer atendimento ao público naquilo que se refere ao acesso à informação, oferecendo as orientações devidas, informações acerca da tramitação de documentos e recebimento dos pedidos de acesso à informação.

O regramento relativo ao procedimento de acesso à informação encontra previsão nos arts. 10 a 14 da Lei nº 12.527/2011 – a LAI.

4. DIREITO FUNDAMENTAL À INFORMAÇÃO X DIREITO À PRIVACIDADE E À INTIMIDADE

Ponto interessante e de total pertinência com o cargo pretendido foi o questionamento acerca da possibilidade de acesso a dados de inquéritos policiais e demais procedimentos investigativos previstos em lei, considerados o direito fundamental à informação, o direito à privacidade e intimidade da pessoa investigada.

---

[275]. "Art. 8º É dever dos órgãos e entidades públicas promover, independentemente de requerimentos, a divulgação em local de fácil acesso, no âmbito de suas competências, de informações de interesse coletivo ou geral por eles produzidas ou custodiadas." Brasil. Lei nº 12.527, de 18 de novembro de 2011. Regula o acesso a informações previsto no inciso XXXIII do art. 5º, no inciso II do § 3º do art. 37, e no § 2º do art. 216 da Constituição Federal; altera a Lei nº 8.112, de 11 de dezembro de 1990; revoga a Lei nº 11.111, de 5 de maio de 2005, e dispositivos da Lei nº 8.159, de 8 de janeiro de 1991; e dá outras providências. Disponível em: https://www.planalto.gov.br/ccivil_03/_ato2011-2014/2011/lei/l12527.htm. Acesso em: 20 abr. 2023.

Inicialmente, consignou-se que o inquérito policial é, em sua essência, um procedimento de cunho sigiloso – sem entrar no mérito acerca dos sigilos interno e externo e todos os desdobramentos atinentes à temática.

Nesse sentido, conforme inteligência do art. 20 do CPP, deve a autoridade policial assegurar o *sigilo necessário à elucidação do fato e exigido pelo interesse da sociedade*. Some-se a isto a necessidade de salvaguardar a privacidade e a intimidade do investigado, tendo em vista que, neste momento da persecução penal, o juízo de culpabilidade que recai sobre a pessoa do imputado ainda se revela frágil, considerado o princípio constitucional da presunção de inocência enquanto regra de tratamento.

Conforme ensinamentos de André Nicolitt (2018, p. 212):

> À luz do art. 1º da CRFB/88, onde foi reconhecido o princípio da dignidade humana, o sigilo do inquérito não é mais uma necessidade apenas do interesse da investigação ou da sociedade, mas acima de tudo na preservação do próprio indiciado, que não pode ser exposto à estigmatização própria do inquérito. Como deixamos registrado acima, a função preponderante do inquérito é evitar a acusação injusta, principalmente em razão da publicidade que reveste o processo. Desta forma, o sigilo do inquérito ocorre, de igual maneira, para proteger o indivíduo de uma exposição pública sem a devida justa causa.

Neste sentido também nos ensina Joaquim Canuto Mendes de Almeida (1973, p. 11):

> A instrução preliminar é uma "instituição indispensável à justiça penal". Seu primeiro benefício é "proteger o inculpado". Dá à defesa a faculdade de dissipar as suspeitas, de combater os indícios, de explicar os fatos e de destruir a prevenção no nascedouro; propicia-lhe meios de desvendar prontamente a mentira e de evitar a escandalosa publicidade do julgamento.

Pois bem. De um lado temos o direito fundamental de acesso à informação e, do outro, o direito fundamental à privacidade e à intimidade da pessoa investigada, sob o manto da presunção de inocência – ou presunção de não culpabilidade. Trata-se de temática crucial nas democracias constitucionais.

Conforme destaca Bernardo Gonçalves Fernandes (2019, p. 369):

> Para a maioria da doutrina (de viés axiológico), os direitos fundamentais se caracterizam pela relatividade (por serem "direitos relativos"), ou seja, eles não podem ser entendidos como direitos absolutos (ilimitados). Nesses termos, é comum em vários estudos sobre o tema (não sem críticas!) a afirmação de que não podemos nos esconder sob o véu (ou atrás) de um direito fundamental para a prática de atividades ilícitas. Assim sendo, não haveria possibilidade de absolutização de um direito fundamental ("ilimitação" de seu manuseio) pois encontraria limites em outros direitos tão fundamentais quanto ele. Embora alguns autores defendam o direito de não ser torturado (e a proibição da tortura) e de não ser escravizado (e a proibição da escravidão) como direitos fundamentais absolutos. Ainda sobre a corrente majoritária, temos como correlato dela a não existência (inexistência) de hierarquia entre os direitos fundamentais. Com isso, advogam doutrinadores que as tensões, conflitos ou colisões entre os direitos fundamentais deveriam ser resolvidos à luz do caso concreto, tendo em vista as circunstâncias fáticas e jurídicas do caso.

Ainda conforme as lições do professor Bernardo Gonçalves Fernandes (2019, p. 554-556) acerca dos direitos fundamentais à privacidade e à intimidade, apresentando breve distinção entre eles:

> O direito à privacidade está ligado à exigência de o indivíduo encontrar-se protegido na sua solidão, na sua paz e equilíbrio, sendo a reclusão periódica uma necessidade da vida moderna, até mesmo como elemento de saúde mental. Certo é que a

divulgação de erros e/ou dificuldades acaba por inibir ou mesmo aniquilar os esforços de autossuperação, razão pela qual a esfera da privacidade visa a fornecer um ambiente de tranquilidade emocional fundamental para uma autoavaliação e revisão de metas e objetivos pessoais. Assim, o direito à privacidade é explicado como um direito que um indivíduo tem de se destacar (se separar) de um grupo, isolando-se da observação dele ou como, ainda, *o direito ao controle das informações veiculadas sobre si mesmo*. Para alguns constitucionalistas, ainda, é possível traçar uma distinção entre direito à privacidade e direito à intimidade. O primeiro é o direito à vida privada, no qual se estabelecem os relacionamentos familiares, de lazer, negócios, amorosos etc. Já a intimidade seria um núcleo ainda menor, que perpassa e protege relações mais íntimas e pessoais. Se no primeiro as relações pessoais devem ser ocultadas do público (preservadas), no segundo temos uma proteção até mesmo contra atos das pessoas mais próximas a nós.

Ainda nessa linha intelectiva, para Wilson Steinmetz (2001, p. 139): "Há colisão entre direitos fundamentais quando, *in concreto*, o exercício de um direito fundamental por um particular obstaculiza, afeta ou restringe o exercício de um direito fundamental de um outro titular."

Trazendo tais ensinamentos para o contexto da questão formulada na arguição: como compatibilizar o direito fundamental de acesso à informação conferido pela Constituição Federal com os direitos – igualmente fundamentais – à privacidade e à intimidade relativo aos indivíduos que se encontram na qualidade de investigados pela prática de infrações penais?

A Lei de Acesso à Informação traz em seu Capítulo IV o regramento relativo às restrições de acesso à informação e, mais especificamente, no art. 22:

> O disposto nesta Lei não exclui as demais hipóteses legais de sigilo e de segredo de justiça nem as hipóteses de segredo

industrial decorrentes da exploração direta de atividade econômica pelo Estado ou por pessoa física ou entidade privada que tenha qualquer vínculo com o poder público.

Nessa linha, temos o Decreto nº 7.724/2012 que regulamenta a legislação acima trabalhada, cuja previsão contida no art. 6º, inciso I[276] estabelece que o acesso à informação disciplinado no referido decreto não se aplica, dentre outros, às demais hipóteses de sigilo previstas na legislação.

Traçadas essas considerações, importante analisar o direito de acesso a informações produzidas no bojo de um inquérito policial em andamento, em face da previsão contida no art. 23, inciso VIII, da LAI:

> Art. 23. São consideradas imprescindíveis à segurança da sociedade ou do Estado e, portanto, passíveis de classificação as informações cuja divulgação ou acesso irrestrito possam: (...)
> VIII – comprometer atividades de inteligência, bem como de investigação ou fiscalização em andamento, relacionadas com a prevenção ou repressão de infrações.

Como é sabido, o acesso a informações referentes a investigações criminais tem disciplina específica no já citado art. 20 do CPP,[277] o que se harmoniza com o art. 22 da Lei de Acesso à Informação e com o art. 6º, inciso I, de seu decreto regulamentador. Tem-se como objetivo resguardar a intimidade das pessoas

---

276. "Art. 6º O acesso à informação disciplinado neste Decreto não se aplica: I – às hipóteses de sigilo previstas na legislação, como fiscal, bancário, de operações e serviços no mercado de capitais, comercial, profissional, industrial e segredo de justiça; e II – às informações referentes a projetos de pesquisa e desenvolvimento científicos ou tecnológicos cujo sigilo seja imprescindível à segurança da sociedade e do Estado, na forma do *§ 1º do art. 7º da Lei nº 12.527, de 2011*". Brasil. Decreto nº 7.724, de 16 de maio de 2012. Regulamenta a Lei nº 12.527, de 18 de novembro de 2011, que dispõe sobre o acesso a informações previsto no inciso XXXIII do *caput* do art. 5º, no inciso II do § 3º do art. 37 e no § 2º do art. 216 da Constituição. Disponível em https://www.planalto.gov.br/ccivil_03/_ato2011-2014/2012/decreto/d7724.htm. Acesso em: 20 abr. 2023.
277. "Art. 20. A autoridade assegurará no inquérito o sigilo necessário à elucidação do fato ou exigido pelo interesse da sociedade." Brasil. Decreto-Lei nº 3.689, de 3 de outubro de 1941. Código de Processo Penal. Disponível em: https://www.planalto.gov.br/ccivil_03/decreto-lei/del3689.htm. Acesso em: 20 abr. 2023.

investigadas (art. 5º, inciso X, da CRFB/1988);[278] preservar o princípio constitucional da presunção de inocência (art. 5º, inciso LVII, da CRFB/1988);[279] assegurar o sigilo necessário à elucidação dos fatos e ao interesse social (art. 20 do CPP), bem como garantir a eficiência da investigação criminal e de eventuais medidas cautelares que venham a ser pleiteadas pela autoridade policial.

Para uma análise mais aprofundada dessa vertente, necessário seria avaliar qual o grau de sigilo atribuído ao inquérito policial, a fim de que prosseguíssemos com sua classificação nos moldes da Lei de Acesso à Informação. Seria o caderno apuratório ultrassecreto, secreto ou reservado? Essa classificação seria única ou apresentaria variações de acordo com a sensibilidade e as especificidades da matéria sob investigação?

Conforme ensinamentos de Jefferson Botelho Pereira (2012):

> Qualquer que seja a resposta, parece mais acertado relativizar todo o comando normativo que trata o assunto. Não havendo nenhum direito absoluto, é correto afirmar que a investigação policial é sempre sigilosa, desde que atenda ao princípio da supremacia do interesse social. Emerge, desse modo, uma verdadeira colisão de interesses entre o Estado e o indivíduo, que deve ser dirimida pela aplicação do princípio da proporcionalidade. Segundo ensinamentos de Jarbas Luiz dos Santos, o princípio da proporcionalidade seria "um sobreprincípio fornecedor de parâmetros para aferição da Justiça em todos e quaisquer atos do Poder Público, concebida a Justiça como fator axiológico fundante do Direito". Assim, o direito ao acesso às informações não pode constituir-se em obstáculos para a busca da verdade e da promoção da paz social. Ademais, os dispositivos da nova lei

---

278. Brasil. Constituição da República Federativa do Brasil de 1988. **Diário Oficial da União**, 05 out. 1988. Disponível em: https://www.planalto.gov.br/ccivil_03/constituicao/constituicao.htm. Acesso em: 20 abr. 2023. Nos termos do art. 5º, inciso X, da CRFB/1988: "são invioláveis a intimidade, a vida privada, a honra e a imagem das pessoas, assegurado o direito a indenização pelo dano material ou moral decorrente de sua violação."
279. Brasil. Constituição da República Federativa do Brasil de 1988. **Diário Oficial da União**, 05 out. 1988. Disponível em: https://www.planalto.gov.br/ccivil_03/constituicao/constituicao.htm. Acesso em: 20 abr. 2023. Nos termos do art. 5º, inciso LVII, da CRFB/1988: "ninguém será considerado culpado até o trânsito em julgado da sentença penal condenatória."

não excluem as hipóteses legais de sigilo e de segredo de justiça, nem as hipóteses de segredo industrial, decorrentes da exploração direta de atividade econômica pelo Estado ou por pessoa física ou entidade privada que tenha qualquer vínculo com o poder público.

Portanto, o acesso a informações relacionadas a inquéritos policiais ou outros procedimentos investigativos previstos em lei traz especificidades que demandam uma análise mais refletida. A uma porque se submetem a regramento próprio – art. 20 do CPP – bem como à inteligência da Súmula Vinculante nº 14.[280] A duas porque, em que pese o fato de a Lei de Acesso à Informação garantir aos cidadãos o acesso a informações dentro da perspectiva de um Estado Democrático de Direito, não se pode olvidar que o Estado, enquanto Polícia Investigativa e Judiciária pode – e deve – preservar informações constantes em um inquérito policial, as quais tenham o condão de pôr em risco a segurança da sociedade, bem como direitos fundamentais individuais e sociais, igualmente garantidos em sede constitucional.

Avançando nos questionamentos formulados na arguição, a candidata apresentou algumas hipóteses nas quais determinadas informações constantes em investigações policiais poderiam ser passíveis de divulgação em nome do interesse público, bem como do direito fundamental à segurança pública, desde que não se vulnere ou exponha a pessoa investigada, como, por exemplo, para realização de estatísticas e pesquisas científicas de evidente interesse público previstos em lei, vedada a identificação da pessoa a que a informação se referir – posto que se tratam de informações pessoais (relacionadas à pessoa natural identificada ou identificável, relativa à intimidade, vida privada, honra e imagem), conforme

---

[280]. Eis o teor do verbete da Súmula Vinculante nº 14: "É direito do defensor, no interesse do representado, ter acesso amplo aos elementos de prova que, já documentados em procedimento investigatório realizado por órgão com competência de polícia judiciária, digam respeito ao exercício do direito de defesa". Disponível em: https://portal.stf.jus.br/textos/verTexto.asp?servico=jurisprudenciaSumulaVinculante. Acesso em: 20 jun. 2023.

previsão contida nos arts. 3º, inciso V, e 57, incisos II e V, do Decreto nº 7.724/2012.[281]

A resposta formulada apresentou, ainda, a importância do conhecimento de tais informações para a elaboração de estudos e levantamentos estatísticos acerca do complexo fenômeno da criminalidade, o qual não pode ser analisado de forma estanque. Nesse contexto, é necessário considerar uma variedade de fatores relacionados aos delitos praticados, dentre os quais: localização geográfica; seleção e padrão de vítimas; seleção de locais e horários de maior predileção à prática de determinados crimes; *modus operandi* etc. A título de exemplificação, os dados extraídos de inquéritos policiais instaurados no ano de 2023 em determinada região/bairro pesquisado podem subsidiar soluções práticas para o combate à criminalidade naquela localidade, traçando estratégias para o enfrentamento do delito e controle da violência. Importante, contudo, que esses dados sejam submetidos ao processo de anonimização – utilização de meios técnicos razoáveis e disponíveis no momento do tratamento, por meio dos quais um dado perde a possibilidade de associação, direta ou indireta, a um indivíduo[282] – a fim de se resguardar a privacidade e a intimidade do investigado.

Nessa ordem de ideias, criminologia e política criminal são responsáveis por fornecer subsídios ao Poder Público, com base em dados estatísticos de índole quantitativa e qualitativa acerca da

---

281. "Art. 3º Para os efeitos deste Decreto, considera-se: (...) V – informação pessoal – informação relacionada à pessoa natural identificada ou identificável, relativa à intimidade, vida privada, honra e imagem.
Art. 57. O consentimento referido no inciso II do *caput* do art. 55 não será exigido quando o acesso à informação pessoal for necessário: (...) II – à realização de estatísticas e pesquisas científicas de evidente interesse público ou geral, previstos em lei, vedada a identificação da pessoa a que a informação se referir; (...) V – à proteção do interesse público geral e preponderante." Brasil. Decreto nº 7.724, de 16 de maio de 2012. Regulamenta a Lei nº 12.527, de 18 de novembro de 2011, que dispõe sobre o acesso a informações previsto no inciso XXXIII do *caput* do art. 5º, no inciso II do § 3º do art. 37 e no § 2º do art. 216 da Constituição. Disponível em: https://www.planalto.gov.br/ccivil_03/_ato2011-2014/2012/decreto/d7724.htm. Acesso em: 20 abr. 2023.
282. Sobre o ponto, segue a íntegra do art. 5º da Lei nº 13.709/2018 – Lei Geral de Proteção de Dados Pessoais (LGPD): "Para os fins desta Lei, considera-se: (...) III – dado anonimizado: dado relativo a titular que não possa ser identificado, considerando a utilização de meios técnicos razoáveis e disponíveis na ocasião de seu tratamento; (...) XI – anonimização: utilização de meios técnicos razoáveis e disponíveis no momento do tratamento, por meio dos quais um dado perde a possibilidade de associação, direta ou indireta, a um indivíduo". Brasil. Lei nº 13.709, de 14 de agosto de 2018. LGPD. Disponível em: https://www.planalto.gov.br/ccivil_03/_ato2015-2018/2018/lei/l13709.htm. Acesso em: 20 abr. 2023.

criminalidade, como forma de auxiliar na tomada de decisões relativas à prevenção dos delitos.

No que se refere à política criminal, nas palavras de Anibal Bruno (1967, p. 41):

> A Política Criminal, por sua vez, tem no seu âmago a específica finalidade de trabalhar as estratégias e meios de controle social da criminalidade (caráter teleológico). É característica da Política Criminal a posição de vanguarda em relação ao direito vigente, vez que, enquanto ciência de fins e meios, sugere e orienta reformas à legislação positivada.

Nessa ordem de ideias, a resposta formulada apontou pela possibilidade de acesso de informações constantes em inquéritos policiais ou outros procedimentos investigativos previstos em lei que não revelem o teor das investigações – posto que albergadas pela característica da sigilosidade – desde que não haja exposição e divulgação de dados pessoais da pessoa investigada, ainda presumidamente inocente. O levantamento de tais informações, portanto, pode ser feito de forma anonimizada para servir de subsídio ao Poder Público na elaboração de levantamentos e estatísticas de índole quantitativa e qualitativa acerca da criminalidade, como forma de auxiliar na tomada de decisões relativas à prevenção e à repressão dos delitos.

5. CONCLUSÃO

A proposta do presente artigo foi apresentar os questionamentos propostos pela banca examinadora em arguição oral na disciplina Direito Administrativo, bem como as soluções apresentadas pela autora na condição de candidata. Partindo do tema central arguido, foi possível discorrer de forma mais genérica sobre os princípios da Administração Pública – em especial o princípio da publicidade – apresentando seu conceito e previsão em nosso ordenamento jurídico. A partir daí, era necessário traçar a correlação entre publicidade e transparência com o devido tecnicismo, para não apresentar conceitos idênticos a institutos que guardam diferenças entre si. O momento já traz, por si só, uma carga de tensão bastante peculiar – e tudo o que você fez para chegar até ali passa como um filme na cabeça em alguns segundos – portanto, nem sempre é possível desenvolver um raciocínio mais apurado e elaborar a melhor resposta diante deste cenário.

O mais correto seria, portanto, apresentar o conceito de transparência como substrato material do princípio da publicidade, buscando extrair a correlação entre ambos partindo desta ideia, o que não ocorreu na resposta formulada. Contudo, a explanação genérica em si foi suficiente – ou não – para que a examinadora prosseguisse com as perguntas.

Interessante notar, ainda, na pergunta subsequente, pontos de contato entre a disciplina em avaliação e demais disciplinas, como Direito Constitucional e Direito Processual Penal. O questionamento acerca da possibilidade (ou não) de acesso às informações e dados constantes de inquéritos policiais e demais procedimentos investigativos deu margem para que a candidata explorasse alguns temas para além das previsões contidas na Lei de Acesso à Informação. Neste momento, os conhecimentos adquiridos ao longo dos anos de estudo emergem e auxiliam na formulação de uma resposta mais abrangente e técnica, sem que haja fuga do tema proposto.

Nesse sentido, iniciar a formulação apresentada com conceitos e características atinentes ao inquérito policial e sua previsão legal, perpassando pela presunção de inocência enquanto regra de tratamento e o embate entre direitos fundamentais de acesso à informação x privacidade e intimidade despertou aparente "interesse" nas examinadoras e certo conforto na candidata. Seguindo, a resposta apontou a importância de informações e dados extraídos de inquéritos policiais servirem de subsídio à formulação de políticas públicas e medidas de enfrentamento à criminalidade, sem que seja necessária a exposição da pessoa investigada – repita-se: ainda presumidamente inocente ou não culpada.

Buscou-se, portanto, estabelecer um ponto harmônico entre os direitos fundamentais em rota de colisão, conformando-os no caso proposto sem atribuir maior importância/peso a um ou outro.

Superada essa parte da arguição, outro tema foi objeto de questionamento: licitações e contratos administrativos e as disposições conviventes nas legislações em vigor (Leis nºs 8.666/1993 e 14.133/2021). Após, a examinadora retornou com as indagações referentes à Lei de Acesso à Informação, contudo, a sirene soou sinalizando o encerramento da prova e inaugurando a sequência de dias de ansiedade e aflição – afinal, viria a tão sonhada aprovação?

REFERÊNCIAS BIBLIOGRÁFICAS

BOBBIO, N. **O Futuro da Democracia:** uma defesa das regras do jogo. 6. ed. São Paulo: Paz e Terra, 1997. p. 30.

BRUNO, A. **Direito Penal, Parte Geral**. Rio de Janeiro: Forense, 1967. t. 1, p. 41.

CHAGAS, C. M. de F. **O Dilema entre o Acesso à Informação e a Intimidade**. Belo Horizonte: D'Plácido, 2017. p. 25-27.

DICIONÁRIO DA LÍNGUA PORTUGUESA. [S.d.]. Disponível em: https://www.infopedia.pt/dicionarios/lingua-portuguesa/transpar%C3%AAncia. Acesso em: 14 abr. 2023.

FERNANDES, B. G. **Curso de Direito Constitucional**. 11. ed. rev., atual. e ampl. Salvador: Juspodivm, 2019. p. 369; 554-556.

MENDES DE ALMEIDA, J. C. **Princípios Fundamentais do Processo Penal**. São Paulo: RT, 1973. p. 11.

MOTTA, F. **Publicidade e Transparência são Conceitos Complementares**. 2018. Disponível em: https://www.conjur.com.br/2018-fev-01/interesse-publico-publicidade-transparencia-sao-conceitos-complementares. Acesso em: 27 out. 2023.

NICOLITT, A. **Manual de Processo Penal**. 7. ed. Belo Horizonte: D'Plácido, 2018. p. 212.

OLIVEIRA, R. C. R. **Curso de Direito Administrativo**. 9. ed. Rio de Janeiro: Método, 2021. p. 106-108.

PEREIRA, J. B. Lei de Acesso à Informação e o inquérito policial. **Revista Jus Navigandi**, Teresina, a. 17, n. 3243, 18 maio 2012. Disponível em: https://jus.com.br/artigos/21801. Acesso em: 15 jun. 2023.

STEINMETZ, W. **Colisão de Direitos Fundamentais e Princípio da Proporcionalidade**. Porto Alegre: Livraria do Advogado, 2001. p. 139.

PARTE V

DIREITO CIVIL

A USUCAPIÃO: UMA ESTRATÉGIA PARA ABORDAGEM EXPOSITIVA E CRÍTICA

Leticia Vieira[283]

1. INTRODUÇÃO

Este artigo tem como objetivo propor, por meio de uma das perguntas formuladas pela banca de Direito Civil, na etapa oral do XIII Concurso de Delegado de Polícia do Estado do Rio de Janeiro, uma estratégia de resposta. No caso, a estratégia consiste em estabelecer uma linha de raciocínio básica, a partir da qual o candidato consiga desenvolver a maior parte dos temas suscitados pelo examinador, demonstrando conhecimento e segurança.

Na hipótese, o examinador apresentou a seguinte indagação: "O que é usucapião? Discorra sobre o instituto". A pergunta, embora simples e direta, certamente foi colocada como uma forma eficiente de avaliar se o candidato é capaz de acessar em sua memória um conteúdo amplo sobre o tema e, simultaneamente, elaborar uma exposição coerente e completa.

A minha resposta, na ocasião, careceu de organização e de riqueza de detalhes. Iniciei, de pronto, conceituando usucapião por meio de uma frase resumida que lhe definia como uma forma de aquisição da propriedade. Em seguida, expus a existência de diversas espécies de usucapião e, por fim, apenas apresentei os requisitos legais de algumas dessas espécies.

---
283. Bacharel em Direito pela PUC-Rio. Delegada de Polícia Civil do Estado do Rio de Janeiro.

Aqui, o caminho trilhado será diferente. Diante de uma pergunta com fontes inesgotáveis de conteúdo, sugere-se que o candidato fixe dois elementos essenciais que deverão constar de sua resposta: a doutrina amparada na lei e a aplicação nos Tribunais. Tendo como norte a abordagem desses aspectos do conteúdo, é hora de desenvolver o tema e convencer o examinador de seu preparo.

Primeiramente, os esforços são voltados para revelar conhecimento legal e doutrinário, tendo como *locus* ideal para tanto a exposição dos institutos da posse e da usucapião. No ponto, a escolha é iniciar o raciocínio pela posse, tema abundante em detalhes, que cria oportunidade para apresentar as duas principais teorias que debatem sua definição e seus elementos essenciais, a Teoria Objetiva e a Teoria Subjetiva. Com isso, torna-se mais palatável, em seguida, a exposição acerca da usucapião e de seus requisitos.

Postas as bases conceituais, o próximo passo consiste em demonstrar para a banca que o candidato acompanha as decisões dos Tribunais Superiores sobre o tema e que se debruça sobre seus fundamentos, o que é feito com a seleção do REsp. nº 1.637.370 – RJ, julgado pelo STJ, em 2019. Na ocasião, a sua Terceira Turma, por maioria, reconheceu a usucapião de bem móvel objeto de furto, tendo debatido de forma ampla os institutos da posse e da usucapião.

Com esse conteúdo, a pergunta proposta já terá sido usada pelo candidato como mecanismo eficiente para notabilizar seu conhecimento e sua capacidade expositiva sobre o tema. É possível, porém, que o examinador busque avaliar não apenas sua dedicação aos livros e às decisões judiciais, mas também seu senso crítico.

Pensando nisso, o último capítulo tem como fim fornecer material para que seja feita uma análise crítica da decisão apresentada e da legitimidade de usucapião de bem objeto de crime. Ressalte-se, entretanto, que o candidato deve limitar-se a expor qualquer perspectiva pessoal somente quando for expressamente provocado. Estejamos preparados.

2. A DOUTRINA E A LEI: CONCEITUANDO A POSSE E A USUCAPIÃO

2.1. A posse

Se é a aquisição da propriedade que se põe como clímax da usucapião, é a posse que se alberga como seu principal alicerce e ponto de partida. Sílvio de Salvo Venosa (2020, p. 219) define a usucapião como "(...) o modo de aquisição da propriedade mediante a posse suficientemente prolongada sob determinadas condições". Dentro dessa perspectiva, é inconcebível estudar a usucapião e suas modalidades sem antes estabelecer o sentido da posse e das condições que, caso preenchidas, lhe permitem culminar na propriedade.

O CC de 2002, por meio da conceituação de possuidor,[284] estabelece que a posse é o exercício de fato, pleno ou não, de algum dos poderes inerentes à propriedade, sendo estes o poder de usar, o de fruir, o de dispor ou reaver o bem. A enunciação legislativa é fruto de debate doutrinário secular, dentro do qual já desfilaram diferentes propostas conceituais para o termo posse, tendo logrado êxito, dentro do Direito das Coisas brasileiro, a chamada Teoria Objetiva, atribuída a Rudolf Von Ihering.

A Teoria Objetiva propõe um conceito de posse que se contrapõe àquele trazido pela Teoria Subjetiva, desenvolvida por Friedrich Carl von Savigny. Realizando um paralelo entre as duas teorias, tem-se que, segundo a Teoria Subjetiva, a posse pressupõe três elementos essenciais, *corpus*, *affection tenendi* e *animus domini*; já para a Teoria Objetiva, os elementos seriam apenas dois: *corpus* e *affection tenendi* (Schreiber,2020, p.982).

Inicialmente, e à luz da Teoria Subjetiva, o elemento *corpus* consubstancia-se como o poder físico que uma pessoa tem sobre a

---

[284]. Dispõe o CC: "Art. 1.196. Considera-se possuidor todo aquele que tem de fato o exercício, pleno ou não, de algum dos poderes inerentes à propriedade". BRASIL. Lei nº 10.406, de 10 de janeiro de 2002. Institui o Código Civil. **Diário Oficial da União**, 11 jan. 2002. Disponível em: https://www.planalto.gov.br/ccivil_03/leis/2002/l10406compilada.htm. Acesso em: 1º jun. 2023.

coisa, representando o elemento material da posse. Nesse sentido, é o *corpus* que permite ao possuidor fazer o que quiser com a coisa, bem como defendê-la das agressões de terceiros (Pereira, 2017, p.35).

A Teoria Objetiva, por sua vez, embora não negue ao *corpus* o seu papel de elemento material da posse, reconhece-o como sendo "(...) a conduta externa da pessoa, que se apresenta numa relação semelhante ao procedimento normal de proprietário" (Pereira, 2019, p. 15) Em outras palavras, o *corpus* seria a própria relação do possuidor com a coisa, a qual se revela ao mundo exterior por meio de seus comportamentos, os quais se assemelham àqueles geralmente verificados entre um proprietário e sua coisa.

Dentro dessa segunda concepção, o poder físico não se identifica com o próprio *corpus*, como verificado na primeira concepção, mas se torna apenas uma de suas formas de manifestação. Consequentemente, deixa de ser um elemento essencial à posse. Essa visão permite o reconhecimento da figura do possuidor indireto, que, mesmo sem exercer o poder físico, mantém sua condição de possuidor.

Adiante, no que toca à *affectio tenendi*, para a Teoria Subjetiva, consistiria na vontade do possuidor de valer-se da coisa como se vale o proprietário. A ela é somado o *animus domini*, que nada mais é do que a vontade, o elemento subjetivo e íntimo do sujeito, de ser o dono da coisa. Nessa perspectiva, estariam afastados do conceito de possuidor, por exemplo, os locatários, pois carecedores de vontade de ser dono, aos quais seria atribuído apenas o *status* de detentor (Pereira, 2019, p.14).

É exatamente nesse ponto que a Teoria Objetiva se distingue de forma mais enfática, pois, embora também reconheça a existência de um elemento psíquico da posse, a *affectio tenendi* – que seria a vontade do possuidor de manter com a coisa uma relação tal como normalmente exerce o proprietário –, o *animus domini* é tido como dispensável. Ou seja, não é necessária a vontade de ser dono para ser possuidor (Pereira, 2017, p.36).

Com isso, torna-se possível, à luz da Teoria Objetiva, qualificar o locatário como possuidor. A posição de mero detentor, nessa perspectiva, não seria atribuída em razão da ausência do ânimo de ser dono, mas, sim, por força legal – será detentor todo aquele de quem a lei afasta a condição de possuidor (Schreiber, 2020, p. 982-983).

Feita uma breve incursão nas duas teorias mais prestigiadas pela doutrina nacional, volta-se a afirmar que o CC adotou, ao definir possuidor – de onde se extrai também a definição de posse –, a Teoria Objetiva.

Contudo, não se pode dizer que o *animus domini*, elemento próprio da Teoria Subjetiva, foi deixado de lado pelo diploma civilista. Como será exposto a seguir, o ânimo de ser dono foi situado como um dos elementos essenciais para caracterizar a posse como apta à usucapião.

2.2. A Usucapião

De início, quanto à conceituação do instituto, basta retomar a definição já apresentada nas palavras de Sílvio de Salvo Venosa, segundo a qual a usucapião seria o modo de adquirir a propriedade[285] por meio da posse exercida por um período de tempo e sob determinadas condições.[286] Agora, porém, é o momento de esmiuçar quais seriam essas condições que, quando presentes, tornam a posse apta à aquisição da propriedade por meio da usucapião.

Fixe-se, desde já, que o termo posse *ad usucapionem* é usado pela doutrina para se referir à posse que apresenta todas as qualidades que serão a seguir apresentadas. Em sentido contrário, é chamada de posse *ad interdicta* aquela que se revela carecedora de tais

---

285. Anote-se que a usucapião também é meio hábil à aquisição de outros direitos reais, tal como a servidão. Contudo, o presente artigo mencionará apenas a aquisição da propriedade, por ser a modalidade mais observada na prática e a mais estudada.

286. Em outras obras, o tópico parece repousar pacífico, sendo possível encontrar definições semelhantes, com mera variação na escolha dos termos empregados. Maria Helena Diniz, por exemplo, define a usucapião como "um modo de aquisição originário da propriedade e de outros direitos reais pela posse prolongada da coisa com a observância dos requisitos legais" (Diniz, 2009, p. 182).

qualidades. Enquanto esta espécie possessória permite ao possuidor apenas o manejo das ações possessórias, aquela, quando exercida por um lapso temporal previsto em lei, permite usucapir a coisa.

Primeiramente, a posse *ad usucapionem* deve trazer consigo o *animus domini*, o elemento subjetivo próprio da Teoria Subjetiva (Tartuce, 2020, p.1324). Isso significa que não basta ao possuidor ter vontade de se valer da coisa tal como se vale o proprietário, é preciso que ele conserve o ímpeto de assenhoramento sobre ela. Nesse sentido, fica descaracterizada a posse *ad usucapionem*, por exemplo, do locatário e do usufrutuário, que exploram a coisa sem vontade de tê-la para si.

Há ainda outro elemento de natureza subjetiva que pode surgir como requisito para usucapião: a boa-fé. Segundo dispõe o art. 1.201, *caput*, do CC, a posse será de boa-fé quando o possuidor ignora o vício ou obstáculo que impede a aquisição da coisa. A *contrario sensu*, a posse será tida como de má-fé quando o possuidor conhece o vício que a macula. Aqui, diferentemente do que ocorre com o *animus domini*, a ausência da boa-fé não tem o condão de descaracterizar a posse como uma posse *ad usucapionem*, mas apenas provoca a ampliação do prazo legal para aquisição da propriedade.

Adiante, a lei requer que a posse seja exercida de forma ininterrupta. Entende-se aqui que a posse ininterrupta é aquela que não apresenta qualquer intervalo, seja esse causado pelo próprio possuidor ou por terceiros.[287] Essa qualidade deve perdurar por um lapso temporal estabelecido na lei.

Frise-se que o CC, em seu art. 1.243,[288] faculta ao possuidor acrescentar, para fins de completar o lapso temporal exigido, o tempo de posse de seus antecessores. O fenômeno é conhecido como *accessio possessiones*. No caso específico de transferência da

---

[287]. Marco Aurélio Bezerra de Melo (2018, p. 122), embora adote a mesma ideia, alerta para a existência de entendimento doutrinário no sentido de diferenciar a posse ininterrupta da posse contínua. Para essa posição, a interrupção da posse seria consequência da interferência de terceiros, enquanto a descontinuidade seria consequência da ação do próprio possuidor.

[288]. Art. 1.243. O possuidor pode, para o fim de contar o tempo exigido pelos artigos antecedentes, acrescentar à sua posse a dos seus antecessores (art. 1.207), contanto que todas sejam contínuas, pacíficas e, nos casos do art. 1.242, com justo título e de boa-fé.

posse por sucessão a título universal, a continuidade da posse é imposta pela lei, não configurando mera faculdade.[289]

Adiante, a posse deve ser incontestada. Isso significa que a posse *ad usucapionem* não pode ter contra si qualquer tipo de questionamento, seja no âmbito judicial ou no extrajudicial. No âmbito judicial, não afasta o caráter de posse sem oposição a ação possessória julgada improcedente, mesmo que haja liminar de reintegração. Nesse sentido, Marco Aurélio Bezerra de Melo (2018, p. 124) explica que a oposição não pode ser confundida com o mero inconformismo.

Assentados os requisitos genéricos para a usucapião, importante esclarecer que as variadas espécies de usucapião existentes são justamente marcadas pela presença de outros requisitos próprios. Como exemplo, cita-se a usucapião familiar (art. 1.240-A do CC), que, além de um lapso temporal de dois anos de posse ininterrupta e sem oposição, exige que o imóvel urbano tenha no máximo 250 metros quadrados e que seja de propriedade do possuidor com seu cônjuge, tendo este último abandonado o lar.

Por fim, é preciso falar sobre o objeto da usucapião. A depender da espécie, a lei pode exigir desse objeto qualidades específicas, tais como ser um bem móvel ou um bem imóvel, ter natureza rural ou até mesmo apresentar uma metragem quadrada máxima. De forma genérica, porém, a posse deve recair sobre um bem passível de ser usucapido. Com isso, ficam excluídos, por exemplo, os bens públicos, os quais podem ser objeto apenas de detenção,[290] bem como os bens encontrados fora do comércio pela sua própria natureza, como é o caso do ar atmosférico (Pereira, 2019, p. 123).

Aqui, abre-se o gancho para ampliar o debate sobre o objeto da usucapião e trazer a seguinte reflexão: dentre os objetos passíveis

---

289. Art. 1.207. O sucessor universal continua de direito a posse do seu antecessor; e ao sucessor singular é facultado unir sua posse à do antecessor, para os efeitos legais.

290. Nesse sentido, os arts. 183, § 3º, e 191, parágrafo único da CRFB/1988 estabelecem que os imóveis públicos não estão sujeitos à usucapião. Também é o entendimento da Súmula nº 340, segundo a qual, "Desde a vigência do Código Civil, os bens dominicais, como os demais bens públicos, não podem ser adquiridos por usucapião". Brasil. Constituição da República Federativa do Brasil de 1988. **Diário Oficial da União**, 05 out. 1988. Disponível em: https://www.planalto.gov.br/ccivil_03/constituicao/constituicao.htm.pdf. Acesso em: 24 abr. 2022.

de usucapião, estariam aqueles que foram alvo de crimes patrimoniais? Seguindo a estratégia proposta pelo presente artigo, a resposta passa a ser desenvolvida a partir de importante decisão proferida pelo STJ.

3. OS TRIBUNAIS: APRESENTANDO O RESP. Nº 1.637.370 – RJ

3.1. Contexto fático e questão controvertida

O REsp. nº 1.637.370 – RJ[291] tem como pano de fundo o furto de um caminhão ocorrido no ano de 1988, em Minas Gerais. À época, a vítima providenciou o registro no âmbito policial e nos bancos de dados do Detran-MG.

Apenas no ano de 2008 o veículo veio a ser apreendido e devolvido ao proprietário vítima do crime. Ocorre que, nesse ínterim, o veículo foi objeto de transações de compra e venda, tendo sido constatado pelo Poder Judiciário que o último possuidor era um adquirente de boa-fé, o qual realizou o devido registro e o regular licenciamento perante o DETRAN de seu estado, Rio de Janeiro.

Foi nesse contexto que a Terceira Turma do STJ se viu instada a enfrentar a seguinte indagação: teria ocorrido a usucapião do bem objeto de furto?

3.2. O conceito de posse injusta e o art. 1.208 do CC

Antes de analisar os votos dados pelos Ministros, é essencial estabelecer o conceito de posse injusta. Segundo dispõe o art. 1.200 do CC, a posse justa é aquela que não se origina de violência, clandestinidade ou precariedade. Em sentido contrário, a posse injusta é exatamente a que apresenta algum desses vícios.

---

291. Brasil. STJ. Terceira Turma. REsp. nº 1.637.370/RJ – Rio de Janeiro. Recorrente: Her Dison Putini. Recorrido: José Manoel Pacheco. Relator: Ministro Marco Aurélio Bellizze. Brasília, 10 de setembro de 2019. Disponível em: https://processo.stj.jus.br/processo/revista/documento/mediado/?componente=ITA&sequencial=1823959&num_registro=201502650630&data=20190913&formato=PDF. Acesso em: 10 abr. 2023.

No que toca à posse violenta, é aquela "(...) que se adquire por ato de força, seja ela natural ou física, seja moral ou resultante de ameaças que incutam na vítima sério receio" (Pereira, 2019, p. 22). Pode citar como exemplo o ato de invadir um imóvel e expulsar o possuidor ou quem esteja dentro, bem como a hipótese em que o agente ingressa no imóvel quando estava vazio e, no retorno de seu legítimo possuidor, impede sua entrada mediante violência (Venosa, 2020, p. 73).

Adiante, "a posse clandestina é aquela cuja aquisição se dá às ocultas, na calada da noite, na completa impossibilidade de defesa do possuidor" (Melo, 2018, p. 124). Importante frisar que a ocultação deve ocorrer no momento da aquisição da posse, sendo certo que aquele que adquire de forma pública a coisa e, posteriormente, lhe oculta, não tem sua posse classificada como injusta.

Finalmente, quanto à posse precária, é aquela obtida por quem teria obrigação de restituir a coisa, mas deixa de fazê-la no momento oportuno (Pereira, 2017, p.43). É o caso, por exemplo, do locatário que, ao final do contrato, instado a deixar o imóvel, permanece no mesmo, rompendo com o dever de confiança estabelecido.

Ultrapassada a análise das espécies de vícios, volta-se a atenção para interessante debate que repousa sobre a interpretação do art. 1.208 do CC, segundo o qual não autorizam a aquisição da posse os atos violentos ou clandestinos, senão depois de cessada a violência ou a clandestinidade.

Por um lado, o dispositivo pode ser lido como o reconhecimento de qualquer ação violenta ou clandestina implica mera detenção (Tartuce, 2020, p. 1350). Assim, a posse, ainda que classificada como injusta só existiria quando cessado o vício. Como exemplo, aquele que se apropriou às ocultas do relógio de um conhecido permaneceria como mero detentor até que cessada a clandestinidade, quando então teria consolidada sua posse injusta.

Em interpretação diversa, é possível compreender que o art. 1.208 do CC estaria, em realidade, trazendo uma possibilidade de convalidação da posse injusta em posse justa, o que ocorreria com a cessação da violência ou da clandestinidade. Usando-se do mesmo exemplo do relógio apropriado, a posse seria injusta enquanto a clandestinidade estivesse presente, tornando-se justa no momento de sua cessação.

Nesse sentido, Flávio Tartuce afirma que a adoção da primeira corrente implicaria negar o próprio conceito de posse injusta. Afinal, conforme se extrai do art. 1.200 do CC (Tartuce, 2019, p. 46), a posse injusta é a posse violenta, clandestina ou precária, e não a posse que deixou de ser violenta, clandestina ou precária.

Fixado o conceito de posse injusta, acrescenta-se que a posse será sempre injusta em relação a alguém, que é aquele que foi alvo da ação viciada. Nesse sentido, a posse manterá, em relação a terceiros, alheios ao episódio, a qualidade de justa, ensejando, inclusive, o manejo de ações possessórias para sua proteção (Tartuce, 2020, p. 1319).

A partir dessa exposição, é possível concluir que o REsp. nº 1.637.370 – RJ traz um exemplo prático de posse injusta pelo vício da clandestinidade, no caso, um furto. Vejamos, então, como os Ministros da Terceira Turma do STJ enfrentaram a questão.

3.3. Os votos proferidos e suas divergências

De início, o Ministro Relator Marco Aurélio Bellize reconhece que a legislação vigente exige apenas que a posse, para fins de usucapião, seja contínua e inconteste, concluindo que a qualificação da posse como justa não consistiria em um terceiro requisito. Ou seja, para ele, ainda que injusta, a posse é capaz de qualificar-se como posse *ad usucapionem*.

Estabelecida a premissa, o debate migra para o art. 1.208 do CC. Ao interpretar o dispositivo, o Ministro Relator assume a orientação segundo a qual, enquanto não cessada a clandestinidade, haveria mera detenção. Uma vez cessada a clandestinidade, então, configurada estaria a posse injusta, que, conforme fixado, pode ser considerada uma posse *ad usucapionem*.

Quanto ao momento em que teria ocorrido a cessação da clandestinidade, o Ministro fixou-o no exercício ostensivo da posse perante a comunidade por aqueles que adquiriram o bem. Assim, considerando o lapso temporal de 20 anos entre o furto e a apreensão do bem, período em que foi amplamente utilizado, reconheceu a usucapião no caso concreto. Na hipótese, não discutiu se a posse seria exercida de boa-fé, posto que até mesmo o prazo de usucapião extraordinária de bens móveis (aquela em que não são exigidos a boa-fé e o justo título) já estaria verificado (art. 1.261, CC).[292]

Em voto-vista, a Ministra Nancy Andrighi inicia sua posição abraçando a mesma interpretação do art. 1.208 conferida pelo Ministro Relator, para quem haveria mera detenção enquanto não cessada a clandestinidade. Contudo, quanto ao momento em que ocorre a cessação da clandestinidade, apresentou divergência. Partindo da noção de que os vícios que tornam a posse injusta são relativos, ela estabeleceu que a cessação da clandestinidade só poderia ocorrer quando a própria vítima tivesse conhecimento da apreensão do bem por outrem, ou ao menos tivesse meios para adquirir tal conhecimento. Não seria suficiente, assim, a mera utilização do bem furtado perante a comunidade à qual a vítima não pertence.

No caso concreto, o indivíduo de boa-fé utilizou-se do bem em Estado da Federação diverso (Rio de Janeiro), inviabilizando que o proprietário vítima tivesse conhecimento sobre o ocorrido até o ano de 2008, momento da sua apreensão. Logo, sob a ótica apresentada no voto-vista, teria sido exercida, até então, a mera detenção, imprestável à aquisição por usucapião.

Para a Ministra, trata-se de solução que melhor resguarda a equidade, para não penalizar a vítima de furto que não possuía meios concretos para reclamar o bem das mãos de outrem. Conclui, então que:

> (...) em regra, é vedada a usucapião, ordinária ou extraordinária, de veículos objetos de furto ou roubo. Admite-se a aquisição

---
292. Art. 1.261. Se a posse da coisa móvel se prolongar por cinco anos, produzirá usucapião, independentemente de título ou boa-fé.

da propriedade pela usucapião, no entanto, somente na excepcional hipótese em que, uma vez localizado o veículo, deixe o legítimo possuidor ou o proprietário de exercer os atos necessários à defesa de seu direito, pelos prazos da lei.[293]

Acrescentou, ainda, que a boa-fé do adquirente é irrelevante para transformar a detenção em posse, pois o art. 1.203 do CC dispõe que a posse, como regra, mantém o caráter com que foi adquirida, o que a magistrada afirmou aplicar-se, também, à detenção.

Por fim, o Ministro Moura Ribeiro proferiu voto-vista acompanhando o relator, mas ressaltando que a solução dada é amparada na situação peculiar que o caso concreto apresentava, no qual o possuidor adquiriu o veículo há mais de 20 anos em uma concessionária e com financiamento bancário, inclusive com a documentação do veículo em seu nome. Para ele, a clandestinidade teria cessado com o registro do veículo e com a obtenção do financiamento.

Apreciadas as razões de cada Ministro, tem-se que, até mesmo sob a ótica da Ministra Nancy Andrighi, que propôs para o caso solução diversa e negou a aquisição da propriedade, a usucapião de bem objeto de crime foi tida, em abstrato, como possível.

4. A PERSPECTIVA CRÍTICA: A LEGITIMIDADE DA USUCAPIÃO DE BEM OBJETO DE CRIME

4.1. O ponto de vista conceitual

No que pese a existência de importante julgado proferido pela Terceira Turma do STJ, não é possível afirmar que a possibilidade de usucapião de bem objeto de crime é tema livre de qualquer

---

293. Brasil. STJ. Terceira Turma. REsp. n° 1.637.370/RJ – Rio de Janeiro. Recorrente: Her Dison Putini. Recorrido: José Manoel Pacheco. Relator: Ministro Marco Aurélio Bellizze. Brasília, 10 de setembro de 2019. Disponível em: https://processo.stj.jus.br/processo/revista/documento/mediado/?componente=ITA&sequencial=1823959&num_registro=201502650630&data=20190913&formato=PDF. Acesso em: 10 abr. 2023.

debate. Em primeiro lugar, voltando um olhar atento à decisão proferida, constata-se que ela parte de uma premissa merecedora de reflexão mais ampla: a possibilidade de uma posse injusta ser classificada como uma posse *ad usucapionem*.

O Ministro Relator Marco Aurélio Bellizze extrai a mencionada premissa da leitura dos arts. 1.260 e 1.261 do CC, que tratam da usucapião de bens móveis. Dos dispositivos constam como requisitos para usucapião apenas a continuidade da posse e a sua natureza de posse incontestada,[294] sem qualquer menção à eventual justiça. Assim, arremata o magistrado que, para fins de usucapião, não é preciso qualificá-la como justa.

Passeando pela doutrina, porém, é fácil encontrar orientação diametralmente oposta. Flávio Tartuce (2019, p. 48), por exemplo, estabelece que "aquele que tem posse injusta não tem posse usucapível, ou seja, não pode adquirir a coisa por usucapião".

O tema é tormentoso e o ponto de partida para dissolver a controvérsia parece residir no sentido dado ao termo "posse incontestada". Foi estabelecido aqui que a posse incontestada, um dos requisitos para a usucapião, seria aquela que não apresenta contra si qualquer tipo de questionamento, seja no âmbito judicial ou extrajudicial. É comum que esse atributo esteja também representado pela expressão "posse mansa e pacífica".

Nasce, no ponto, uma dúvida conceitual. Ainda que o CC não prescreva a justiça da posse como um dos requisitos expressos para usucapião, tal como concluiu o próprio Ministro Relator, não seria essa justiça intrínseca ao conceito de posse mansa e pacífica?

A resposta dependerá do sentido atribuído ao art. 1.208 do CC e ao termo "posse injusta".

Por um lado, para aqueles que, partindo de uma interpretação conjunta dos arts. 1.208 e 1.200 do CC, entendem que a posse injusta

---

294. Art. 1.260. Aquele que possuir coisa móvel como sua, contínua e incontestadamente durante três anos, com justo título e boa-fé, adquirir-lhe-á a propriedade.
Art. 1.261. Se a posse da coisa móvel se prolongar por cinco anos, produzirá usucapião, independentemente de título ou boa-fé.

é aquela que convive com o vício de violência, de clandestinidade ou de precariedade, não é possível classificá-la como inconteste. Afinal, os vícios configuram meios de se apoderar de um bem, móvel ou imóvel, sem o consentimento do possuidor anterior, não sendo razoável entender como incontestável, ou seja, como sem oposição, uma ação voltada justamente a desapossar alguém em contrariedade à sua vontade.

Para que a posse se torne *ad usucapionem*, segundo essa orientação, seria necessária sua convalidação em posse justa, na forma do art. 1.208 do CC, com a cessação do vício. É dentro dessa perspectiva que ganha sentido a ideia de que a posse injusta não é passível de usucapião, posto que não seria mansa e pacífica.

Noutro giro, partindo de interpretação diversa do art. 1.208 do CC, para a qual a cessação do vício é essencial para constituir a posse, parece razoável a conclusão do Ministro Relator. Nesse ângulo, a presença dos vícios dispostos no art. 1.200 caracterizaria a mera detenção, de modo que a configuração da posse, mesmo que injusta, significaria a prévia cessação da ação violenta ou clandestina.

Ora, sendo a posse injusta aquela em que o vício já se encontra cessado, não subsiste a incompatibilidade com o caráter de posse mansa e pacífica. É assim que ganha clareza a premissa fixada pelo Ministro Relator.

Nota-se, assim, que o embate antes exposto é, na realidade, apenas terminológico e conceitual. Em todos os casos, impõe-se a cessação da violência ou da clandestinidade para que tenha início a posse *ad usucapionem*, seja por meio da migração para uma posse justa, como propõe a primeira corrente, seja por meio da constituição de uma posse injusta, como propõe a segunda.

Superada, portanto, essa divergência doutrinária aparente, da qual não adveio qualquer argumento firme a deslegitimar a usucapião de bem objeto de crime, passa-se a analisar se a solução dada pelo STJ no REsp. nº 1.637.370 – RJ também subsiste a eventual embate interdisciplinar.

4.2. O ponto de vista interdisciplinar

De início, é mister estabelecer que a usucapião, sem prejuízo de outras funções que lhe caibam, é um instrumento de pacificação social. Com ela, confere-se estabilidade aos direitos reais, evitando que conflitos potencialmente eternos recaiam sobre os bens (Costa, 1999, p. 322), comprometendo seu aproveitamento e sua destinação social e econômica. Trata-se, portanto, de uma escolha legislativa por prestigiar a paz social e a segurança jurídica, ainda que em detrimento da proteção do patrimônio do anterior proprietário.

Surge, então, o seguinte questionamento: em se tratando de bens objeto de crimes patrimoniais, é legítima a opção do legislador cível pela pacificação enquanto a questão ainda pode ser enfrentada pelo Direito Penal?

Sabe-se que o Direito Penal é regido, dentre outros, pelo princípio da subsidiariedade, o qual impõe sua incidência como *ultima ratio* para proteção do bem jurídico. Isso significa que o Direito Penal poderá sobrevir apenas quando os demais ramos do Direito revelarem-se insuficientes para proteção do bem jurídico.

Pensando a partir do crime de furto, tal como enfrentado no REsp. nº 1.637.370 – RJ, o bem jurídico protegido pelo legislador criminal é o patrimônio daquele que teve a coisa móvel subtraída. Ocorre que esse mesmo patrimônio, à luz do Direito das Coisas, deixaria de ser tutelado em nome da estabilização da propriedade nas mãos de um possuidor *ad usucapionem*. A noção de *ultima ratio* parece, com isso, ser subvertida, pois o Direito Penal seria movimentado para proteção de um bem jurídico, quando o Direito Civil nem mais se presta a tutelar este mesmo bem.

A questão fica ainda mais tormentosa quando analisados os efeitos que eventual condenação criminal produziria. Segundo dispõe o art. 91, inciso II, alínea *b*, do CP, a condenação implica a perda do produto do crime em favor da União, ressalvado o direito do lesado ou de terceiro de boa-fé.

Rememorando o voto do relator no REsp. nº 1.637.370 – RJ, tem-se que a usucapião do bem furtado foi tida como possível diante da cessação da clandestinidade, prescindindo a apuração de boa-fé do possuidor. Nesse sentido, não há ressalva para que o próprio agente que praticou o furto adquira o bem por usucapião, o que poderia resultar em uma paradoxal situação de reconhecimento da propriedade por parte do Direito das Coisas e, ao mesmo tempo, do perdimento dessa propriedade pelo Direito Penal.

Para solucionar a incongruência, algumas opções podem ser suscitadas. Um exemplo seria estabelecer que, em se tratando de possuidor criminoso, a posse *ad usucapionem* só passaria a existir com eventual prescrição da ação penal (Costa, 1999, p. 327). O possuidor ignorante quanto ao vício, por seu turno, permaneceria sujeito aos prazos do CC.

Nesse caso, então, além da análise da eventual cessação da violência ou da clandestinidade, passaria a ser essencial apreciar a boa-fé do possuidor, o que influiria diretamente no prazo aquisitivo para fins de usucapião.

O voto-vista dado pelo Ministro Moura Ribeiro, embora não tenha chegado a estabelecer qualquer distinção no que toca à contagem do prazo para um possuidor de boa-fé e para um possuidor de má-fé, fixou que a solução pelo reconhecimento da usucapião seria possível no caso concreto em razão das suas peculiaridades, que revelam de forma ampla a boa-fé do possuidor.

Adiante, o tema também pode ser enfrentado a partir do próprio Direito Penal, usando institutos como o princípio da insignificância. Para fins de aguçar um raciocínio, pode-se mencionar a orientação dada pelo STF sobre os crimes tributários.[295]

---

295. Nesse sentido, ver o HC nº 127.173. Pacte.(s): Rufino Pires ou Rufino Peres. Impte.(s): Defensoria Pública da União. Relator: Min. Marco Aurélio. Relator p/ Acórdão Min. Roberto Barroso. Brasília, 21 mar. 2017. Disponível em: https://www.jusbrasil.com.br/jurisprudencia/stf/769738063/inteiro-teor-769738123. Acesso em: 1º jun. 2023. Ver também, o HC nº 136.843. Pacte.(s): Wilson Romaldo Santos. Impte.(s): Defensoria Pública da União. Relator: Min. Ricardo Lewandowski. Brasília, 08 ago. 2017. Disponível em: https://www.jusbrasil.com.br/jurisprudencia/stf/770045976/inteiro-teor-770045981. Acesso em: 1º jun. 2023.

In casu,, que incidirá o princípio que incidirá o princípio da insignificância quando o valor do tributo sonegado for inferior àquele que a legislação tributária estabelece como mínimo para ensejar uma execução fiscal. A ideia central parte da seguinte premissa: se a máquina fazendária não será movida para a cobrança judicial da quantia devida, também não deve ser movida a justiça criminal para aplicar sanções penais pelo mesmo fato.

Trazendo para o campo da usucapião, teríamos que, se o Direito das Coisas deixa de tutelar a propriedade daquele que teve o bem subtraído, não deveria o Direito Penal, especialmente em razão de seu caráter subsidiário, ser movimentado para tanto, deixando a solução do caso exclusivamente para o âmbito de eventual responsabilidade civil.

Sem a pretensão de conferir solução final para o tema, a reflexão se presta a trazer material para desenvolver uma perspectiva crítica e demonstrar capacidade de estabelecer conexões dentro do tema estudado. Resta certo, então, que a usucapião de bens objeto de crime é matéria que demanda análise aprofundada e interdisciplinar, não podendo ficar limitada ao cotejo dos requisitos legais.

5. CONCLUSÃO

O artigo trouxe uma estratégia de abordagem que faz com que o candidato conduza o tema buscando sempre ampliar o seu próprio campo de explanação, permitindo conservar a palavra sem incorrer em repetições e reducionismos.

O instituto da usucapião foi desenvolvido tendo como ponto de partida uma perspectiva expositiva, com a demonstração de conhecimento doutrinário e legal. Fixando os requisitos para usucapião, o primeiro item se encerra colocando o enfoque na análise dos objetos da usucapião, mais especificamente na possibilidade de bens de origem criminosa figurarem no rol desses objetos.

Em seguida, o espaço estava aberto para que o candidato falasse sobre a decisão judicial escolhida, o REsp. nº 1.637.370 – RJ, que abordava justamente a usucapião de um caminhão objeto de furto. Os votos proferidos pelos magistrados foram trabalhados em suas minúcias, para revelar como a temática que até então estava no campo teórico é levada para solucionar um caso prático.

Finalmente, a decisão em análise foi usada como um novo gancho, dessa vez para levar o tema ao campo das reflexões críticas. No ponto, foi feita a ressalva quanto à necessidade de aguardar do examinador uma provocação para que o candidato desenvolva raciocínio próprio.

Partindo de uma aparente contradição doutrinária, o trabalho concluiu pela inexistência de falha conceitual no reconhecimento da usucapião de bens objeto de crime, no que pese a posse ser classificada como injusta. Contudo, quando a análise crítica se voltou a compreender os efeitos da usucapião de bens objeto de crime perante o Direito Penal, o tema mostrou-se mais complexo, expondo a existência de incongruências em uma perspectiva global do ordenamento.

Sem dúvidas, o caminho percorrido no presente artigo é de tamanha amplitude que não caberia nos poucos minutos de duração de uma prova oral, de modo que a estratégia apresentada é apenas um guia para que, considerando o tempo disponível, o candidato faça a escolha trágica do que abordar. Se assim não fosse, a resposta que dei para a banca na minha prova, tal como narrada na introdução, inegavelmente mais simples e resumida, não teria permitido meu êxito na prova.

REFERÊNCIAS BIBLIOGRÁFICAS

COSTA, D. J. da. Usucapião: doutrina e jurisprudência. **Revista de Informação Legislativa**, Brasília, v. 36, n. 143, p. 321-334, jul./set. 1999.

DINIZ, M. H. **Código Civil Anotado**. 14. ed. São Paulo: Saraiva, 2009.

MELO, M. A. B. de. **Direito Civil:** coisas. 2. ed. Rio de Janeiro: Forense, 2018.

PEREIRA,C.M. da S. **Instituições de Direito Civil** - Vol. IV.25.ed. revista, atualizada e ampliada por Carlos Edison do Rêgo Monteiro Filho. Ri de Janeiro: Forense, 2019.

PEREIRA, C. M. da S. **Instituições de Direito Civil:** direitos reais. 27. ed. revista, atualizada e ampliada por Carlos Edison do Rêgo Monteiro Filho. Rio de Janeiro: Forense, 2019.

TARTUCE, F. **Direito Civil:** direito das coisas. 11. ed. 2. reimp. Rio de Janeiro: Forense, 2019. v. 4.

TARTUCE, F. **Manual de Direito Civil:** volume único. 10.ed. - Rio de Janeiro: Forense; São Paulo: MÉTODO, 2020.

VENOSA, S. de S. **Direito Civil:** reais. 20. ed. São Paulo: Atlas, 2020.

CAPÍTULO 17

MULTIPARENTALIDADE

Vitor Becker Pires Vaz[296]

1. INTRODUÇÃO

A prova oral talvez seja a etapa mais temida pelos que optam por galgar a trajetória do estudo para concursos jurídicos de alto nível, sobretudo porque este é o instante em que o candidato fica frente a frente com seu examinador e verá tudo o que fez até o momento ser colocado a prova.

O presente artigo terá por objetivo responder a uma das indagações feitas ao autor durante sua arguição na prova oral de Direito Civil para ingresso na carreira de Delegado de Polícia Civil do Estado do Rio de Janeiro, qual seja, "o que é multiparentealidade e quais são seus efeitos", bem como apontar algumas estratégias para uma boa resposta nesta etapa do certame.

Preliminarmente, deve-se ressaltar que a prova oral, em verdade, não possui um grau de dificuldade superior ao das outras etapas já enfrentadas pelos candidatos, isto é, não fosse o fato de estar sentado diante de seu examinador, ela, provavelmente, seria superada pelo candidato, uma vez que, se chegou até ali, é porque possui conteúdo jurídico para isso, haja vista a aprovação nas etapas objetiva e discursiva anteriores. Justamente em razão disso é de suma importância manter a calma (dentro do possível) e controlar a ansiedade.

Além disso, a prova oral possui uma vantagem em relação às etapas anteriores: o candidato pode, dentro de certo limite, "conduzir"

---

[296]. Delegado de Polícia Civil do Estado do Rio de Janeiro. Graduado em Direito pela Faculdade Nacional de Direito – UFRJ. Professor de cursos preparatórios. Ex-delegado de Polícia do Estados de Minas Gerais.

a prova. Sendo assim, é possível ganhar tempo nos assuntos que domina e desenvolver ao menos alguma coisa nos temas que possui menos conforto para tratar, ainda que não se saiba exatamente a resposta do que foi perguntado.

Tomando como exemplo o tema deste artigo, veja-se que a multiparentalidade se insere no contexto do Direito de Família, e o candidato pode não ter total domínio do tema "multiparentalidade" em si, mas pode saber pontos importantes sobre o contexto no qual a matéria se insere.

Nessa ordem de ideias, o candidato que não domina a multiparentalidade pode iniciar sua explanação discorrendo sobre o Direito de Família e a evolução que sofreu ao longo do tempo, desconstruindo a ideia engessada de homem, mulher e sua prole, perpassando por destacar seu fundamento constitucional e assim por diante, evitando, ao menos inicialmente, a tão temida resposta "não me recordo, excelência" e angariando pontos preciosos para sua aprovação.

Esse modelo sempre foi adotado pelo autor deste artigo em todas as provas orais enfrentadas, mas, especificamente na resposta da pergunta que norteia este texto, essa estratégia não foi executada e, como será demonstrado adiante, me custou respostas erradas em sequência que, não fosse uma reformulação a tempo, poderia ter colocado em xeque minha aprovação.

E aqui reside a importância de saber que tipo de cobrança recairá sobre o candidato no dia da arguição, em outras palavras, entender como será o estilo da prova oral a que o estudante será submetido. Isso porque poderão existir diferentes formas de avaliação por parte da banca.

A título de exemplo, vejamos as diferenças entre três provas orais às quais este autor foi submetido para ingresso nas carreiras de Delegado.

Para Delegado de Polícia Civil do Estado de Minas Gerais do ano de 2017, as bancas eram de quatro disciplinas (Penal, Processo Penal,

Constitucional e Administrativo), divididas em quatro salas e com dois examinadores em cada sala. Inicialmente o candidato sorteava um ponto do edital e, logo a seguir, a banca solicitava que o candidato começasse a discorrer sobre o tema sorteado. Ao final, caso desejasse, a banca complementava a arguição fazendo perguntas ao candidato.

Nota-se que esse estilo de prova é o que mais favorece o candidato. Isso porque, dessa forma, o candidato pode conduzir a resposta, discorrer sobre os pontos que mais domina, demonstrar conhecimento de forma mais confortável porque, ao menos inicialmente, é o candidato que "dá as cartas".

Em 2018, para a Polícia Civil de São Paulo, a arguição foi completamente diferente. Naquela oportunidade, a prova se deu em uma audiência pública e com todos os examinadores atuando em sequência, no mesmo auditório. Salvo melhor juízo, as matérias foram Penal, Processo Penal, Constitucional, Administrativo, Direitos Humanos e leis especiais penais.

Além disso, o candidato iniciava sorteando o ponto, e os examinadores já partiam para as perguntas, não franqueando ao candidato a palavra para discorrer sobre o tema. Ademais, a banca exigia respostas mais objetivas, sem deixar que o candidato discorresse muito tempo sobre o tema principal ou abordasse temas acessórios.

Nota-se que neste estilo de cobrança o trabalho do candidato é um pouco mais árduo porque, em tese, você deverá saber exatamente o que o examinador perguntou. No entanto, como todos os examinadores estão assistindo a prova, pode ser que um desempenho excepcional em uma matéria convença o examinador de outra disciplina que o candidato não foi tão bem a lhe conferir a nota mínima para que alcance a aprovação.

Por último, em 2022, na prova oral para Delegado de Polícia do Rio de Janeiro, o estilo de exame foi como uma mistura dos dois anteriores. Salas separadas por disciplina (Penal, Processo Penal, Constitucional, Administrativo, Direito Civil e Medicina Legal), três examinadores em cada sala, no máximo 10 minutos de arguição por banca e perguntas feitas diretamente pelos examinadores após o sorteio dos pontos. Em regra, os examinadores não permitiam muitos floreios, exigindo que o candidato fosse direto ao ponto.

Pode-se perceber que o estilo de cada banca irá influenciar na forma adotada para responder aos examinadores, principalmente no tocante ao maior ou menor tempo abordando temas acessórios e fazendo introduções sobre o que foi perguntado. Por exemplo, na prova oral de Delegado Rio de Janeiro, o ideal era fazer uma pequena introdução sobre o assunto, partir para o ponto principal que foi perguntado e concluir até ser interrompido pelo examinador.

Tendo em mente esses aspectos para a realização da prova, no tópico abaixo trataremos do tema que envolve a seguinte pergunta feita durante a prova oral para Delegado da PCERJ ao autor deste artigo: "Candidato, o que é multiparentalidade, e quais são seus efeitos?".

Inicialmente será feita uma pequena digressão história sobre o Direito de Família (ideal para alocação na introdução de uma resposta), partindo para a definição do instituto por meio de abordagens doutrinárias, passando por decisões relevantes dos Tribunais Superiores sobre o tema e, por último, será exposto um modelo que o autor considera ideal para responder a indagação a contento.

2. MULTIPARENTALIDADE

2.1.1. A multiparentalidade no contexto do Direito de Família

Uma boa sugestão de estruturação de uma resposta de prova oral é dar um passo atrás, isto é, não partir diretamente ao cerne da questão levantada. Dessa forma, ganha-se tempo e permite-se uma melhor ordenação das ideias para quem está respondendo e uma melhor compreensão da resposta por parte daquele que elaborou a pergunta.

Como mencionado anteriormente, sempre adotei esse postura quando das respostas às questões de provas orais, entretanto, confesso que especificamente na prova oral de Direito Civil do concurso para ingresso na carreira de Delegado de Polícia da PCERJ, justamente quando questionado sobre a multiparentalidade, não consegui adotar esta estratégia, sobretudo porque já havia sido pressionado em perguntas anteriores sobre usufruto (sim, me foi perguntando sobre o usufruto e uma série de características específicas sobre o instituto, mas prefiro não me lembrar deste momento) e talvez porque Direito Civil não fosse a disciplina que possuísse, naquela oportunidade, maior conforto em discorrer.

E pensando sobre a prova depois de já tê-la enfrentado, eu me dei conta de que a ausência desta introdução para organizar as ideais pode ter me feito responder, inicialmente, de forma totalmente equivocada a pergunta do examinador.

Após a referida bateria de perguntas sobre usufruto (melhor não tocarmos mais nesse assunto), um dos examinadores passou a palavra a outro, que assim indagou: "Candidato, o que é multiparentalidade?". Respondi de maneira açodada, sem introduzir, sem uma pausa inicial, e isso me fez errar completamente a resposta. Ao que me lembro, acabei conduzindo a resposta para algo no sentido de família mosaico, o que, conforme veremos abaixo, não era o que o examinador gostaria de ouvir.

E a situação ainda iria piorar, isso porque, logo depois, vieram mais duas perguntas que necessitavam partir de uma resposta correta da primeira pergunta, e a minha premissa, como dito, estava totalmente errada. E lá se foram mais duas respostas erradas.

Apenas quando o examinador perguntou: "então, quais são os efeitos da multiparentalidade, candidato?" (já em tom de quem não aguentava mais ouvir respostas erradas), eu me dei conta de que tinha respondido tudo errado e, imediatamente, disse "excelência, se me permite reformular, a multiparentalidade, em verdade, é...", e consertei todas as respostas erradas anteriores, salvando minha nota.

Esses breves relatos foram apenas para confirmar a importância de uma boa introdução e justificar o que vem a seguir, que é um pequeno introito sobre o Direito de Família e o contexto em que iremos inserir a multiparentalidade.

Até o século XX a família era emoldurada única e exclusivamente sobre um modelo matrimonial que submetia mulher e filhos ao domínio do denominado patriarca, responsável pelo instituto familiar. Obviamente que a evolução social não permitiu a continuidade deste modelo exclusivo que, com o passar dos anos, passou a comportar diversos outros exemplares, sobretudo fundados em relações socioafetivas.

Diz a mais abalizada doutrina que essa mudança radical no campo familiar foi diretamente influenciada pela constitucionalização do Direito Civil que, nas palavras de Anderson Schreiber (2020, p. 70), nada mais é do que "a corrente metodológica que defende a necessidade de permanente releitura do direito civil à luz da Constituição".

Sendo assim, na linha do Direito Civil Constitucional, o importante é concretizar ao máximo os valores constitucionais nas relações privadas e o Direito de Família, obviamente, passou por essa releitura. Ademais, o movimento de constitucionalização do Direito Civil veio acompanhado de uma funcionalização dos institutos jurídicos que acabou por influenciar diretamente o modo de pensar o direito familiar, seja pela doutrina, seja pelo Judiciário.

Nessa ordem de ideais, a família deixa de possuir um fim em si mesma e passa a ter como principal foco o desenvolvimento da figura de seus integrantes, em um movimento que a doutrina denomina tutela funcionalizada à dignidade dos familiares (Tepedino, 2004, p. 421), comprovando a já citada funcionalização dos institutos jurídicos.

E talvez a principal consequência desse movimento tenha sido a admissão de inúmeras entidades familiares, fugindo do modelo exclusivamente patriarcal outrora existente, permitindo a coexistência de diferentes entidades familiares.

Sendo assim, a promulgação da Constituição de 1988 veio ratificar as transformações que o Direito de Família já vinha sofrendo e exigiu uma releitura do tema à luz do texto constitucional, ou seja, surge a necessidade de uma verdadeira interpretação do Direito de Família conforme a Constituição, concretizando a denominada filtragem constitucional, decorrência de uma das principais características do neoconstitucionalismo, qual seja, o posicionamento da Constituição como centro do ordenamento jurídico.

Por outras palavras, com o advento do neoconstitucionalismo, a Constituição deixa de ser algo paralelo para ser o centro do ordenamento jurídico, e todos os sistemas e microssistemas jurídicos irão girar em torno da Carta Magna, que passa a ser a referência central na linha da ideia de supremacia da Constituição.

Nessa esteira, há o movimento de constitucionalização do Direito, isto é, tudo se constitucionaliza, surgindo os conceitos de Direito Civil Constitucional, Direito Penal Constitucional, Direito Processual Penal Constitucional, em suma, o direito como um todo se constitucionalizou.

Com isso, há uma invasão da Constituição no ordenamento, e decorre daí a ideia de ubiquidade constitucional, filtragem constitucional e interpretação conforme a Constituição, que atingem, frontalmente, o Direito de Família e acarretam sua total reformulação.

Apenas a título de complementação (e em uma prova oral esse tipo de comentário é válido, desde que o perfil da banca permita este espaço, já que, certamente, valoriza a resposta do candidato), esse movimento de "constitucionalização do direito" surgiu na Alemanha, ampliando o rol de matérias constitucionais. Sob o regime da Lei Fundamental de 1949, e consagrando desenvolvimentos doutrinários que já vinham de mais longe, o Tribunal Constitucional Federal assentou que os direitos fundamentais, além de sua dimensão subjetiva de proteção de situações individuais, desempenham uma outra função: a de instituir uma ordem objetiva de valores. Segundo esta ideia, o sistema jurídico deve proteger determinados direitos e valores não apenas pelo eventual proveito que possam trazer a uma ou a algumas pessoas, mas pelo interesse geral da sociedade na sua satisfação. Tais normas constitucionais condicionam a interpretação de todos os ramos do Direito, público ou privado, e vinculam os Poderes estatais. O primeiro grande precedente na matéria foi o caso Lüth, 9, julgado em 15 de janeiro de 1958 (veja-se que comentários deste calibre, quando inseridos no contexto certo, proporcionam mais credibilidade à resposta do candidato e acabam por influenciar o examinador a conceder uma nota mais alta do que a de outro candidato que tenha dado uma resposta ordinária).

Tendo em mente o reflexo do advento da Constituição de 1988 no ordenamento, para melhor compreender a mudança drástica de paradigma no campo do direito de família, é necessário compreender os princípios constitucionais da família extraídos do texto constitucional.

A Constituição estampa uma série de princípios atinentes ao Direito de Família, sobretudo em seu art. 226, ao reconhecer, além do matrimônio, como entidades familiares a união estável e as famílias monoparentais em seus §§ 3º e 4º, e ao estabelecer a igualdade de direitos e deveres entre homens e mulheres na sociedade conjugal em seu § 5º.

No entanto, vale lembrar que, doutrinariamente, com fundamento na dignidade da pessoa humana, sustenta-se o reconhecimento da pluralidade de entidades familiares e ausência de hierarquia entre elas.

Veja-se que o texto constitucional consagra a queda da exclusividade do modelo familiar matrimonial e passa a prever expressamente outras entidades familiares, quais sejam, a união estável e as famílias monoparentais.

Tais inovações trazidas na Constituição apenas reafirmam o esforço doutrinário em buscar desconstruir a ideia de um conceito de família calcado única e exclusivamente no casamento para, em verdade, estender essa ideia para todas as manifestações de fato de convivência socioafetiva, tais como as uniões estáveis, as famílias monoparentais, as uniões homoafetivas, as famílias anaparentais, o casamento, as famílias mosaico, dentre outros inúmeros modelos.

Nesse sentido, por mais que a CRFB/1988 não tenha mencionado expressamente todos esses institutos familiares, limitando o tratamento expresso apenas ao casamento, à união estável e à família monoparental, a doutrina é uníssona em afirmar que esse rol é apenas exemplificativo, e não taxativo, isto é, ainda que não haja menção, as diversas formas familiares supramencionadas são protegidas pelo ordenamento constitucional.

Segundo a doutrina, devem ser compreendidas como entidades familiares a merecer proteção do ordenamento jurídico qualquer relação que preencha os requisitos de estabilidade, afetividade e ostentabilidade, sendo certo que alguns autores defendem que não há a necessidade da presença de todos os requisitos porque, em determinadas situações, é perfeitamente possível o reconhecimento de determinada relação como entidade familiar ainda que faltantes algumas dessas características.

Dentre os três requisitos mencionados, sem dúvida, o mais importante e que possui maior relação com a multiparentalidade é o da afetividade, que, ainda que com certa divergência doutrinária, pode ser entendido resumidamente como o envolvimento emocional dos integrantes de uma entidade familiar. E em que pese controvérsia na doutrina sobre a qualificação ou não da afetividade como um princípio, fato é que a maior parte reconhece a importância deste pressuposto, haja vista a relação de afeto que, em tese, deve permear as relações familiares e que se encontra presente nas relações de fato.

Afetividade é um conceito que se refere à manifestação de sentimentos e vínculos emocionais profundos e positivos entre indivíduos, geralmente caracterizados por amor, carinho, afeição e cuidado. A afetividade desempenha um papel fundamental nas relações familiares, contribuindo para o desenvolvimento de laços afetivos significativos entre pais, filhos e outras figuras parentais. Ela vai além dos laços biológicos e é essencial para a compreensão das dinâmicas familiares na contemporaneidade.

Veja-se que o afeto passa a ser reconhecido como hábil a gerar vínculos familiares, inclusive o de filiação, isso porque a construção de vínculos familiares deixa de ser definida apenas com base em parâmetros biológicos ou científicos para dar lugar à vinculação baseada no sentimento que uns nutrem em relação aos outros.

De acordo com Maria Berenice Dias e Marta Caduro Oppermann (2015),

> A biologicidade passou a ser vista como uma verdade científica que não traduz a gama de sentimentos e relações que realmente formam a família. O fator que agora impera é a presença do vínculo de afeto. Quem dá amor, zela, atende as necessidades, assegura ambiente saudável, independentemente da presença de vínculo biológico, atende o preceito constitucional de assegurar à criança e ao adolescente a convivência familiar.

E, apenas para complementar, a estabilidade seria o oposto da efemeridade e da fugacidade de certos relacionamentos, e a ostentabilidade seria a apresentação pública da relação.

E, conforme mencionado anteriormente, há autores que nem mesmo exigem que os três requisitos estejam presentes para o reconhecimento da existência de uma entidade familiar, nas palavras de Anderson Schreiber (2020, p. 1202),

> Embora os três requisitos estejam, de fato, presentes em grande parte dos núcleos familiares, o certo é que relações de família podem ser identificadas mesmo à falta de alguma dessas características. Não há dúvida, por exemplo, de que o casal homoafetivo que não ostenta publicamente sua condição, preferindo escapar ao olhar discriminatório de setores conservadores da sociedade, não deixa por isso de configurar uma "entidade familiar", atraindo, mesmo à falta da chamada ostentabilidade, a proteção do direito de família. De modo semelhante, o pai que carece de qualquer afeto pelo filho, ou que nem sequer tem notícia da sua existência, não se despede da relação familiar de

paternidade que os vincula pelo liame biológico. Tampouco a eventual ausência de estabilidade em uma relação amorosa, com rompimentos e retomadas sucessivas, pode ser tida, em dado recorte temporal, como excludente definitiva de um vínculo de natureza familiar, sobretudo quando já centrado em outros atos formais de constituição, como é o caso do matrimônio.

E é justamente nessa perspectiva do afeto como elemento estruturante das entidades familiares que se inserem a multiparentalidade e as profundas mudanças que ocorrem no campo da filiação, passando a definir novos vínculos parentais. Sendo assim, passa-se abaixo a abordar o coração deste artigo, qual seja, a multiparentalidade e seus efeitos.

2.1.2. Definição

Para definir multiparentalidade é preciso ter em mente os conceitos de filiação e de socioafetividade, institutos intimamente ligados a ela. Em síntese, a filiação nada mais é do que a relação de parentesco existente entre pais e filhos. Conforme mencionado anteriormente, se historicamente se construiu essa relação unicamente na verdade biológica, isto é, na comprovação do liame genético entre o filho e seus pais por meio da paternidade biológica, a nova visão do direito de família passa a permitir que a origem genética comece a conviver com o vínculo que, muitas vezes, supera o biológico, qual seja, o socioafetivo decorrente dos laços familiares construídos na convivência familiar.

A demonstrar a superação do modelo arcaico, Silvio Venosa (2020) assevera que

> o afeto, com ou sem vínculos biológicos, deve ser sempre o prisma mais amplo da família, longe da velha asfixia do sistema patriarcal do passado, sempre em prol da dignidade humana. Sabido é que os sistemas legais do passado não tinham compromisso com o afeto e com a felicidade.

No mesmo sentido, Anderson Schreiber (2020, p. 1214) ensina que:

> Noção de suma relevância no direito de família é a de parentesco. Pode-se definir o parentesco como a relação jurídica estabelecida entre integrantes da mesma família, nos termos da ordem jurídica. A profunda transformação sofrida pelo direito de família no século XX atingiu intensamente a noção de parentesco, que se desprendeu da exclusividade dos vínculos biológicos para passar a abranger novas modalidades, calcadas não apenas nos vínculos de afinidade e vínculos civis gerados por adoção, mas também no reconhecimento dos vínculos de socioafetividade.

Literalmente falando, socioafetividade é a afetividade em um âmbito social, sendo certo que, no âmbito do Direito de Família, diz respeito à constituição de uma entidade familiar fundamentada no afeto. Reconhecer a socioafetividade como geradora de vínculos familiares é de suma importância para que famílias não fiquem desamparadas e sem direitos somente porque o vínculo entre seus membros não é consanguíneo.

Quando determinadas pessoas relacionam-se e criam vínculos de afeto entre si, vínculos estes que superam a simples amizade ou carinho, formando verdadeiras conexões com ânimo de criar parentesco mútuo, há a conformação de uma entidade familiar e merece proteção do ordenamento ainda que o vínculo não seja consanguíneo.

A paternidade socioafetiva deriva justamente do reconhecimento de que a filiação não possui como único fato gerador o vínculo biológico e pode se originar de uma situação fática gerada a partir da convivência familiar, podendo ou não corresponder ao parentesco sanguíneo. A socioafetividade enquanto geradora do estado de filiação decorre de situações em que determinado indivíduo recebe tratamento de filho por parte de outrem de modo a dar origem ao que a doutrina cunhou como "posse do estado de filho", ainda que não haja qualquer vínculo biológico entre esses agentes.

Veja-se que, atualmente, o reconhecimento da paternidade socioafetiva na jurisprudência é pacífico e desde o início dos anos 2000 os tribunais superiores acumulam decisões confirmando a importância desse vínculo familiar, como, por exemplo, a emblemática decisão tomada pelo STJ, em 2007, no sentido de que qualquer pessoa pode acrescentar ao seu nome os sobrenomes de seus pais de criação (STJ, REsp. nº 605.708/RJ, 03.09.2007).

Destaca-se que na atual conjuntura a paternidade socioafetiva não possui qualquer grau de hierarquia com a paternidade biológica, sendo certo que há a possibilidade, inclusive, de convivência harmônica entre esses vínculos.

Na esteira desse entendimento, a 4ª Turma do STJ, no REsp. nº 1.487.597/MG, decidiu que os efeitos das paternidades biológica e socioafetiva devem ser equivalentes. Segundo a referida Corte, a possiblidade de cumulação dessas paternidades materializa o princípio constitucional da igualdade dos filhos, previsto no art. 227, § 6º, da CRFB/1988 e deve ser reconhecida a equivalência de tratamento e de efeitos jurídicos entre elas. A preocupação com a igualdade de tratamento se confirmou quando o STJ, no mesmo julgado, não admitiu que constasse da certidão de nascimento de determinado agente o termo "pai socioafetivo", na medida em que isso geraria uma posição filial inferior em relação aos demais descendentes do genitor socioafetivo, violando o disposto no art. 1.596 do CC.

Nessa ordem de ideais, pode-se definir a multiparentalidade, por alguns denominada pluriparentalidade, como o reconhecimento jurídico da existência concomitante entre vínculos paternos ou maternos em relação a um mesmo indivíduo. Em palavras mais simples, trata-se de reconhecer que determinada pessoa tem mais de um pai ou mais de uma mãe, sendo possível a formalização desta situação junto ao registro civil, fazendo com que este indivíduo passe a ostentar em seus documentos essa múltipla filiação.

Entretanto, é importante reforçar que parentalidade socioafetiva não é sinônimo de multiparentalidade. Conforme destacado anteriormente, a paternidade socioafetiva revela uma faceta da paternidade que independe do vínculo biológico, isto é, trata-se da formação de um vínculo entre pais e filhos baseado na afetividade. No entanto, a multiparentalidade, como o próprio nome já indica, é o reconhecimento concomitante de múltiplos vínculos da relação paterno-filial, sejam eles biológicos e socioafetivos ou apenas socioafetivos, mas trata-se de reconhecer a existência de mais de um pai ou mais de uma mãe a um indivíduo, em suma, é a possiblidade de múltipla parentalidade.

Importante dizer que a multiparentalidade não é um instituto exclusivo do direito brasileiro, não se tratando de uma novidade no direito comparado. Veja-se que, nos Estados Unidos, a Suprema Corte de alguns estados possui entendimento firmado no sentido de reconhecer a denominada "*dual paternity*" (caso Smith v. Cole – 553, So.2d 847,848), sendo certo que há estados com esse reconhecimento expresso na própria legislação (lembre-se de que, nos EUA, os Estados da Federação possuem competência legislativa em Direito de Família).

Para além do fundamento constitucional para a proteção da multiparentalidade já tratada neste artigo, a doutrina costuma citar como seu fundamento legal o art. 1.593 do CC, que preconiza que "o parentesco é natural ou civil, conforme resulte de consanguinidade ou outra origem".

E, por interpretação ontológica ou compreensiva da norma, conclui-se que "outra origem" comporta o parentesco por socioafetividade, entendimento ratificado pelo Conselho de Justiça Federal (CJF) em seu Enunciado nº 256, ao afirmar que "A posse do estado de filho (parentalidade socioafetiva) constitui modalidade de parentesco civil".

A multiparentalidade, que já vinha consolidando-se no ordenamento, foi confirmada em repercussão geral pelo STF no julgamento do RE nº 898.060/SC, em 2016, reconhecendo a possibilidade de filiação biológica concomitante à socioafetiva, materializada na seguinte tese: "A paternidade socioafetiva, declarada ou não em registro público, não impede o reconhecimento do vínculo de filiação concomitante baseado na origem biológica, com efeitos jurídicos próprios".

No julgado supracitado a Corte Suprema invocou, dentre alguns fundamentos, o princípio da dignidade da pessoa humana, a necessidade de proteção dos modelos de família diversos do tradicional e o direito à busca da felicidade.

Analisando o ingresso da multiparentalidade no ordenamento, é possível notar que o reconhecimento do instituto veio como forma de legitimar filiação por casais homossexuais que tiveram filhos adotivos ou biológicos. Isso porque, até então, normalmente, se permitia que apenas um deles constasse do registro do filho e somente com a exclusão do outro genitor.

Nesse sentido, os tribunais passaram a reconhecer vínculos afetivos de dois pais ou duas mães e sem qualquer vinculação biológica entre eles. E nessa marcha crescente de fortalecimento da multiparentalidade, situações como a retratada acima passaram a ser corriqueiras, possibilitando que a pluriparentalidade se estendesse para alcançar situações de filiação afetiva e biológica concomitantemente e o próprio registro de vários pais e mães, combinando paternidade socioafetiva e biológica ou apenas socioafetivas.

Importante perceber que, ao detalhar multiparentalidade anteriormente, este autor sempre se referiu a uma possibilidade de registro das múltiplas paternidades e não a uma necessidade de registro para seu reconhecimento. Isso porque, claramente, a pluripaternidade é uma situação de fato, que se materializa pela relação de afeto entre os envolvidos e prescinde do registro para reconhecer seus efeitos jurídicos. Por outras palavras, basta a consolidação do vínculo afetivo entre as partes ao longo do tempo, gerando a denominada "posse do estado de filho".

Esse ponto, inclusive, foi objeto de indagação por parte do examinador quando de minha prova oral. Logo após reformular a resposta e definir corretamente o instituto, acrescentei que havia a possibilidade de fazer constar do registro a pluripaternidade, e prontamente o examinador perguntou: "Então, para reconhecer que há a multiparentalidade o registro é necessário, candidato?". A resposta se encontra no parágrafo anterior e foi apresentada à banca durante a arguição.

Tendo em mente os conceitos ora expostos, faz-se necessário, neste momento, analisar os efeitos da multiparentalidade, isto é, quais são as repercussões jurídicas de se reconhecer a multiparentalidade como vínculo familiar?

Ressalta-se, antecipadamente, que os efeitos do instituto extrapolam o direito familiar para alcançar outras áreas, como os direitos sucessório e previdenciário, por exemplo.

Ratificando essa ideia, em sede de repercussão geral (tema 622), ao julgar o emblemático RE nº 898.060 – considerado um marco jurisprudencial sobre a multiparentalidade – o STF, além de reconhecer a ausência de hierarquia entre a paternidade biológica e a afetiva, deu clara aceitação à multiparentalidade e suas consequências, conforme se percebe na tese extraída do julgamento: "A paternidade socioafetiva, declarada ou não em registro público, não impede o reconhecimento do vínculo de filiação concomitante baseado na origem biológica, com os efeitos jurídicos próprios".

Em outro trecho da decisão, o Ministro Relator Luiz Fux destacou em seu voto ser "imperioso o reconhecimento, para todos os fins de direito, dos vínculos parentais de origem afetiva e biológica, a fim de promover a mais completa e adequada tutela aos sujeitos envolvidos" (STF. Plenário. RE nº 898.060/SC, Rel. Min. Luiz Fux, Julgado em 21 e 22.09.2016).

Tal decisão, ainda que tenha sido, de certa forma, uma novidade em termos jurisprudenciais, já possuía respaldo doutrinário de longa data. Maria Berenice Dias (2020, p. 370), por exemplo, já defendia que:

> Não mais se pode dizer que alguém só pode ter um pai e uma mãe. Agora é possível que pessoas tenham vários pais.

Identificada a pluriparentalidade, é necessário reconhecer a existência de múltiplos vínculos de filiação. Todos os pais devem assumir os encargos decorrentes do poder familiar, sendo que o filho desfruta de direitos com relação a todos. Não só no âmbito do direito das famílias, mas também em sede sucessória (...).

2.1.3. Efeitos

E na linha das consequências jurídicas decorrentes da pluriparentalidade é possível destacar a fixação de pensão alimentícia em face de dois legitimados passivos. Nesse sentido, observadas proporcionalidade e capacidade, é perfeitamente possível que pai biológico e pai socioafetivo fiquem obrigados à prestação de alimentos ao filho.

Nessa ordem de ideias, também é possível que o instituto gere obrigação sucessória em face de mais de um legitimado passivo, isso porque, nos casos de reconhecimento de multiparentalidade paterna ou materna, o filho terá direito à participação na herança de todos os ascendentes reconhecidos, registrados ou não.[297]

Em contrapartida, a multiparentalidade também produz efeito em caso de falecimento do descendente, que promove o chamamento de seus ascendentes à sucessão legítima e, havendo igualdade em grau e diversidade em linha, a herança é dividida em tantas linhas quantos sejam os genitores.[298]

Veja-se que o reconhecimento da multiparentalidade extrapola os próprios efeitos jurídicos, alcançando também efeitos emocionais, na medida em que uma decisão do Judiciário a favor ou contra o reconhecimento do instituto repercute em conceder alegrias ou frustrações àquele que o pleiteou.

Há quem sustente que o posicionamento firmado do STF em relação à pluriparentalidade abre portas ao abuso de direitos, na

---
297. O que também pode ser observado na cartela de enunciados da Jornada de Direito Civil, mais precisamente o Enunciado nº 632 da VIII, CJF/STJ.
298. Sobre o assunto, *vide* o Enunciado nº 642 da VIII Jornada de Direito Civil – CJF/STJ.

medida em que permitem o surgimento de demandas baseadas apenas em interesse patrimonial no caso, por exemplo, de filhos que somente procuram o estabelecimento do vínculo paterno biológico ao descobrir que podem ser herdeiros de montantes elevados de bens.

É bem verdade que o entendimento firmado abre caminho para demandas abusivas nesses moldes, contudo, o abuso de direito pode incidir em qualquer área, cabendo ao Judiciário filtrar tais demandas e abordar cada caso da maneira adequada à luz das leis e da Constituição.

Ainda na linha dos desdobramentos decorrentes do reconhecimento da múltipla parentalidade, para além dos efeitos sobre a prestação de alimentos e os efeitos sucessórios supramencionados, a doutrina destaca ainda a irrevogabilidade deste reconhecimento e a necessidade de regulamentação de guarda.

Isso porque o reconhecimento da filiação socioafetiva é irrevogável e apenas admite a desconstituição do vínculo de parentalidade por meio de ação judicial para reconhecimento de existência de vício de vontade, fraude ou simulação.[299]

Ademais, na mesma linha dos desdobramentos quanto ao direito de alimentos, em caso de divórcio ou dissolução de união estável, a multiparentalidade chama ao caso a necessidade de definição de guarda a ser aplicada ao caso concreto.

A chave da questão é ter em mente que a Constituição Federal proíbe qualquer tratamento discriminatório entre filhos biológicos e adotivos, e esse entendimento se estende aos filhos socioafetivos. Logo, todo e qualquer direito ou dever que acometer a relação de parentalidade biológica deverá alcançar a socioafetiva.

Nota-se que reconhecer a pluriparentalidade acarreta uma série de efeitos jurídicos e extrajurídicos como os destacados anteriormente, mas não se limitando a eles. Fato é que são muitas as celeumas a serem resolvidas em torno desta temática e, pela ausência de regulamentação, caberá ao Judiciário dizer do direito em cada caso.

---

299. Conforme o art. 10, § 1°, do Provimento n° 63/2017, CNJ.

Veja-se que se nos casos de reconhecida multiparentalidade um indivíduo terá direito à herança de dois pais ou duas mães, por exemplo, o inverso também será verdadeiro, ou seja, em caso de morte de um indivíduo com múltiplos pais ou mães sem deixar descendentes, quanto caberá da herança para cada um dos pais ou mães sobreviventes?

Essa pergunta também foi direcionada ao autor deste artigo na prova oral de Direito Civil para ingresso na carreira de Delegado de Polícia do Estado do Rio de Janeiro. Sobre o tema, o Código Civil se limita a dizer em seu art. 1.836 que os ascendentes da linha materna herdam metade, assim como os da linha paterna, e esta foi a resposta dada durante a prova, entretanto, Anderson Schreiber, examinador que fez a indagação, pareceu não ter recebido muito bem a resposta deste candidato. E a razão desta aparente insatisfação encontra-se em sua obra: "Assim, o que ocorre caso o filho venha a falecer antes dos pais, sem deixar descendentes? A resposta da lei brasileira sempre foi a de que 'os ascendentes da linha paterna herdam a metade, cabendo a outra metade aos da linha materna'".[300] Em primeiro grau, isso significava que o pai recebia a metade dos bens, e a mãe, a outra metade. Agora, indaga-se como será feita a distribuição nessa hipótese: a mãe recebe metade e cada pai recebe um quarto da herança? Ou se divide a herança igualmente entre os três, para que a posição de pai não seja "diminuída" em relação à posição de mãe (ou vice-versa)? Esse último entendimento nos parece o mais adequado, por assegurar a isonomia entre os múltiplos pais (Schereiber, 2020, p. 1231).

O autor prossegue em sua obra para destacar ainda uma série de incertezas que podem advir do reconhecimento da multiparentalidade, como, por exemplo, os efeitos do instituto sobre a adoção (já

---

300. Brasil. Lei nº 10.406, de 10 de janeiro de 2002. Institui o Código Civil. **Diário Oficial da União**, 11 jan. 2002. Disponível em: https://www.planalto.gov.br/ccivil_03/leis/2002/l10406compilada.htm. Acesso em: 16 out. 2023. Nos termos do art. 1.836: "Art. 1.836. Na falta de descendentes, são chamados à sucessão os ascendentes, em concorrência com o cônjuge sobrevivente. § 1º Na classe dos ascendentes, o grau mais próximo exclui o mais remoto, sem distinção de linhas. § 2º Havendo igualdade em grau e diversidade em linha, os ascendentes da linha paterna herdam a metade, cabendo a outra aos da linha materna".

que esta rompe o vínculo com a família biológica, e isso ocorre na paternidade socioafetiva), sobre a doação de material genético para fins de inseminação artificial, dentre outras.

Por fim, Anderson (2020, p. 1234) salienta que, em que pesem as incertezas, eventuais celeumas deverão ser resolvidas, paulatinamente, pela doutrina e pela jurisprudência, mas o importante é que

> na linha do que já havia feito com o reconhecimento das uniões homoafetivas, o Supremo Tribunal Federal reitera seu papel no campo do direito de família: não fechar os olhos para realidade, acolhendo todas as diferentes formas de família que já existem na prática e que não se enquadram necessariamente nos modelos fechados que constam das nossas leis e dos nossos códigos.

2.1.4 Modelos familiares

Nessa ordem de ideias, mister se faz destacar alguns formatos de famílias surgidos ao longo do tempo e que fogem do modelo arcaico formal de constituição somente por meio da celebração do casamento entre o homem e a mulher.

Primeiramente, destaca-se a chamada família natural, aquela formada pelos pais ou qualquer deles e seus descendentes.

Em segundo lugar, a família informal, que nada mais é do que a união estável heterossexual ou homoafetiva, modelo que ganhou proteção expressa no ordenamento jurídico para a união estável e que, jurisprudencialmente, se estendeu a homoafetiva.

Cita-se ainda a família monoparental, formada por apenas um dos ascendentes e seus filhos. Situação fática um tanto quanto comum na realidade brasileira trata, basicamente, de famílias formadas por mãe ou pai solteiro criando os filhos.

No entanto, a denominada família anaparental é aquela formada apenas por irmãos, isto porque o prefixo "ana" vem a significar "ausência de pais".

Já a família unipessoal é, como o próprio nome já indicada, aquela formada por uma única pessoa. Isso porque a ausência de parentesco não pode justificar uma desproteção por parte do Estado a um indivíduo.

Bastante difundida na atualidade é a chamada família reconstituída ou família mosaico. Trata-se de situação decorrente de novos casamentos e novas uniões estáveis se formando e criando laços entre os filhos e os novos padrastos e madrastas, formando um verdadeiro mosaico familiar. Por outras palavras, pais que têm filhos e se separam, e eventualmente começam a viver com outra pessoa que também tem filhos de outros relacionamentos.

Destaca-se ainda a família paralela ou simultânea, formada a partir da ocorrência de mais de uma relação concomitante. Veja-se que, mesmo com severas críticas doutrinárias, a jurisprudência dos tribunais superiores não tem reconhecido direitos sucessórios.

Por sua vez, a família extensa ou ampliada é aquela que se estende para além da unidade pais e filhos ou da unidade do casal, formada por parentes próximos com os quais a criança ou o adolescente convive e mantém vínculos de afinidade e afetividade, como avós, primos e tios.

Apresenta-se no ordenamento também a chamada família substituta, regulada pelo art. 28 do Estatuto da Criança e do Adolescente (Lei nº 8.069/1990) e trata-se de medida excepcional que admite as modalidades guarda, tutela e adoção.

Já a família eudemonista nada mais é do que a família afetiva, que busca a realização plena de seus membros, caracterizando-se pela comunhão plena de afeto recíproco, consideração e respeito mútuos, independente do vínculo biológico, e fundamenta-se na busca da felicidade.

Nesse contexto de diversas fórmulas familiares, todas merecendo proteção do ordenamento, partindo-se de sua definição, situa-se a multiparentalidade entre as famílias eudemonista ou mesmo, a depender do caso, da família reconstituída ou mosaico.

3. MODELO DE RESPOSTA

Tendo em mente a breve explanação sobre o tema realizada anteriormente, o propósito deste artigo apenas atingirá sua plenitude com a exposição do que se entende como o ideal para um padrão de resposta de uma prova oral.

Sendo assim, peço ao leitor que, neste momento, se imagine prestes a ser sabatinado por uma banca de Direito Civil, formada de profissionais do mais alto gabarito na referida disciplina e que tome as próximas linhas que encerram este artigo como sugestão de resposta para a seguinte indagação: "Candidato, o que é multiparentalidade, e quais são os seus efeitos?".

"Excelência, a multiparentalidade se insere no contexto do estudo do Direito de Família e, em linhas gerais, cuida-se do reconhecimento concomitante de múltiplos vínculos da relação paterno-filial, sejam eles biológicos e socioafetivos ou apenas socioafetivos, ou seja, trata-se de reconhecer a existência de mais de um pai ou mais de uma mãe a um indivíduo (resposta parcial ao início da explanação demonstra ao examinador o domínio do tema).

Destaca-se que o instituto possui íntima relação com a constitucionalização do Direito Civil (após a breve definição, contextualização para ganhar tempo e mostrar conhecimento). E se o Direito Civil Constitucional nada mais é do que uma corrente metodológica que defende a necessidade de permanente releitura do Direito Civil à luz da Constituição, tal releitura também atinge o Direito de Família, que abandona o modelo patriarcal e é calcado única e exclusivamente no casamento para, em verdade, abarcar todas as manifestações de fato de convivência socioafetiva, tais como as uniões estáveis, famílias monoparentais, uniões homoafetivas, famílias anaparentais, casamento, famílias mosaico, permitindo a coexistência de diferentes entidades familiares.

A própria Constituição consagra a queda da exclusividade do modelo familiar matrimonial, sobretudo em seu art. 226 (salvo se houver certeza absoluta, não se recomenda citação de artigos durante a resposta, uma vez que o nervosismo pode confundir o candidato e provocar um equívoco), ao elevar a entidades familiares a união estável e as famílias monoparentais em um rol exemplificativo no referido artigo.

Nessa ordem de ideias, pode-se definir a multiparentalidade, por alguns denominada pluriparentalidade (exposição de sinônimos como demonstração de domínio do tema), como o reconhecimento jurídico da existência concomitante entre vínculos paternos ou maternos em relação a um mesmo indivíduo. Por outras palavras, trata-se de reconhecer que determinada pessoa tem mais de um pai ou mais de uma mãe, sendo possível a formalização desta situação junto ao registro civil, fazendo com que este indivíduo passe a ostentar em seus documentos essa múltipla filiação (veja que citar esta parte final pode ajudar o candidato, por incrível que pareça, a conduzir a prova, isso porque, após falar sobre a possibilidade de registro, a tendência é que o examinador interfira para perguntar se o registro é obrigatório. Nota-se que, ainda que o candidato saiba a resposta, ele pode tentar 'provocar' o examinador a fazer a pergunta, e isso, certamente, agregará valor a sua nota, porque será mais uma resposta correta).

Trata-se, na realidade, de uma mera possibilidade de registro das múltiplas paternidades e não de uma necessidade de registro para seu reconhecimento, uma vez que a pluripaternidade é situação fática, que se materializa pela relação de afeto entre os envolvidos e prescinde do registro para reconhecer seus efeitos jurídicos, isto é, basta a consolidação do vínculo afetivo entre as partes ao longo do tempo, gerando a denominada 'posse do estado de filho'.

Pode-se perceber pela própria definição que a multiparentalidade possui íntima ligação com os conceitos de filiação e de socioafetiviade. Em síntese, a filiação nada mais é do que a relação de parentesco existente entre pais e filhos. E, atualmente, essa relação alcança não só a mera comprovação do liame genético entre o filho e seus pais por meio da paternidade biológica, como também os vínculos de socioafetividade decorrente dos laços familiares construídos na convivência familiar, a constituição de uma entidade familiar fundamentada no afeto.

A socioafetividade, enquanto geradora do estado de filiação, decorre de situações em que determinado indivíduo recebe tratamento de filho por parte de outrem de modo a dar origem ao que a doutrina cunhou como 'posse do estado de filho', ainda que não haja qualquer vínculo biológico entre esses agentes.

E a multiparentalidade é o reconhecimento de múltiplos vínculos da relação paterno-filial, sejam eles biológicos e socioafetivos ou apenas socioafetivos, isto é, é a possiblidade de múltipla parentalidade.

Veja-se que, atualmente, o reconhecimento da paternidade socioafetiva e da multiparentalidade na jurisprudência é pacífico, e desde o início dos anos 2000 os Tribunais Superiores acumulam decisões confirmando a importância desse vínculo familiar, como, por exemplo, o reconhecimento de vínculos afetivos de dois pais ou duas mães e sem qualquer vinculação biológica entre eles, possibilidade de acréscimo dos sobrenomes dos seus pais de criação ao nome do indivíduo, equivalência jurídica decorrente das paternidades biológica e socioafetiva, possibilidade de filiação biológica concomitante à socioafetiva (veja que algumas dessas decisões partiram do STJ, e outras do STF, logo, seguindo a lógica de evitar que o nervosismo provoque equívocos, aconselha-se que o candidato se refira a 'decisões dos Tribunais Superiores' de forma mais genérica, para evitar trocas indevidas de autoria das decisões).

Em contrapartida, excelência, são múltiplas as repercussões jurídicas de se reconhecer a multiparentalidade como vínculo familiar, sendo certo que esses efeitos extrapolam o próprio direito familiar para alcançar outras áreas, como os direitos sucessório e previdenciário, por exemplo.

Isso porque, segundo a doutrina e a jurisprudência, identificada a pluriparentalidade, é necessário reconhecer a existência de múltiplos vínculos de filiação já que todos os pais devem assumir os encargos decorrentes do poder familiar, sendo certo que o filho desfruta de direitos com relação a todos.

Dentre as consequências jurídicas decorrentes da pluriparentalidade é possível destacar a fixação de pensão alimentícia em face de mais de um legitimado passivo, situação em que, por exemplo, pai biológico e pai socioafetivo fiquem obrigados à prestação de alimentos ao filho.

No entanto, também é possível que o instituto gere obrigação sucessória em face de mais de um legitimado passivo, isso porque, nos casos de reconhecimento de multiparentalidade paterna ou materna, o filho terá direito à participação na herança de todos os ascendentes reconhecidos, sejam registrados ou não.

A multiparentalidade também produz efeito em caso de falecimento do descendente, que promove o chamamento de seus ascendentes à sucessão legítima e, havendo igualdade em grau e diversidade em linha, a herança é dividida em tantas linhas quantos sejam os genitores.

Para além dos efeitos sobre a prestação de alimentos e os efeitos sucessórios supramencionados, a doutrina destaca ainda a irrevogabilidade deste reconhecimento e a necessidade de regulamentação de guarda.

Por fim, excelência, é importante destacar que parcela da doutrina alerta para abusos de direito que possam surgir do reconhecimento da pluriparentalidade, sobretudo com o surgimento de demandas com interesse puramente patrimonial. Entretanto, cabe ao Judiciário filtrar tais demandas e abordar cada caso da maneira adequada à luz das leis e da Constituição, bem como eventuais celeumas deverão ser resolvidas, paulatinamente, pela doutrina e pela jurisprudência."

REFERÊNCIAS BIBLIOGRÁFICAS

DIAS, M. B. **Manual de Direito das Famílias**. 6. ed. São Paulo: RT, 2020. p. 370.

DIAS, M. B.; OPPERMANN, M. C. **Multiparentalidade:** uma realidade que a Justiça começou a admitir. 2015. Disponível em: https://berenicedias.com.br/multiparentalidade-uma-realidade-que-a--justica-comecou-a-admitir/. Acesso em: 2 abr. 2023.

IBDFAM. **Multiparentalidade e Parentalidade Socioafetiva – efeitos**. [*Online*] 2020. Disponível em: https://ibdfam.org.br/artigos/1506/Multiparentalidade+e+parentalidade+socioafetiva+-+efeitos. Acesso em: 2 abr. 2023.

JUSBRASIL. O que se entende por família eudemonista. **Rede de Ensino Luis Flávio Gomes**. [Online]. 2008. Disponível em: https://lfg.jusbrasil.com.br/noticias/492747/o-que-se-entende-por-familia-eudemonista. Acesso em: 2 abr. 2023.

JUSBRASIL. Você sabia que existem vários tipos de família? **Direito Familiar**. [Online]. Disponível em: https://direitofamiliar.jusbrasil.com.br/artigos/410528946/voce-sabia-que-existem-varios-tipos-de-familia. 2016. Acesso em: 2 abr. 2023.

MACHADO, J. **Formas de Reconhecimento da Multiparentalidade**. [*Online*]. 2021. Disponível em: https://www.conjur.com.br/2021-jun-05/machado-junior-formas-reconhecimento-multi-parentalidade. Acesso em: 2 abr. 2023.

SCHREIBER, A. **Manual de Direito Civil Contemporâneo**. 3. ed. São Paulo: Saraiva Educação, 2020.

TRIBUNAL DE JUSTIÇA DO DISTRITO FEDERAL E DOS TERRITÓRIOS – TJDFT. **A Multiparentalidade traz todas as Implicações Inerentes à Filiação, com Deveres e Direitos Recíprocos**. [*Online*]. 2019. Disponível em: tjdft.jus.br. Acesso em: 2 abr. 2023.

VENOSA, S. de S. **Família Contemporânea:** novos fenômenos sociais. 2020. Disponível em: https://blog.grupogen.com.br/juridico/areas-de-interesse/civil/familia-contemporanea-fenomenos-sociais/. Acesso em: 6 Jul. 2023.

PARTE VI

MEDICINA LEGAL

MEDICINA LEGAL: ASPECTOS GERAIS DAS BAROPATIAS

Luciana Ribeiro[301]

1. INTRODUÇÃO

O concurso para a carreira de Delegado de Polícia Civil do Estado do Rio de Janeiro possui algumas peculiaridades que fazem dele um dos certames mais complexos do Brasil. Entre os fatores de distinção, destaca-se a cobrança da disciplina Medicina Legal na prova oral, etapa temida por muitos candidatos.

Sendo uma matéria optativa na maioria das universidades, muitos estudantes se tornam bacharéis em Direito sem nunca terem tido contato com a referida ciência, como ocorreu no caso desta autora. Como amante e defensora dessa matéria, ouso destacar a sua importância em diversas áreas de atuação, como na advocacia, nas perícias em geral, nas atividades relacionadas à magistratura, à promotoria pública e, sem esquecer, por óbvio, nas atividades desenvolvidas pela autoridade policial.

O histórico de cobrança desse ramo do Direito nos concursos para Delegado no Estado do Rio de Janeiro pode parecer, em um primeiro momento, intimidador. Como adquirir conhecimentos relativos à biologia, química e física em um nível tão aprofundado e em tão pouco tempo? Além das demais disciplinas jurídicas, igualmente importantes, cobradas no certame.

Decidida a enfrentar tal desafio e movida pelo sonho de atuar no meu estado de origem, recorri aos autores consagrados da área:

---

301. Bacharel em Direito pela Universidade São José. Delegada de Polícia Civil do Estado do Rio de Janeiro.

Hygino Carvalho Hércules, Genival Veloso de França, Delton Croce, e aos ilustríssimos e profundos estudiosos da área que integram a Polícia Civil do Estado do Rio de Janeiro, Wilson Luiz Palermo Ferreira e André Luis Alves Uchôa. O primeiro passo era entender o que de fato seria a Medicina Legal e imaginar como seria a sua utilização no dia a dia de uma autoridade policial.

Pois bem, todo esse conhecimento adquirido ao longo de cinco anos foi-me essencial para responder satisfatoriamente às questões objetivas e discursivas. Com a convocação para a realização das provas orais, um novo receio surgiu: serei capaz de explicar logicamente todos esses conceitos e processos biológicos que tanto se distanciam de uma abordagem jurídica? A linguagem rebuscada e típica do Direito pouco seria útil nessa situação, já que o conteúdo em si é extremamente desafiador.

Após ouvir conselhos de pessoas que passaram por situações semelhantes, resolvi criar mapas mentais para perguntas abertas. Dessa forma, durante o treinamento, foi possível traçar um raciocínio lógico a ser seguido nos questionamentos acerca das diversas áreas da Medicina Legal. Depois disso, restava-me treinar, repetindo diversas vezes o que havia planejado de acordo com as perguntas que me eram feitas. Cumpre esclarecer que cada candidato possui um método único de treinamento. Portanto, o que foi eficaz para um candidato pode não ser adequado para outros casos concretos. Fato é que experimentar diferentes formas de estudo pode ser uma ferramenta importante para o autoconhecimento e o amadurecimento.

Então, o temido dia chegou. O frio na barriga não é exclusividade dos candidatos que irão realizar pela primeira vez a prova oral, acredite. Entender isso é salutar e ajuda a controlar a ansiedade. Além disso, é interessante compreender que a maioria, senão todos os examinadores, passou por isso um dia e, assim como você, provavelmente também sentiram a mesma angústia. Somos seres humanos e as dúvidas são intrínsecas à nossa natureza. Nessa hora, meu conselho é o seguinte: acredite no seu esforço e em todo o tempo que dedicou para a sua tão sonhada aprovação. O conhecimento existe e será acessado no momento certo, mesmo com toda a aflição e todo o receio do fracasso.

No meu caso, após as formalidades necessárias do certame, sentei-me na cadeira e aguardei alguns segundos intermináveis a realização do seguinte questionamento: "candidata, discorra sobre os aspectos gerais das baropatias e sobre as leis que determinam a ação dos gases". E, ainda, próximo ao término do tempo oportunizado, fui surpreendida com a pergunta a seguir: "Qual seria o tipo de medicação utilizada para tratar o edema pulmonar causado por grandes altitudes?".

A primeira pergunta foi uma grata surpresa, uma vez que me lembrava do mapa mental rascunhado diversas vezes em meu caderno: conceito, leis que determinam as ações dos gases, exemplos de baropatias decorrentes de baixas e altas pressões, bem como decorrentes da descompressão rápida. Já o segundo quesito causou-me espanto, mas a base do conhecimento me fez chegar a uma conclusão, mesmo que tímida, sobre um exemplo de medicação que poderia ser utilizada.

Esse é o motivo pelo qual, nesse tipo de concurso, apenas decorar conceitos e definições não é suficiente para garantir uma nota diferenciada. Ter os alicerces de conhecimento bem fundamentados é o segredo para que o raciocínio aconteça, mesmo em um momento tão tenso. Foi assim que aconteceu comigo e com diversos aprovados nos mais diversos certames que exigem do candidato um preparo mental adequado para a prova oral. Mais uma vez, repito: confiar no processo e na própria capacidade é primordial para alcançar a aprovação.

Depois dessa breve exposição, anuncio que a proposta deste artigo é construir um fluxo lógico de conhecimento, desde os aspectos mais básicos relacionados às leis naturais, passando pela explicação de algumas baropatias relevantes à medicina legal, e, com base nesse arcabouço informativo, demonstrar a lógica utilizada para responder ao último e mais desafiador questionamento.

2. NOÇÕES BÁSICAS

2.1. Mecânica respiratória

Para garantir a sobrevivência das células e, consequentemente, viabilizar a manutenção da vida, é necessário que o fluxo sanguíneo arteriovenoso realize o transporte do gás oxigênio até os capilares. De igual modo, é importante que o gás carbônico, resultado do metabolismo das células, seja removido do meio interno. Essa, portanto, é a principal função do sistema respiratório: remover o gás carbônico e fornecer o oxigênio, garantindo a hematose (Moreira, 2013).

A hematose pode ser definida como o processo de troca gasosa entre o sistema respiratório e o sangue, que ocorre no interior dos alvéolos pulmonares, de forma que o sangue venoso, rico em gás carbônico, se transforma em sangue arterial, rico em oxigênio. É importante ressaltar que, antes de a hematose ser realizada, outras etapas devem ocorrer, como o deslocamento do ar atmosférico pelas vias respiratórias.

Também chamada de árvore respiratória, essa via específica começa no nariz, segue pela faringe, pela laringe e pela traqueia, a qual se divide em dois brônquios principais, adentrando os pulmões direito e esquerdo. À medida que entram profundamente nos pulmões, cada brônquio se ramifica, originando os brônquios terminais, que findam nos alvéolos pulmonares. Como a hematose ocorre apenas nos alvéolos, a árvore respiratória funciona apenas como via de preparação e condução do ar (Maia, s.d.).

Os capilares pulmonares estão em íntimo contato com os alvéolos. Para exemplificar, é possível considerar esses alvéolos pequenos sacos de papel repletos de ar que são separados dos capilares por paredes finas e delgadas. Entre essas paredes se encontra a membrana pulmonar ou respiratória, responsável pela hematose.

Pois bem, o ar que chega aos alvéolos pela via respiratória é rico em oxigênio e pobre em gás carbônico (Stefani e Carvalho, 1993,

p. 57). Já o sangue que chega nos capilares pulmonares percorreu todo o corpo e forneceu o oxigênio que tinha disponível às células do organismo, recebendo, em troca, o gás carbônico. Em virtude da diferença de concentração entre os dois lados da membrana respiratória, ocorre a passagem de oxigênio para os capilares e de gás carbônico para os alvéolos.

2.2. A importância do oxigênio para a vida humana

O gás oxigênio foi descoberto em 1773, por Carl Wilhelm Scheele, mas só ganhou esse nome após os estudos de Antoine Lavoisier (Seara da Ciência, s.d.). Apesar de sempre ser lembrado como produto da fotossíntese das plantas terrestres, a maior parte desse gás é produzida por algas verdes e cianobactérias.

Em relação à vida humana, a energia necessária para sua existência é gerada nas organelas chamadas de mitocôndrias, por meio do processo de respiração celular. Para que essa sistemática ocorra, é necessária a presença de oxigênio, já que haverá a oxidação das moléculas orgânicas obtidas, geralmente, por meio dos alimentos (Feitosa, 2016, p. 62).

Três são as etapas básicas da respiração: a glicólise, o ciclo de Krebs e a fosforilação oxidativa. A primeira delas ocorre no citosol, que é a parte líquida do citoplasma, e se baseia na quebra de uma molécula de glicose em duas de ácido pirúvico. A segunda etapa, também chamada de ciclo do ácido cítrico ou ácido tricarboxílico, ocorre no interior da mitocôndria e é iniciada com o transporte do ácido pirúvico até a matriz mitocondrial. Nela, o ácido pirúvico reage com a coenzima A e produz a acetilcoenzima e uma molécula de gás carbônico (Corsino, 2009, p. 85).

Na última fase, chamada de fosforilação oxidativa, os elétrons presentes nas cadeias respiratórias perdem energia e se combinam com o gás oxigênio, gerando água. O resultado é a produção de cerca de 30 moléculas de Adenosina Trifosfato (ATP), sendo duas delas da etapa da glicose, 2 do ciclo de Krebs e 26 da fosforilação oxidativa. Apesar de participar apenas ao final da respiração celular, a ausência de oxigênio acarreta a paralisação de todo o processo e pode gerar danos irreversíveis.

2.3. Atmosfera e Pressão Atmosférica

A atmosfera pode ser definida como uma camada gasosa composta por nitrogênio, oxigênio, argônio, gás carbônico, vapor d'água e outros gases, que envolve o planeta e é retida pela gravidade. Muitos autores discordam quando o assunto é a definição da espessura da atmosfera, variando de 80 até 800 quilômetros. Além disso, cinco são as suas camadas: troposfera, estratosfera, mesosfera, termosfera e exosfera (Fonseca *et al.*, 2017, p. 64-108).

Por sua vez, a pressão atmosférica, também chamada de pressão barométrica, é a força exercida pelo ar sobre determinado corpo. Ao nível do mar, essa pressão equivale a 10 toneladas de ar sobre 1 metro quadrado. Delton Croce e Delton Croce Júnior (2012, p. 1004) explicam que os indivíduos não são esmagados por esse peso porque o interior do corpo exerce uma pressão de dentro para fora, igual à pressão que recebe de fora para dentro.[302]

Via de regra, o corpo humano sustenta o peso de uma coluna de mercúrio de 76 centímetros de altura por centímetro quadrado da superfície corporal, o que corresponde a 1 atmosfera (ATM). Uma pequena variação de pressão, para mais ou para menos, não costuma interferir significativamente na estrutura orgânica. Porém, é importante estar atento aos sinais que demonstram as disfuncionalidades ocasionadas por uma variação abrupta.

---

302. Sobre a relação da pressão atmosférica com a altitude, Croce e Croce Jr. (2012, p. 1004) esclarecem que: "A medida da pressão atmosférica, que é feita por milímetros de mercúrio, varia com a temperatura e com as altitudes. Assim, há uma regra geral segundo a qual 'a pressão atmosférica diminui com a altitude; em 250-300 metros de altura, o decréscimo é aproximadamente de 1mm para cada 10 ou 11 metros; à medida, porém, que a altitude aumenta, estima-se para cada 5.500m a diminuição da pressão pela metade".

3. LEIS QUE DETERMINAM A AÇÃO DOS GASES

3.1. Lei Geral dos Gases

Em que pese a invisibilidade de um gás, é notória sua existência devido às sensações causadas pela sua presença. Ao longo dos anos, cientistas de diversos lugares do mundo realizaram experimentos com o fim de compreender o comportamento dos gases. Assimilar essa sistemática é fundamental para entender as alterações fisiológicas decorrentes das variações de pressão produzidas no corpo humano.

O termo gás foi utilizado pela primeira vez pelo químico Jean-Baptiste e, de acordo com a sua origem grega, significa espaço vazio (Asth, s.d.). Possui, como característica, a ocupação total do volume de um recipiente, independentemente da sua quantidade, devido ao seu comportamento desordenado. Além disso, também possui uma alta capacidade de compressão.

Também conhecida como Lei Combinada dos Gases, a Lei Geral dos Gases se refere a um conjunto de leis que estudam e orientam o comportamento de um gás ideal ao passar por transformações gasosas decorrentes da alteração de pressão, temperatura e/ou volume. Três são as leis que fazem parte do conceito ora analisado: a Lei de Boyle, a Lei de Charles e a Lei de Gay-Lussac (Asth, s.d.). Além delas, outras leis são fundamentais para entender as baropatias: a Lei de Dalton e a Lei de Henry.

3.2. Lei de Boyle-Mariotte

Esta é uma das principais leis utilizadas para explicar mecanismos que envolvem as baropatias. Ela prevê que, em uma transformação isotérmica de uma determinada massa gasosa, pressão e volume serão inversamente proporcionais.

Em outras palavras, se forem mantidas a temperatura e a quantidade de um determinado gás e aumentarmos o volume do recipiente, a pressão irá diminuir. Já se diminuirmos o volume, verificaremos o aumento da pressão.[303]

Os cientistas Robert Towneley e Henry Power foram os precursores na observação da relação entre a pressão e o volume dos gases. Posteriormente, o cientista Robert Boyle testou e comprovou laboratorialmente as proposições, publicando seu trabalho em 1676.

Essa lei é muito importante, por exemplo, para os mergulhadores, uma vez que, quanto maior a profundidade maior a pressão sobre seus corpos, sendo os gases comprimidos em volumes cada vez menores. Ao nível do mar, a pressão atmosférica equivale a 1 ATM e, a cada 10 metros de profundidade, a pressão aumenta em 1 ATM. Exemplificando, um mergulhador a 30 metros de profundidade está submetido a uma pressão de 4 ATM, ou seja, 405,300 Kilopascal (kPa).

Segundo Wilson Luiz Palermo Ferreira (2020, p. 245), quanto mais um indivíduo descer para o fundo do oceano, maior será a pressão sobre o seu corpo, tendo em vista o grande volume de água acima dele. Dessa forma, mergulhadores recreativos e outros profissionais que usam o mergulho em suas atividades sofrem mais consideravelmente os efeitos do aumento da pressão atmosférica.

3.3. Lei de Charles

Essa lei homenageia o cientista francês César Charles e estuda o comportamento de um gás ideal ao passar por uma transformação isobárica, ou seja, aquela onde a pressão é mantida, e o volume e a temperatura são alterados. O experimento de Charles se baseou no enchimento de balões com o mesmo volume, mas com gases diferentes em seu interior (Asth, s.d.).

---

303. Hygino de Carvalho Hercules (2015, p. 305) diz que: "Várias são as leis que determinam o comportamento dos gases nos diversos fenômenos físicos. A lei de Boyle-Mariotte enuncia: 'Sob temperatura constante, o volume ocupado por uma massa de gás é inversamente proporcional à pressão suportada'. Assim, quando dobramos a pressão sobre uma massa gasosa, seu volume reduz-se à metade, desde que se mantenha a mesma temperatura".

Ao elevar a temperatura, constatou que todos sofreram um aumento de volume em quantidade aproximada. Dessa forma, observou uma relação proporcional entre a temperatura e o volume dos gases. Portanto, é possível afirmar que, para uma quantidade fixa de gás ideal, se mantida a pressão constante, o volume de uma determinada massa de gás será diretamente proporcional à sua temperatura absoluta.

De forma objetiva, se a temperatura de um determinado gás for dobrada, seu volume também dobrará. Ao passo que, ao reduzir a temperatura, o volume também será reduzido. Sua descoberta possibilitou que outros cientistas, posteriormente, estabelecessem uma nova escala de temperatura, atualmente conhecida como escala Kelvin.

3.4. Lei de Gay-Lussac

Conhecida também como Lei da Combinação de Volumes, a Lei de Gay-Lussac foi descoberta a partir dos experimentos do químico Joseph Gay-Lussac e descreve o comportamento de um gás ao passar por uma transformação isométrica, ou seja, uma transformação sob volume constante (Asth, *s.d.*). É enunciada da seguinte forma: a pressão de uma quantidade de gás ideal mantido a um volume constante é diretamente proporcional à sua temperatura.

3.5. Lei de Dalton

A Lei de Dalton ou Lei das Pressões Parciais, enunciada pelo químico de origem inglesa John Dalton, prova que a pressão que é exercida por uma mistura de gases é igual a somatória das pressões parciais de cada componente dessa mistura. Em outras palavras, considerando que o ar é uma mistura gasosa, cada componente dele é responsável pela pressão exercida pela mistura proporcional à sua quantidade (Ferreira, 2020, p. 243).

O ar é constituído por 21% de oxigênio, 78% de nitrogênio e 1% de outros gases. Como exemplo, é possível utilizar um pneu: imagine que ele seja calibrado e a pressão interna seja 2,0 ATM. A Lei de Dalton afirma que a pressão total será a soma de todas as pressões parciais, portanto, a pressão parcial do gás nitrogênio será de 1.56 ATM (78% de 2,0 ATM), do gás oxigênio será de 0,42 ATM (21% de 2,0 ATM) e 0,02 ATM de outros gases (1% de 2,0 ATM).

3.6. Lei de Henry

Por sua vez, a Lei de Henry, proposta por William Henry, em 1802, diz que, sob uma temperatura constante, a massa de um gás dissolvido em um líquido é diretamente proporcional à pressão parcial do gás.[304]

Essa lei explica muitos casos que envolvem a patologia de descompressão, que acomete, principalmente, mergulhadores. Levando em conta, mais uma vez, a composição do ar, o mergulhador, utilizando os equipamentos de mergulho, poderá respirar normalmente embaixo da água, o que significa que os gases presentes na atmosfera entrarão em seu corpo.

Quanto maior a profundidade, maior a pressão, motivo pelo qual todos os gases já mencionados irão se dissolver no sangue do indivíduo. O perigo reside na subida rápida e desajustada, uma vez que esses gases, diluídos no sangue, voltarão ao seu volume original abruptamente, dificultando a eliminação pelo corpo.[305]

A aludida lei mostra-se fundamental para as atividades de mergulho, já que orienta os profissionais da área a não emergirem de forma acelerada, devido ao risco dos gases se expandirem rapidamente, como acontece ao abrir uma garrafa de refrigerante.

---

304. Hércules (2014, p. 305) complementa: "A concentração de um gás dissolvido em uma massa líquida é diretamente proporcional à pressão exercida pela fase gasosa da mistura líquido-gás. É a chamada Lei de Henry. Significa que, se aumentar a pressão parcial de um dos gases do ar inspirado, sua quantidade dissolvida no sangue aumentará na mesma proporção e que variações para menos também serão acompanhadas com a mesma intensidade".

305. Quanto ao quadro da doença descompressiva, Wilson Palermo (Ferreira, 2020, p. 246) afirma: "É relacionado a dores articulares (artralgia) e manifesta-se com horas ou dias e decorre, portanto, do nitrogênio (pode causar ruptura de determinados tecidos humanos). O pulmão ao nível do mar tem capacidade para 6 litros de ar. A cada ATM dobra. Quanto mais fundo, mais ATM, e a capacidade de ar vai aumentando. É um quadro lento e progressivo. Surgem bolhas nos líquidos orgânicos".

4. BAROPATIAS

4.1. Baropatias decorrentes das baixas pressões

4.1.1. Doença das Montanhas Clássica

Causada pela escassez de oxigênio nas grandes altitudes, a forma aguda da doença das montanhas é também chamada de "mal dos aviadores". Ela acomete muitos montanhistas e pilotos de avião em cabines despressurizadas, podendo, se não for tratada adequadamente, gerar edema pulmonar ou cerebral, bem como levar à morte.

Hygino Hércules (2014, p. 305) afirma que, nos casos em que a ascensão é de 4.000 metros de altitude ou mais e é realizada de forma muito rápida, a ocorrência dessa doença sobe para até 75% das pessoas expostas e que os principais sintomas são dor de cabeça, fotofobia e dispneia. A título de exemplo, Wilson Ferreira (2020, p. 245) cita os atletas de paraquedismo que fazem saltos a grandes altitudes.

Croce e Croce Jr. (2012, p. 1004) resumem as mudanças funcionais que podem ou não aparecer com a altitude (Croce e Croce Jr., 2012, p. 1005), como o aumento da frequência respiratória e a debilidade muscular. Além disso, citam Croce e Croce Jr. (2012, p. 1005) o caso do balão "Zenith", cuja ascensão ocorreu na França. Foi uma situação extrema dessa doença, uma vez que chegou a atingir 8.600 metros de altura e levou à morte de dois dos três indivíduos que estavam como tripulantes. Nesse caso, a má vascularização cerebral gerou a diminuição do senso crítico e do controle muscular, de modo que eles não conseguiram utilizar o oxigênio contido dos reservatórios.

4.1.2. Edema Pulmonar das Grandes Altitudes (EPGA)

O EPGA pode ser caracterizado como um acúmulo de líquido nos pulmões devido à elevação da pressão arterial pulmonar induzida pela falta de oxigênio. Falta de ar e cefaleia são alguns dos sintomas descritos.

Essa patologia pode ocorrer após subidas muito rápidas a níveis acima de 2.500 metros. Por ser um quadro agudo, muitas vezes não apresenta sintomas anteriores de alerta. Hygino (2014, p. 306) afirma que os sintomas aparecem entre um e três dias após a chegada na alta altitude.

Como tratamento, sugere-se a descida imediata para o nível do mar ou a ventilação artificial contendo oxigênio. Se o tratamento for inadequado ou inexistente, o quadro poderá evoluir para o coma ou até mesmo a morte.

4.1.3. Edema Cerebral das Grandes Altitudes (ECGA)

O edema cerebral é caracterizado pelo inchaço do cérebro por líquidos, sendo uma forma rara da doença das montanhas. Pessoas acometidas pelo ECGA relatam dores de cabeça, marcha instável e confusão. Especialistas afirmam que o diagnóstico não é fácil, uma vez que a maioria dos sintomas também são visualizados na forma clássica da doença.

Hygino Hércules (2014, p. 306) diz que, por meio da realização de tomografia computadorizada poderão ser observados a compressão dos ventrículos, a diminuição da profundidade dos sulcos cerebrais e o alargamento da substância branca.

Concomitantemente ao edema cerebral, podem ocorrer a trombose dos seios venosos e a hemorragia subaracnoidea, subcortical e nas demais áreas da substância branca cerebral. A Medicina indica que essas são lesões irreversíveis e que podem deixar sequelas severas se o indivíduo sobreviver.

Esse é um quadro grave e que evolui muito rápido, exigindo o encaminhamento do paciente para áreas mais baixas imediatamente.

4.1.4. Doença do Monge

É possível afirmar que a Doença do Monge é a forma crônica da Doença das Montanhas, uma vez que atinge pessoas que habitam há bastante tempo nas grandes altitudes, onde o ar é rarefeito. Hygino (2014, p. 306) diz que esses indivíduos apresentam mucosas na cor de vinho escuro e lábios enegrecidos, em função do elevado número de hemácias no sangue.

Sabe-se que o percentual de gases no ar não é alterado, mas que a quantidade de moléculas de ar diminui de acordo com a altitude. Por sua vez, o sangue é formado pelo plasma (55%), que é a parte líquida, e pelos elementos figurados (45%), que são as plaquetas, os leucócitos e os eritrócitos/hemácias.

Como um sistema de compensação, o corpo humano aumenta a produção de hemácias/eritrócitos, no intuito de tornar o transporte de gases mais eficiente e garantir que o oxigênio chegue em quantidade suficiente para propiciar a vida. Tal fenômeno adaptativo é chamado poliglobulia compensadora.

Tudo isso decorre da atividade de eritropoietina (EPO), hormônio glicoproteico que regula a eritropoiese, o processo de produção e maturação das hemácias ou eritrócitos (glóbulos vermelhos). A consequência desse aumento é o espessamento do sangue, uma vez que há um acréscimo da parte sólida, podendo gerar os chamados dedos em baqueta de tambor ou até mesmo trombose.[306]

---

306. Genival Veloso de França (2017, p. 337) explica que: "Na estrutura alveolar do pulmão, o oxigênio, o gás carbônico e o azoto impõem uma pressão global em torno de 713 mm, tendo cada um destes elementos uma pressão parcial, dependendo de sua concentração na intimidade dos alvéolos. Assim, o oxigênio (14,5%), com uma pressão de 95 a 105 mmHg; o azoto (80%), com 565 a 580 mmHg; e o gás carbônico (5,5%), com 40 mmHg. Desse modo, toda vez que há diminuição da pressão atmosférica, cai a concentração dos gases dissolvidos no sangue, tanto mais rapidamente quanto maior for a velocidade da descompressão. Além do mais, surge o fenômeno da anoxia, explicado também pela diminuição da pressão parcial do oxigênio no interior dos alvéolos. Isso força o coração a trabalhar mais no sentido de compensar a carência de oxigênio. Daí, pessoas não habituadas a grandes altitudes passam mal quando nestes locais".

A compensação descrita costuma aparecer em altitudes acima de 2.500 metros e pode ser agravada se houver esforço físico. No mais, cefaleia, dispneia, insônia, vômitos, anorexia e tonturas são sintomas comuns nesses casos.

4.2. Baropatias decorrentes das altas pressões

4.2.1. Barotraumas

Atividades de mergulho são as principais causadoras de barotraumas, já que, a cada 10 metros de profundidade, a pressão é elevada em 1 ATM, ou seja, ao peso de uma coluna de água com 10 metros de altura e 1 centímetro quadrado. Exemplificando, o mergulhador que está a 30 metros de profundidade será submetido a 4 ATM, sendo 1 ATM do ar e mais 1 ATM de água a cada 10 metros de profundidade.

Há um grande risco no não balanceamento entre a pressão do ambiente e o aumento da pressão interna dos órgãos que contêm ar, uma vez que esse quadro pode gerar o rompimento de membranas ou alterações circulatórias somadas aos edemas e equimoses. Nesse sentido, os barotraumas podem ser nos ouvidos, nos seios da face, nos pulmões, na parede do tórax, no tubo digestivo, entre outros.

O barotrauma auditivo é um dos problemas físicos mais comuns e decorre da diferença de pressão significativa, que acaba por danificar a membrana chamada tímpano, que separa o ouvido médio do ambiente externo. A trompa de Eustáquio é o canal que realiza a comunicação do ouvido médio com o ambiente, sendo também responsável por equilibrar a pressão entre esses espaços.

Alguns sintomas descritos pela Medicina são leve dor no ouvido, zumbido e sensação de ouvido entupido. Para igualar a pressão interna e a externa, utiliza-se a chamada Manobra de Valsalva, que se dá ao assoprar com o nariz e a boca fechados, empurrando o tímpano para fora.

4.3. Intoxicação por nitrogênio, oxigênio ou gás carbônico

4.3.1. Intoxicação por nitrogênio

Para compreender as intoxicações pelos gases hiperbáricos, é importante ter em mente a Lei de Dalton, uma vez que a medida em que se aumenta a pressão do ar inspirado, será aumentada, também, proporcionalmente, a pressão parcial de cada um dos componentes.

O nitrogênio faz parte da composição do ar e produz, se inalado sob pressão, efeitos muito semelhantes aos da embriaguez alcoólica. Esse gás é lipossolúvel, ou seja, solúvel em gorduras, e, sob pressão, se dissolve na membrana citoplasmática dos neurônios, o que incrementa sua espessura e causa alterações na transferência de impulsos nervosos de natureza elétrica entre os neurônios.

Os sintomas como desinibição e diminuição do senso crítico começam a aparecer em mergulhadores que descem a mais de 40 metros de profundidade por aproximadamente 1 hora. Em seguida, aparecem sintomas como a diminuição da atenção e da coordenação motora, que evoluem até a perda total da consciência (Hércules, 2014, p. 306).

Para amenizar tais efeitos, é comum que nos aparelhos tipo *Self-Contained Underwater Breathing Apparatus* (SCUBA) dos mergulhadores estejam presentes o nitrogênio, em menor quantidade, o oxigênio e o gás hélio. A introdução do hélio, que reduz significativamente a quantidade de nitrogênio, pode impedir a instalação desse quadro clínico em razão, entre outros fatores, de o seu efeito narcótico ser cinco vezes menor.

4.3.2. Intoxicação por oxigênio

O gás oxigênio é fundamental para a vida, uma vez que permite o processamento, a nível celular, de açúcares, gorduras e outras fontes de energia, sem deixar que o Ph do sangue se torne ácido. Se respirado a 100% e a pressões parciais altas, é possível a ocorrência de consequências danosas ou até mesmo fatais ao homem (Hércules, 2014, p. 306).

Durante a quebra das moléculas são liberados os chamados radicais livres que, em uma situação de normalidade, seriam combatidos de forma eficaz pelo corpo humano. Essa intoxicação pode ocorrer no caso da utilização inadequada de oxigênio nos cilindros dos mergulhadores em grande profundidade.

No nível respiratório, pode ser provocada uma queimadura química nos alvéolos pulmonares e no sistema nervoso central, e gerar uma série de desordens neurológicas. Os principais fatores que desencadeiam a referida intoxicação são: a pressão parcial do oxigênio elevada, a tolerância individual e o tempo de exposição.

São sintomas comuns: vertigens, náuseas, formigamento e até mesmo convulsões ou desmaios, que podem levar à morte. Como tratamento, nos casos mais leves, é sugerida a redução da pressão parcial do oxigênio trazendo, por exemplo, o mergulhador para profundidades menores.

4.3.3. Intoxicação por gás carbônico

Além de estar presente no ar atmosférico, o gás carbônico também é encontrado como produto da metabolização do oxigênio nos tecidos do corpo humano. Os aparelhos respiratórios dos mergulhadores não permitem que a concentração desse gás aumente, possuindo um sistema que comporta a expiração em meio líquido ou até mesmo um circuito fechado que capta esse gás por um processo químico.

Ocorrendo a falha desses mecanismos, poderá advir a intoxicação pelo gás carbônico. Alguns sintomas são dores de cabeça, desorientação espacial e contrações musculares involuntárias, podendo evoluir para a depressão das funções cerebrais e a perda da consciência. Em seu atlas, Hygino (2014, p. 306) afirma que o gás carbônico tem o poder de potencializar o efeito tóxico do nitrogênio e do oxigênio.

4.4. Baropatias decorrentes da descompressão rápida

4.4.1. Contextualização

As baropatias decorrentes da descompressão rápida podem ocorrer tanto de pressões altas para o nível do mar quanto nos casos de pressão normal para pressões menores. Exemplificando, é o que ocorre, no primeiro caso, com os mergulhadores e, no segundo caso, com os aviadores. Nesses casos, o fator mais importante é a rapidez da descompressão, e não propriamente os valores barométricos.

4.4.2. Doença de descompressão

A doença de descompressão pode decorrer da submersão rápida e inapropriada pelo mergulhador, uma vez que os gases que antes estavam diluídos no sangue retornam bruscamente à forma gasosa, não sendo eliminados adequadamente pelo corpo humano. Nesse caso, a doença pode ser também denominada como mal dos caixões.

Da mesma forma, verificou-se que essa doença poderia acometer aviadores ao alcançar rapidamente altas altitudes pelos mesmos pressupostos da repentina diminuição da pressão, motivo pelo qual a indústria aeronáutica começou a produzir cabines vedadas.[307]

A formação de bolhas dentro dos tecidos e dos vasos sanguíneos do corpo humano, provocada pela descompressão inadequada, acaba por bloquear o fornecimento de ar, podendo gerar danos irreversíveis. Existem dois tipos de doença da descompressão: a leve e a grave. A primeira não apresenta sintomas considerados letais, como dores nas articulações, que são chamadas pelos autores de língua inglesa de "*bend*", já que a dor pode fazer com que

---

[307]. Hygino (2014, p. 306) descreve o descobrimento da doença: "Por volta da metade do século XIX, o desenvolvimento industrial criou a necessidade de se construírem os pilares de pontes e as bases de portos em locais submersos e de difícil acesso. Assim, os engenheiros imaginaram diversos dispositivos de contenção (os caixões) para os operários poderem trabalhar nas profundezas sem que as operações fossem prejudicadas pela água do ambiente. À medida que foram sendo atingidas profundidades maiores e o tempo de permanência submerso foi aumentando, os mergulhadores começaram a apresentar sintomas de uma doença desconhecida até então".

o indivíduo assuma uma atitude antálgica, com encolhimento dos membros afetados.

Já a sua modalidade grave pode afetar as funções motoras e as funções superiores do cérebro. Alguns sintomas são diminuição de força dos membros, desequilíbrio, paralisias e choques elétricos. Existem, ainda, alguns sintomas respiratórios, como tosse, taquipneia e sensação de queimação retroesternal.

Os primeiros socorros passam pela administração de oxigênio a 100%, no caso de o indivíduo estar respirando normalmente, ou ventilações de socorro, nos casos em que não há respiração voluntária.

4.4.3. Embolia Traumática pelo Ar (ETA)

Também conhecido como barotrauma pulmonar, esse é um dos acidentes considerados mais graves envolvendo a atividade de mergulho. É importante salientar que também pode ocorrer no caso de distensão exacerbada do pulmão e nos casos de respiração assistida. Esse trauma pode ocorrer se o ar contido no pulmão for bloqueado ou não for expelido adequadamente durante a subida.

Os alvéolos e os capilares pulmonares se rompem, de modo que o ar entra na corrente sanguínea e as bolhas podem se dirigir para diversas partes do corpo, bloqueando o fluxo de sangue. A gravidade das lesões vai depender da velocidade da subida, bem como da quantidade de ar contida nos pulmões. Para evitar essa doença, o mergulhador deve soltar o ar de forma cadenciada durante a subida, sem prender a respiração (Hércules, 2014, p. 307).

Na sua forma leve, na qual há um pequeno volume de gás, os sintomas podem passar despercebidos ou apresentar apenas dores de cabeça ou tonturas. Já nos casos mais graves, o mergulhador pode apresentar náuseas, dispneia, desorientação e perda da consciência.

Essa enfermidade ganhou notoriedade no Brasil em virtude da pesca irregular de lagostas no litoral do Nordeste, com o uso de compressores. Apesar de ser proibida a sua utilização, esse equipamento ainda é muito utilizado, uma vez que permite ao pescador permanecer um longo período no fundo do mar e, com isso, lucrar com a venda de mais lagostas. A falta de orientação e o desrespeito às regras de descompressão são os principais motivos das mortes.

4.4.4. O emprego de câmaras hiperbáricas

As câmaras hiperbáricas são equipamentos médicos resistentes à pressão, que podem ser pressurizados com oxigênio puro ou ar comprimido. Atualmente, a Medicina Hiperbárica pode ser considerada uma área especializada da Medicina do Trabalho e da Terapia Intensiva (SBMH, c2020).

Esse equipamento é fundamental para o tratamento dos pacientes nos casos de ocorrência da doença de descompressão e da embolia traumática pelo ar, uma vez que realiza a recompressão, ou seja, a redução do tamanho das bolhas formadas no sangue, permitindo, assim, a desobstrução vascular.

Além disso, garante o aumento da quantidade de oxigênio na corrente sanguínea, sendo indicada, também, para tratamentos de doenças respiratórias, infecções e feridas de difícil cicatrização.

5. MEDICAÇÃO UTILIZADA PARA TRATAR O EDEMA PULMONAR CAUSADO PELAS GRANDES ALTITUDES

Para cada tipo de doença causada pelas grandes altitudes, diferentes fármacos podem ser utilizados, de acordo com suas especificidades clínicas. O edema pulmonar é caracterizado pelo excesso de líquido nos pulmões e pode ser causado pela escassez de ar nas grandes altitudes, em casos de traumas na parede torácica ou até mesmo em decorrência de pneumonia. Como forma de tratamento, a Medicina utiliza, dentre outros medicamentos, os diuréticos.

É de costume dos alpinistas e montanhistas utilizarem um fármaco denominado Acetazolamida (Diamox), uma espécie de diurético que promove a aclimatação às grandes altitudes rapidamente (Swathi, 2021). Em geral, os diuréticos atuam diretamente nos rins, de forma a alterar o processo de filtração/reabsorção de sais e água. Com a intensificação do fluxo urinário, grande parte do sódio é eliminado do corpo humano, o que diminui, consideravelmente, a retenção de líquidos, inclusive nos pulmões (Almeida, 2017, p. 78-83).

Apesar da possibilidade de utilizar diuréticos, especialistas afirmam que o primeiro passo para remediar tal anormalidade é a administração de oxigênio ao paciente. Persistindo o quadro, podem ser utilizados outros medicamentos, como morfina, nitroglicerina e nitroprussiato. Em qualquer caso, é fundamental reduzir a atividade física e manter o indivíduo aquecido (Cavalcante, 2019).

6. CONCLUSÃO

A pergunta elaborada pela banca examinadora do concurso para Delegado de Polícia Civil do Estado do Rio de Janeiro reflete o nível de conhecimento exigido dos candidatos para esse cargo na disciplina de Medicina Legal. Após entender a sistemática respiratória, a importância dos gases na respiração celular, a composição da atmosfera, a pressão e as consequências de sua variação, é possível definir os barotraumas e descrever os seus aspectos gerais.

Apesar de todo o nervosismo, ao utilizar a técnica mencionada na introdução deste artigo, foi possível responder satisfatoriamente a primeira questão, que a seguir resumo: baropatias são alterações estruturais e funcionais do organismo, causadas pela pressão atmosférica. Em grandes altitudes, a pressão atmosférica é reduzida, podendo causar distúrbios, como a doença do aviador ou a doença do monge.

Já em locais com alta pressão atmosférica, como nas profundezas dos oceanos, é possível verificar a doença do mergulhador, também conhecida como doença do escafandrista. É importante, também, ressaltar as doenças decorrentes da variação da alta para a baixa pressão de maneira rápida e inadequada, como a doença de descompressão e a embolia traumática pelo ar.

Dentre as leis que determinam a ação dos gases, podem ser citadas a Lei de Boyle, a Lei de Dalton e a Lei de Henry. A primeira delas prevê que a pressão e o volume de um gás são inversamente proporcionais, ou seja, quando a pressão aumenta, o volume diminui, e vice-versa, mantendo a temperatura constante. A segunda estabelece que a pressão total de uma mistura de gases é a soma das pressões parciais de cada gás, sendo a pressão parcial a que um gás exerceria se ocupasse sozinho o mesmo volume do sistema. Por fim, a terceira lei mencionada afirma que a solubilidade de um gás em um líquido é diretamente proporcional à pressão do gás, mantendo a temperatura constante.

No momento, não recordei as demais leis que são de igual modo importantes quando tratamos dos gases. Portanto, seria interessante ter citado a Lei de Gay-Lussac e a Lei de Charles, fato que não me ocorreu no momento da avaliação. O grande desafio estava relacionado à segunda questão. Como identificar o tipo de medicação que poderia ser utilizada nos casos de edema pulmonar causado pelas grandes altitudes? Foi nesse momento que percebi que o conhecimento consolidado nos auxilia na construção de todo e qualquer raciocínio. Em nenhum material de resumo que produzi havia a resposta para esse ponto específico.

Nesse momento, que durou aproximadamente cinco segundos reais e uma eternidade na minha cabeça, consegui fazer uma correlação aprendida durante as aulas de medicina legal, principalmente no que tange à diferença de gradiente de concentração e à sistemática de funcionamento do corpo humano, que sempre busca o equilíbrio. Esse foi o motivo pelo qual imaginei que os diuréticos, ao inibirem a reabsorção de sódio, fariam a produção de urina aumentar e, consequentemente, eliminariam os líquidos em excesso no corpo humano.

A resposta dada foi um tanto tímida e sem nenhuma fundamentação. O nervosismo do momento fez com que apenas a palavra "diuréticos" tenha saído da minha boca, com um tom desagradável de insegurança. E esse ponto merece atenção: nós, como candidatos, não devemos transparecer nossas incertezas. Seja sincero e firme na resposta. Mas o que fazer se acontecer como no caso narrado? Siga em frente e seja assertivo nas demais respostas. Errar faz parte do processo, por isso permaneça paciente e seguro nas questões que estão por vir.

Por fim, reafirmo que a prova oral é uma etapa que testa muito mais o psicológico do candidato do que propriamente o conhecimento. O conteúdo das disciplinas já foi amplamente cobrado nas fases objetiva e discursiva. Quem logrou êxito nessas etapas do certame possui todo o conhecimento necessário para ser aprovado no concurso. Tenha disciplina, estude e, sobretudo, confie.

REFERÊNCIAS BIBLIOGRÁFICAS

ALMEIDA, L. M. *et al.* Diuréticos: um artigo de revisão. **Revista Científica UNIFAGOC-Saúde**, v. 2, n. 1, p. 78-83, 2017.

ASTH, R.. Lei dos Gases. **Toda Matéria**. Disponível em: https://www.todamateria.com.br/lei-dos-gases/. [S.d.]. Acesso em: 15 abr. 2023.

CAVALCANTE, J. N. T. Qual é o tratamento para o edema pulmonar?. **Jornal da HCFMRP-USP**, 2019. Disponível em: https://jornal.fmrp.usp.br/qual-e-o-tratamento-para-o-edema-pulmonar/. Acesso em: 5 abr. 2023.

CORSINO, J. **Bioquímica**. Campo Grande: UFMS, 2009. p. 85.

CROCE, D.; CROCE JR., D. **Manual de Medicina Legal**. 8. ed. São Paulo: Saraiva, 2012.

FEITOSA, E. M. A.; BARBOSA, F. G.; FORTE, C. M. S. **Química Geral I**. 3. ed. Fortaleza: UECE, 2016.

FERREIRA, W. P. **Medicina Legal** – Sinopses para concursos. 5. ed. Rio de Janeiro: Juspodivm, 2020.

FONSECA, D. S. *et al.* Pressão atmosférica e natureza da ciência: uma sequência didática englobando fontes primárias. **Caderno Brasileiro de Ensino de Física**, v. 34, n. 1, p. 64-108, 2017.

FRANÇA, G. V. **Medicina Legal**. 11. ed. Rio Janeiro: Guanabara Koogan, 2017.

HÉRCULES, H. C. **Medicina Legal** – Texto e Atlas. 2. ed. São Paulo: Atheneu, 2014.

LIMA, L. S. Lei de Boyle. **Revista de Ciência Elementar**, v. 2, n. 4, 2014.

MAIA, A. Sistema Respiratório. **Ser Digital**, [S.d.]. Disponível em: http://www.serdigital.com.br/gerenciador/ambienteseguro/clientes/andremaia/downloads/91.pdf. Acesso em: 14 abr. 2023.

MOREIRA, C. Respiração. **Revista de Ciência Elementar**, v. 1, n. 1, p. 0007, 2013. Disponível em: https://www.fc.up.pt/pessoas/jfgomes/pdf/vol_1_num_1_07_art_respiracao.pdf. Acesso em: 6 abr. 2023.

PEREIRA, J.; GUSMÃO, L. C. B. **A Medicina Legal**. Maceió: Universidade Federal de Alagoas, 1878. Disponível em: http://www.malthus.com.br/rw/forense/medicina_legal_2004_gerson.pdf. Acesso em: 30 jan. 2023.

RICHALET, J.-P. *et al.* Hipertensão pulmonar e doença de Monge. **PVRI Review**, v. 1, ed. 2, 2009. Disponível em: https://www.proquest.com/openview/beb575df9293b4c504c816094a698a83/1?pq-origsite=gscholar&cbl=226462. Acesso em: 30 jan. 2023.

RUSSEL, J. B. **Química Geral**. 2. ed. São Paulo: Makron Books, 1994.

SEARA DA CIÊNCIA. **A Descoberta do Oxigênio:** as glórias e atribulações dos descobridores desse gás indispensável. Universidade Federal do Ceará, [S.d.]. Disponível em: https://seara.ufc.br/pt/secoes-especiais-de-ciencia-e-tecnologia/secoes-especiais-quimica/a-descoberta-do-oxigenio/. Acesso em: 14 abr. 2023.

SMITH, P.; BAPTISTA, C. A.; GHORAYEB, N. Mergulho livre e autônomo. In: GHORAYEB, Nabil (Org.). **O Exercício**. 1. ed. São Paulo: Atheneu, 2004.

SOARES, B. D. T. P. Doença descompressiva e a atividade de mergulho. **O Periscópio**, v. 70, n. 70, p. 66-75, 2019. Disponível em: http://187.29.162.44/index.php/periscopio/article/view/859. Acesso em: 30 jan. 2023.

SOCIEDADE BRASILEIRA DE MEDICINA HIPERBÁRICA – SBMH. **Medicina Hiperbárica**. O que é? c2020. Disponível em: https://sbmh.com.br/medicina-hiperbarica/o-que-e/. Acesso em: 2 fev. 2023.

STEFANI, A.; CARVALHO, C. P. **Biologia Humana**. Porto Alegre: Sagra-Dc Luzzato, 1993.

SWATHI, C. Como prevenir a doença da altitude (AMS), HAPE e HACE. **IndiaHikes**, 2021. Disponível em: https://indiahikes.com/blog/prevent-altitude-sickness#gref. Acesso em: 5 abr. 2023.

TRANSGENERIDADE E O DIREITO

Muriel Menezes[308]

1. INTRODUÇÃO

Ao tentar escolher uma das perguntas que me foram formuladas na prova oral para ingresso na carreira de Delegado de Polícia do Estado do Rio de Janeiro, não pude deixar de pensar na disciplina Medicina Legal, esta com a qual tenho muita afinidade e prazer em estudar, desde a escolha como matéria eletiva na graduação.

Importante mencionar que é difícil se recordar com clareza das perguntas formuladas pelos examinadores, bem como as respostas dadas, uma vez presentes grandes tensão e ansiedade que envolvem esse momento tão decisivo, mas escolhi discorrer sobre um tema de certa forma inovador que foi questionado. Isso porque o fenômeno da transgeneridade vem ganhando espaço para discussão, evoluindo no tratamento social, médico e jurídico, e apresentando uma crescente e necessária normalização.

Questionada inicialmente pelos examinadores a respeito do transexualismo, foi-me solicitado discorrer sobre o tema, indagado sobre a existência de limitações de procedimentos cirúrgicos a portadores de doenças mentais e, por fim, sobre a existência de diploma legal contendo tal previsão.

O artigo se debruçará sobre os questionamentos de forma abrangente, trazendo as respostas de forma mais ampla, e fornecendo

---
[308]. Pós-graduada em *Criminal Profiling*: análise da investigação criminal e psicologia investigativa. Bacharel em Direito pela UFRJ. Ex-inspetora de Polícia Civil do Estado do Rio de Janeiro. Delegada de Polícia Civil do Estado do Rio de Janeiro.

opções sobre o que poderia ser abordado pelo candidato, inclusive correlacionando com o Direito em geral, o que não se faz possível em poucos minutos de explanação oral.

2. ASPECTOS MÉDICO-LEGAIS

2.1. Sexo, identidade de gênero e orientação sexual

Inicialmente, tratando sobre o sexo, podemos relacioná-lo com a Medicina Legal como sendo uma das formas de identificação médico-legal, sendo este um processo pelo qual se determina a identidade de uma pessoa ou de uma coisa, i.e., o emprego dos meios adequados para determinar a identidade ou a não identidade (Palermo Ferreira, 2019, p. 61).

Trata-se de um método que envolve a coleta de informações médicas e científicas para fins legais, como a determinação da causa da morte, a avaliação da capacidade de uma pessoa para testemunhar em um processo judicial ou a identificação de um indivíduo desconhecido.

O sexo de uma pessoa é uma informação relevante para a identificação médico-legal, pois pode ajudar a determinar a identidade de uma pessoa desconhecida ou ser usado para fins de investigação em casos de violência sexual ou outros crimes relacionados ao sexo.

Wilson Palermo (2019, p. 65-66), citando Genival França, informa que há diversos tipos de sexo, dentre eles morfológico, cromossomial, gonadal, cromatínico, da genitália interna, da genitália externa, jurídico, de identificação ou psíquico comportamental, e ainda médico-legal.

Abordando o sexo como entendido pelo senso comum, temos que o sexo de uma pessoa é baseado em características biológicas, como os órgãos sexuais externos, os cromossomos sexuais e os níveis hormonais. O sexo refere-se às características biológicas que distinguem os seres humanos em machos e fêmeas, incluindo os órgãos reprodutivos, os hormônios e os cromossomos sexuais. Em geral, é atribuído ao nascimento com base na aparência dos órgãos sexuais.

No entanto, em alguns casos, essas características podem ser ambíguas ou não se encaixar nas categorias binárias de "masculino" e "feminino". Nesses casos, a identificação médico-legal pode ser mais complexa e pode exigir avaliações adicionais, como exames genéticos ou testes hormonais.

É importante notar que o sexo biológico de uma pessoa nem sempre corresponde à sua identidade de gênero. O gênero é uma construção social e cultural que se refere às características, aos papéis, aos comportamentos, às atitudes e às expectativas associadas a homens e mulheres em uma determinada sociedade. É uma identidade pessoal que pode ou não corresponder ao sexo atribuído ao nascimento.

Pessoas transgênero podem ter órgãos sexuais externos e cromossomos sexuais que não correspondem à sua identidade de gênero, e isso pode ser uma fonte de estresse e desconforto. É fundamental que a identificação médico-legal respeite a identidade de gênero de uma pessoa, garantindo que ela seja tratada com respeito e dignidade em todas as circunstâncias.

Já a orientação sexual se refere ao padrão de atração emocional, romântica e/ou sexual de uma pessoa em relação a outras pessoas. As principais categorias são heterossexualidade (atração por pessoas do sexo oposto), homossexualidade (atração por pessoas do mesmo sexo) e bissexualidade (atração por pessoas de ambos os sexos).

Embora frequentemente inter-relacionados, esses termos representam conceitos diferentes. De uma forma simplista, o sexo seria biológico, o gênero social e a orientação sexual, uma preferência pessoal (Mayer; McHugh, 2016).

Cabe uma ressalva de que, para a psicanálise, no entanto, cada sexualidade é singular e se constrói segundo processos inconscientes cuja complexidade não pode ser reduzida a uma nomenclatura qualquer, nem mesmo com todas as opções observadas hoje: agênero, fluido, cis, trans, pangênero, nenhum, em fase de interrogação de gênero etc. (Jorge e Travassos, 2018, p. 44).

2.2. Transexualidade e transgeneridade

Importante pontuar que, embora muitas vezes tratados como sinônimos, são expressões que apresentam diferenças sutis.

A transgeneridade é um termo que se refere a pessoas que experimentam uma incongruência entre o gênero que lhes foi atribuído ao nascimento e sua identidade de gênero. Essa condição é reconhecida pela Organização Mundial da Saúde (OMS) como transtorno de identidade de gênero, mas recentemente foi reclassificada como "incongruência de gênero" na 11ª revisão da Classificação Internacional de Doenças (CID-11).Parte superior do formulário

Transgênero faz referência às pessoas que, apesar do sexo de nascimento, não se reconhecem na identidade de gênero correspondente (menina/feminino e menino/masculino); no polo oposto, cisgêneros são as pessoas que apresentam conformidade entre o sexo de nascimento e a identidade de gênero a ele associada (Jorge e Travassos, 2018, p. 59).

A transexualidade ou *síndrome de disforia sexual* é a que mais chama a atenção, pela sua complexidade e por seus desafios às questões sociais e jurídicas. Roberto Farina (1982) a define como uma pseudossíndrome psiquiátrica, profundamente dramática e desconcertante, na qual o indivíduo se conduz como se pertencesse ao gênero oposto. Trata-se, pois, de uma inversão psicossocial, uma aversão e uma negação ao sexo de origem, o que leva esses indivíduos a protestarem e insistirem em uma forma de cura por meio da cirurgia de reversão genital, assumindo, assim, a identidade do seu desejado gênero (França, 2015, p. 622).

O autor Genival Veloso de França apresenta cinco teorias que tentam explicar sua etiologia: (1) *teoria genética*: atualmente a mais aceita, que atribui existir um *gene* específico no cromossomo sexual capaz de se transmitir; (2) *teoria fenotípica*: que admite a influência da própria conformação física do indivíduo androginoide, levando a mulher para a transexualidade masculina, e a conformação anatômica androide, levando o homem para a transexualidade feminina; (3) *teoria psicogênica*: que admite a influência da orientação e do comportamento dos pais como capazes de marcar tendência nitidamente masculina ou feminina; (4) *teoria neuroendócrina*: que afirma existirem alterações nas estruturas dos centros de identidade sexual, em face de o hipotálamo não receber a quantidade necessária de hormônios; (5) *teoria eclética*: que aceita os mais diversos fatores endógenos e exógenos como causadores dessa alteração (França, 2015, p. 623).

Em suma, o transexual é aquela pessoa que apresenta um distúrbio de identidade de gênero, constante e persistente, que evolui na busca da mudança permanente do sexo anatômico, passando pelo vestir-se e comportar-se de acordo com o outro gênero, dando sequência a um tratamento hormonal e culminando em uma cirurgia de redesignação sexual. Temos assim homens transexuais (mulher para homem, ou FtM, do inglês *Female-to-Male*) e mulheres transexuais (homem para mulher, ou MtF, do inglês *Male-to-Female*). Este fenômeno é independente da orientação sexual do sujeito, podendo o transexual ser heterossexual, homossexual ou até bissexual (Couto, s.d.).

Portanto, enquanto a transgeneridade é um termo mais amplo que inclui todas as pessoas cuja identidade de gênero não corresponde ao sexo biológico atribuído, a transexualidade é um termo mais específico que se refere à busca ativa de uma mudança de sexo para se adequar ao gênero desejado.

2.2.1. Evolução no tratamento do tema

A compreensão e o tratamento da transgeneridade e da transexualidade têm evoluído ao longo do tempo, tanto no Brasil quanto no mundo. Na história recente, a transexualidade foi reconhecida como uma condição médica em que uma pessoa sente uma forte desconexão entre seu sexo biológico e sua identidade de gênero. A seguir, discutirei a evolução do enfoque médico e social em relação à transgeneridade e à transexualidade no Brasil e no mundo.

No mundo, nas décadas de 1950 e 1960, a transexualidade começou a ser reconhecida pela medicina como uma condição médica, porém ainda havia muita falta de compreensão e preconceito por parte da sociedade.

Avançando nas décadas de 1970 e 1980, houve um aumento do ativismo trans, incluindo a formação de grupos de apoio e a realização de cirurgias de redesignação sexual (CRS). A cirurgia começou a ser vista como uma solução para a disforia de gênero.

Na década de 1990, houve uma mudança no enfoque médico, com a aceitação da "síndrome da disforia de gênero" no DSM (Manual Diagnóstico e Estatístico de Transtornos Mentais) e a introdução de hormonioterapia como parte do tratamento.

A partir dos anos 2000, a transexualidade e a diversidade de gênero foram mais amplamente reconhecidas e apoiadas em muitos países, incluindo a adoção de legislações que protegem os direitos das pessoas transgênero.

No Brasil, nas décadas de 1970 e 1980, as primeiras cirurgias de redesignação sexual foram realizadas, porém eram ilegais e feitas de maneira clandestina.

Na década de 1990, o Conselho Federal de Medicina estabeleceu as diretrizes para o tratamento de transexuais, que inclui a realização de diagnóstico e o acompanhamento psicológico.

Nos anos 2000, o Ministério da Saúde incluiu a cirurgia de redesignação sexual no Sistema Único de Saúde (SUS), permitindo o acesso gratuito ao tratamento para transexuais. Também houve a criação de políticas públicas para proteção dos direitos das pessoas transgênero.

Recentemente, a Resolução nº 2.265/2019, do Conselho Federal de Medicina, estabeleceu novas diretrizes para o tratamento de transexuais, incluindo a possibilidade de acesso à hormonioterapia antes dos 18 anos.

Em resumo, a evolução do enfoque médico e social em relação à transgeneridade e à transexualidade tem sido marcada por uma maior compreensão e aceitação, além da adoção de políticas públicas que protegem os direitos das pessoas transgênero. No entanto, ainda há muito a ser feito para garantir a igualdade de direitos e o acesso aos serviços de saúde para as pessoas transgênero em todo o mundo.

2.2.2. "Transexualismo"

Importante destacar que o termo "transexualismo" foi utilizado por muito tempo para descrever a condição de pessoas que desejam passar por uma transição de gênero para se adequar ao gênero com o qual se identificam. No entanto, esse termo caiu em desuso em grande parte devido às críticas de pessoas transgênero e ativistas LGBTQIAP+ que argumentaram que ele era estigmatizante e patologizante.

O termo "transexualismo" sugeria que a condição era uma doença mental, o que não é o caso atualmente. Além disso, a palavra "ismo" sugere que a condição é uma escolha ou uma ideologia, quando na verdade é uma parte fundamental da identidade de gênero da pessoa.

Com o tempo, o termo "transexualidade" foi adotado como uma alternativa mais respeitosa e precisa. A palavra "transexualidade" é neutra em termos de patologia e sugere que a identidade de gênero de uma pessoa é uma parte natural e legítima de sua identidade.

É importante notar que a evolução do termo "transexualismo" para "transexualidade" reflete um movimento mais amplo em direção a uma compreensão mais empática e respeitosa das pessoas transgênero e de suas experiências. À medida que a sociedade continua a aprender e a crescer em sua compreensão da diversidade de gênero, é provável que os termos utilizados para descrever essa diversidade também continuem a evoluir.

2.3. Tratamento normativo – CID e Resolução do CFM

A transexualidade, ou disforia de gênero, foi reconhecida pela OMS como um transtorno de saúde mental na 10ª revisão da Classificação Internacional de Doenças (CID-10), que foi publicada em 1992. A CID-10 descreve a transexualidade como um transtorno de identidade de gênero, caracterizado por uma incongruência entre a identidade de gênero e o sexo atribuído ao nascimento, acompanhado por um desejo de viver e ser aceito como uma pessoa do sexo oposto.

No entanto, a CID-11, publicada em 2018, mudou a forma como a transexualidade é classificada. Em vez de ser considerada um transtorno mental, a transexualidade agora é classificada como uma "condição relativa à saúde sexual" e é descrita como uma "incongruência de gênero". Essa mudança reflete uma compreensão mais atualizada da transexualidade como uma variante da experiência humana, em vez de uma doença mental (WHO, s.d.).

A CID é uma classificação internacionalmente reconhecida de doenças e problemas de saúde, utilizada por profissionais de saúde e autoridades de saúde pública em todo o mundo. A mudança na classificação da transexualidade na CID-11 é significativa, pois pode ajudar a reduzir a estigmatização e a discriminação contra pessoas transgênero, além de promover uma abordagem mais respeitosa e inclusiva em relação à saúde sexual e à identidade de gênero.

Parte superior do formulárioTratando das resoluções que tratam do tema no Brasil, em 2010, o Conselho Federal de Medicina (CFM) publicou a Resolução nº 1.955, que estabelece normas para o atendimento de pessoas transexuais e transgêneros no sistema de saúde brasileiro. A resolução reconhece a transexualidade como uma condição de saúde e estabelece diretrizes para o acompanhamento médico, psicológico e social desses indivíduos.

A resolução também reconhece o direito de pessoas transexuais e transgêneros à assistência médica necessária para a transição de gênero, incluindo hormonioterapia e cirurgias de redesignação sexual. Além disso, a resolução estabelece que a identidade de gênero de uma pessoa deve ser respeitada em todos os momentos, incluindo o uso do nome social e a identificação do gênero em documentos e registros médicos.

A Resolução do CFM é um importante marco para a saúde e o bem-estar de pessoas transexuais e transgêneros no Brasil. Ela reconhece a transexualidade como uma condição de saúde legítima e estabelece diretrizes claras para o atendimento médico e psicológico desses indivíduos. Além disso, a resolução enfatiza a importância de respeitar a identidade de gênero de uma pessoa, o que é fundamental para garantir a igualdade e o respeito pelos direitos humanos de todas as pessoas, independentemente de sua identidade de gênero.

A CRS é um procedimento cirúrgico que altera os órgãos genitais de uma pessoa para corresponder ao gênero com o qual ela se identifica. É um dos tratamentos disponíveis para pessoas transexuais que desejam fazer a transição de gênero, e pode ser uma parte importante do processo de transição para muitas pessoas.

A CRS envolve a remoção cirúrgica dos órgãos sexuais originais e a reconstrução de novos órgãos sexuais que correspondem ao gênero desejado. O processo de CRS geralmente é realizado em várias etapas, incluindo a remoção dos testículos ou ovários, a criação de uma vagina ou um pênis artificial e a reconstrução dos tecidos e músculos circundantes. O processo de CRS pode ser realizado tanto em homens trans como em mulheres trans.

A hormonioterapia é um tratamento médico que envolve o uso de hormônios para ajudar a alterar as características sexuais secundárias de uma pessoa, de forma a corresponder ao gênero com o qual ela se identifica, sendo uma das opções disponíveis para pessoas transgênero que desejam fazer a transição de gênero, e pode ser uma parte importante do processo de transição para muitas pessoas.

Esse método geralmente envolve o uso de hormônios sexuais do gênero desejado, como estrogênio para mulheres trans ou testosterona para homens trans. A dosagem e o tipo de hormônios usados dependem das necessidades individuais da pessoa e são determinados em consulta com profissionais de saúde qualificados e especializados em cuidados transgênero.

Não existe um fim da terapia hormonal, ela pode durar a vida toda ou até a cirurgia de readequação de gênero. Entretanto, com o passar dos anos, os níveis hormonais do gênero-alvo tendem a cair, voltando a sua concentração basal. Fica a critério da pessoa optar pela intervenção cirúrgica ou manter-se apenas com a medicação (Jaccour, 2021, p. 105).

O acompanhamento psicológico é um componente importante do processo de transição de gênero para muitas pessoas transgênero. Isso ocorre porque a transição de gênero pode envolver mudanças significativas na vida de uma pessoa, incluindo mudanças em sua aparência, relacionamentos e vida social, e pode ser um processo emocionalmente desafiador.

Tal acompanhamento também pode ajudar a pessoa trans a tomar decisões informadas sobre a transição de gênero, incluindo a escolha de procedimentos médicos, como a hormonioterapia ou a cirurgia de redesignação sexual. O profissional pode ajudar a pessoa trans a considerar os prós e contras desses procedimentos, avaliar suas expectativas em relação aos resultados e ajudar a tomar uma decisão informada sobre a melhor maneira de prosseguir.

De acordo com a Resolução nº 2.265/2019 do CFM,[309] a hormonioterapia e a cirurgia de redesignação sexual são tratamentos

---

[309]. Resolução CFM nº 2.265/2019. Publicada no **DOU** de 09 de janeiro de 2020, Seção 1, p. 96. Dispõe sobre o cuidado específico à pessoa com incongruência de gênero ou transgênero e revoga a Resolução CFM nº 1.955/2010. Disponível em: https://www.in.gov.br/en/web/dou/-/resolucao-n-2.265-de-20-de-setembro-de-2019-237203294. Acesso em: 11 jul. 2023.

médicos reconhecidos e legitimados para pessoas transgênero que desejam fazer a transição de gênero. Esses tratamentos são considerados procedimentos médicos necessários para melhorar a qualidade de vida e a saúde mental das pessoas transgênero.

No entanto, a resolução do CFM também estabelece que esses tratamentos devem ser realizados somente após uma avaliação médica criteriosa e individualizada, que leve em consideração o histórico médico, a saúde geral e as necessidades específicas da pessoa em questão. Além disso, a resolução estabelece que os profissionais de saúde envolvidos no processo de transição de gênero devem ter conhecimento especializado em questões relacionadas à diversidade de gênero e ser sensíveis às necessidades e às preferências individuais das pessoas transgênero.

Em relação a restrições à hormonioterapia e à cirurgia de redesignação sexual para pessoas transgênero, é importante destacar que essas restrições podem variar significativamente de acordo com o país, a região e a cultura em que a pessoa vive. Em alguns lugares, as restrições podem incluir exigências legais, como a necessidade de obter a aprovação de um juiz ou autoridade médica para realizar a transição de gênero. Em outros lugares, as restrições podem ser mais informais, como a falta de acesso a cuidados médicos especializados ou a discriminação social.

É fundamental que as pessoas transgênero tenham acesso a cuidados de saúde respeitosos e adequados, incluindo hormonioterapia e CRS, quando desejarem e forem clinicamente indicados. A resolução do CFM é um importante passo para garantir que os direitos e as necessidades de saúde das pessoas transgênero sejam reconhecidos e atendidos pela comunidade médica.

No Brasil, a realização de hormonioterapia e CRS para pessoas transgênero é regulamentada pela Resolução nº 2.265/2019 do CFM. De acordo com essa resolução, os requisitos para a realização desses tratamentos médicos incluem:

1. Avaliação psicológica e psiquiátrica: a pessoa deve passar por avaliações psicológicas e psiquiátricas para avaliar se está clinicamente indicada para os tratamentos de hormonioterapia e CRS.
2. Idade mínima: a idade mínima para a realização da CRS é de 18 anos, exceto nos casos em que há indicação médica para intervenção antes dessa idade.
3. Consentimento informado: a pessoa deve receber informações claras e precisas sobre os riscos e benefícios dos tratamentos de hormonioterapia e CRS, e dar seu consentimento informado para a realização dos procedimentos.
4. Acompanhamento multidisciplinar: a pessoa deve ser acompanhada por uma equipe multidisciplinar composta por médicos, psicólogos, assistentes sociais e outros profissionais de saúde, para garantir um atendimento integral e adequado.
5. Período mínimo de acompanhamento: a pessoa deve ser acompanhada pela equipe multidisciplinar por um período mínimo de um ano antes de realizar a CRS.

Após avaliação psiquiátrica, serão contraindicadas a hormonioterapia e/ou a cirurgia nas seguintes condições: transtornos psicóticos graves, transtornos de personalidade graves, retardo mental e transtornos globais do desenvolvimento graves. É vedada a realização de procedimentos cirúrgicos de afirmação de gênero em pacientes menores de 18 (dezoito) anos de idade. Também há vedações ao início da hormonioterapia cruzada antes dos 16 (dezesseis) anos de idade, excepcionando-se pacientes portadores de puberdade precoce ou que necessitem de tratamento com hormonioterapia cruzada por se tratar de doenças, o que está fora do escopo da Resolução.

É importante destacar que os requisitos para a realização da hormonioterapia e da CRS podem variar de acordo com o profissional de saúde ou a instituição que realiza os tratamentos, mas a Resolução do CFM estabelece diretrizes e orientações gerais para garantir que os tratamentos sejam realizados de forma segura e respeitosa às necessidades e aos desejos individuais das pessoas transgênero.

2.4. Aspectos psicológicos e destransição

A transgeneridade e a transexualidade são condições que envolvem uma forte desconexão entre a identidade de gênero de uma pessoa e seu sexo biológico. Essa desconexão pode causar sofrimento psicológico e emocional, especialmente em ambientes que não são tolerantes à diversidade de gênero. Abaixo, discutirei alguns aspectos psicológicos e psiquiátricos da transgeneridade e da transexualidade.

• Disforia de gênero: a disforia de gênero é uma condição em que a pessoa sente um forte desconforto com seu gênero biológico. Pode envolver sentimentos de ansiedade, depressão, vergonha, culpa e baixa autoestima. A terapia pode ajudar a pessoa a lidar com esses sentimentos e a encontrar maneiras de viver em harmonia com sua identidade de gênero.

• Transtornos de ansiedade e depressão: pessoas transgênero e transexuais têm maior probabilidade de desenvolver transtornos de ansiedade e depressão do que a população em geral. Isso pode ser resultado do estigma e da discriminação que enfrentam em suas vidas cotidianas. A terapia pode ajudar a tratar esses transtornos e a melhorar a qualidade de vida da pessoa.

• Pensamentos suicidas: pessoas transgênero e transexuais têm maior probabilidade de ter pensamentos suicidas do que a população em geral. Isso pode ser resultado do estigma, da discriminação e do isolamento social que enfrentam. A terapia pode ajudar a prevenir o suicídio, oferecendo apoio emocional e ensinando habilidades para lidar com a disforia de gênero e outras questões emocionais.

- Transtornos alimentares: pessoas transgênero e transexuais podem desenvolver transtornos alimentares, como anorexia e bulimia. Isso pode ser resultado de uma tentativa de controlar o próprio corpo e se encaixar nas expectativas de gênero impostas pela sociedade. A terapia pode ajudar a tratar esses transtornos e a promover uma relação mais saudável com o corpo.
- Transtornos de identidade de gênero: anteriormente conhecido como transtorno de identidade de gênero, esse diagnóstico foi removido do DSM-5 (Manual Diagnóstico e Estatístico de Transtornos Mentais). No entanto, ainda é importante para as pessoas transgênero e transexuais terem acesso à terapia para lidar com questões de identidade de gênero.

Em resumo, os aspectos psicológico e psiquiátrico da transgeneridade e da transexualidade envolvem questões como disforia de gênero, transtornos de ansiedade e depressão, pensamentos suicidas, transtornos alimentares e transtornos de identidade de gênero. A terapia pode ajudar a tratar esses problemas e a promover uma vida mais saudável e feliz para as pessoas transgênero e transexuais.

Abordando a destransição de gênero, este é um termo que se refere ao processo em que uma pessoa que passou por uma transição de gênero (incluindo tratamentos médicos e/ou cirurgias) decide voltar ao gênero com o qual foi identificada no nascimento.

É importante ressaltar que a destransição não é uma escolha fácil ou simples, e que muitas pessoas que decidem passar por ela enfrentam desafios significativos, incluindo o estigma social e o acesso limitado a cuidados de saúde adequados. Além disso, é importante lembrar que a destransição não significa que a pessoa não seja transgênero ou que sua identidade de gênero seja "inválida".

A destransição pode ser um processo complexo e delicado que envolve questões físicas, emocionais e psicológicas. É fundamental que as pessoas que estão considerando esse processo tenham acesso a cuidados de saúde e apoio adequados e personalizados, incluindo acompanhamento psicológico e terapia, para ajudá-las a navegar por esse processo de maneira saudável e segura.

3. IMPLICAÇÕES DO TEMA NO DIREITO

3.1. Registros Públicos – alteração de prenome

Grande avanço na conquista de direitos por pessoas transgênero foi o reconhecimento de direito fundamental subjetivo à alteração de seu prenome e de sua classificação de gênero no registro civil, não se exigindo, para tanto, nada além da manifestação de vontade do indivíduo, o qual poderá exercer tal faculdade tanto pela via judicial como diretamente pela via administrativa.

Essa alteração deve ser averbada à margem do assento de nascimento, vedada a inclusão do termo "transgênero".

Das certidões do registro não constará nenhuma observação sobre a origem do ato, vedada a expedição de certidão de inteiro teor, salvo a requerimento do próprio interessado ou por determinação judicial.

Efetuando-se o procedimento pela via judicial, caberá ao magistrado determinar de ofício ou a requerimento do interessado a expedição de mandados específicos para a alteração dos demais registros nos órgãos públicos ou privados pertinentes, os quais deverão preservar o sigilo sobre a origem dos atos.[310]Parte superior do formulário.

---
310. STF. Plenário. RE nº 670.422/RS, Rel. Min. Dias Toffoli, julgado em 15.08.2018 (repercussão geral), Info nº 911. Disponível em: https://redir.stf.jus.br/paginadorpub/paginador.jsp?docTP=TP&docID=7302788.

3.2. Criminalização da transfobia – ADO nº 26

Embora criticada doutrinariamente, por afrontar ao princípio da legalidade, o STF proferiu decisão no julgamento da Ação Direta de Inconstitucionalidade por Omissão (ADO) nº 26 reconhecendo omissão inconstitucional na edição de diploma que criminalize práticas homofóbicas e transfóbicas, decidindo que, até que o Congresso Nacional edite lei específica, ditas condutas se enquadram na tipificação da Lei do Racismo (Lei nº 7.716/1989). A tese vencedora estabelece que o conceito de racismo ultrapassa aspectos estritamente biológicos ou fenotípicos e alcança a negação da dignidade e da humanidade de grupos vulneráveis (Portocarrero e Ferreira, 2020, p. 1077).

1. Até que sobrevenha lei emanada do Congresso Nacional destinada a implementar os mandados de criminalização definidos nos incisos XLI e XLII do art. 5º da CRFB/1988, as condutas homofóbicas e transfóbicas, reais ou supostas, que envolvem aversão odiosa à orientação sexual ou à identidade de gênero de alguém, por traduzirem expressões de racismo, compreendido este em sua dimensão social, ajustam-se, por identidade de razão e mediante adequação típica, aos preceitos primários de incriminação definidos na Lei nº 7.716, de 08.01.1989, constituindo, também, na hipótese de homicídio doloso, circunstância que o qualifica, por configurar motivo torpe (CP, art. 121, § 2º, I, *in fine*).

2. A repressão penal à prática da homotransfobia não alcança nem restringe ou limita o exercício da liberdade religiosa, qualquer que seja a denominação confessional professada, a cujos fiéis e ministros (sacerdotes, pastores, rabinos, mulás ou clérigos muçulmanos e líderes ou celebrantes das religiões afro-brasileiras, entre outros) é assegurado o direito de pregar e de divulgar, livremente, pela palavra, pela imagem ou por qualquer outro meio, o seu pensamento, e de externar suas convicções de acordo com o que se contiver em

seus livros e códigos sagrados, bem assim o de ensinar segundo sua orientação doutrinária e/ou teológica, podendo buscar e conquistar prosélitos e praticar os atos de culto e respectiva liturgia, independentemente do espaço, público ou privado, de sua atuação individual ou coletiva, desde que tais manifestações não configurem discurso de ódio, assim entendidas aquelas exteriorizações que incitem a discriminação, a hostilidade ou a violência contra pessoas em razão de sua orientação sexual ou de sua identidade de gênero;

3. O conceito de racismo, compreendido em sua dimensão social, projeta-se para além de aspectos estritamente biológicos ou fenotípicos, pois resulta, enquanto manifestação de poder, de uma construção de índole histórico-cultural motivada pelo objetivo de justificar a desigualdade e destinada ao controle ideológico, à dominação política, à subjugação social e à negação da alteridade, da dignidade e da humanidade daqueles que, por integrarem grupo vulnerável (LGBTI+) e por não pertencerem ao estamento que detém posição de hegemonia em uma dada estrutura social, são considerados estranhos e diferentes, degradados à condição de marginais do ordenamento jurídico, expostos, em consequência de odiosa inferiorização e de perversa estigmatização, a uma injusta e lesiva situação de exclusão do sistema geral de proteção do direito.[311]

3.3. Divulgação de material educacional

Outro impacto do tema na aplicação do Direito diz respeito à permissão de divulgação de material educacional no sistema de educação.

O STF, em julgamento da ADPF nº 457, firmou o entendimento de haver inconstitucionalidade material de lei municipal que proíba

---
311. STF. Plenário. ADO nº 26/DF, Rel. Min. Celso de Mello; MI nº 4.733/DF, Rel. Min. Edson Fachin, julgados em 13.06.2019 (Info nº 944). Disponível em: https://redir.stf.jus.br/paginadorpub/paginador.jsp?docTP=TP&docID=754019240.

divulgação de material com referência a "ideologia de gênero" nas escolas municipais.

Além da presença de inconstitucionalidade formal no caso concreto, em razão da competência privativa da União para legislar sobre diretrizes e bases da educação nacional (art. 22, XXIV, da CRFB/1988), ressaltou que a lei municipal proibindo essa divulgação viola:

- a liberdade de aprender, ensinar, pesquisar e divulgar o pensamento, a arte e o saber (art. 206, II, CRFB/1988); e
- o pluralismo de ideias e de concepções pedagógicas (art. 206, III).

Essa lei contraria ainda um dos objetivos fundamentais da República Federativa do Brasil, que é a promoção do bem de todos sem preconceitos (art. 3º, IV, CRFB/1988).

Por fim, essa lei não cumpre com o dever estatal de promover políticas de inclusão e de igualdade, contribuindo para a manutenção da discriminação com base na orientação sexual e na identidade de gênero.[312]

4. PROBLEMÁTICA PRÁTICA

Especificamente em relação ao reflexo do tema no âmbito da medicina legal, vemos a dificuldade de delimitar um protocolo a ser seguido de maneira objetiva nos casos envolvendo pessoas transgênero, respeitando sua determinação e individualidade, mas também garantindo as informações necessárias a subsidiar processos e procedimentos policiais, judiciais etc.

Questão relevante também a abordar em âmbito policial é a necessidade de separação de presos de sexos distintos, quando da lavratura de auto de prisão em flagrante, sob pena de incorrer em

---

[312]. STF. Plenário. ADPF nº 457, Rel. Alexandre de Moraes, julgado em 27.04.2020. Disponível em: https://redir.stf.jus.br/paginadorpub/paginador.jsp?docTP=TP&docID=752834386.

crime de abuso de autoridade,[313] o que leva a uma análise cautelosa por parte da autoridade policial e demais policiais envolvidos na ocorrência, uma vez que é uma questão longe de definição clara e simples.

Por fim, ainda podemos apontar a aplicação da Lei Maria da Penha (Lei nº 11.340/2006) em sede policial, quando inicialmente podemos ter apenas a comunicação do fato pela vítima. Decerto que atualmente a celeuma está resolvida no âmbito do STJ,[314] afirmando o Tribunal que a Lei nº 11.340/2006 é aplicável às mulheres trans em situação de violência doméstica, uma vez que o art. 5º da Lei nº 11.340/2006 passa necessariamente pelo entendimento do conceito de gênero, que não se confunde com o conceito de sexo biológico (Cavalcante, s.d.).

No entanto, há uma linha tênue nesses casos dividindo a proteção deficiente e a proibição do excesso no caso concreto, devendo-se cuidar da relevância da palavra da vítima em casos de violência doméstica e familiar.

5. CONCLUSÃO

Pudemos notar que os conceitos de sexo, identidade de gênero e orientação sexual não se confundem, devendo ser encarados de forma autônoma, tratando-se o tema da transgeneridade em uma análise de identidade de gênero, sendo de suma importância seu estudo como forma de conscientização e enfrentamento ao preconceito das questões de gênero.

A evolução normativa a respeito do tema vem acompanhando de forma paulatina essa realidade, sendo atualmente a Resolução nº 2.265/2019 do CFM responsável por trazer as diretrizes

---

[313]. A seguir, a íntegra do *caput* do art. 21 da Lei nº 13.869, de 2019: "Art. 21. Manter presos de ambos os sexos na mesma cela ou espaço de confinamento: Pena – detenção, de 1 (um) a 4 (quatro) anos, e multa". Brasil. Lei nº 13.869, de 05 de setembro de 2019. Dispõe sobre os crimes de abuso de autoridade. Disponível em: https://www.planalto.gov.br/ccivil_03/_ato2019-2022/2019/lei/l13869.htm.

[314]. STJ. 6ª Turma. REsp. nº 1.977.124/SP, Rel. Min. Rogerio Schietti Cruz, julgado em 05.04.2022 (Info nº 732).

médico-legais a serem observadas nos cuidados específicos às pessoas com incongruência de gênero, em âmbito nacional.

Vimos que o Direito, de forma abrangente, é responsável por muitas mudanças práticas e efetivas no tratamento dado a pessoas transgênero, sendo instrumento de conformação e transformação social.

A medicina legal em si tem um papel importante na proteção dos direitos das pessoas transgênero, garantindo que elas tenham acesso à assistência médica adequada, incluindo tratamentos hormonais e cirurgias de redesignação sexual. Os médicos legistas também podem ser chamados para avaliar casos de violência e discriminação contra pessoas transgênero, bem como para fornecer informações para questões de identificação de gênero em documentos legais.

No entanto, é importante reforçar que a medicina legal não deve ser usada para patologizar ou estigmatizar as pessoas transgênero. A transexualidade não é uma doença mental, e a identidade de gênero deve ser respeitada como uma expressão legítima da diversidade humana. É importante que as políticas e práticas de medicina legal sejam sensíveis às necessidades e aos direitos das pessoas transgênero, garantindo o acesso equitativo à justiça e aos serviços de saúde.

Necessário como forma de garantia e efetivação de tais direitos uma capacitação dos profissionais envolvidos em áreas de saúde, segurança pública, assistência social, bem como a inclusão de profissionais qualificados na área da saúde como, por exemplo, médicos psiquiatras, endocrinologistas e psicólogos, que sirvam à perícia em instituições policiais, judiciais e administrativas, objetivando a construção de parâmetros para a condução dos casos que advêm dessa evolução.

REFERÊNCIAS BIBLIOGRÁFICAS

BRASIL. Resolução CFM nº 2.265/2019. Dispõe sobre o cuidado específico à pessoa com incongruência de gênero ou transgênero e revoga a Resolução CFM nº 1.955/2010. Publicada no **DOU** de 09 de janeiro de 2020, Seção I, p. 96.

CAVALCANTE, M. A. L. **A Lei nº 7.716/89 Pode Ser Aplicada para Punir as Condutas Homofóbicas e Transfóbicas**. Buscador Dizer o Direito, Manaus, [S.d.]. Disponível em: https://www.buscadordizerodireito.com.br/jurisprudencia/detalhes/ae581798565c3b-1c587905bff731b86a. Acesso em: 11 jul. 2023.

CAVALCANTE, M. A. L. **Transgênero Pode Alterar seu Prenome e Gênero no Registro Civil mesmo sem Fazer Cirurgia de Transgenitalização e mesmo sem Autorização Judicial**. Buscador Dizer o Direito, Manaus, [S.d.]. Disponível em: https://www.buscadordizerodireito.com.br/jurisprudencia/detalhes/8ae1da-0fe37c98412768453f82490da2. Acesso em: 11 jul. 2023.

CAVALCANTE, M. A. L. **A Lei 11.340/2006 (Lei Maria da Penha) é Aplicável às Mulheres Trans em Situação de Violência Doméstica**. Buscador Dizer o Direito, Manaus, [S.d.]. Disponível em: https://www.buscadordizerodireito.com.br/jurisprudencia/detalhes/7b-3403f79b478699224bb449509694cf. Acesso em: 11 jul. 2023.

CAVALCANTE, M. A. L. **É Inconstitucional Lei Municipal que Proíba a Divulgação de Material com Referência a "Ideologia de Gênero" nas Escolas Municipais**. Buscador Dizer o Direito, Manaus, [S.d.]. Disponível em: https://www.buscadordizerodireito.com.br/jurisprudencia/detalhes/f9ab16852d455ce9203da64f4fc7f92d. Acesso em: 11 jul. 2023.

COUTO, J. C. G. de C. do. **Transexualidade:** passado, presente e futuro, [S.d.], p. 37. Disponível em: https://repositorio-aberto.up.pt/bitstream/10216/70771/2/30444.pdf. Acesso em: 15 jul. 2023.

FARINA, R. **Transexualismo**. São Paulo: Novalunar, 1982.

FRANÇA, G. V. de. **Medicina Legal**. 10. ed. Rio de Janeiro: Guanabara Koogan, 2015.

JACCOUR, V. C. J. **Transgeneridade:** um caso de transcendência. São Paulo: Cartola, 2021.

JORGE, M. A. C.; TRAVASSOS, N. P. **Transexualidade:** o corpo entre o sujeito e a ciência. 1. ed. Rio de Janeiro: Zahar, 2018.

MAYER, L. S.; MCHUGH, P. R. Sexuality and gender: Findings from the biological, psychological and social sciences. **The New Atlantis**: A Journal of Technology and Society 50, outono de 2016. Disponível em: https://www.thenewatlantis.com/publications/executive-summary-sexuality-and-gender. Acesso em: 11 jul. 2023.

PALERMO FERREIRA, W. L. **Sinopses para Concursos:** Medicina Legal. 4. ed. Salvador: Juspodivm, 2019.

PORTOCARRERO, C. B.; FERREIRA, W. L. P. **Leis Penais Extravagantes –** Teoria, jurisprudência e questões comentadas. 5. ed. Salvador: Juspodivm, 2020. p. 1077.

WORLD HEALTH ORGANIZATION – WHO. **Gender Incongruence and Transgender Health in the ICD**. [S.d.]. Disponível em: https://www.who.int/standards/classifications/frequently-asked-questions/gender-incongruence-and-transgender-health-in-the-icd. Acesso em: 11 jul. 2023.